CATALOGUE

MÉTHODIQUE

DE LA

BIBLIOTHÈQUE COMMUNALE

DE LA

VILLE D'ARRAS

Par M. Auguste WICQUOT, Bibliothécaire de la Ville.

BELLES-LETTRES
POLYGRAPHIE — HISTOIRE LITTÉRAIRE
BIBLIOGRAPHIE

QUATRIÈME VOLUME

ARRAS
IMPRIMERIE SUEUR-CHARRUEY
Libraire-Editeur
Petite-Place, 20 et 22

1890

CATALOGUE

MÉTHODIQUE

DE LA

BIBLIOTHÈQUE COMMUNALE

DE LA

VILLE D'ARRAS

Par M. Auguste WICQUOT, Bibliothécaire de la Ville.

BELLES-LETTRES

QUATRIÈME VOLUME

CATALOGUE

MÉTHODIQUE

DE LA

BIBLIOTHÈQUE COMMUNALE

DE LA

VILLE D'ARRAS

Par M. Auguste WICQUOT, Bibliothécaire de la Ville.

BELLES-LETTRES

QUATRIÈME VOLUME

ARRAS

IMPRIMERIE SUEUR-CHARRUEY

Libraire-Editeur

Petite-Place, 20 et 22

1889

[illegible]

BELLES-LETTRES

Introduction à l'étude des belles-lettres. — Traités généraux.

1. Obstetrix animorum, hoc est brevis et expedita ratio docendi, studendi, conversandi, imitandi, judicandi, componendi. Edmond RICHER. *Parisiis*, 1600, in-8°, 1 vol.

2. La méthode d'étudier et d'enseigner les lettres humaines, par le P. THOMASSIN. *Paris*, 1681, in-8°, 3 vol.

3. Traité du choix et de la méthode des études, par M. Claude FLEURY. *Paris*, 1686, in-12, 1 vol.

4. Même ouvrage.

5. Traité du choix et de la méthode des études, par Claude FLEURY. *Bruxelles*, 1687, in-18, 1 vol.

6. Même ouvrage.

7. Traité du choix et de la méthode des études, avec le devoir des maîtres et des domestiques, par Claude FLEURY. *Gand*, in-12, 1 vol.

8. Observationum selectarum ad rem litterariam spectantium tomi duo. *Halæ Magdeburgicæ*, 1700, in-8°, 5 vol.

9. De la manière d'enseigner et d'étudier les belles-lettres, par rapport à l'esprit et au cœur, par ROLLIN. *Paris*, 1740, in-4°, 2 vol.

10. Traité sur la manière de lire les auteurs avec utilité, par BARDOU DUHAMEL. *Paris*, 1747, in-12, 1 vol.

11. Même ouvrage.

12. ROLLIN. De la manière d'enseigner et d'étudier les belles-lettres par rapport à l'esprit et au cœur. *Paris*, 1748, in-12, 4 vol.

13. Cours de belles-lettres, ou principes de la littérature, par l'abbé BATTEUX. *Paris*, 1755, in-12, 4 vol.

14. L'homme de lettres, où l'on traite de la nature de l'homme de lettres, du principe fondamental de toutes les sciences, par M. GARNIER. *Paris*, 1764, in-12, 1 vol.

15. Même ouvrage.

16. De la manière d'enseigner et d'étudier les belles-lettres, par rapport à l'esprit et au cœur, par M. ROLLIN. *Paris*, 1764, in-12, 4 vol.

17. Ecole de littérature, tirée de nos meilleurs écrivains, par l'abbé DE LA PORTE. *Paris*, 1767, in-12, 2 vol.

18. Principes de la littérature par l'abbé BATTEUX. *Paris*, 1774, in-8°, 6 vol.

19. Même ouvrage.

PREMIÈRE CLASSE

LINGUISTIQUE

1. — *Origine et formation des langues*

20. Thrésor de l'histoire des langues de cest univers, contenant les origines, beautez, perfections, décadences, mutations, changements, conversions et ruines des langues, par M. Claude DURET. *Yverdon,* 1619, in-4°, 1 vol.

21. La mécanique des langues, et l'art de les enseigner, par M. PLUCHE. *Paris,* 1751, in-12, 1 vol.

22. Même ouvrage.

23. Les éléments primitifs des langues découverts par la comparaison des racines de l'hébreu avec celles du grec, du latin et du français, par BERGIER. *Paris,* 1764, in-12, 1 vol.

24. Même ouvrage.

25. Essai synthétique sur l'origine et la formation des langues. *Paris,* 1774, in-8°, 1 vol.

26. Même ouvrage.

27. Histoire naturelle de la parole, par COURT de GEBELIN. *Paris,* 1776, in-8°, 1 vol.

28. Traité de la formation méchanique des langues et des principes physiques de l'étymologie, par le Président DE BROSSES. *Paris,* an IX, in-12, 2 vol.

29. Les éléments primitifs des langues, par BERGIER. *Besançon,* 1837, in-8°, 1 vol.

30. De l'origine du langage, par Jacob GRIMM, traduit de l'allemand, de Fernand de WEGMANN. *Paris,* 1859, in-8°, 1 vol.

31. La science du langage, par Max MULLER, traduit par G. HARRIS et G. PERROT. *Paris,* 1867, in-8°, 1 vol.

32. Nouvelles leçons sur la science du langage, par MAX MULLER, traduit de l'anglais, par G. HARRIS et G. PERROT. *Paris,* 1867, in-8°.

33. Mémoire sur l'origine égyptienne de l'alphabet Phénicien, par M. Emmanuel de ROUGÉ. *Paris,* 1874, in-8°, 1 vol.

34. La linguistique, par Abel HOVELACQUE. *Paris,* 1878, in-12, 1 vol.

35. De l'origine de l'écriture, par l'abbé E. VAN DRIVAL. *Paris,* 1879, in-8°, 1 vol.

36. De l'origine et de la constitution intime du langage, par M. l'abbé E. VAN DRIVAL. *Paris,* 1881, in-8°, 1 vol.

2. — *Grammaires générales et mélanges de grammaire*

37. Gerardi Joannis VOSSII, de arte grammatica libri septem. *Amsterdami,* 1635, in-4°, 3 vol.

38. Traité des langues, où l'on donne des principes et des règles pour juger du mérite et de l'excellence de chaque langue, et en particulier de la langue Françoise, par FRAIN DU TREMBLAY. *Amsterdam,* 1709, in-12, 1 vol.

39. De linguarum artificio et doctrina. *Parisiis,* 1751, in-12, 1 vol.

40. Grammaire générale et raisonnée, par ARNAULD et LANCELOT, de Port-Royal. *Paris,* 1754, in-12, 1 vol.

41. Même ouvrage.

42. Grammaire générale, ou exposition raisonnée des éléments nécessaires du langage, par BEAUZÉE. *Paris,* 1767, in-8°, 2 vol.

43. Même ouvrage.

44. De la manière d'apprendre les langues, par RADONVILLIERS. *Paris,* 1768, in-12, 1 vol.

45. Même ouvrage.

46. Logique et principes de grammaire, par DU MARSAIS. *Paris,* 1769, in-12, 2 vol.

47. La vraie manière d'apprendre une langue quelconque vivante ou morte, par le moyen de la langue française. *Paris,* 1769, in-8°, 1 vol.

48. Essai sur les langues en général, sur la langue française en particulier, par M. SABLIER. *Paris,* 1777, in-12, 1 vol.

49. Même ouvrage.

50. La vraie manière d'apprendre une langue quelconque, vivante ou morte, par le moyen de la langue française. *Paris,* 1786, in-8°. 1 vol.

51. La vraie manière d'apprendre une langue quelconque, ou les fables de Phèdre. *Paris,* 1787, in-8°, 2 vol.

52. Hermès, ou recherches philosophiques sur la grammaire universelle, traduit de l'anglois de Jacques Harris, par François THUROT. *Paris,* an IV, in-8°, 1 vol.

53. Élémens de grammaire générale appliqués à la langue française, par l'abbé SICARD. *Paris,* 1801, in-8°, 2 vol.

54. Grammaire générale et raisonnée de Port-Royal, par ARNAULD et LANCELOT, par PETITOT. *Paris,* 1803, in-8°, 1 vol.

55. Essai d'idéologie, ou introduction à la grammaire générale, par J.-J. DAUBE. *Paris,* 1805, in-8°, 1 vol.

56. Théorie des signes, pour servir d'introduction à l'étude des langues, par l'abbé SICARD. *Paris,* 1808, in-8°, 1 vol.

57. Principes de grammaire générale, mis à la portée des enfants, par A.-I. Silvestre DE SACY. *Paris,* 1815, in-12, 1 vol.

58. Notions élémentaires de linguistique, ou histoire abrégée de la parole et de l'écriture, pour servir d'introduction à l'alphabet, à la grammaire et au dictionnaire, par Ch. NODIER. *Paris,* 1834, in-8°, 1 vol.

59. Thèses de grammaire, par B. JULIEN. *Paris,* 1855, in-8°, 1 vol.

60. De l'origine des formes grammaticales et de leur influence sur le développement des idées, par Guillaume DE HUMBOLDT. *Paris,* 1859, in-8°, 1 vol.

61. Recueil de diverses pièces : grammaire latine ; essai sur le langage naturel ; méthode pour apprendre la langue française. *Paris,* in-8°, 1 vol.

62. Recueil de pièces diverses de linguistique et de grammaire, in-12, 1 vol.

3. — *Comparaison des langues*

63. Harmonia linguarum quatuor cardinalium : Hebraicæ, Græcæ, Latinæ et Germanicæ, aut. G. CRUCIGERO. *Francofurti,* 1616, in-f°, 1 vol.

64. Abrégé du parallèle des langues françoise et latine, par Ph. Monet. *Rouen*, 1637, in-4°, 1 vol.

65. La méthode d'étudier et d'enseigner chrestiennement et utilement la grammaire ou les langues, par rapport à l'Ecriture Sainte en les réduisant toutes à l'Hébreu. par le P. Thomassin. *Paris*, 1690, in-8°, 1 vol.

66. Oratio dominica in diversas omnium fere gentium linguas versa ; editore Joanne Chamberlaynio, cum dissertatione de linguarum origine. *Amstelodami*, 1715, in-4°, 1 vol.

67. De Græcæ et Latinæ linguæ cum Hebraica affinitate libellus, auctore P. Maria Ogerio. *Venetiis*, 1764, in-4°, 1 vol.

68. Grammaire comparée des langues Indo-Européennes, par Fr. Bopp, traduite par Mich. Bréal. *Paris*, 1766, in-8°, 4 vol.

69. Observations fondamentales sur les langues anciennes et modernes, par le Brigant. *Paris*, 1787, in-4°, 1 vol.

70. Oratio Dominica in CLV linguas versa et exoticis characteribus expressa. *Parmæ*, 1806, in-f°, 1 vol.

71. Principes de l'étude comparative des langues, par De Mérian. *Paris*, 1828, in-8°, 1 vol.

72. Grammaire comparée des langues bibliques, de l'hébreu, du chaldéen, du syriaque, de l'arabe et de l'égyptien, par l'abbé E. Van Drival. *Paris*, 1858, in-8°, 1 vol.

73. Même ouvrage.

74. Grammaire comparée des langues sémitiques et de l'égyptien, par M. l'abbé E. Van Drival. *Paris*, 1879, in-8°, 1 vol.

SECTION I.

LANGUES ORIENTALES

Introduction à l'étude de ces langues. — Grammaires et dictionnaires polyglottes

75. Dictionarium trilingue, in quo scilicet latinis vocabulis in ordinem alphabeticum digestis respondent Græca et Hebraica. *Basileæ*, 1530, in-f°, 1 vol.

76. Paradigmata de quatuor linguis orientalibus præcipuis, Arabica, Armenia, Syra, Œthiopica, Pet. Vict. Cajetano Palma authore. *Parisiis*, 1596, in-4°, 1 vol.

77. Traittez des langues estrangères, de leurs alphabets et des chiffres, par Colletet. *Paris*, 1660, in-4°, 1 vol.

I. — LANGUE HÉBRAIQUE

Introduction, alphabet, accents

78. Elias LEVITA, capitula cantici, specierum, proprietatum et officiorum in quibus agitur de literis, punctis, et quibusdam accentibus Hebraicis. *Basileæ*, 1527, in-8°, 1 vol.

79. Même ouvrage.

80. Observationes in linguam Hebraicam a Sancte PAGNINO Lucensi. *Lutetiæ*, 1546, in-12, 1 vol.

81. Gilberti GENEBRARDI isagoge rabbinica ad legenda Hebræorum scripta. *Parisiis*, 1563, in-4°, 1 vol.

82. Alphabeticum Ebraicum vetus, per L. DRUSIUM Aldenardensem. *Franckeræ*, 1609, in-4°, 1 vol.

83. Revelator punctorum, sive præceptiones rationem punctandi in Hebræa lingua explicantes a Matthia HAFENREFFERO. *Tubingæ*, 1618, in-12, 1 vol.

84. Christiani RAVII orthographiæ et analogiæ Ebraicæ delineatio. *Amstelodami*, 1646, in-4°, 1 vol.

85. Catena Scripturæ, tractatus novus, in quo ratio accentuum, quibus Hebræus S. Scripturæ contextus interpungitur nunc primum exponitur, aut. Gaspare LEDEBUHRIO. *Lugd. Batav.*, 1647, in-4°, 1 vol.

86. Joannis BUXTORFII tractatus de punctorum in libris Veteris Testamenti Hebraicis origine, antiquitate, etc. *Basileæ*, 1648, in-4°, 1 vol.

87. Wilhelmi SCHICKARDI **Horologium** Ebræum, sive consilium, quomodo Sancta lingua spacio XXIV hororum, ab aliquot Collegis sufficienter apprehendi queat. *Ultrajecti*, 1661, in-12, 1 vol.

88. Samuelis DIESTII clavis linguæ Sanctæ. *Amstelodami*, 1669, in-12, 1 vol.

89. Origines Hebrææ, sive Hebreæ linguæ antiquissima natura et indoles, ab Alberto SCHULTENS. *Lugduni Batavorum*, 1761, in-4°, 1 vol.

Grammaires

90. Grammatica Hebraica per Sebastianum MUNSTERUM. *Basileæ*, 1527, in-12, 1 vol.

91. Même ouvrage.

92. Grammatica Hæbraica Rabbi Mosche KIMHI, juxta Hebraismum per S. MUNSTERUM versa. *Basileæ*, 1536, in-12, 1 vol.

93. Grammatica Hebræa per Sebastianum MUNSTERUM. *Basileæ*, 1537, in-12, 1 vol.

94. Ex variis libellis ELLÆ grammaticorum doctissimi huc fere congestum est, opera JOANNIS CAMPENSIS, quidquid ad absolutam grammaticen Hebraicam est necessarium. *Parisiis*, 1539, in-12, 1 vol.

95. **Tabula in grammaticen Hebræam**, autore Nicolao CLENARDO. *Parisiis*, 1540, in-12, 1 vol.

96. De re grammatica Hebræorum opus, authore Johanne QUINQUARBOREO. *Parisiis*, 1556, in-4°, 1 vol.

97. Sanctæ linguæ Hebrææ erotemata, a Mich. NEANDRO edita. *Basileæ*, 1556, in-12, 1 vol.

98. Institutionum Hebraicarum abreviatio Sancte PAGNINO Lucensi authore. *Parisiis*, 1556, in-4°, 1 vol.

99. Phrases Hebraicæ. *Parisiis*, 1558, in-8°, 1 vol.

100. Tabula in grammaticen Hebræam, authore Nic. CLENARDO. *Parisiis*, 1564, in-4°, 1 vo'.

101. Grammatica Hebræa in duos libros distincta, autore Joanne ISAACO. *Antuerpiæ*, 1564, in-4°, 1 vol.

102. Même ouvrage.

103. Rudimenta Hebraicæ linguæ. 1567, in-8°, 1 vo'.

104. Grammatica Hebræa in duos libros distincta, autore Johanne ISAACO. *Antuerpiæ*, 1570, in-4°, 1 vol.

105. Même ouvrage.

106. Grammatica Hebræa in duos libros distincta, aut. Johanne ISAACO. *Antuerpiæ*, 1580, in-4°, 1 vol.

107. Grammatica Hebraica. in-12, 1 vol.

108. Règles de la langue Hébraïque, par Jean FOEKLERUS. *Amsterdam*, in-12, 1 vol.

109. Institutiones linguæ Hebraicæ a Roberto BELLARMINO. *Antuerpiæ*, 1606, in-8°, 1 vol.

110. Même ouvrage.

111. Institutiones in linguam Sanctam Hebraicam, authore Benedicto BLANCUCCIO. *Romæ*, 1608, in-4°, 1 vol.

112. Johannis BUXTORFII de abbreviaturis Hebraicis liber novus et copiosus. *Basileæ*, 1613, in-12, 1 vol.

113. Roberti BELLARMINI institutiones linguæ Hebraicæ. *Coloniæ Allobrogum*, 1616, in-12, 1 vol.

114. Même ouvrage.

115. Roberti BELLARMINI institutiones linguæ Hebraicæ. *Parisiis*, 1622, in-8°, 1 vol.

116. Institutiones linguæ Hebraicæ, opera Georgii MAYR. *Lugduni*, 1622, in-12, 1 vol.

117. Johannis BUXTORFII de abbreviaturis Hebraicis liber novus et copiosus. *Basileæ*. 1640, in-12, 1 vol.

118. Grammatica Hebraica. *Parisiis*, 1642, in-12, 1 vol.

119. Grammatica Hebræa Eliæ LEVITÆ Germani, per Seb. MUNSTERUM versa et scholiis illustrata. *Basileæ*, 1643, in-12, 1 vol.

120. Institutionum Hebraicarum abbreviatio, M. Sancte PAGNINO Lucensi autore. *Lutetiæ*, 1746, in-12, 1 vol.

121. Johannis BUXTORFII Florilegium Hebraicum. *Basileæ*, 1648, in-12, 1 vol.

122. Johannis BUXTORFII epitome grammaticæ Hebrææ. *Basileæ*, 1649, in-12, 1 vol.

123. Synopsis grammaticæ Hebraicæ, per Martinum SLONKOWIC. *Cracoviæ*, 1651, in-12, 1 vol.

124. Johannis BUXTORFII thesaurus grammaticus linguæ Sanctæ Hebrææ. *Basileæ*, 1663, in-12, 1 vol.

125. Nouvelle méthode pour apprendre facilement les langues Hébraïques. *Paris*, 1708, in-8°, 1 vol.

126. Grammatica Hebraica a punctis aliisque inventis Massorethicis libera (autore MASCLEF). *Parisiis*, 1716, in-12, 1 vol.

127. Même ouvrage.

128. Johannis BUXTORFII institutio epistolaris Hebraica, sive de conscribendis epistolis Hebraicis liber. *Basileæ*, 1729, in-12, 1 vol.

129. La langue Hébraïque restituée, et le véritable sens des mots hébreux rétabli et prouvé par leur analyse radicale, par FABRE D'OLIVET. *Paris*, 1816, in-4°, 2 vol.

Racines hébraïques

130. Philippi AQUINI primigeniæ voces, seu radices breves linguæ Sanctæ. *Lut. Parisiorum*, 1620, in-12, 1 vol.

Dictionnaires

131. Dictionarium Hebraicum, autore Sebastiano MUNSTERO. *Basileæ*, 1523, in-12, 1 vol.

132. Même ouvrage.

133. Même ouvrage.

134. Même ouvrage.

135. Dictionarium Hebraicum ab autore Sebastiano MUNSTER recognitum, et ex Rabinis, præsertim ex radicibus KIMHI auctum et locupletatum. *Basileæ*, 1539, in 8°, 1 vol.

136. Même ouvrage.

137. Epitome Thesauri linguæ Sanctæ, auct. Sancte PAGNINO Lucensi. *Antuerpiæ*, 1570, in-12, 1 vol.

138. Thesauri Hebraicæ linguæ olim à Sancte PAGNINO Lucensi conscripti epitome. *Antuerpiæ*, 1577, in-f°, 1 vol.

139. Epitome Thesauri linguæ Sanctæ, auct. Sancte PAGNINO Lucensi. *Antuerpiæ*, 1588, in-12, 1 vol.

140. Tiberias, sive commentarius massoreticus triplex ad illustrationem operis Biblici Basiliensis conscriptus. J. BUXTORF. *Basileæ*, 1620, in-f°, 1 vol.

141. Dictionarium Hebraicum, ab autore Sebastiano MUNSTERO. *Basileæ*, 1625, in-8°, 1 vol.

II. — Langues hébraïque, chaldéenne, syriaque

142. Chaldaica grammatica per Sebastianum MUNSTERUM. *Basileæ*, 1527, in-4°, 1 vol.

143. Dictionarium Chaldaicum per Sebastianum MUNSTERUM. *Basileæ*, 1527, in-4°, 1 vol.

144. Lexicon Syriacum, auctore Christophoro CRINESIO. *Wittebergæ*, 1612, in-4°, 1 vol.

145. Joh. BUXTORFII, grammaticæ Chaldaicæ et Syriacæ libri III. *Basileæ*, 1615, in-12, 1 vol.

146. Lexicon Chaldaicum et Syriacum a M. Johanne BUXTORFIO. *Basileæ*, 1622, in-4°, 1 vol.

147. Même ouvrage.

148. Même ouvrage.

149. M. Thomæ ERPENII grammatica Chaldæa ac Syra. *Amstelodami*, 1623, in-16, 1 vol.

150. Grammaticæ Chaldæo-Syriacæ libri duo, a Joh. Henrico HOTTINGERO. *Tiguri*, 1652, in-12, 1 vol.

151. Johannis BUXTORFII Manuale Hebraicum et Chaldaicum. *Basileæ*, 1658, in-16, 1 vol.

152. Henrici HOTTINGERI Grammatica quatuor linguarum Hebraicæ, Chaldaicæ, Syriacæ et Arabicæ. *Heidelbergæ*, 1659, in-4°, 1 vol.

153. Thom. ERPENII Grammaticæ Ebraeæ generalis editio, cui accedit grammaticæ Syræ et Chaldææ editio secunda. *Lugd. Batav.* 1659, in-12, 1 vol.

154. Johannis BUXTORFII Lexicon Hebraicum et Chaldaicum. *Basileæ*, 1663, in-12, 1 vol.

155. Andreæ SENNERTI Ebraismus, Chaldaismus, Syriasmus, Arabismus, nec non Rabbinismus. *Wittenbergæ*, 1666, in-4°, 1 vol.

156. Johannis BUXTORFII lexicon Hebraicum et Chaldaicum. *Basileæ*, 1676, in-12, 1 vol.

157. Porta Syriæ, sive novæ methodi grammatica a Christophoro CELLARIO. *Cizæ*, 1677, in-4°, 1 vol.

158. Johannis BUXTORFII lexicon Hebraicum et Chaldaicum. *Basileæ*, 1698, in-12, 1 vol.

159. Même ouvrage.

160. Grammatica Hebraica et Chaldaica, auctore Petro GUARIN. *Lutetiæ Parisiorum*, 1724, in-4°, 2 vol.

161. Lexicon Hebraicum et Chaldæo-Biblicum auctore Petro GUARIN. *Lutetiæ Parisiorum*, 1746, in-4°, 1 vol.

162. Johannis LEUSDENI de dialectis N. T. singulatim de ejus Hebraismis libellus. *Lipsiæ*, 1754, in-12, 1 vol.

163. Scripturæ linguæque Phœniciæ monumenta quotquot supersunt. Guil. GESENIUS. *Lipsiæ*, 1837, in-4°, 1 vol.

164. Histoire des langues sémitiques, par E. RENAN. *Paris*, 1855, in-8°, 1 vol.

165. Grammaire hébraïque, chaldaïque et syriaque de L. DE DIEU, in-8°, 1 vol.

166. Index dictionum latinarum quibus Hebraicæ Chaldaicæque voces in epitome thesauri linguæ Sanctæ explicantur......, in-8°, 1 vol.

III. — LANGUE ARABE

167. Matthiæ WASMUTH Holsati grammatica Arabica. *Amstelodami*, 1654, in-4°, 1 vol.

168. Thomæ ERPENII grammatica Arabica. *Lugduni Batavorum*, 1656, in-4°, 1 vol.

169. Rudimenta linguæ Arabicæ, auctore Thoma ERPENIO. *Lugduni Batavorum*, 1770. in-4°, 1 vol.

170. Grammaire de la langue Arabe vulgaire et littérale, par M. SAVARY, traducteur du Coran. *Paris*, 1813, in-4°, 1 vol.

171. Maronitarum grammatica Arabica. In-4°, 1 vol.

172. Arabico-Syro-Latinus thesaurus. In-8°, 1 vol.

IV. — LANGUE ARMÉNIENNE

173. Thesaurus linguæ Armenicæ antiquæ et hodiernæ Joach. SCHRODERI. *Amstelodami*, 1711, in-4°, 1 vol.

V. — LANGUE PERSANE

174. Elementa linguæ Persicæ, autore Johanne Gravio. *Londini*, 1649, in-4°, 1 vol.

175. Même ouvrage.

VI. — LANGUE CHINOISE

176. Dictionnaire Chinois, Français et Latin, par M. De Guignes. *Paris*, 1813, in-f°, 1 vol.

177. Parallel drawn between the two intended Chinese dictionaries, by the Rev. Robert Morrison. *London*, 1817, in-4°, 1 vol.

178. Dictionnaire Français, Latin, Chinois de la langue Mandarine parlée, par Paul Perny. *Paris*, 1869, in-4°, 1 vol.

179. Supplément au dictionnaire Français, Latin, Chinois de la langue Mandarine parlée, par Paul Perny. *Paris*, 1872, in-4°, 1 vol.

180. Grammaire de la langue Chinoise orale et écrite, par Paul Perny. *Paris*, 1873-1876, in-8°, 2 vol.

181. Dialogues Chinois-Latins, traduits mot à mot avec la prononciation accentuée, par Paul Perny. *Paris*, 1872, in-8°, 1 vol.

182. Proverbes Chinois, recueillis et mis en ordre, par Paul Perny. *Paris*, 1869, in-12, 1 vol.

183. Vestiges des principaux dogmes chrétiens, tirés des anciens livres Chinois, avec reproduction des textes Chinois, par le P. De Prémare, traduits du latin, par Bonnetty et Paul Perny. *Paris*, 1878, in-8°, 1 vol.

184. Cours graduel et complet de Chinois parlé et écrit, par le comte Kleczkowski, (1er volume). *Paris*, 1876, in-8°, 1 vol.

185. Cours éclectique graduel et pratique de langue Chinoise parlée, par C. Imbault-Huart, (tome 1er). *Paris*, 1887, in-4°, 1 vol.

VII. — LANGUE JAPONAISE

186. Dictionarium, sive thesauri linguæ Japonicæ compendium, à Didaco Collado. *Romæ*, 1632, in-4°, 1 vol.

VIII. — LANGUES TARTARES

187. Recherches sur les langues Tartares, ou mémoires sur différents points de la grammaire des Mandchous, des Mongols et des Thibétains, par Abel Rémusat, (tome 1er). *Paris*, 1820, in-4°, 1 vol.

SECTION II.

LANGUES AFRICAINES

188. Athanasii KIRCHERI, Prodromus Coptus, sive Ægyptiacus. *Romæ*, 1636, in-4°, 1 vol.

189. Athanasii KIRCHERI lingua Ægyptiaca restituta. *Romæ*, 1644, in-4°, 1 vol.

SECTION III.

LANGUES AMÉRICAINES

190. Dictionnaire Galibi, présenté sous deux formes :

1° Commençant par le mot français ;
2° Par le mot Galibi, précédé d'un essai de grammaire. *Paris*, 1763, in-12, 1 vol.

191. Grammaire de la langue Nahuatl, ou Mexicaine, par Remi SIMON. *Paris*, 1875, in-8°, 1 vol.

192. Dictionnaire de la langue Nahuatl, ou Mexicaine, rédigé d'après les documents, imprimés et manuscrits les plus authentiques et précédé d'une introduction, par Remi SIMON. *Paris*, 1875, in-f°, 1 vol.

SECTION IV.

LANGUES EUROPÉENNES

Comparaison des langues

193. J. A. COMENII Janua aurea reserata quatuor linguarum a Nathanael DHUEZ. *Lugd. Batav.*, 1644. in-8°, 1 vol.

194. J. A. COMENII Janua linguarum reserata cum græca versione Th. SIMOMII Holsati. *Amstelodami*, 1619, in-8°, 1 vol.

195.   Même ouvrage.

196.   J. A. COMENII Janua linguarum reserata quinque linguis. *Amstelodami,*
1661, in-8°, 1 vol.

197.   Godofr. Guilielmi LEIBNITII collec-
tanea etymologica, illustrationi linguarum veteris Celticæ, Germanicæ, Gallicæ,
aliorumque inservientia. *Hanoveræ,*1717,
in-8°, 1 vol.

198.   G. Othonis REIZII Belga græcissans.
Rotterdam, 1730, in-4°, 1 vol.

199.   Les beautés poétiques de toutes les
langues, considérées sous le rapport de
l'accent et du rhythme, par l'abbé Ant.
SCOPPA. *Paris,* 1816, in-8°, 1 vol.

200.   L'harmonie du langage chez les
Grecs et les Romains, par B. JULLIEN.
Paris, 1867, in-12, 1 vol.

201.   La vie des mots étudiée dans leur
signification, par Arsène DARMESTETER.
Paris, 1887, in-18, 1 vol.

202.   De l'usage de quelques langues non
vulgaires dans le service public de
l'Eglise. ..... in-8°, 1 vol.

I. - LANGUE GRECQUE

Alphabet, histoire et origine de la langue

203.   Alphabetum Græcum; de singularum
litterarum appellatione et significatione.
Parisiis, 1560, in-12, 1 vol.

204.   Funus linguæ hellenisticæ, sive con-
futatio exercitationis de hellenistis et lingua hellenistica. *Lugduni Batavorum,*
1643, in-12, 1 vol.

205.   Græcæ linguæ historia, sive oratio
de ejusdem linguæ origine a Guilielmo
BURTONO. *Londres,* 1757, in-12, 1 vol.

206.   L. C. VALKENARII de originibus linguæ græcæ investigandis, ac J.D.A LENNEP
de analogia linguæ græcæ. *Trajecti ad
Rhenum,* 1790, in-8°, 1 vol.

Grammaires anciennes

207.   Theodori GAZÆ grammaticæ institutionis libri duo. *Basileæ,* 1516, in-4°,
1 vol.

208.   Theodori GAZÆ institutionis grammaticæ libri quatuor, addita versione
latina. *Parisiis,* 1529, in-8°, 1 vol.

Grammaires modernes

209.   Compendium grammaticæ græcæ
Jacobi CEPORINI. *Coloniæ,* 1534, in-12,
1 vol.

210.   Francisci VERGARÆ de græcæ linguæ grammatica libri quinque. *Parisiis,*
1545, in-8°, 1 vol.

211.   Institutiones absolutissimæ in linguam græcam, per Nic. CLENARDUM. *Lovanii,* 1552, in-8°, 1 vol.

212.   Institutiones et meditationes in græcam linguam, N. CLENARDO authore.
Lugduni, 1557, in-8°, 1 vol.

213. Institutiones in græcam linguam, authore Nicolao Clenardo. *Parisiis,* 1557, in-8°, 1 vol.

214. Institutiones ac meditationes in græcam linguam, N. Clenardo authore. *Parisiis,* 1572, in-8°, 1 vol.

215. Institutiones in linguam Græcam, a Nic. Clenardo. *Parisiis,* 1605, in-4°, 1 vol.

216. Jacobi Gretseri iustitutionum linguæ græcæ liber primus. *Duaci,* 1613, in-12, 1 vol.

217. Universa grammatica græca, per Alexandrum Scot. *Lugduni,* 1613, in-8°, 1 vol.

218. Abrégé de la nouvelle méthode pour apprendre les principes de la langue grecque, par Lancelot. *Paris,* 1655, in-8°, 1 vol.

219. Institutiones linguæ græcæ a Nicolao Clenardo ; studio Gerardi Jo. Vossii. *Amstelodami,* 1660, in-8°, 1 vol.

220. Nouvelle méthode pour apprendre facilement la langue grecque. *Paris,* 1682, in-8°, 1 vol.

221. Même ouvrage.

222. Introduction à la langue grecque, à l'usage des collèges (par B. Giraudeau). *La Rochelle,* 1751, in-12, 1 vol.

223. Introductio ad linguam græcam, auctore P. Bonaventura Giraudeau. *Rupellæ,* 1752, in-12, 2 vol.

224. Grammaire raisonnée de la langue grecque, traduite en français par Gail et Longueville. *Paris,* 1831, in-8°, 3 vol.

225. Grammaire raisonnée de la langue grecque, par Aug. Matthiæ. Tables, corrections et additions. *Paris,* 1842, in-8°, 1 vol.

226. Grande grammaire grecque et latine, par Romain Cornut. *Paris.* 1844, in-8°, 1 vol.

227. Grammaire grecque, par J. J. Courtaud-Divernéresse. *Paris,* 1853, in-8°, 1 vol.

228. Cours complet de grammaire grecque, par E. Sommer. *Paris,* 1862, in-8°, 1 vol.

229. Cours complet de langue grecque. Théories et exercices, par Guérard et Passerat. *Paris,* 1867, in-8°, 1 vol.

Accents, prononciation, prosodie

230. Gnomon Renati Guillonii, opus perutile volentibus rimari arcana poetarum Græcorum, quantum ad quantitatem syllabarum attinet. *Parisiis,* 1556, in-4°, 1 vol.

231. Tabulæ perbreves rationem motus verborum omnium barytonorum etc, monstrantes, Renato Guillonio authore. *Parisiis,* 1559, in-4°, 1 vol.

232. Orthoepeia, sive de germana ac recta linguæ græcæ et obiter latinæ pronuntiatione, opera Andreæ Hoï, Brug. *Duaci,* 1620, in-12, 1 vol.

233. Même ouvrage.

234. Græca prosodia fuse ac compendio tradita, opera Philippi Labbe. *Parisiis,* 1671, in-12, 1 vol.

235. Regulæ accentuum et spirituum græcorum, opera Philippi Labbe. *Parisiis,* 1676, in-8°, 1 vol.

236. Dictionarium prosodicum græcum. *Parisiis,* 1680, in-16, 1 vol.

237. Lexicon græco-prosodicum, auctore T. Morell. *Cantabrigiæ,* 1815, in-4° 1 vol.

238. Essai historique sur la prononciation du grec. Thèse pour le doctorat présentée à la Faculté des lettres de Paris, par P. Baret. *Paris,* 1878, in-8°, 1 vol.

Racines grecques

239. Primitiva, seu radices linguæ græcæ. *Duaci,* 1618, in-16, 1 vol.

240. Græcæ linguæ breviarium græco-latine, quo radicum ejus, et optimi cujusque ex eis compositi usus ex autoribus

reipsa ostenditur, opera Ant. LAUBE-GEOIS. *Duaci,* 1626, in-12, 1 vol.

241. Le jardin des racines grecques, mises en vers français. *Paris,* 1716, in-12, 1 vol.

Syntaxe, verbes, idiotismes, particules, élégances, exercices

242. Calligraphia oratoria linguæ græcæ a Joanne POSSELIO concinnata. *Genève,* 1536, in-8°, 1 vol.

243. Commentarii linguæ græcæ, Gulielmo BUDÆO auctore. *Parisiis,* 1548, in-f°, 1 vol.

244. Joachimi CAMERARII utriusque linguæ commentarii (græce et latine). *Basileæ,* 1551, in-f°, 1 vol.

245. Angeli CANINII Anglarensis ellenismos. *Parisiis,* 1555, in-4°, 1 vol.

246. De syntaxi partium orationis apud Græcos liber, auct. GEORGIO Chemnicense. *Parisiis,* 1556, in-12, 1 vol.

247. Syntaxis linguæ græcæ, Joanne VARENNIO authore. *Parisiis,* 1564, in-12, 1 vol.

248. Locutionum græcarum in communes locos per alphabeti ordinem digestarum volumen per Jacobum BILLIUM. *Duaci,* 1598, in-12, 1 vol.

249. Même ouvrage.

250. Calligraphia oratoria linguæ græcæ ad proprietatem, elegantiam et copiam græci sermonis parandam utilissima, a Joanne POSSELIO. *Hanoviæ,* 1609, in-12, 1 vol.

251. Claudii SALMASII de hellenistica lingua commentarius. *Lugduni Batavorum,* 1643, in-12, 1 vol.

252. Helladii BESANTINOI chrestomathiæ, cum notis Joannis MEURSII. *Ultrajecti,* 1686, in-4°, 1 vol.

253. Francisci VIGERI de præcipuis græcæ dictionis idiotismis liber. *Lipsiæ,* 1802, in-8°, 1 vol.

254. Clef d'Homère précédée de dissertations grammaticales, par J.-B. GAIL. *Paris,* 1806, in-12, 1 vol.

255. Francisci VIGERI de præcipuis græcæ dictionis idiotismis liber. *Lipsiæ,* 1834, in-8°, 2 vol.

Lexiques généraux

256. Julii POLLUCIS vocabularium græcum. *Florentiæ,* 1520, in-f°, 1 vol.

257. Lexicon græcum. *Basileæ,* 1522, in-f°, 1 vol.

258. Julii POLLUCIS onomasticon, hoc est, instructissimum rerum ac synony-

morum dictionarium, decem libris constans. *Basileæ,* 1536, in-4°, 1 vol.

259. Julii POLLUCIS onomasticon, hoc est, instructissimum rerum et synonymorum dictionarium, decem libris constans. *Basileæ,* 1541, in-4°, 1 vol.

260. Lexicon græco-latinum. *Basilcæ*, 1543, in-8°, 1 vol.

261. Suidas (græcc). *Basileæ*, 1544, in-f°, 1 vol.

262. Lexicon græco-latinum. *Basileæ*, 1548, in-f°, 1 vol.

263. Dictionarium latino-græcum. *Lutetiæ*, 1554, in-4°, 1 vol.

264. Même ouvrage.

265. Dictionarium græco-latinum , per Conradum Gesnerum. *Basileæ*, 1560, in-f°, 1 vol.

266. Thesaurus græcæ linguæ ab Henrico Stephano constructus. *Parisiis*, 1572, in-f°, 4 vol.

267. Supplementum linguæ latinæ, seu dictionarium abstrusorum vocabulorum, a Rob. Constantino. *Lugduni*, 1573, in-8°, 1 vol,

268. Dictionarium græco-latinum emendatum, per Guil. Budœum. *Basileæ*, 1577, in-f°, 1 vol.

269. Suidæ historica cæteraque omnia quæ ulla ex parte ad cognitionem rerum spectant solis verborum explicationibus prætermissis. *Basileæ*, 1584, in-f°, 1 vol.

270. Lexicon græco-latinum. 1583, in-8°, 1 vol.

271. Etymologicon magnum, seu magnum grammaticæ penus a Frederico Sylburgio. 1594, in-f°, 1 vol.

272. Lexicon græco-latinum. 1595, in-4°, 1 vol.

273. Nomenclator latino-græco-germanicus, a Jacobo Gretsero. *Ingolstadii*, 1598, in-8°, 1 vol.

274. Julii Pollucis onomasticum, græce et latine. *Amstelædami*, 1606, in-fol., 1 vol.

275. Joan. Scapulæ lexicon græco-latinum, cum indicibus, et græco et latino,

auctis et correctis, additum auctarium dialectorum, et Joan. Meursii, glossarium contractum. *Lugduni*, 1652, in-f°, 1 vol.

276. Joan. Scapulæ Lexicon græco-latinum. *Amstelodami*, 1652, in-f°, 1 vol.

277. Joan. Scapulæ lexicon græco-latinum. *Lugduni*, 1663, in-f°, 1 vol.

278. Corn. Schrevellii lexicon manuale græco-latinum et latino-græcum. *Amstelodami*, 1685, in-8°, 1 vol.

279. Novus apparatus græco-latinus. *Parisiis*, 1696, in-4°, 1 vol.

280. Suidæ lexicon, græce et latine. *Cantabrigiæ*, 1705, in-fol., 1 vol.

281. Julii Pollucis onomasticum, græce et latine. *Amstelodami*, 1706, in-fol., 1 vol.

282. Hesychii lexicon, cum notis doctorum virorum integris. *Londres*, 1746, in-fol., 2 vol.

283. Mœridis Atticistæ lexicon atticum. Joannes Piersonus. *Lugduni*, 1759, in-8°, 1 vol.

284. Novum lexicon græcum etymologicum et reale. Christianus Tobias Damm. *Berolini*, 1765, in-4°, 1 vol.

285. Hesychii lexicon cum notis doctorum virorum integris. *Lugduni*, 1766, in-fol., 2 vol.

286. Suidæ et Phavorini glossæ sacræ (græce). *Lipsiæ*, 1786, in-8°, 1 vol.

287. Glossæ sacræ Hesychii (græce). *Lipsiæ*, 1785, in-8°, 1 vol.

288. Jo. Daniel. A. Lennep etymologicum linguæ græcæ, pars prior. *Trajecti ad Rhenum*, 1790, in-8°, 2 vol.

289. Dictionnaire grec-françois, par M. Quénon. *Paris*, 1807, in-8°, 2 vol.

290. Joannis Scapulæ lexicon græco-latinum; accedunt etymologicum et Joannis

Meursii glossarium contractum. *Glasguæ*, 1816, in-4°, 2 vol.

291. Novum lexicon græcum etymologicum et reale, auctore C. Tobia Damm. *Glascuæ*, 1824, in-4°, 1 vol.

292. Dictionnaire grec-français, par C. Alexandre. *Paris*, 1840, in-8°, 1 vol.

293. Nouveau dictionnaire français-grec, par G. Ozaneaux et Roger. *Paris*, 1849, in-8°, 1 vol.

Dictionnaires spéciaux pour l'intelligence de certains auteurs

294. Georgii Pasoris lexicon græco-latinum in J.-Ch. Novum Testamentum. *Genevæ*, 1662, in-8°, 1 vol.

295. Clavis Homerica, sive lexicon vocabulorum omnium, etc. *Roterodami*, 1655, in-12, 1 vol.

296. Harpocrationis lexicon decem oratorum. Nicol. Blancardus. *Lugduni Batavorum*, 1683, in-4°, 1 vol.

297. Valerii Harpocrationis de vocibus liber. *Lugduni Batav.*, 1696, in-4°, 1 vol.

298. Phrynichi ecglogæ nominum et verborum atticorum, a Cornelio de Pauw. *Trajecti ad Rhenum*, 1739, in-4°, 1 vol.

299. Apollonii sophistæ lexicon Homericum, græce et latine. *Lutetiæ Parisiorum*, 1773, in-4°, 2 vol.

300. Apollonii sophistæ lexicon græcum Iliadis et Odysseæ. *Lutetiæ Parisiorum*, 1773, in-fol., 2 vol.

301. Clavis Homerica, sive lexicon vocabulorum omnium quæ in Homeri Iliade, et potissima parte Odysseæ continentur, cum indice vocabulorum omnium, necnon de dialectis et figuris appendice. *Londini*, 1822, in-8°, 1 vol.

302. Dictionnaire complet d'Homère et des Homérides, par N. Theil. *Paris*, 1841, in-8°, 1 vol.

Dictionnaires de synonymes et d'épithètes

303. Epithetorum græcorum farrago locupletissima, per Conradum Dinnerum. *Hanoviæ*, 1505, in-8°, 1 vol.

304. Synonyma copia græcorum verborum omnium absolutissima, auct. Martino Rulando. *Augustæ Vindelic.*, 1563, in-8°, 1 vol.

305. Synonyma copia græcorum verborum omnium absolutissima, aut. Mart. Rulando. *Augustæ Vindelic.*, 1576, in-8°, 1 vol.

306. Dan. Pauceri lexicon vocum græcarum synonymicarum. *Dresdæ*, 1766, in-8°, 1 vol.

Grec du moyen-âge

307. Joannis Meursii glossarium græco-barbarum. In quo præter vocabula quinque millia quadringenta, officia atque dignitates imperii Constantinop. explicantur. *Lugduni Batavorum*, 1614, in-4°, 1 vol.

308. Même ouvrage.

309. Glossarium ad scriptores mediæ et infimæ græcitatis duos in tomos digestum, a Carolo Dufresne. *Lugduni*, 1688, in-fol., 2 vol.

Grec moderne

310. Tesoro della lingua Græca-volgare ed Italiana. dal Padre ALESSIO DA SOMAVERA. *Parigi*, 1709, in-4°, 2 vol.

311. Théorie de la grammaire et de la langue grecque, par MINOÏDE MYNAS. *Paris*, 1827, in-8°, 1 vol.

312. Grammaire grecque moderne, suivie du panomara de la Grèce d'Alexandre SOUTSOS, publié d'après l'édition originale, par Emile LEGRAND. *Paris*, 1878, in-8°, 1 vol.

II. — LANGUE LATINE

Excellence de cette langue. — Méthodes d'enseignements.

313. Pyrrhi PEROTTI cornucopiæ, sive commentarii linguæ latinæ locupletissimi. *Basileæ*, 1513, in-fol., 1 vol.

314. Franscisci FLORIDI in latinæ linguæ scriptorum calumniatores apologia. *Fasileæ*, 1540, in-fol., 1 vol.

315. De corrupto docendæ grammatice latinæ genere, Martino CUEVA auctore. *Antuerpiæ*, 1550, in-16, 1 vol.

316. Auctores latinæ linguæ in unum redacti corpus, cum notis Dionysii GOTHOFREDI. *S. Gervasii*, 1602, in-4°, 1 vol.

317. NONII MARCELLI nova editio. *Parisiis*, 1614, in-8°, 1 vol.

318. Fr. SANCTII Brocensis Minerva, seu de causis linguæ latinæ commentarius. *Amstelodami*, 1733, in-8°, 1 vol.

319. Nicolai FUNCCII de origine et pueritia latinæ linguæ. *Marburgi Cattorum.* 1735, in-4°, 1 vol.

320. Méthode pour apprendre à lire le françois et le latin, par le Sr DE LAUNAY. *Paris*, 1741, in-12, 1 vol.

Grammaires anciennes

321. PRISCIANI grammatici Cesariensis opera. *Parisiis*, 1517, in-f° 1 vol.

322. M. Terentii VARRONIS fragmenta. *Parisiis*, 1529, in-12, 1 vol.

323. Fl. Sosipatri CHARISII artis grammaticæ libri quinque. *Basileæ*, 1551, in-12, 1 vol.

324. PRISCIANI grammatici Cesariensis libri omnes. *Basileæ*, 1554, in-12, 1 vol.

325. M. Terentii VARRONIS pars librorum quatuor et viginti de lingua latina. M. VERTRANIUS Maurus recensuit. *Lugduni*, 1563, in-12, 1 vol.

326. Même ouvrage.

327. NONIUS MARCELLUS de proprietate sermonum. *Antuerpiæ*, 1565, in-12, 1 vol.

328. Même ouvrage.

329. M. Verrii Flacci quæ extant, et Sext. Pompei Festi de verborum significatione libri xx. 1593, in-12, 1 vol.

330. Sext. Pompei Festi de verborum significatione libri xx. *Amstelodami,* 1699, in-4°, 1 vol.

331. Sext. Pompei Festi et Mar. Verrii Flacci de verborum significatione libri xx. Notis illustravit And. Dacerius. *Amstelodami,* 1700, in-4°, 1 vol.

332. Corpus grammaticorum latinorum veterum. Fridericus Lindemannus, *Lipsiæ,* 1831, in-4°, 5 vol.

Grammaires modernes

333. Grammatica Nicolaï Perotti. *Venetiis,* 1503, in-8°, 1 vol.

334. Elii Antonii Nebrissensis in latinam grammaticem introductiones ....., 1517, in-4°, 1 vol.

335. Petri Pontani duplex grammaticæ artis isagoge. *Parrhysiis,* 1517,. in-4°, 1 vol.

336. Rudimenta grammatices Thomæ Linacri, ex anglico sermone in latinum verso. *Lugduni,* 1544, in-8°, 1 vol.

337. Contextus universæ grammatices Despauterianæ, per J. Pellissonem. *Lugduni,* 1559, in-12. 1 vol.

338. Joannis Despauterii universa grammatica in commodiorem docendi et discendi usum redacta. *Parisiis,* 1569, in-8°, 1 vol.

339. Joannis Despauterii universa grammatica, per Gabrielem Prateolum. *Parisiis,* 1571, in-12, 1 vol.

340. Johannis Despauterii commentarii grammatici. *Lugduni,* 1573, in-4°, 1 vol.

341. Jacobi Pontani progymnasmatum latinitatis, etc., libri iv. *Ingolstadii,* 1602, in-8°, 4 vol.

342. Emmanuelis Alvari syntaxis, sive institutionum linguæ latinæ liber tertius. *Duaci,* 1624, in-12, 1 vol.

343. Emmanuelis Alvari grammatica, sive institutionum linguæ latinæ liber primus. *Duaci,* 1666, in-12, 1 vol.

344. Nouvelle méthode pour apprendre facilement la langue latine, par Lancelot, Arnauld et Nicole, de Port-Royal. *Paris,* 1667, in 8°, 1 vol.

345. Même ouvrage.

346. Gramatica latina escrita con nuevo metodo. D. Juan de Yriarte. *En Madrid,* 1671, in-8°, 1 vol.

347. Nouvelle méthode pour apprendre facilement la langue latine. *Paris,* 1681, in-8°, 1 vol.

348. Nouvelle méthode de MM. de Port Royal pour apprendre facilement la langue latine. *Paris,* 1696, in-8°, 1 vol.

349. Abrégé de la nouvelle méthode pour apprendre facilement la langue latine. *Paris,* 1696, in-12, 1 vol.

350. Nouvelle méthode pour apprendre facilement la langue latine, par Arnauld, Lancelot et Nicole de Port-Royal. *Paris,* 1709, in-8°, 1 vol.

351. Même ouvrage.

352. La quantité du petit Behourt, ou du nouveau Despautère. *Paris,* 1742, in-12, 1 vol.

353. A short introduction of grammar, etc. to the knowledge of the latin tongue. *Dublin,* 1746, in-12, 1 vol.

354. Cours de langue latine, par Luneau, de Boisjermain. *Paris,* 1787, in-8°, 3 vol.

355. Principes généraux et raisonnés de la langue latine, à l'usage des écoles centrales et des maisons d'éducation, d'après les méthodes de Dumarsais et de Lhomond, par SÉRANE. *Paris*, 1801, in-12, 1 vol.

356. Grammaire raisonnée de la langue latine, par l'abbé PROMPSAULT. *Paris*, 1842, in-8°, 1 vol.

Racines. — Propriétés des mots

357. Synonymes latins et leurs différentes significations, par GARDIN-DUMESNIL. *Paris*, 1777, in-12, 1 vol.

358. Racines latines à l'usage des écoles royales militaires, et des collèges de la Congrégation de l'Oratoire, par Joseph VILLIER. *Paris*, 1779, in-12, 1 vol.

Prononciation, orthographe

359. De recta latini græcique sermonis pronuntiatione D. ERASMI dialogus. *Lutetiæ*, 1547, in-12, 1 vol.

360. Justi LIPSII de recta pronuntiatione latinæ linguæ dialogus. *Antuerpiæ*, 1586, in-4°, 1 vol.

361. Antiqui novique Latii orthographica a Claudio DAUSQUEIO. *Tornaci Nerviorum*, 1632, in-f°, 1 vol.

Syntaxe, style, recueils de phrases

362. De sermone latino ab HADRIANO. *Parrhisiis*, 1517, in-4°, 1 vol.

363. D. ERASMI Roterodami de duplici copia rerum ac verborum commentarii. *Argentorati*, 1522, in-12, 1 vol.

364. Jul. Cæsaris SCALIGERI de causis linguæ latinæ libri tredecim. *Lugdi*, 1540, in-4°, 1 vol.

365. Maturini CORDERII de corrupti sermonis emendatione libellus. *Lugduni*, 1545, in-8°, 1 vol.

366. De octo orationis partium constructione libellus Desid. ERASMI, cum commentariis Junii RABIRII. *Lutetiæ*, 1553, in-12, 1 vol.

367. De duplici copia verborum ac rerum commentarii duo a Des. ERASMO. *Lugduni*, 1555, in-12, 1 vol.

368. Julii Cæsaris SCALIGERI liber quintus decimus de subtilitate. *Lutetiæ*, 1557, in-4°, 1 vol.

369. Thomæ LINACRI Britanni de emendata structurâ latini sermonis libri VI. *Coloniæ*, 1557, in-12, 1 vol.

370. Sententiarum insigniorum thesaurus ex M. T. CICERONE collectus. *Dusseldorpii*, 1561, in-12, 1 vol.

371. HADRIANUS de sermone latino et modus latinè loquendi. *Coloniæ*, 1566, in-12, 1 vol.

372. Ciceronianus Joan.-Thomæ FREIGII. *Basileæ*, 1575, in-8°, 1 vol.

373. De latinitate falso suspecta, expostulatio Henrici STEPHANI. *Lugduni*, 1576, in-12, 1 vol.

374. Julii Cæsaris SCALIGERI de causis linguæ latinæ libri tredecim. *Lugduni,*1580, in-12, 1 vol.

375. HADRIANUS Cardinalis. De sermone latino et modis latine loquendi. *Coloniæ Agrippinæ,* 1587, in-12, 1 vol.

376. Nicolai REUSNERI anagrammatographia. *Ienæ,* 1602, in-12, 1 vol.

377. And. SCHOTTI Tullianarum quæstionum de instauranda Ciceronis imitatione libri IV. *Antuerpiæ,* 1610, in-8°, 1 vol.

378. Thesaurus verborum ac phrasium ad orationem ex hispana latinam efficiendam, auct. Bartholomæo BRAVO. *Pampelonæ,* 1610, in-4°, 1 vol.

379. Delectus latinitatis designatus rudiore exemplo, opera Philiberti MONETI. *Duaci,* 1627, in-12, 1 vol.

380. Flores latinæ locutionis. *Parisiis,* 1630, in-8°, 1 vol.

381. Joannis VOSSII de vitiis sermonis et glossematis latino-barbaris libri quatuor. *Amstelodami,* 1645, in-4°, 1 vol.

382. Thesaurus phrasium poeticarum, opera Joan. BUCHLERII. *Amstelodami,* 1656, in-16, 1 vol.

383. De elegantiori latinitate comparanda scriptores selecti, opera Richardi KETELLII. *Amstelodami,* 1713, in-4°, 1 vol.

384. Latini sermonis exemplaria e scriptoribus probatissimis. *Lutetiæ Parisiorum,* 1744, in-12, 1 vol.

385. Même ouvrage.

386. Petit trésor de la belle latinité, puisé dans les meilleurs auteurs, par ALLETZ. *Paris,* 1755, in-12, 1 vol.

387. Modèles d'éloquence latine. *Cologne,* 1774, in-12, 1 vol.

Règles pour la traduction

388. De la traduction ou règles pour apprendre à traduire la langue latine en la langue française, par DE L'ESTANG. *Paris,* 1660, in-8°, 1 vol.

389. Nouvelle méthode facile pour la traduction du latin en françois, et du françois en latin, par un régent de l'Université. *Paris,* 1687, in-12, 1 vol.

Dictionnaires étymologiques

390. Præclarissimum opus ISIDORI Hispalensis quod etimologiarum inscribitur. *Parisiis,* 1520, in-f°, 1 vol.

391. Martiani Minei CAPELLÆ de nuptiis Philologiæ et Mercurii libri II. *Basileæ.* 1532, in-f°, 1 vol.

392. Synonymorum sylva, labore Fr. Simonis PELEGROMII. *Antuerpiæ,* 1563, in-12, 1 vol.

393. Supplementum linguæ latinæ, seu dictionarium abstrusorum vocabulorum a Rob. CONSTANTINO collectum, 1573, in-8°, 1 vol.

394. Gerardi Joannis VOSSII etymologicon linguæ latinæ. *Amstelodami,* 1662, in-f°, 1 vol.

395. Nomenclator philologus, explicans verborum difficilium etymologias, origines, proprietates et differentias Johannis ADAMI. *Isnaci,* 1682, in-12, 1 vol.

396. Dictionnaire étymologique latin, par Michel BRÉAL et Anatole BAILLY. *Paris,* 1885, in-8°, 1 vol.

Glossaires latins

397. Summa quæ Catholicon appellatur fratris Johannis JANUENSIS. Johannes de Janua (Babbi). *Lugduni, 1506, in-f°., 1 vol.*

398. Catholicon, seu universale vocabularium ac summa grammatices F. Johannis GENUENSIS, nuper a Petro EGIDIO ex parte auctum et recognitum. *Lugduni, 1514, in-f°., 1 vol.*

399. Tomi primi epitome commentariorum linguæ latinæ Stephani DOLETI. *Basileæ, 1540, in-12, 2 vol.*

400. J. RAVISH TEXTORIS epithetorum opus. *Basileæ, 1541, in-4°, 1 vol.*

401. Dictionarium ANTONII Nebrissensis. *Granatæ, 1550, in-4°, 1 vol.*

402. Dictionarium, seu thesaurus linguæ latinæ, per Marium NIZOLIUM. *Veneliis, 1551, in-fol., 2 vol.*

403. J. RAVISH TEXTORIS officina, partim historiis partim poeticis referta disciplinis. *Basileæ, 1552, in-4°, 1 vol.*

404. NIZOLIUS, sive thesaurus Ciceronianus. *Basileæ, 1548, in-fol., 1 vol.*

405. Thesaurus linguæ latinæ, per Robertum STEPHANUM. *Lugduni, 1573, in-fol., 1 vol.*

406. Thesaurus vocum omnium latinarum. *1594, in-8°, 1 vol.*

407. Nicolai RIGALTII glossarium de verborum significatione. *Lutetiæ, 1601, in-8°, 1 vol.*

408. Onomatographia, sive descriptio nominum varii et peregrini idiomatis, quæ alicubi in latina vulgata editione occurrunt, a Ludovico BALLESTER. *Lugduni, 1617, in-4°, 1 vol.*

409. Lexicon Ciceronianum Marii NIZOLII. *Patavii, 1734, in-fol., 1 vol.*

410. Roberti STEPHANI thesaurus linguæ latinæ in IV tomos divisus. *Basileæ, 1740, in-fol., 2 vol.*

411. Roberti STEPHANI thesaurus linguæ latinæ. *Basileæ, 1760, in-fol., 4 vol.*

412. Thesaurus eroticus linguæ latinæ, edidit Car. RAMBACH. *Stuttgartiæ, 1833, in-8°, 1 vol.*

413. Totius latinitatis lexicon, concilio et cura Jacobi FACCIOLATI, opera et studio Egidii FORCELLINI lucubratum. *Lipsiæ, 1839, in-fol., 2 vol.*

Dictionnaires latins polyglottes

414. Nomenclator omnium rerum propria nomina variis linguis explicata indicans. *Antuerpiæ, 1569, in-8°, 1 vol.*

415. Promptuarium linguæ latinæ, seu dictionarium novem linguarum. Ambrosius CALEPINUS. *Lugduni, 1581, in-fol., 1 vol.*

416. Nomenclator omnium rerum propria nomina septem diversis linguis explicata indicans, auctore Had. JUNIO. *Francofurti, 1590, in-8°, 1 vol.*

417. Nomenclator quatrilinguis germanico-latino-græco-gallicus, auctore M. Helfrico EMMELIO Wombacensi. *Argentorati, 1592, in-8°, 1 vol.*

418. Sylva quinque linguis vocabulorum et phrasium germanicæ, latinæ, græcæ, hebraïcæ, gallicæ linguæ, per Helfrid. EMMELIUM. *Argentorati, 1592, in-8°, 1 vol.*

419. Dictionarium triglotton hoc est, tribus linguis latina, græca et germana. *Antuerpiæ, 1605, in-8°, 1 vol.*

420. Dictionarium triglotton, hoc est, tribus linguis latina, græca, germana, a Joanne SERVILIO. *Antuerpiæ*, 1612, in-8°, 1 vol.

421. Le dictionnaire des six langages. *Rouen*, 1625, in-12, 1 vol.

422. Hadriani JUNII nomenclator, in quo propria nomina omnium rerum gallica belgicaque linguis explicantur. *Antuerpiæ*, 1630, in-12, 1 vol.

423. Dictionarium latinum græco-barbarum et litterale, auctore Simone PORTIO. *Lutetiæ Parisiorum*, 1635, in-4°, 1 vol.

424. Nova nomenclatura quatuor linguarum gallico, germanico, italico, latino idiomate conscripta, per Nathaelem DVESIUM. *Lugd. Batav.*, 1652, in-18, 12 vol.

425. Dictionarium triglotton latino-græco-gallicum in duas partes divisum. *Leodii*, 1665, in-12, 1 vol.

426. Même ouvrage.

427. Nomenclator latino-gallico-germanicus. *Genevæ*, 1667, in-12, 1 vol.

428. Ambrosii CALEPINI dictionarium octolingue. *Lugduni*, 1681, in-fol., 2 vol.

429. Thesaurus trium linguarum latinæ, gallicæ, græcæ, opera J. GAUDINI. *Parisiis*, 1710, in-4°, 1 vol.

Dictionnaires latins-français et français-latins

430. Dictionarium, seu latinæ linguæ thesaurus cum gallica fere interpretatione. *Parisiis*, 1531, in-fol., 1 vol.

431. Dictionarium latino-gallicum. *Lutetiæ*, 1552, in-fol. 1 vol.

432. Dictionnaire français-latin, auquel les mots français, avec les manières d'user d'iceulx, sont tournés en latin par Me Jean THIERRY. *Paris*, 1564, in-4°, 1 vol.

433. Dictionariolum latino-gallicum. *Parisiis*, 1587, in-8°, 1 vol.

434. Le grand dictionnaire français-latin ; recueilly des observations de plusieurs hommes doctes : entre autres de M. NICOD. *Paris*, 1614, in-4°, 1 vol.

435. Dictionarium novum latino-gallicum. *Parisiis*, 1687, in-4°, 1 vol.

436. Dictionarium universale latino-gallicum. *Parisiis*, 1715, in-8°, 1 vol.

437. Novitius, seu dictionarium latino-gallicum, Schreveliana methodo digestum. *Lutetiæ Parisiorum*, 1721, in-4°, 2 vol.

438. Dictionnaire français et latin, par Joseph JOUBERT. *Lyon*, 1725, in-4°, 1 vol.

439. Grand dictionnaire français et latin, par l'abbé DANET. *Lyon*, 1737, in-4°, 1 vol.

440. Magnum dictionarium latinum et gallicum. Petrus DANETIUS. *Lugdini*, 1737, in-4°, 1 vol.

441. Vocabulaire universel latin-français, contenant les mots de la latinité des différents siècles. *Paris*, 1754, in-8°, 1 vol.

442. Dictionarium universale latino-gallicum ex omnibus latinitatis auctoribus. *Rothomagi*, 1771, in-8°, 1 vol.

443. Dictionnaire français-latin, par Fr. NOEL. *Paris*, 1840, in-8°, 1 vol.

444. Dictionnaire latin-français, par Fr. NOEL. *Paris*, 1841, in-8°, 1 vol.

445. Dictionnaire latin-français, par MM. L. QUICHERAT et A. DAVELUY. *Paris*, 1881, in-8°, 1 vol.

446. Dictionnaire français-latin, par Louis QUICHERAT. *Paris*, 1885, in-8°, 1 vol.

447. Josephi Laurentii Lucencis, Amalthea onomastica ; in qua voces universæ sacræ, profanæ, antiquæ... etc. *Lugduni*, 1664, in-fol., 1 vol.

448. Même ouvrage.

449. Glossarium ad scriptoies mediæ et infimæ latinitatis tres in tomos digestum, a Carolo Dufresne. *Lutetiæ*, 1678, infol., 3 vol.

450. Glossarium ad scriptores mediæ et infimæ latinitatis, auctore Carolo Du Fresne, opera et studio monachorum ordinis S. Benedicti congregatione S. Mauri. *Parisiis*, 1733, in-fol., 6 vol.

451. Même ouvrage.

452. Glossarium novum ad scriptores medii ævi tum latinos tum gallicos, seu supplementum ad auctorem glossarii Cangiani editionem. Collegit D. P. Carpentier. *Parisiis*, 1766, in-fol., 2 vol.

453. Glossarium mediæ et infimæ latinitatis conditum a C. Du Fresne, Domino Du Cange. *Parisiis*, 1840, in-4°, 7 vol.

454. Recueil d'anciens textes bas-latins, provençaux et français, accompagnés de deux glossaires, par P. Meyer. *Paris*, 1877, in-8°, 2 vol.

III. — LANGUE ITALIENNE

Grammaires, recueils de phrases

455. Eleganze insieme con la copia della lingua toscana e latina. *In Pavia*, 1576, in-12, 1 vol.

456. Nomenclature françoise et italienne, ou les noms appellatifs de toutes les choses, par Antoine Oudin. *Paris*, 1643, in-12, 1 vol.

457. Compendium facis linguæ italicæ, Laurentii Franciosini. *Romæ*, 1666, in-32. 1 vol.

458. Nouvelle grammaire italienne, composée, par le S\ Giuliani. *Paris*, 1667, in-12, 1 vol.

459. Nouvelle grammaire italienne, par Placide. *Paris*, 1671, in-12, 1 vol.

460. Grammaire italienne pratique et raisonnée, par l'abbé Antonini. *Paris*, 1746, in-12, 1 vol.

461. Le maître italien, ou la grammaire de Veneroni, avec un dictionnaire pour les deux langues, par Charles Placardi. *Basle*, 1747, in-8°, 1 vol.

462. Le maître italien dans sa dernière perfection, par Veneroni. *Paris*, 1752, in-12, 1 vol.

463. Grammaire italienne pour les dames, par Antoine Scoppa. *Paris*, 1808, in-12, 1 vol.

464 Le nouveau Veneroni, ou grammaire italienne. *Paris*, 1844, in-12, 1 vol.

465. Grammaire italienne simplifiée et réduite à 20 leçons, par Vergani. *Paris*, 1845, in-12, 1 vol.

Dictionnaires

466. Dictionnaire volgare e latino. *In Venetia*, 1568, in-4°, 1 vol.

467. Dictionnaire français et italien, par Pierre CANAL. *Paris*, 1603, in 8°, 1 vol.

468. Vocabolario degli Accademici della Crusca. *In Venezia*, 1623, in fol., 1 vol.

469. Nomenclature du sieur JULLIANI, contenant les mots exacts et choisis pour apprendre les langues françoises, italiennes et espagnoles. *Paris*, 1659, in-12, 1 vol.

470. Dictionnaire italien-français et français-italien, par Nathael DUEZ. *Lyon*, 1671, in-8°, 2 vol.

471. Dictionnaire italien et françois, par Ant. OUDIN. *Lyon*, 1707, in-4°, 1 vol.

472. Dictionnaire italien latin et français, étymologies, etc., par l'abbé ANTONINI. *Paris*, 1729, in-4°, 2 vol.

473. Dictionnaire italien et français, par VENERONI. *Basle*, 1750, in-4°, 2 vol.

474. Il dizionario imperiale nel quale le quatro principali lingue dell'Europa, dal Gio VENERONI. *Lipsia*, 1766, in-4°, 2 vol.

IV.— LANGUES ESPAGNOLE ET PORTUGAISE

Grammaires

475. Grammaire espagnolle expliquée en françois, par César OUDIN. *Bruxelles*, 1610, in-12, 1 vol.

476. Même ouvrage.

477. Même ouvrage.

478. Miroir général de la grammaire en dialogues de la langue espagnole, par Ambroise DE SALASAR. *Rouen*, 1615, in-12, 1 vol.

479. Observationi della lingua Castigliana di M. Giovanni MIRANDA, divise in quattro libri. *In Venetia*, 1622, in-12, 1 vol.

480. De grammatica francessa en hespanol in libros a Don Balthazar de ZUNIGA, por P. Fr. DIEGO. *Douay*, 1624, in-12, 1 vol.

481. Miroir général de la grammaire en dialogues de la langue espagnole par Amb. DE SALASAR. *Rouen*, 1627, in-12, 1 vol.

482. Nouvelle méthode pour apprendre facilement et en peu de temps la langue espagnole, par LANCELOT. *Paris*, 1665, in-12, 1 vol.

483. Nouvelle grammaire de la langue espagnole, par PERGER. *Paris*, 1704, in-12, 1 vol.

484. Arte de la lengua Bascongada, su author El P. Manuol DE LARRAMENDI. *En Salamenca*, 1729, in-12, 1 vol.

485. D. Luis VELASQUEZ ensayo sobre los Alfabetos, de las letras desconocidas etc. *Madrid*, 1752, in-4°, 1 vol.

486. Orthografia de la lengua Castellana. *Madrid*, 1792, in-16, 1 vol.

487. Grammatica de la lengua Castellana. *Madrid*, 1796, in-12, 1 vol.

488. Grammatica de la lengua **Castellana**. *Madrid*, 1880, in-8°, 1 vol.

489. Nouvelle grammaire portugaise à l'usage des Français, par F. S. CONSTANCIO. *Paris*, 1832, in-12, 1 vol.

Dictionnaires

490. Vocabulario de las dos lenguas toscana y castellana de Christoval DE LAS CASAS. *En Venetia*, 1591, in-8°, 1 vol.

491. Recueil de dictionnaires francoys, espaignols et latins, authore HORNKENS. *Bruxelles*, 1599, in-4°, 1 vol.

492. Trésor des deux langues françoise et espagnolle, par César OUDIN. *Paris*, 1607, in-4°, 1 vol.

493. Tesoro della lengua castellana, o espanola. *Madrid*, 1611, in-4°, 1 vol.

494. Trésor des deux langues françoise et espagnolle, par César OUDIN. *Paris*, 1621, in-4°, 1 vol.

495. Le trésor des deux langues espagnolle et françoise, par Ant. OUDIN. *Paris*, 1660, in-4°, 1 vol.

496. Diccionario nuevo de las lengnas espanola y francesa, por Franc. SOBRINO. *Brusselas*, 1751, in-4°, 2 vol.

497. Diccionario della iengua castellana, compnesto por la Real Academia espanola. *Madrid*, 1791, in-fol. 1 vol.

498. Diccionario de la lengua castellana, por Nuncz DE TABOADA. *Paris*, 1825, in-8°, 2 vol.

499. Diccionario portuguez et latino, impresso por ordem del Rei fidelissimo dom José I. *Lisboa*, 1771, in-fol., 1 vol.

500. Dictionnaire français - portugais et portugais-français, par José DA FONSECA. *Paris*, 1845, in-8°, 2 vol.

V. — LANGUE FRANÇAISE

Excellence de la langue française

501. Avantages de la langue française sur la langue latine, par LE LABOUREUR. *Paris*, 1669, in-12, 1 vol.

502. Deffense de la langue française pour l'inscription de l'arc-de-Triomphe, par CHARPENTIER. *Paris*, 1676, in-12, 1 vol.

503. Suite des réflexions critiques sur l'usage présent de la langue française, par A. D. B. *Paris*, 1693, in-12, 1 vol.

504. Opuscules sur la langue, par divers académiciens. *Paris*, 1754, in-8°, 1 vol.

505. Même ouvrage.

506. De l'universalité de la langue française, discours qui a remporté le prix à l'Académie de Berlin, en 1784. *Paris*, 1785, in-8° 1 vol.

507. Considérations philosophiques sur la langue française, suivies de l'esquisse d'une langue bien faite, par P. M. LE MESL. *Paris*, 1834, in-8°, 1 vol.

508. Joachimi PERIONII dialogorum de linguæ Gallicæ origine, ejusque cum Græca cognatione, libri quatuor. *Parisiis*, 1555, in-12, 1 vol.

509. Même ouvrage.

510. De republica, et lingua francica ac gothica, authore Juliano TABOETIO Jureconsulto. *Lugduni*, 1559, in-4°, 1 vol.

511. Les origines de la langue françoise. *Paris*, 1650, in-4°, 1 vol.

512. Franco-gallia, sive collatio linguæ gallicæ et francicæ, cum germanica, edita a Joh. Henr. OTTIO. *Basileæ*, 1670, in-16, 1 vol.

513. Dictionnaire français celtique ou français-breton, par Greg. DE ROSTRENEN. *Rennes*, 1732, in-4°, 1 vol.

514. Supplément au glossaire du roman de la Rose. *Dijon*, 1737, in-12, 1 vol.

515. Grammaire françoise-celtique ou françoise-bretonne, par le P. Grégoire DE ROSTRENEN. *Rennes*, 1738, in-12, 1 vol.

516. Même ouvrage.

517. Dictionnaire de la langue celtique, par BULLET. *Besançon*, 1750, in-fol., 3 vol.

518. Etudes sur la langue française, par A. MAGIN. *Charleville*, 1803, in-8°, 1 vol.

519. Grammaire celto-bretonne, par A. LEGONIDEC. *Paris*, 1807, in-8°, 1 vol.

520. Histoire de la langue française, par Gabriel HENRY. *Paris*, 1812, in-8°, 2 vol.

521. Glossaire de la langue Romane, par J.-B. B. ROQUEFORT. *Paris*, 1808, in-8°, 2 vol.

522. Supplément au glossaire de la langue Romane, par J.-B. B. ROQUEFORT. *Paris*, 1820, in-8°, 1 vol.

523. Essai analytique sur l'origine de la langue française, par Gab. PEIGNOT. *Dijon*, 1835, in-8°, 1 vol.

524. Grammaires Romanes inédites du 13° siècle, par F. GUESSARD. *Paris*, 1840, in-8°, 1 vol.

525. Tableau historique et littéraire de la langue parlée dans le midi de la France, et connue sous le nom de langue romano-provençale, par MARY-LAFON. *Paris*, 1842, in-12, 1 vol.

526. Lexique Roman, ou dictionnaire de la langue des troubadours, comparée avec les autres langues de l'Europe latine, par M. RAYNOUARD. *Paris*, 1844, in-8°, 6 vol.

527. Des variations du langage français depuis le XIIe siècle, ou recherche des principes qui devraient régler l'orthographe et la prononciation, par F. GÉNIN. *Paris*, 1845, in-8°, 1 vol.

528. Histoire des révolutions du langage en France, par Francis WEY. *Paris*, 1848, in-8°, 1 vol.

529. Dictionnaire de la langue Romano-Castraise, et des contrées limitrophes, par J. P. COUZINIÉ. *Castres*, 1850, in-8°, 1 vol.

530. DE CHEVALLET, origine et formation de la langue française. *Paris*, 1858, in-8°, 3 vol.

531. Etudes étymologiques historiques et comparatives sur les villes, bourgs et villages du département du Nord, par E. MANNIER. *Paris*, 1861, in-8°, 1 vol.

532. Introduction à la grammaire des langues Romanes, par Frédéric DIEZ, traduite de l'allemand, par Gaston PARIS. *Paris*, 1863, in-8°, 1 vol.

533. La lengua de los trovadores, par D. Pedro VIGNAU Y BALLESTER. *Madrid*, 1865, in-8°, 1 vol.

534. Histoire de la langue française, par E. LITTRÉ. *Paris*, 1867, in-8°, 2 vol.

535. De la formation française des anciens noms de lieu, par J. QUICHERAT. *Paris*, 1867, in-12, 1 vol.

536. Histoire de la formation de la langue française, par J. J. AMPÈRE. *Paris*, 1871, in-12, 1 v.

537. Grammaire des langues Romanes, par Frédéric DIEZ. *Paris*, 1873-76, in-8°, 3 vol.

538. Les composés qui contiennent un verbe à un mode personnel en latin, en français, en italien et en espagnol, par L. Francis MEUNIER. *Paris*, 1875, in-8°, 1 vol.

539. Grammaire historique de la langue française, par Auguste BRACHET. Préface par LITTRÉ. *Paris*, in-8°, 1 vol.

540. Grammaire comparée de la langue française, par C. AYER. 4e édition. *Paris*, 1885, in-8°, 1 vol.

541. Grammaire élémentaire de la vieille langue française, par L. CLEDAT. *Paris*, 1885, in-18, 1 vol.

542. Précis de grammaire historique de la langue française, avec une introduc-

tion sur les origines et le développement de cette langue, par Ferdinand BRUNOT. *Paris*, 1887, in-12, 1 vol.

543. La vie des mots étudiée dans leurs significations, par Arsène DARMESTETER. *Paris*, 1887, in-18, 1 vol.

544. Hippolyte COCHERIS, origine et formation de la langue française. *Paris*, in-12, 2 vol.

545. Origine et formation de la langue française : Le premier livre des fables de la Fontaine (texte de 1668), accompagné d'une version latine interlinéaire, calquée sur la texte français, par Hippolyte COCHERIS. *Paris*, in-8°, 1 vol.

546. Origine et formation des noms de lieu, par Hippolyte COCHERIS. *Paris*, in-12, 1 vol.

547. Hippolyte COCHERIS, histoire de la grammaire. *Paris*, in-12, 1 vol.

Grammaires

548. Nouvelle méthode pour apprendre facilement les principes de la langue françoise, par Claude IRSON. *Paris*, 1642, in-12, 1 vol.

549. Nouvelle méthode pour apprendre facilement les principes de la pureté de la langue française, par Claude IRSON. *Paris*, 1662, in-8°, 1 vol.

550. Grammaire françoise rapportée au langage du temps, par Antoine OUDIN. *Rouen*, 1663, in-12, 1 vol.

551. La syntaxe françoise, pour l'usage des escholiers des collèges de la compagnie de Jésus. *Amiens*, 1679, in-12, 1 vol.

552. Nouvelle et parfaite grammaire française, par le P. CHIFFLET. *Paris*, 1680, in-12, 1 vol.

553. Grammaire méthodique, contenant en abrégé les principes de cet art, par D'ALLAIS. *Paris*, 1681, in-12, 1 vol.

554. Traité de la grammaire française, par RÉGNIER-DESMARAIS. *Paris*, 1706, in-4°, 1 vol.

555. Grammaire française sur un plan nouveau, par le P. BUFFIER. *Paris*, 1714, in-12, 1 vol.

556. Principes de la langue bourguignonne ou françoise, par DE PRATEL. *Bruxelles*, 1717, in-12, 1 vol.

557. Nouvelle et parfaite grammaire françoise, par le P. CHIFFLET. *Paris*, 1722, in-12, 1 vol.

558. Nouvelle méthode raisonnée pour apprendre facilement la langue françoise

par F. Barin. *Amsterdam*, 1738, in-12,
1 vol.

559. Les vrais principes de la langue
française, ou la parole réduite en méthode par l'abbé Girard. *Paris*, 1747,
in-12, 2 vol.

560. Grammaire françoise sur un plan
nouveau, par le P. Buffier. *Paris*, 1754,
in-8°, 1 vol.

561. Principes généraux et raisonnés de
la grammaire française, par Restaut.
Paris, 1755, in-12, 1 vol.

562. Grammaire françoise philosophique,
ou traité complet sur la physique, la mé-
taphysique et sur la rhétorique du langage, par D'Acarq. *Genève*, 1760, in-12,
1 vol.

563. Principes généraux et particuliers de
la langue françoise, par de Wailly. *Paris*,
1780, in-12, 1 vol.

564. Eléments raisonnés de la grammaire
françoise, par Joseph Roullé. *Paris*,
an V, in-8°, 3 vol.

565. Nouvelle grammaire raisonnée
l'usage de la jeunesse. *Paris*, an X,
in-8°, 1 vol.

566. L'art de parler et d'écrire correcte-
ment la langue française, par l'abbé de
Lévizac. *Paris*, 1801, in-8°, 2 vol.

567. Abrégé d'un cours complet de lexi-
cologie, par F. Butet. *Paris*, 1801,
1 vol.

568. Cours de langue française en six
parties, par A. Lemare. *Paris*, 1819,
in-8°, 2 vol.

569. Eléments de la grammaire française,
par Lhomond. *Paris*, 1820, in-12, 1 vol.

570. Nouvelle orthologie française, par B.
Legoarant. *Paris*, 1832, in-8°, 1 vol.

571. Grammaire générale de la langue
francoise, par Nap. Caillot. *Paris*, 1838,
in-8°, 1 vol.

572. Nouvelle grammaire francaise, où
on fait voir les vices des grammaires qui
ont paru jusqu'ici. *Paris*, in-12, 2 vol.

Traités généraux ou particuliers en différentes langues

573. A treatise for declining of verbes,
wich may be called the second chieffest
worke of the French tongue, set forth by
Claudius Holliband. *London*, 1641, in 12.
1 vol.

574. Nathanël Duez. Grammaire fran-
çaise-allemande. *Paris*, 1670, in-12, 1 vol.

575. Nathanël Duez. Grammaire française, corrigée et augmentée de nouveau
(allemand). *Hanau*, 1674, in-12, 1 vol.

576. Essay d'une bonne grammaire française et d'un bon dictionnaire allemand,
par Matthias Cramer. *Nuremberg*, 1696,
in-12, 1 vol.

577. The complete French master for la-
dies and gentlemen. *Edinburgh*, 1747,
in-12, 1 vol.

578. French grammar. *Doway*. 1783,
in-8°, 1 vol.

Prononciation, orthographe

579. Traité de l'orthographe française,
par De Soule. *Paris*, 1692, in-12, 1 vol.

580. Les règles de la prononciation pour
la langue française, par Biefplan. *Paris*,
1711, in-12, 4 vol.

581. La bibliothèque des enfants, où les
premiers éléments des lettres. *Paris*,
1733, in-4°, 1 vol.

582. Dialogue sur l'orthographe. *La Haye*,
1736, in-12, 1 vol.

583. Traité de l'orthographe française, en forme de dictionnaire, par LE ROY et RESTAUD. *Paris*, 1739, in-8°, 1 vol.

584. Traité de l'orthographe française, en forme de dictionnaire, par LE ROY et RESTAUT. *Poitiers*, 1747, in-8°, 1 vol.

585. Remarques diverses sur la prononciation et sur l'orthographe, par HARDUIN, *Paris*, 1757, in-12, 1 vol.

586. Même ouvrage.

587. Lettre à l'auteur du traité des sons de la langue française. 1760, in-12, 1 vol.

588. Principes généraux et raisonnés de l'orthographe françoise, par DOUCHET. *Paris*, 1762, in-8°, 1 vol.

589. Même ouvrage.

590. Traité de l'orthographe françoise, en forme de dictionnaire par LE ROY et RESTAUT. *Poitiers*, 1775, in-8°, 1 vol.

Epithètes, tropes, synonymes

591. Synonymes françois, leurs différentes significations, par l'abbé GIRARD, et traité de la poésie française, par l'abbé d'OLIVET. *Amsterdam*, 1737, in-12, 1 vol.

592. Synonymes françois, par l'abbé GIRARD, et traité de la prosodie françoise, par l'abbé D'OLIVET. *Amsterdam*, 1742, in-12, 1 vol.

593. Des tropes ou des différens sens dans lesquels on peut prendre un même mot, par DUMARSAIS. *Paris*, 1743, in-8°, 1 vol.

594. Des tropes ou des différens sens dans lesquels on peut prendre un même mot, par DU MARSAIS. *Paris*, 1757, in-8°, 1 vol.

595. Même ouvrage.

596. Les épithètes françoises, rangées sous leurs substantifs, par le P. DAIRE. *Lyon*, 1759, in-12, 1 vol.

597. Dictionnaire de synonymes françois, par le P. DE LIVOY. *Paris*, 1767, in-8°, 1 vol.

598. Nouveaux synonymes françois, par l'abbé ROUBAUD. *Paris*, 1785, in-8°, 4 vol.

599. Des hemonymes français, par L. PHILIPON-DE LA-MADELAINE. *Paris*, 1806, in-8°, 1 vol.

600. Synonymes français, par Benj. LAFAYE. *Paris*, 1841, in-8°, 1 vol.

Remarques et observations critiques

601. Jacobi SYLVII Ambiani in linguam gallicam isagoge. *Paris*, 1531, in-8°, 1 vol.

602. La politesse de la langue françoise pour parler purement et écrire nettement, par N. F. LÉON. *Lyon*, 1668, in-12, 1 vol.

603. Remarques sur la langue française, par DE VAUGELAS. *Paris*, 1672, in-12, 1 vol.

604. Remarques sur les principales difficultés de la langue française par Alcide DE SAINT-MAURICE. *Paris*, 1673, in-12, 1 vol.

605. Même ouvrage.

606. Doutes sur la langue française, proposés à MM. de l'Académie française, par le P. BOUHOURS. *Paris*, 1674, in-12, 1 vol.

607. Observations de M. MENAGE sur la langue françoise. *Paris*, 1675, in-12, 2 vol.

608. Même ouvrage.

609. Remarques sur la langue françoise de M. DE VAUGELAS, avec des notes de Th. CORNEILLE. *Paris*, 1687, in-12, 2 vol.

610. Nouvelles observations, ou guerre civile des françois sur la langue. *Paris*, in-12, 1 vol.

611. Réflexions, ou remarques critiques sur l'usage présent de la langue française, par ANDRY DE BOISREGARD. *Paris*, 1692, in-12, 1 vol.

612. Remarques nouvelles sur la langue française, par le P. BOUHOURS. *Paris*, 1692, in-12, 2 vol.

613. Remarques nouvelles sur la langue française, par le P. BOUHOURS. *Paris*, 1692, in-12, 1 vol.

614. Même ouvrage.

615. Observations de l'Académie française sur les remarques de VAUGELAS. *Paris*, 1704, in-4°, 1 vol.

616. Remarques de M. DE VAUGELAS sur la langue française. *Paris*, 1738, in-12, 3 vol.

617. Même ouvrage.

618. Nouvel examen du préjugé sur l'inversion pour servir de réponse à M. DE BEAUZÉE. ..... 1767, in-12, 1 vol.

619. Remarques morales, philosophiques et grammaticales sur le dictionnaire de l'Académie française. *Paris*, 1807, in-8°, 1 vol.

620. De l'usage des prépositions dans la langue française, par COLLIN D'AMBLY. *Paris*, 1819, in-8°, 1 vol.

621. Etude sur le rôle de l'accent latin dans la langue française, par Gaston PARIS. *Paris*, 1862, in-8°, 1 vol.

622. Les éléments matériels du français, par B. JULLIEN. *Paris*, 1875, in-12, 1 vol.

623. Les formes harmoniques du français, par B. JULLIEN. *Paris*, 1876, in-12, 1 vol.

624. Remarques sur la langue française par VAUGELAS. Nouvelle édition, par A. CHASSANG. *Paris*, 1880, in-8°, 2 vol.

625. Remarques sur la langue francaise, par VAUGELAS. *Versailles*, 1880, in-8°, 2 vol.

Dictionnnaires étymologiques

626. Dictionnaire général et curieux, contenant les principaux mots et les plus usités en la langue française, leurs définitions et étymologies, par César DE ROCHEFORT. *Lyon*, 1685, in-fol., 1 vol.

627. Dictionnaire étymologique de la langue française, par MÉNAGE. *Paris*, 1750, in-fol., 2 vol.

628. Discours sur la science des étymologies au sujet des origines françoises de Ménage, par le P. BESNIER. .... in-12, 1 vol.

629. Dictionnaire du vieux langage français, par LACOMBE. *Paris*, 1766, in-8°, 2 vol.

630. Même ouvrage.

631. Dictionnaire étymologique des mots français, dérivés du grec, par J.-B. MORIN. *Paris*, 1809, in-8°, 2 vol.

632. Dictionnaire des doublets, ou doubles formes de la langue française, par Auguste BRACHET, avec un supplément. *Paris*, 1868, in-8°, 1 vol.

TOME IV.

3

633. Dictionnaire d'étymologie française, d'après les résultats de la science moderne, par Auguste SCHELER. *Paris*, 1873, in-8°, 1 vol.

634. Dictionnaire historique de l'ancien langage français, par LA CURNE de SAINTE-PALAYE. *Paris*, 1875, in-4°, 10 vol.

635. L'origine du français, par l'abbé J. ESPAGNOLLE. Dictionnaire. *Paris*, 1888, in 8°, 2 vol.

636. Dictionnaire étymologique de la langue française, par Auguste BRACHET.... *Paris*, in-8°, 1 vol.

637. Les anciennes provinces de la France. Etudes étymologiques et onomatologiques sur leur nom et celui de leurs habitants, par André Roland DE DENUS. *Paris*, in-8° 1 vol.

Dictionnaires généraux

638. Dictionnaire français, par P. RICHELET. *Genève*, 1685, in-4°, 1 vol.

639. Dictionnaire français, par Pierre RICHELET. *Genève*, 1693. in-4°, 1 vol.

640. Le dictionnaire de l'Académie française, dédié au Roi. *Paris*, 1694, in-fol., 4 vol.

641. Le grand dictionnaire de l'Académie française (2e édition). *Amsterdam*, 1696, in-fol., 2 vol.

642. Manuel lexique, ou dictionnaire portatif des mots françois. *Paris*, 1715, in-8°, 2 vol.

643. Nouveau dictionnaire de l'Académie française, dédié au roi. *Paris*, 1718, in-fol., 2 vol.

644. Nouveau dictionnaire françois, par Pierre RICHELET. *Rouen*, 1719, in-fol., 2 vol.

645. Dictionnaire universel contenant tous les mots français, par Antoine FURETIÈRE. *La Haye*, 1727, in-fol., 4 vol.

646. Dictionnaire de l'Académie française. *Paris*, 1728, in-fol., 2 vol.

647. Dictionnaire de la langue française ancienne et moderne, par Pierre RICHELET. *Paris*, 1728, in-fol., 3 vol.

648. Dictionnaire de la langue française ancienne et moderne, par Pierre RICHELET. *Amsterdam*, 1732, in-4°, 2 vol.

649. Dictionnaire de l'Académie française, 3e édition. *Paris*, 1740, in-fol.. 2 vol.

650. Manuel lexique, ou dictionnaire portatif, des mots français, recueilli des explications de divers auteurs. *Paris*, 1750, in-8°, 1 vol.

651. Même ouvrage.

652. Dictionnaire universel français et latin, vulgairement appelé dictionnaire de Trévoux, etc., *Paris*, 1732, in-fol., 5 vol.

653. Dictionnaire universel français et latin, vulgairement appelé dictionnaire de Trévoux. *Paris*. 1771, in-fol., 8 vol.

654. Abrégé du dictionnaire de Trévoux, par BERTHELIN. *Paris*, 1762, in 4°, 3 vol.

655. Dictionnaire grammatical de la langue française. *Avignon*, 1761, in-8°, 1 vol.

656. Dictionnaire de l'Académie française. *Paris*, 1762, in-fol., 2 vol.

657. Le grand vocabulaire français, par une société de gens de lettres (GUYOT, CHAMFORT, DUCHEMIN etc.,) *Paris*, 1767-74. in-4°, 30 vol.

658. Dictionnaire grammatical de la langue française. *Paris*, 1768, in-8°, 2 vol.

659. Vocabulaire françois, ou abrégé du dictionnaire de l'Académie française. *Paris*, 1772, in 8°, 1 vol.

660. Dictionnaire critique de la langue française, par l'abbé FÉRAND. *Marseille*, 1787, in-4°, 3 vol.

661. Dictionnaire de l'Académie française, (6e édition) et supplément. *Paris*, 1823, in-4°, 3 vol.

662. Dictionnaire national, ou dictionnaire universel de la langue française, par M. BESCHERELLE. *Paris*, 1852, in-fol , 2 vol.

663. Dictionnaire de la langue française, par E. LITTRÉ (avec le supplément). *Paris*, 1863, in-4°, 5 vol.

664. Dictionnaire de l'Académie française (7e édition). *Paris*, 1878, in-4°, 2 vol.

Dictionnaires spéciaux.

665. Dictionnaire comique, satyrique, critique, burlesque, libre et proverbial, par Joseph LE ROUX. *Lyon*, 1735, in-8°, 1 vol.

666. Dictionnaire des proverbes français, et des façons de parler, comiques, burlesques et familières, par PANCKOUKE. *Paris*, 1749, in-12, 1 vol.

667. Dictionnaire néologique, à l'usage des beaux esprits du siècle, avec l'éloge historique de Pantalon-Phœbus (par l'abbé DESFONTAINES). *Amsterdam*, 1750, in-12, 1 vol.

668. Dictionnaire comique, satyrique, critique, burlesque, libre et proverbial, par Philibert-Joseph LE ROUX. *Amsterdam*, 1750, in-8°, 1 vol.

669. Dictionnaire néologique, à l'usage des beaux esprits du siècle, avec l'éloge historique de Pantalon-Phœbus, par l'Abbé DESFONTAINES. *Amsterdam*, 1756, in-12, 1 vol.

670. Dictionnaire critique, pittoresque et sentencieux etc,. *Lyon*, 1768, in-12, 3 vol.

671. Dictionnaire des richesses de la langue françoise, et du néologisme qui s'y est introduit. *Paris*, 1770, in-12, 1 vol.

672. Même ouvrage.

673. Vocabulaire des nouveaux privatifs français, par POUGENS. *Paris*, 1794, in-8° 1 vol.

674. Néologie, ou vocabulaire de mots nouveaux, par L. S. MERCIER. *Paris*, 1801, in-8°, 2 vol.

675. Dictionnaire des proverbes français. *Paris*, 1821, in-8°, 1 vol.

676. Dictionnaire raisonné des onomatopées françaises, par Charles NODIER. *Paris*, 1826, in-8°, 1 vol.

677. Dictionnaire étymologique, historique et anecdotique des proverbes et des locutions proverbiales de la langue française, par M. QUITARD. *Paris*, 1852, in-8°, 1 vol.

678. Le jargon du XVe siècle, étude philologique, suivie d'un vocabulaire analytique du jargon, par Auguste VITU. *Paris*, 1884, in-8°, 1 vol.

679. Dictionnaire analogique de la langue françoise, répertoire complet des mots par les idées et des idées par les mots, par P. BOISSIÈRE. *Paris*, in-8°, 1 vol.

Idiomes et patois de France.

680. Dictionnaire de la langue bretonne, par Dom Louis Le Pelletier. *Paris,* 1752, in-fol., 1 vol.

681. Dictionnaire languedocien-françois, par l'abbé de Sauvage. *Nimes,* 1756, in-8°, 1 vol.

682. Dictionnaire languedocien-français. *Nimes,* 1785, in-8°, 2 vol.

683. Dictionnaire wallon-français, par L. Remacle. *Liège*..... in-8°, 2 vol.

684. Dictionnaire du patois du bas-Limousin, (Corrèze), par Nic. Béronie. *Tulle*..... in-4°, 1 vol.

685. Dictionnaire rouchi-français, précédé de notions, etc. *Paris,* 1826, in-12, 1 vol.

686. Dictionnaire rouchi-français, par J. Hécart. *Valenciennes,* 1834, in-8°, 1 vol.

687. Mélanges sur les langues, dialectes et patois, renfermant entre autres une collection de versions de la parabole de l'enfant prodigue, en cent idiomes presque tous de France. *Paris,* 1831, in-8°, 1 vol.

688. Tableau synoptique, comparatif des idiomes populaires, ou patois de la France, par J. F. Schnakenburg. *Berlin,* 1840, in-8°, 1 vol.

689. Vocabulaire nouveau, ou dialogues français et bretons. *Vannes,* 1846, in-12, 1 vol.

690. Glossaire étymo'ogique et comparatif du patois picard, par J. Corblet. *Paris,* 1851, in-8°, 1 vol.

691. Glossaire du centre de la France, par le comte Jaubert. *Paris,* 1855, in 8° 2 vol. et un supplément.

692. Remarques sur le patois, par E.-A. Escallier. *Douai,* 1856, in-8°, 1 vol.

693. Histoire littéraire et philologique des patois, par Pierquin de Gembloux. *Paris,* 1858, in 8°, 1 vol.

694. Lettres à Grégoire sur les patois de France, 1790-1794, documents inédits, par A. Gazier. *Paris,* 1880, in-8°, 1 vol.

695. Etudes pour servir à un glossaire étymologique du patois Picard, par Jouancoux. *Amiens,* 1880, in-8°, 1 vol.

VI. — LANGUE ALLEMANDE

Grammaires.

696. Grammatica, seu institutio veræ germanicæ linguæ, Alberto Ælingero auctore. *Argentorati,* 1574, in-12, 1 vol.

697. Grammaire allemande et françoise, par le sieur Bense Du Puis. *Paris,* 1643, in-12, 1 vol.

698. La grammaire de la langue germanique, par Jean Claü Hertzberg. *Lipsiæ,* 1651, in-12, 1 vol.

699. Le guidon allemand, enseignant la prononciation allemande, par Daniel Martin. *Strasbourg,* 1674, in-12, 1 vol.

700. Colloques familiers françois et allemands. ..... 1661, in-12, 1 vol.

701. Nouvelle méthode pour apprendre facilement la langue allemande. *La Haye*, 1703, in-12, 1 vol.

702. Introduction à la lecture des auteurs allemands, pour l'usage de l'école royale militaire. *Paris*, 1763, in-12, 1 vol.

703. Le maitre de la langue allemande, par GOTTSCHED. *Strasbourg*, 1782, in-8°, 1 vol.

704. Analogies constitutives de la langue allemande avec le grec et le latin, expliquées par le sanskrit, par SCHŒBEL. *Paris*, 1846, in-8°, 1 vol.

705. Grammaire pratique de la langue allemande, par E. GRÉGOIRE. *Paris*, 1873, in-12, 1 vol.

706. Grammaire théorique et **raisonnée de** la langue allemande, par DROUIN. *Paris*, 1876, in-4°, 1 vol.

Dictionnaires.

707. Dictionarium latino-germanicum, et vice-versa germanico-latinum, auth. Petro DASYPODIO. *Argentorati*, 1537, in-8°, 1 vol.

708. Dictionnaire françois-allemand et allemand-françois. *Francfort*, 1607, in-8°, 1 vol.

709. Biglotton, sive dictionarium teuto-latinum novum, opera Martini BINNART. *Antuerpiæ*, 1649, in-8°, 1 vol.

710. Dictionnaire français-allemand-latin et allemand-français-latin, par Nathanael DUEZ. *Genève*, 1663, in-8°, 1 vol.

711. Dictionnaire françois-allemand-latin, et allemand-françois-latin, par Jacob STOER. *Genève*, 1664, in-8°, 1 vol.

712. Johannis FRISII dictionarium bilingue latiño-germanicum et germanico-latinum. *Tiguri*, 1666, in-8°, 1 vol.

713. Le grand et nouveau dictionnaire françois et allemand, formé sur celui de P. RICHELET. *Brusseiles*, 1707, in-4°, 1 vol.

714. Glossarium germanicum, Johannis Georgii WACHTERI. *Lipsiæ*, 1737, in-fol., 1 vol.

715. Christiani Gottlob HALTAUS. Glossarium germanicum medii ævi. *Lipsiæ*, 1758, in-fol., 1 vol.

716. Johannis Georgii SCHERZII glossarium germanicum medii ævi. *Argentorati*, 1781, in-fol., 2 vol.

717. Même ouvrage.

718. Dictionnaire des langues française et allemande, par HENSCHEL. *Paris*, 1844, in-8°, 2 vol.

719. Dictionnaire allemand-français et français-allemand, par W. DE SUCKAU, complètement refondu par Théobald FIX. *Paris*, 1883, in-8°, 1 vol.

VII. — LANGUE FLAMANDE ET HOLLANDAISE

720. Dialogue françois-flammeng, traitans du faict de la marchandise. Recueillis par Gérard DE VUIRE. *Anvers*, 1573, in-12, 1 vol.

721. Dictionnaire françois-flameng, par Léon MELLEMA. *Anvers*, 1593, in-4°, 1 vol.

722. Dictionnaire, ou promptuaire françois-flameng, par Léon MELLEMA. *Rotterdam*, 1602, in-4°, 1 vol.

723. Dictionario, colloquios o dialogos en quatro languas Flamenco, Frances, Espagnol et Italiano. *Anvers*, 1632, in-16, 1 vol.

724. Le grand Dictionnaire françois-flamen, par J. Louys d'ARSY. *Rotterdam*, 1663, in-4°, 1 vol.

725. Même ouvrage.

726. Nouvelle grammaire flamande, par Philippe LA GRUE. *Amsterdam*, 1701, in-12, 1 vol.

727. Nouveau dictionnaire flamand-français, et français-flamand, par l'Abbé OLINGER. *Malines*, 1839, in-8°, 2 vol.

728. J. KRAMERS J. Z., Nouveau dictionnaire français-néerlandais, revu et augmenté, par H. W. F. BONTE. *Gouda*, 1881, in-8°, 2 vol.

729. J. KRAMERS J. Z. Nouveau dictionnaire néerlandais-français, revu et augmenté, par H. W. F. BONTE. *Gouda*, 1884, in-8°, 2 vol.

VIII. — LANGUE ANGLAISE

Grammaires.

710. Grammaire française et anglaise de Claude MAUGER. *Londres*, 1679, in-12, 1 vol.

731. Racines de la langue angloise, par Joseph GAUTIER. *Paris*, 1760, in-12, 1 vol.

732. Grammaire angloise, traduite de l'original anglois du docteur Robert LOOWTH, par DE SAUSEUIL. *Paris*, 1783, in-12, 3 vol.

733. Le maître d'anglais, ou grammaire raisonnée de la langue anglaise, par William COBBETT. *Paris*, 1803, in-8°, 1 vol.

734. Le maître d'anglais, ou grammaire raisonnée de la langue anglaise à l'usage des français, par William COBBETT. *Paris*, 1841, in-8°, 1 vol.

735. Grammaire ou traité complet de la langue anglaise, par GIDOLPH. *Paris*, 1844, in-8°, 1 vol.

Dictionnaires.

736. Le vocabulaire anglois, flamand, français et latin, par G. PELL. *Utrecht,* 1735, in-12, 1 vol.

737. Francisci JUNII etymologicum anglicanum. *Oxonii,* 1743, in-fol., 1 vol.

738. Dictionary spanich and english, and english and spanish, by Joseph GIRAL DELPINO. *London,* 1763, in-fol., 1 vol.

739. Le dictionnaire royal français-anglais, par BOYER. *Lyon,* 1768, in-4°, 2 vol.

740. Dictionnaire général anglais-français, par A. SPIERS. *Paris,* 1846, in-8°, 1 vol.

741. Le nouveau dictionnaire universel, français-anglais et anglais-français, par John GARNER. *Paris,* in-4°, 2 vol.

742. Nouveau dictionnaire anglais-français et français-anglais, par E. C. CLIFTON et Adrien GRIMAUX. *Paris,* in-8°, 2 vol.

IX. — LANGUE SLAVE

743. Grammaire française-russe, par Ch. Ph. REIFFE, corrigée par Louis LEGER. *Paris,* 1878, in-8°, 1 vol.

744. Dictionnaire français, allemand, latin et russe ....., in-8°, 2 vol.

X. — LANGUE SCANDINAVE

745. Linguarum veterum septentrionalium thesaurus grammatico-criticus, etc...., auctore G. HICKESIO. *Oxoniæ,* 1705, in-f°, 3 vol.

746. Lexicon islandicum, sive gothicæ runæ dictionarium, ab Andrea GUDMUNDO. *Hauniæ,* 1683, in-4°, 1 vol.

DEUXIÈME CLASSE

RHÉTORIQUE

1° RHÉTEURS

Rhéteurs Grecs.

747. Aristotelis de arte inveniendi, sive topicorum libri octo, nuper latinitate donati, Joachimo Perionio interprete. *Basileæ, ..., in-8⁰, 1 vol.*

748. Alex. Aphrodisiei in topica Aristotelis commentarii. *Venetiis,* 1514, in-fol., 1 vol.

749. Aristotelis rhetoricorum ad Theodectem, Georgio Trapezuntio interprete, libri III. *Parisiis,* 1530, in-12, 1 vol.

750. Aristotelis rhetoricorum ad Theodecten, Georgio Trapezuntio interprete, libri III. *Parisiis,* 1540, in-12, 1 vol.

751. Antonii Majoragii in tres Aristotelis libros de arte rhetorica explanationes. *Venetiis,* 1572, in-fol., 1 vol.

752. Aristotelis ars disserendi, per Jac. Carpentarium. *Parisiis,* 1572, in-4°, 1 vol.

753. Aristotelis artis rhetoricæ libri III (græce et latine). *Spiræ,* 1598, in-12, 1 vol.

754. Aristotelis Stagiritæ rhetoricorum libri tres. *Parisiis,* 1620, in-12, 1 vol.

755. La rhétorique royale d'Aristote, traduite de grec en français, par Bauduin de la Neufville. *Paris,* 1669, in-12, 1 vol.

756. La rhétorique d'Aristote, en françois. Traduction nouvelle. *Paris,* 1675, in-12, 1 vol.

757. Même ouvrage.

758. Rhetorica juxta Aristotelis doctrinam dialogis explanata. *Parisiis,* 1721, in-4°, 1 vol.

759. Aristotelis de arte rhetorica. *Oxonii,* 1759, in-8°, 1 vol.

760. La rhétorique d'Aristote, grec-francais, par E. Gros. *Paris,* 1822, in-8°, 1 vol.

761. Nicephori philosophi compendiaria de arte disserendi ratio. *Basileæ,* 1542, in-12, 1 vol.

762. Manuelis Moschopuli de ratione examinandæ orationis libellus. *Lutetiæ,* 1545, in-4°, 1 vol.

763. Theodori Gazæ liber de constructione partium orationis. *Lutetiæ Parisiorum,* 1550, in-4°, 1 vol.

764. Aphthonii sophistæ præludia (græce). *Parisiis,* 1644, in-4°, 1 vol.

765. Aphthonii sophistæ progymnasmata, Franc. Sobario interprete. *Mussi-Ponti,* 1624, in-12, 1 vol.

766. Aphthonii sophistæ progymnasmata. *Amsterodami,* 1665, in-16, 1 vol.

767. Theonis sophistæ progymnasmata, per Daniel Heinsium. *Ludg. Batav.*, 1626, in-8°, 1 vol.

768. Theonis sophistæ primæ apud rhetorem exercitationes (græce). *Basileæ*, in-12, 1 vol.

769. Rhetores selecti (græce et latine). *Oxonii*, 1676, in-12, 1 vol.

770. Dionysii Longini libellus (græce). *Salmurii*, 1643, in-16, 1 vol.

771. Dionysii Longini de sublimitate commentarius. Jacobus Tollius edidit. *Trajecti ad Rhenum*, 1694, in-4°, 1 vol.

772. Dionysius Longinus de sublimitate, ex recensione Zachariæ Pearcii. *Lipsiæ*, 1769, in-8°, 1 vol.

773. Dionysii Longini de sublimitate commentarius (Zacharias Pearce). *Londini*, 1773, in-8°, 1 vol.

774. Hermogenis Tarsensis de arte rhetorica præcepta. *Basileæ*, in-12, 1 vol.

Rhéteurs latins anciens.

775. Antiqui rhetores latini. *Parisiis*, 1599, in-4°, 1 vol.

776. M. Tullii Ciceronis de oratore libri tres. *Lugduni*, 1535, in-12, 1 vol.

777. Tullii Ciceronis omnes de arte rhetorica libri, per Streboeum. *Basileæ*, 1541, in-f°, 1 vol.

778. Adverbiorum ciceronianorum connubium, sive elegans adverbiorum applicatio. *Lugduni*, 1621, in-12, 1 vol.

779. Traduction des partitions oratoires de Cicéron. *Paris*, 1756, in-12, 1 vol.

780. Dialogue sur les orateurs. Traduction nouvelle. *Paris*, 1772, in-12, 1 vol.

781. C. S. Curionis in M. T. Ciceronis topica explicationes. *Basileæ*, in-12, 1 vol.

782. Fabii Quintiliani Institutionum libri XII. *Parisiis*, 1520, in-4°, 1 vol.

783. Fabii Quintiliani Institutionum oratoriarum libri XII. *Parisiis*, 1542, in-4°, 1 vol.

784. Quintilien, de l'Institution oratoire, avec les notes historiques. *Paris*, 1663, in-4°, 1 vol.

785. Fabii Quintiliani de oratoria institutione liber. *Parisiis*, 1664, in-4°, 1 vol.

786. F. Quintiliani Institutiones oratoriæ. *Lugduni Batavorum*, 1665, in-8°, 2 vol.

787. M. Fabii Quintiliani Institutionum oratoriarum libri duodecim. *Parisiis*, 1736, in-12, 2 vol.

Rhéteurs latins modernes.

788. Jacobi Ludovici Streboei de electione et oratoria collocatione verborum. *Parisiis*, 1540, in-4°, 1 vol.

789. Antonii Lulli Balearis de oratione libri septem. *Basileæ*, 1558, in-fol., 1 vol.

790. Linguæ latinæ exercitatio, Joan. Lod. Vive autore. *Parisiis*, 1561, in-16, 1 vol.

791. Elementa rhetoricæ a Joachimo Camerario. *Lipsiæ*, 1562, in-12, 1 vol.

792. Audomari TALÆI rhetorica, et varia. *Parisiis*, 1567, in-8°, 1 vol.

793. Sex libri oratorii, cum præfatione Valentini ERYTHRÆI. *Argentinæ*, 1568, in-12, 1 vol.

794. De oratore libri quinque, auctore M. Joanne HERBETIO. *Parisiis*, 1574, in-4°, 1 vol.

795. Même ouvrage.

796. Audomari TALÆI rhetorica. *Coloniæ Agrippinæ.* 1577, in-12, 1 vol.

797. F. LODOVICI GRANATENSIS ecclesiasticæ rhetoricæ. *Coloniæ Agrippinæ*, 1578, in-12, 1 vol.

798. Artis oratoriæ præcepta, per Joannem Jacobum WECKERUM. *Basileæ*, 1582, in-12, 1 vol.

799. Didaci STELLÆ de modo concionandi liber. *Coloniæ*, 1586, in-12, 1 vol.

800. Rhetoricorum Simonis CAULERII libri quinque. *Duaci*, 1594, in-4°, 1 vol.

801. Nic. NANCELII Noviodunensis declamationum liber. Addita est P. Rami vita. *Paris*, 1600, in-8°, 1 vol.

802. Emundi RICHERII de arte figurarum et causis eloquentiæ. *Parisiis*, 1605, in-8°, 1 vol.

803. Exercitatio grammatica in primam homiliam D. Joan. Chrysostomi de oratione. *Antuerpiæ.* 1606, in-12, 1 vol.

804. And. SCHOTTI tullianarum quæstionum de instauranda Ciceronis imitatione libri IV. *Anvers*, 1610, in-8°, 1 vol.

805. Orationum, sive eloquentiæ campi in causis, auct. Melchiore DE LACERDA. *Coloniæ Agripp.* 1619, in-12, 1 vol.

806. Vocationes autumnales, sive de perfecta oratoris actione et pronunciatione libri III, à L. CRESOLLIO. *Lutetiæ Parisiorum*, 1620, in-4°, 1 vol.

807. Andreæ VALLADERII partitiones oratoriæ, seu de oratore perfecto. *Parisiis*, 1621, in-8°, 1 vol.

808. Maximiliani SANDÆI commentationum academicarum volumen I grammaticus prolanus. *Herbipoli*, 1621, in-4°, 1 vol,

809. Joannis VOSSII commentariorum rhetoricorum libri sex. *Lugduni Batavorum*, 1630, in 8°, 1 vol.

810. Nicolai CAUSSINI de eloquentia sacra et humana libri XVI. *Parisiis*, 1643, in-4°, 1 vol.

811. Exercitationum rhetoricarum libri VIII, auctore TESMARO. *Amstelodami*, 1657, in-8°, 1 vol.

812. Speculum eloquentiæ, authore Cæsare EGASSIO BULÆO. *Parisiis*, 1658, in-16, 1 vol.

813. Gerardi Joh. VOSSII de logices et rhetoricæ natura et constitutione libri II. *Hagæ-Comitis*, 1658, in-4°, 1 vol.

814. Ger. Johannis VOSSII rhetorices contractæ, sive partitionum oratoriarum libri V. *Amstelodami*, 1666, in-12, 1 vol.

815. Rhetorica Cornelii VALERII, aucta per Nicasium BAXIUM. *Antuerpiæ*, 1681, in-12, 1 vol.

816. De arte excerpendi etc. liber singularis Vincentii PLACCII. *Holmiæ*, 1689, in-12, 1 vol.

817. Gerardi Joannis VOSSII rhetorices contractæ, accesserunt tabulæ synopticæ M. Jacobi THOMASII. *Lipsiæ*, 1708, in-8°, 1 vol.

818. Bibliotheca Rhetorum præcepta et exempla complectens, quæ tam ad oratoriam facultatem quam ad poeticam pertinent, auctore Franc. LE JAY. *Parisiis*, 1725, in-4°, 2 vol.

819. Jacobi FACCIOLATI orationes et alia ad dicendi artem pertinentia. *Lipsiæ*, in-8°, 1 vol.

Rhéteurs français.

820. Réflexions sur l'élégance et la politesse du stile, par DE BELLEGARDE. *Paris*, 1605, in-12, 2 vol.

821. Le philosophe, ou admiration ; L'orateur, ou rhétorique chrétienne, etc., par Philippe DE BROÏD. *Douai*, 1627, in-12, 1 vol.

822. L'art de bien parler français. *Amsterdam*. 1630, in-12, 2 vol.

823. Actions publiques sur la rhétorique française, par René BARY. *Paris*, 1658, in-4°, 1 vol.

824. La rhétorique françoise, par René BARY. *Paris*, 1665, in-12, 2 vol.

825. Réflexions sur l'usage de l'éloquence de ce temps, par le P. RAPIN. *Paris*, 1671, in-12, 1 vol.

826. Rhétorique française contenant les règles de l'éloquence de la chaire, tirées de GRENADE. *Paris*, 1673, in-12, 1 vol.

827. Abrégé de rhétorique, et quels ont été plus éloquens, les saints ou les prophanes. *Paris*, 1674, in-16, 1 vol.

828. La rhétorique française où pour principale augmentation l'on trouve les secrets de notre langue, par Réné BARY. *Paris*, 1675, in-12, 2 vol.

829. L'art de parler, avec un discours dans lequel on donne une idée de l'art de persuader, par le P. LAMY. *Paris*, 1676, in-12, 1 vol.

830. Adresse pour acquérir la facilité de persuader et parvenir à la vraye éloquence, par DE WÉPY. *Verdun*. in-12, 1 vol.

831. La rhétorique, ou l'art de parler, par le P. LAMY. *Paris*, 1701, in-12, 1 vol.

832. De la véritable éloquence, ou réfutation des paradoxes sur l'éloquence. *Paris*, 1703, in-12, 1 vol.

833. Même ouvrage.

834. Même ouvrage.

835. Dissertations sur les oraisons funèbres, par l'abbé DU JARRY. *Paris*, 1706, in-12, 1 vol.

836. Réflexions sur la rhétorique, en quatre lettres. *Paris*, 1707, in-12, 1 vol.

837. Suite de la grammaire française sur un plan nouveau, ou traité philosophique et pratique d'éloquence, par le P. BUFFIER. *Paris*, 1728, in-12, 3 vol.

838. Même ouvrage.

839. La rhétorique, ou les règles de l'éloquence, par GIBERT. *Paris*, 1730, in-12, 1 vol.

840. La rhétorique, ou l'art de parler, par Bernard LAMY. *Paris*, 1736, in-12, 1 vol.

841. Traité de récitatif dans la lecture, dans l'action publique, etc., par M. DE GRIMAREST. *Rotterdam*, 1740, in-12, 1 vol.

842. Maximes sur le ministère de la chaire, et discours académiques, par feu le R. P. GAICHIÉS. *Paris*, 1743, in-12, 1 vol.

843. Idée des oraisons funèbres. *Paris*, 1745, in-12, 1 vol.

844. Essai de rhétorique françoise à l'usage des demoiselles. *Paris*, 1746, in-12, 1 vol.

845. Principes pour la lecture des orateurs. *Paris*, 1753, in-12, 3 vol.

846. Même ouvrage.

847. Rhétorique française à l'usage des jeunes demoiselles. *Paris*, 1765, in-12, 1 vol.

848. Rhétorique française, par CREVIER. *Paris*, 1767, in-12, 1 vol.

849. Traité du style, par Dieudonné THIÉBAULT. *Paris*, 1801, in-8°, 2 vol.

850. Cours de déclamation prononcé à l'Athénée de Paris, par J. M. LARIVE. *Paris*, 1810, in-8°, 3 vol.

851. Etudes sur l'éloquence attique, par Jules GIRARD. *Paris*, 1874, in-12, 1 vol.

Rhéteurs étrangers.

852. Recherches sur le style, par le marquis DE BECCARIA. *Paris*, 1771, in-12, 1 vol.

853. Cours de rhétorique et de belles-lettres, par Hugues BLAIR. *Paris*, 1808, in-8°, 4 vol.

854. Tesoro de los prosadores Espanoles, par Don Eugenio DE OCHOA. *Paris*, 1841, in-8°, 1 vol.

II. — ORATEURS

Orateurs grecs.

855. LYSIÆ Atheniensis orationes. Græce et latine. *Cantabrigiæ*, 1740, in-8°, 1 vol.

856. ISOCRATIS orationes et epistolæ (Græce). *Venetiis*, 1542, in-12, 1 vol.

857. ISOCRATIS orationes omnes, per Hieronymum WOLFIUM. *Basileæ*, 1548, in-f°, 1 vol.

858. ISOCRATIS orationes et epistolæ. *Flexiæ*, 1608, in-8° 1 vol.

859. ISOCRATIS orationes et epistolæ. Græce et latine. *Coloniæ Allobrogum*, 1613, in-8°, 1 vol.

860. ISOCRATIS orationes et epistolæ. *Parisiis*, 1621, in-8°, 1 vol.

861. Isocratis orationes quatuordecim. *Londini*, 1748, in-8°, 1 vol.

862. ISOCRATIS orationes et epistolæ. (Græce et latine). *Genevæ*, 1642, in-12, 1 vol.

863. ISOCRATIS orationes. *Basileæ*, in-12, 1 vol.

864. DEMOSTHENIS opera. (Græce). *Basileæ*, 1532, in-f°, 1 vol.

865. DEMOSTHENIS opera. (Græce). *Lutetiæ*, 1570, in-fol., 1 vol.

866. DEMOSTHENIS opera. (Græce). *Lutetiæ*, 1570, in-fol., 1 vol.

867. DEMOSTHENIS opera omnia, cum VULPIANI rhetoris commentariis. *Basileæ*, 1572, in-fol., 1 vol.

868. DEMOSTHENIS et ÆSCHINIS principum Græciæ oratorum opera. *Francofurti*, 1604, in-fol, 1 vol.

869. Philippiques de DÉMOSTHÈNE, et Catilinaires de CICÉRON, traduites par d'OLIVET. *Paris*, 1777, in-12, 1 vol.

870. OEuvres complètes de DÉMOSTHÈNE et d'ESCHINE, traduites par AUGER. *Angers*, 1804, in-8°, 6 vol.

871. ULPIANI commentarioli in Olynthiacas Philippicasque DEMOSTHENIS orationes. *Venetiis*, 1527, in-fol., 1 vol.

872. Les plaidoyers civils de DEMOSTHÈNE, traduits en français par Rodolphe DARESTE. *Paris*, 1875, in-12, 2 vol.

873. Les plaidoyers politiques de DÉMOSTHÈNE, traduits en français avec arguments et notes, par DARESTE. *Paris*, 1879, in-12, 1 vol.

874. Orationes duæ, una DEMOSTHENIS contra Midiam, altera LYCURGI contra Leocratem — (Græce et latine). *Cantabrigiæ*, in-8°, 1 vol.

875. Contra Aristogitonem DEMOSTHENIS oratio. A la suite : Encomium Suevorum. In-12, 1 vol.

876. ISOEI rhetoris oratio de Meneclis hereditate — (Græce). *Londini*, 1785, in-8°, 1 vol.

877. OElii ARISTIDIS Adrianensis orationum tomi tres. *Basileæ*, 1566, in-fol., 1 vol.

878. OElii ARISTIDIS orationum tomi tres, interprete G. CANTERO. *Genevæ*, 1604, in-8°, 1 vol.

879. LIBANII sophistæ declamatiunculæ,

eædemque latinæ per ERASMUM. *Basileæ*, 1522, in-4°, 1 vol.

880. LIBANII sophistæ præludia oratoria, declamationes etc. *Parisiis*, 1606, in-fol., 1 vol.

881. LIBANII sophistæ opera. (Græce). In-4°, 1 vol.

882. JULIANI Imperatoris orationes III panegyricæ. (Græce et latine). *Flexiæ*, 1614, in-12, 1 vol.

883. THEMISTII Euphradæ orationes. (Græce et latine). *Flexiæ*, 1613, in-12, 1 vol.

884. THEMISTII orationes XXXIII. Dionysius PETAVIUS et J. HARDUINUS notis illustraverunt. *Parisiis*, 1684, in-fol., 1 vol.

885. DIONIS CHRISOSTOMI orationes LXXX, ex interpretatione Thomæ NAGEORGI. *Lutetiæ*, 1604, in-fol., 1 vol.

886. Même ouvrage.

887. DIONIS CHRYSOSTOMI orationes LXXX. (Græce). *Venetiis*, in-8°, 1 vol.

888. Même ouvrage.

889. Traduction des Philippiques de DEMOSTHÈNE, d'une Verrine de CICÉRON, par M. de MAUCROY. *Paris*, 1685, in-12, 1 vol.

Recueils de discours grecs.

890. Oratorum veterum orationes —(græce). *Paris*, 1575, in-fol., 1 vol.

891. Oratorum Græciæ præstantissimorum ANTIPHONTIS, ANDOCIDIS et ISÆI orationes XXX, interprete Alphonso MINIATO. *Hanoviæ*, 1619, in-8°, 1 vol.

892. Même ouvrage.

893. Même ouvrage.

894. Conciones ex græcis historiis excerptæ, exhibet M. SUERR DU PLAN. *Parisiis*, 1787, in-12, 1 vol.

895. Discours grecs, choisis de divers orateurs, par l'abbé AUGER. *Paris*, 1788, in-12, 2 vol.

Orateurs latins anciens.

896. Asconii Pœdiani in aliquot T. Ciceronis orationes commentarii. *Parisiis,* 1536, in-4°, 1 vol.

897. Petri Victorii explicationes suarum in Ciceronem castigationum. *Lugduni,* 1562, in-8°, 1 vol.

898. Paulli Manutii in M. Tul. Ciceronis orationes commentarius. *Coloniæ Agrippinæ,* 1579, in-8°, 1 vol.

899. Six oraisons de Cicéron, par François Joulet. *Paris,* 1609, in-12, 1 vol.

900. Discours de Tullius Cicéron. *Amsterdam,* 1649, in-12, 3 vol.

901. Analysis rhetorica omnium orationum M. T. Ciceronis, auct. R. P. Martino du Cygne. *Duaci,* 1661, in-12, 1 vol.

902. T. Ciceronis orationes, notis illustravit Carolus de Mèrouville. *Parisiis,* 1694, in-4°.

903. Histoire raisonnée des discours de M. T. Cicéron, avec des notes critiques et historiques. *Paris,* 1765, in-12, 1 vol.

904. Fab. Quintiliani declamationes, ex bibliotheca P. Pithæi. *Lutetiæ,* 1580, in-8°, 1 vol.

905. Plinii secundi Panegyricus liber, curante J. Frischmanno. *Argentorati,* 1635, in-4°, 1 vol.

906. C. Plinii Panegyricus liber, Trajano dictus, cum annotationibus Baudii. *Lugduni Batavorum,* 1675, in-12, 1 vol.

907. Panégyrique de Trajan, traduit par M. de Sacy. *Paris,* 1722, in-12, 1 vol.

908. Panégyrique de Trajan, par Pline le jeune, traduit par M. de Sacy. *Paris,* 1772, in-16, 1 vol.

Recueils de discours latins anciens.

909. Titi Livii orationes, etc. *Marpurgi,* 1541, in-12, 1 vol.

910. Les harangues politiques de Tite-Live. *Paris,* 1597, in-8°, 1 vol.

911. XII Panegyrici veteres. J Livineius Belga. *Antuerpiæ,* 1599, in-12, 1 vol.

912. Harangues choisies des historiens latins, traduites par l'abbé Millot. *Lyon,* 1764, in-12, 2 vol.

Orateurs latins modernes.

913. Orationes duæ Joannis Herbetii de summo bono, de fine studiorum. *Duaci,* 1575, in-4°, 1 vol.

914. Petri Joannis Perpiniani Valentini orationes duodeviginti. *Ingolstadii,* 1588, in-8°, 1 vol.

915. Ricardi Viti Basintochii orationes. *Atrebati,* 1596, in-12, 1 vol.

916. Ricardi Viti Basintochii orationes. *Duaci,* 1603, in-12, 1 vol.

917. Nic. Nancelii declamationum liber, cum Petri Rami vita. *Parisiis,* 1600, in-8°, 1 vol.

918. Tarquinii Gallucii Sabini orationum volumina duo. *Coloniæ,* 1618, in-16, 1 vol.

919. Famiani STRADÆ orationes variæ. *Coloniæ Agrippinæ,* 1619, in-12, 1 vol.

920. Prolusiones academicæ Famiani STRADÆ. *Audomari,* 1619, in-16, 1 vol.

921. Dionysii PETAVII Aurelianensis ora-tiones. *Parisiis,* 1624, in-12, 1 vol.

922. Joannis PASSERATII orationes et præfationes. *Parisiis,* 1637, in-12, 1 vol.

923. Caroli PORÉE e societate Jesu orationes. *Parisiis,* 1735, in-12, 2 vol.

Discours sur divers sujets.

924. Christophori LONGOLII orationes duæ pro defensione sua ob læsæ majestatis crimine. *Parrhisiis,* 1530, in-12, 1 vol.

925. BOETII Eponis de honorum academicorum titulis et insignibus oratio. *Duaci,* 1564, in-12, 1 vol.

926. Même ouvrage.

927. Elogia serenissimorum ducum Sabaudiæ, auctore PAPIRIO MASSONO. *Parisiis,* 1619, in-12, 1 vol.

928. Triumphus Ambrosii Spinolæ panegyrico celebratus a Balthasare NARDO. *Bruxellæ,* 1626, in-4°, 1 vol.

929. Ludovici CELLOTII panegyrici et orationes. *Parisiis,* 1631, in-8°, 1 vol.

930. Nicolai VERNULÆI elogia oratoria, Alberti Pii, Isabellæ Claræ. Ambrosii Spinolæ. *Lovanii,* 1634, in-12, 1 vol.

931. Publica gratulatio academiæ Bituricensis ob felicem studiorum apolysin Ludovici Borbonii, authore Jacobo NOETO. *Parisiis,* 1636, in-16, 1 vol.

932. Trophæa Verdugiana pace et bello, à R. P. Guilielmo STADEN. *Coloniæ,* 1637 in-4°, 1 vol.

933. Oratio academica in illud Psalmistæ « omnis homo mendax. » *Duaci.* 1671, in-4°, 1 vol.

934. Guilielmi DE WAHA labores Herculis Christiani Godefredi Bullionii. *Insulis-Flandrorum,* 1674, in-18, 1 vol.

935. Caroli RUOEI pro confecto feliciter bello panegyricus, Ludovico Magno dictus. *Parisiis,* 1678, in-12, 1 vol.

936. In funere Francisci Cardinalis Barberini oratio habita. *Pisauri,*1680, in-4°, 1 vol.

937. THEODULI Monachi laudatio Gregorii theologi, et orationes gratulatoriæ et epistolæ (Græc et latin). *Upsalæ,* 1693, in-4°, 1 vol.

938. Jo. Burch. MENCKENII de charlataneria eruditorum declamationes. *Amstelodami,* 1716, in-12, 1 vol.

939. Jo. Burch. MENCKENII de charlataneria eruditorum declamationes duæ. *Amstelodami,* 1747, in-12, 1 vol.

940. De la charlatanerie des savans, par Monsieur MENKEN ; avec des remarques critiques de différents auteurs, traduit en français (traduction). *La Haye,* 1721, in-12, 1 vol.

Recueils de discours.

941. Orationum quæ Argentinæ in academia scriptæ et recitatæ a Melchiore JUNIO. *Argentinæ,* 1593, in-12, 1 vol.

942. Rhetorum collegii Porcencis inclytæ academiæ Lovaniensis orationes, sub Nic. Vernulæo. *Antuerpiæ,*1671, in-12,1 vol.

943. Dissertationes academicæ select æ olim in academia Tolosana pronunciatæ a P. Joanne GISBERT. *Parisiis*, 1688, in-8°, 1 vol.

ORATEURS FRANÇAIS

Collections et recueils de discours sur divers sujets et par divers auteurs.

944. Harangues militaires et concions de princes, capitaines, ambassadeurs, recueillies et faites françoises, par Fr. DE BELLE-FOREST. *Paris*, 1588, in-fol., 1 vol.

945. Harangues militaires et concions de princes, capitaines, ambassadeurs, recueillies et faictes françoises, par Fr. DE BELLE-FOREST. *Paris*, 1595, in-8°, 2 vol.

946. Harangues et actions des plus rares esprits de notre temps. *Paris*, 1609. in-8°, 1 vol.

947. Recueil de divers mémoires, harangues et lettres, etc. *Paris*, 1623, in-4°, 1 vol.

948. Modèles d'éloquence des orateurs françois les plus célèbres. *Paris*, 1753, in-12, 1 vol.

949. Fragmens choisis d'éloquence. *Avignon*, 1755, in-12, 2 vol.

950. Eloges et discours, mélanges littéraires. *Paris*, 1768, in-8°, 1 vol.

951. Discours publics et éloges. *Paris*, 1775, in-12, 2 vol.

Recueils de discours d'un même auteur.

952. Discours françois sur les diverses occurrences et nécessités de ce temps, par Hugues DELESTRÉ. *Paris*, 1610, in-8°, 1 vol.

953. Harangues sur toutes sortes de sujets, par M. de VAUMORIÈRE. *Paris*, 1693, in-4°, 1 vol.

954. OEuvres posthumes de M. de *** contenant ses harangues au Palais, ses discours académiques, etc. *Lyon*, 1757, in-12, 1 vol.

955. Même ouvrage.

956. Plaidoyers littéraires panégyriques et oraisons funèbres, par M. LE BOUCQ. *Paris*, 1788, in-12, 3 vol.

Oraisons funèbres.

957. Oraison funèbre prononcée aux obsèques de Madame Elisabeth de France, Reyne des Espagnes, par M. S. VIGOR. *Paris*, 1568, in-12, 1 vol.

958. Les oraisons funèbres, faictes en la ville de Bruxelles, en présence du duc d'Albe, par messire Françoys RICHARDOT, évesque d'Arras. *Anvers*, 1569, in-8°, 1 vol.

959 Oraison funèbre sur le trespas de Mgr le Rév. Evesque d'Arras, Messire Matthieu Moullart, par FERRY DE LOCRE. *Arras*, 1600, in-12, 1 vol.

960. Harangue funèbre faite et prononcée aux funérailles de l'Empereur Rodolphe II, par Paul BOUDOT. *Arras*, 1612, in-12, 1 vol.

961. Même ouvrage.

962. Oraison funèbre de Diane de Dommartin, prononcée par un Frère de l'ordre des Récollets. *Douai*, 1619, in-4°, 1 vol.

963. Le sacré Mausolée, ou les parfums exhalants du tombeau de la princesse Isabelle, Claire, Eugénie, figurée sur le sépulcre du Roy David, par J. J. COURVOISIER. *Bruxelles*, 1634, in-8°, 1 vol.

964. Mausolée érigé à la mémoire de très auguste princesse Isabelle, Claire, d'Autriche, infante d'Espagne, par DE LA SERRE. *Bruxelles*, 1634, in-fol., 1 vol.

965. Oraison funèbre pour le très chrestien Roy de France, Louis-le-Juste, par M. Nic. GRILLÉ, Evéque d'Uzès. *Paris*, 1643, in-4°, 1 vol.

966. Oraison funèbre d'Anne, infante d'Espagne, Reine de France. *Paris*, 1666, in-4°, 1 vol.

967. Recueil des oraisons funèbres de M. J.-B. BOSSUET. 1704, in-12, 1 vol.

968. Recueil des oraisons funèbres de Jacques-Bénigne BOSSUET. *Paris*, 1738, in-12, 1 vol.

969. Même ouvrage.

970. Recueil des oraisons funèbres prononcées par Mgr BOSSUET. *Paris*, 1743, in-12, 1 vol.

971. Diverses oraisons funèbres. *Paris*, 1709, in-4°, 1 vol.

972. Oraisons funèbres prononcées par le P. DE LA RUE, jésuite. *Paris*, 1740, in-12, 1 vol.

973. Oraisons funèbres, diverses. *Paris*, 1743, in-4°, 1 vol.

974. Recueil des oraisons funèbres de MASCARON. *Paris*, 1745, in-12, 1 vol.

975. Recueil de diverses oraisons funèbres. in-4°, 1 vol.

976. Recueil d'oraisons funèbres. L'Hôpital, Suger, le duc de Berry. *Paris*, in-8°, 1 vol.

Panégyriques.

977. Remerciment au Roy, par LOUYS D'ORLÉANS. *Paris*, 1604, in-12, 1 vol.

978. Recueil des vertus de Louis de France, duc de Bourgogne, et ensuite Dauphin, par le R. P. MARTINEAU. *Paris*, 1783, in-12, 1 vol.

979. Louis-le-Grand, panégyrique par Messire Fr. FAURE, Evesque d'Amiens. *Paris*, 1680, in-4°, 1 vol.

Éloges historiques.

980. Harangue prononcée en présence de la Reine Marguerite et de la noblesse, par Joachim LE MICRE. *Douay*, 1608, in-16, 1 vol.

981. Eloges historiques de saint Louis, de Sully, et de Duguay-Trouin. *Paris*, 1761, in-8°, 1 vol.

982. Eloge de Jean-Baptiste Colbert. *Paris*, 1773, in-8°, 1 vol.

983. Eloge de Tite-Antonin, par M. le baron d***. *Liège*, 1778, in-8°, 1 vol.

984. Eloges des académiciens de l'académie des sciences, par Condorcet. *Paris*, 1799, in-12, 5 vol.

985. Eloge historique de Jean-Bart, par M. Poirier, de Dunkerque. *Paris*, 1807, in-8°, 1 vol.

986. Même ouvrage.

987. Recueil d'éloges divers, Louis XVIII, J.-J. Rousseau, Sully, Fontenelle, Dupaty. *Paris*, 1816, in-8°, 1 vol.

988. Eloges académiques, par H. Wallon. *Paris*, 1882, in-12, 2 vol.

Éloquence de la tribune.

989. Opinions et discours à la Chambre des députés, par M. Corne, 1843-1846. *Douai*, 1846, in-8°, 1 vol.

990. Discours parlementaires de M. Thiers, recueillis par Calmon. *Paris*, 1879, in-8°, 15 vol.

991. Ledru-Rollin. Discours politiques et divers écrits. *Paris*, 1879, in-8°, 1 vol.

992. Jules Favre. Discours parlementaires *Paris*, 1881, in-8°, 4 vol.

993. Les orateurs de l'assemblée constituante, par F. A. Aulard. *Paris*, 1882, in-8°, 1 vol.

994. Les orateurs de la Législative et de la Convention, par F. A. Aulard. *Paris*, 1885, in-8°, 2 vol.

995. Paul Deschanel. Orateurs et hommes d'état. *Paris*, 1888, in-12, 1 vol.

Discours prononcés dans les académies.

996. Recueil des harangues prononcées par MM. de l'Académie française dans leurs réceptions. *Paris*, 1698, in-4°, 1 vol.

997. Recueil des harangues prononcées par MM. de l'Académie française dans leurs réceptions. *Amsterdam*, 1709, in 12, 2 vol.

998. Recueil de discours divers qui ont remporté le prix d'éloquence à l'Académie française. in-4°, 1 vol.

999. Recueil de plusieurs pièces d'éloquence et de poésie présentées à l'Académie françoise, pour les prix de 1671. *Paris*, 1786, in-12, 1 vol.

1000. Recueil des discours, rapports et pièces diverses, lus dans les séances publiques et particulières de l'Académie française, de 1840 à 1849. *Paris*, 1840-1849, in-4°, 2 vol.

1001. Recueil des discours, rapports et pièces diverses, lus dans les séances publiques et particulières de l'Académie française, de 1850 à 1859. *Paris*, 1850-1859, in-4°, 2 vol.

1002. Discours de réception à l'Académie d'Arras, par Le Gentil. *Arras*, 1864, in-8°, 1 broch.

1003. Académie d'Arras. Discours de réception de M. Paul Laroche, et réponse de M. le chanoine Van Drival. *Arras*, 1886, in-8°, 1 broch.

Discours académiques sur divers sujets.

1004. Discours académiques sur divers sujets, par l'abbé Millot. *Lyon*, 1740, in-12, 1 vol.

1005. Les avantages et les désavantages des sciences et des arts, par J.-J. Rousseau. *Londres*, 1756, in-12, 2 vol.

1006. L'heureux citoyen, discours à M. J.-J. Rousseau, par Guillard de Beaurieux. *Lille*, 1759, in-12, 1 vol.

1007. Discours académiques sur divers sujets, par l'abbé Millot. *Lyon*, 1760, in-12, 1 vol.

1008. Mémoires sur des questions proposées par la Société littéraire de Bruxelles, en 1769, par M. J. des Roches. *Bruxelles*, 1770, in-4°, 1 vol.

1009. Mémoires sur les questions proposées par l'Académie impériale et royale des Sciences et Belles-Lettres de Bruxelles, qui ont remporté les prix en 1778. *Bruxelles*, 1779, in-4°, 1 vol.

1010. Le triomphe du nouveau monde ; réponses académiques. *Paris*, 1785, in-8°, 1 vol.

1011. Robespierre. Discours couronné par la Société royale des arts et des sciences de Metz. *Amsterdam*, 1785, in-8°, 1 vol.

1012. Prix de vertu. Discours prononcés dans les séances publiques. Collection de 1829 à 1885. *Paris*, in-16, 54 vol.

1013. Prix de vertu. Discours prononcé par M. Caro, dans la séance publique du 25 novembre 1886. *Paris*, 1886, in-16, 1 vol.

1014. Prix de vertu. Discours prononcé par M. Gaston Boissier, dans la séance publique du 24 novembre 1887. *Paris*, 1887, in-16, 1 vol.

1015. Discours prononcés sur la tombe de M. François Lenormant, le 11 décembre 1883. In-8°, 1 broch.

Orateurs étrangers.

1016. Les harangues de Louis Grotto, l'aveugle d'Hadrie, admirable en éloquence. Par luy prononcées en plusieurs lieux, où il a été envoyé Ambassadeur. Traduites de latin et d'italien, en français, par Barthélémy de Viette. *Paris*, 1628, in-8°, 1 vol.

1017. Theatro historico-critico de la eloquencia Espanola. *Madrid*, 1786, in-8°, 5 vol.

1018. Elogio historico del Senor Antonio de Escano por Don Francisco de Paula Quadrado. *Madrid*, 1852, in-8°, 1 vol.

TROISIÈME CLASSE

POÉSIE

ART POÉTIQUE

Traités généraux.

1019. Poetica d'ARISTOTELE, per Lod. CASTELUETRO. *In Vienna d'Austria,* 1570, in-4°, 1 vol.

1020. La poétique d'ARISTOTE, par DACIER. *Amsterdam,* 1733, in-12, 1 vol.

1021. Francisci ROBORTELLI in librum ARISTOTELIS de arte poetica explicationes. *Basileæ,* 1555, in-fol., 1 vol.

1022. Petri PONTANI ars versificatoria. *Parisiis,* 1536, in-12, 1 vol.

1023. Quatre traitez de poésies, latine, française, italienne et espagnole. *Paris,* 1663, in-8°, 1 vol.

1024. Ars metrica, id est ars condendorum eleganter versuum. *Lugduni,* 1690, in-12, 1 vol.

1025. Réflexions sur la poésie en général. *La Haye,* 1734, in-12, 1 vol.

1026. Dictionnaire poétique portatif, qui contient l'histoire fabuleuse des dieux et des héros de l'antiquité payenne, par BILHARD. *Paris,* 1759, in-12, 1 vol.

1027. Les quatre poétiques d'ARISTOTE, d'HORACE, de VIDA, de DESPRÉAUX, par l'abbé BATTEUX. *Paris,* 1771, in-12, 2 vol.

1028. Petit traité de poésie française, par Théodore DE BANVILLE. *Paris,* 1882, in-12, 1 vol.

Traités des différentes sortes de poëmes.

1029. Dan. HEINSII de tragœdiæ constitutione liber. *Lugd. Batav.* 1643, in-16, 1 vol.

1030. Traité de la satire, par l'abbé DE VILLIERS. *Paris,* 1695, in-12, 1 vol.

1031. Ars epigrammatica, sive de ratione epigrammatis rite conficiendi libellus CAROLI A ST-ANTONIO. 1696, in-12, 1 vol.

1032. Traité du poëme épique, par le P. LE BOSSU. *Paris,* 1708, in-12, 1 vol.

1033. Réflexions critiques sur l'élégie. In-12, 1 vol.

Traités de la poésie hébraïque.

1034. De sacra poesi Hebræorum a Roberto Lowth. *Oxonii*, 1775, in-8°, 1 vol.

1035. Roberti Lowth de sacra poesi Hebræorum prælectiones. *Lipsiæ*, 1815, in-8°, 1 vol.

POÉSIE GRECQUE

Traités de la poésie grecque.

1036. De poesi græcorum libri quatuor, autore Abdia Prætorio. *Basileæ*, 1561, in-12, 1 vol.

1037. De re poetica græcorum J. Vollandi, bibliotheca Mich. Neandri. *Lipsiæ*, 1592, in-12, 1 vol.

1038. Thesaurus græcæ poeseos, autore T. Morell. *Etonæ*, 1762, in-4°. 1 vol.

1039. Poeseos Asiaticæ commentariorum libri sex. auctore Guilielmo Jones. *Lipsiæ*, 1777, in-8°, 1 vol.

Collections et extraits de poètes grecs.

1040. Hesiodi opera et dies. — Theognidis sententiæ, etc. *Florentiæ*, 1540, in-12, 1 vol.

1041. Epigrammata græca veterum elegantissima per Joannem Soterem collecta. *Friburgi-Brisgoiæ*, 1544, in-8°, 1 vol.

1042. Même ouvrage.

1043. Epigrammatum græcorum libri VII, cum annotationibus Brodæi. *Basileæ*, 1549, in-f°, 1 vol.

1044. Poemata Pythagoræ, Phocidis. *Lugduni*, 1556, in-12, 1 vol.

1045. Recueil de divers ouvrages grecs. *Basileæ*, 1560, in-12, 1 vol.

1046. Florilegium diversorum epigrammatum veterum, in septem libros divisum. *Parisiis*, 1566, in-4°, 1 vol.

1047. Même ouvrage.

1048. Même ouvrage.

1049. Belli Trojani scriptores præcipui. Dictys Cretensis, Dares Phrygius et Homerus. *Basileæ*, 1573, in-12, 1 vol.

1050. Homeri et Hesiodi certamen. *Parisiis*, 1573, in-12, 1 vol.

1051. Epigrammatum græcorum libri VII. Brodæi et Henri Stephani annotationes. *Francofurti*, 1600, in-f°, 1 vol.

1052. Même ouvrage.

1053. Theocriti, Moschi, Bionis opera. Cum scholis.... 1604, in-4°, 1 vol.

1054. Poetæ græci veteres carminis heroïci scriptores, qui exstant omnes. *Aureliæ Allobrogum*, 1606, in-f°, 1 vol.

1055. Poetæ græci veteres lyrici, tragici,

comici, epigrammatarii. (Græce et latine) *Coloniæ Allobrogum*, 1614, in-f°, 1 vol.

1056. Anthologia poetica græco-latina, opera et studio Petri HALLOIX. *Duaci*, 1617, in-8°, 1 vol.

1057. Poetæ græci christiani, una cum Homericis centonibus. *Lutetiæ Parisiorum*, 1619, in-12, 1 vol.

1058. Anthologia epigrammatum græcorum selecta et ab omni obscenitate vindicata. *Flexiæ*, 1624, in-8°, 1 vol.

1059. Même ouvrage.

1060. Selecta poetarum græcorum carmina. *Giesæ*, 1702, in-8°, 1 vol.

1061. Analecta veterum poetarum græcorum, editore BRUNCK. *Argentorati*, 1776, in-8°, 3 vol.

1062. ANACRÉON, SAPHO, BION, MOSCHUS, THÉOCRITE, MUSÉE, la veillée des fêtes de Vénus. *Paris*, 1779, in-12, 2 vol.

1063. THÉOCRITE, BION, MOSCHUS, ANACRÉON et autres appelés petits poètes, par l'abbé GAIL. *Paris*, 1788, in-12, 1 vol.

1064. Scriptores erotici græci. *Biponti*, 1792, in-8°, 4 vol.

1065. Libellus scolasticus quo continentur : THEOGNIDIS præcepta, PYTHAGORÆ versus aurei, etc. (græce). *Basileæ*, in-16, 1 vol.

1066. HESIODI, THEOCRITI, MOSCHI etc. opera. (græce et latine). in-18, 1 vol.

1067. Recueil de pièces diverses. (Texte grec), in-4°, 1 vol.

Poètes grecs.

1068. HOMERI Ilias, interprete Laurent VALLA. *Lutetiæ*, 1527, in-12, 1 vol.

1069. DIDYMI interpretatio in Odisseam. (græce). *Parisiis*, 1530, in-12, 1 vol.

1070. HOMERI Ilias latina versione ad verbum e regione apposita. *Atrebati*, 1539, in-18, 1 vol.

1071. HOMERI interpres, cum indice locupletissimo. *Argentorati*, 1539, in-12, 1 vol.

1072. HOMERI Ulyssea, una cum DIDYMI interpretatione. (græce). *Basileæ*, 1541, in-4°, 1 vol.

1073. EUSTATHII in HOMERI Iliadem commentarii. (græce). *Romæ*, 1542, in-f°, 4 vol.

1074. HOMERI omnia opera. — græce et latine. *Basileæ*, 1551, in-f°, 1 vol.

1075. EUSTATHII in HOMERI Iliadis et Odysseæ libros commentarii. *Basileæ*, 1560, in f°, 2 vol.

1076. Apologème pour le grand Homère, par Guil. PAQUELIN. *Lyon*, 1577, in-4°, 1 vol.

1077. Les treize derniers livres de l'Iliade d'HOMÈRE, mis en vers français, par Amadis JAMYN. *Paris*, 1577, in-12, 1 vol.

1078. Homerici centones, Virgiliani centones (græce et latine), 1578, in-16, 1 vol.

1079. HOMERI Ilias (græce), in-12, 1 vol.

1080. HOMERI Odyssea ... 1609, in-18, 1 vol.

1081. L'Odyssée d'Homère traduict de grec en françois, par Cl. BOITEL. *Paris*, 1619, in-8°, 1 vol.

1082. HOMERUS ebraïzon, sive comparatio HOMERI cum scriptoribus sacris, aut. Zach. BOGAN. *Oxoniæ*, 1658, in-8°, 1 vol.

1083. Même ouvrage.

1084. HOMERI gnomologia, duplici parallelismo illustrata, per Jacobum DUFORTUM. *Cantabrigiæ*, 1660, in-4°, 1 vol.

1085. **Même ouvrage.**

1086. Opus utrumque Homeri Iliados et Odysseæ, opera Jacobi Miculli recognitum..... in-4°, 1 vol.

1087. Interpretationes in Homeri Iliada nec non in Odyssea. In-12, 1 vol.

1088. L'Iliade, poëme, avec un discours sur Homère, par De la Motte. *Paris,* 1714, in-12, 1 vol.

1089. Dissertation critique sur l'Iliade d'Homère, par l'abbé Terrasson. *Paris,* 1715, in-12, 2 vol.

1090. Homeri Ilias, (græce et latine) edidit Samuel Clarke. *Londini,* 1740, in-8°, 4 vol.

1091. Homeri operum omnium quæ exstant tomi duo, juxta editionem Samuelis Clarke (græce et latine). *Amstelodami,* 1743, in-12, 2 vol.

1092. Everhardi Feithii antiquitatum Homericarum libri IV. *Argentorati,* 1743, in-12, 1 vol.

1093. Homeri opera quæ extant omnia. (græce et latine). *Parisiis,* 1747, in-12, 2 vol.

1094. Homeri Ilias et Odyssea, (græce et latine), edidit Samuel Clarke. *Londini,* 1754, in-4°, 2 vol.

1095. Homeri opera omnia, cum notis Samuelis Clarkii. *Lipsiæ,* 1759, in-8°. 5 vol.

1096. L'Iliade d'Homère, traduction nouvelle par Bitaubé. *Paris,* 1780, in-8°, 3 vol.

1097. L'Illiade d'Homère en vers, par le baron de Beaumanoir. *Paris,* 1781, in 8°, 2 vol.

1098. Homeri Ilias, ex veterum criticorum notationibus. *Halis Saxonum,* 1794, in-8°, 2 vol.

1099. L'Iliade d'Homère, traduite en français, par Dugas Montbel. *Paris,* 1828, in-8°, 3 vol.

1100. Observations sur l'Iliade d'Homère, par Dugas Montbel. *Paris,* 1829, in-8°, 2 vol.

1101. L'Odyssée d'Homère traduite en français, par Dugas Montbel. *Paris,* 1833, in-8°, 3 vol.

1102. Observations sur l'Odyssée d'Homère, par Dugas-Montbel. *Paris,* 1833, in-8°, 1 vol.

1103. L'Iliade d'Homère. Traduction nouvelle en vers français, par Thouron. *Paris,* 1870, in-8°, 2 vol.

1104. In Q. Calabri, seu Cointi paralipomenon libros XIV Cl. Dausqueii adnotamenta. *Francofurti,* 1614, in-12, 1 vol.

1105. Quinti Calabri prætermissorum ab Homero libri XIV. (græce et latine). *Lugduni Batavorum,* 1734, in-8°, 1 vol.

1106. Hesiodi Ascræi opera (græce et latine). *Basileæ,* 1564, in-12, 1 vol.

1107. Hesiodi Ascræi opera. *Basileæ,* in-12, 1 vol.

1108. Joannis Grammatici expositio librorum Hesiodi. *Basileæ,* in-12, 1 vol.

1109. Hesiodi opera et dies. *Parisiis,* 1576, in-4°, 1 vol.

1110. Hesiodi Ascræi quæ extant opera. *Amstelodami,* 1658, in-12, 1 vol.

1111. Hesiodi Ascræi duo libri georgicon, etc ..... in-8°, 1 vol.

1112. Orphei Argonautica. *Basileæ,* 1523, in-4°, 1 vol.

1113. Orphei Argonautica, Hymni et de lapidibus. *Ultrajecti,* 1689, in-12, 1 vol.

1114. Anacreontis Teii odæ. *Lutetiæ,* 1556, in-12, 1 vol.

1115. Anacréon, sa vie et ses œuvres,

par le marquis Eug. DE LONLAY. *Paris,* in-12, 1 vol.

1116. PINDARI opera, per Joan. LONICERUM latinitate donata. *Basileæ,* 1535, in-4°, 1 vol.

1117. PINDARI opera (græce). *Francofurti,* 1542, in-4°, 1 vol.

1118. Même ouvrage.

1119. PINDARI opera. *Antuerpiæ,* 1567, in-18, 1 vol.

1120. Pindari opera (græce et latine) ab Æmilio PORTO. 1598, in-12, 1 vol.

1121. PINDARI opera, adjecta est interpretatio latina ad verbum. *Parisiis,* 1599, in-4°, 1 vol.

1122 PINDARI opera (græce). In-4°, 1 vol,

1123. THEOCRITE. Idylles, (græce). *Lovanii,* 1520, in-4°, 1 vol.

1124. THEOCRITI Syracusani eidyllia triginta sex. (græce et latine). *Francofurti,* 1545, in-12, 1 vol.

1125. THEOCRITI aliorumque poetarum Idyllia. *Parisiis,* 1579, in-18, 1 vol.

1126. Idylles de THÉOCRITE, traduites en prose. *Paris,* 1777, in-12, 1 vol.

1127. Theocriti decem eidyllia a C. A. WESTSTENIO et VALCKENAER. *Lugd. Batav.* 1773, in-8°, 1 vol.

1128. Idylles de THÉOCRITE, traduites en français, par Julien GEOFFROY. *Paris,* an VIII, in-8°, 1 vol.

1129. Les idylles de THÉOCRITE, traduites en vers, par Firmin DIDOT. *Paris,* 1833, in-8°, 1 vol.

1130. NICANDRI Alexipharmaca. *Parisiis,* 1557, in-4°, 1 vol.

1131. THEOGNIDIS Megarensis sententiæ elegiacæ. *Basileæ,* 1550, in-8°, 1 vol.

1132. THEOGNIDIS Megarensis sententiæ. *Basileæ,* 1563, in-12, 1 vol.

1133. MUSÆI grammatici de Herone et Leandro carmen, ex recensione Matthiæ ROVER. *Lugd. Batav.,* 1737, in-8°, 1 vol.

1134. BABRII fabulæ iambicæ CXXIII, Joh. Fr. BOISSONADE recensuit, latine convertit, annotavit. *Parisiis,* 1844, in-8°, 1 vol.

1135. CALLIMACHI hymni, cum scholiis. *Basileæ,* 1532, in-4°, 1 vol.

1136. Même ouvrage.

1137. CALLIMACHI hymni (cum suis scholiis græcis) et epigrammata. *Parisiis,* 1577, in-4°, 1 vol.

1138. Même ouvrage.

1139. Même ouvrage.

1140. Même ouvrage.

1141. Même ouvrage.

1142. Ezechielis SPANHEMII in CALLIMACHI hymnos observationes. *Ultrajecti,* 1697, in-8°, 1 vol.

1143. CALLIMACHI hymni, epigrammata, etc. ex recensione F. GRÆVII. *Ultrajecti,* 1697, in-8°, 1 vol.

1144. Hymnes de CALLIMAQUE, traduites en vers français, par Alf. DE WAILLY. *Paris,* 1842, in-8°, 1 vol.

1145. ARATI opera, et THEONIS scholia. *Parisiis,* 1559, in-4°, 1 vol.

1146. OPPIANI poetæ Alieuticon, sive de piscibus libri quinque. *Argentorati,* 1534, in-4°, 1 vol.

1147. Manuelis PHILÆ carmina græca. *Lipsiæ,* 1768, in-8°, 1 vol.

1148. Manuelis PHILÆ carmina nunc primum edidit E. MILLER. *Parisiis,* 1855, in-8°, 2 vol.

1149. LYCOPHRONIS Chalcidensis Alexandræ, sive Cassandræ cum Isacii TZETZIS commentariis. *Basileæ,* 1542, in-fol. 1 vol.

1150. LYCOPHRONIS Chalcidensis Alexandræ, sive Cassandræ versiones duæ. *Ba-sileæ*, 1566, in-4°, 1 vol.

1151. Lycophronis Alexandra, poema obscurum. *Lugd. Batav.* 1599, in-12, 1 vol.

1152. Apollonii Rhodii Argonauticorum libri quatuor, J. Hartungo interprete. *Basileæ*, 1550, in-12, 1 vol.

1153. Apollonii Rhodii Argonauticorum libri iv, ab Jeremia Hoelzlino. *Lugd. Batav.*, 1641, in-8°, 1 vol.

1154. Même ouvrage.

1155. Appollonii Rhodii Argonautica, cum notis Brunckii. *Lipsiæ*, 1810, in-8°, 2 vol.

1156. Gregorii Episcopi Nazianzeni de rebus suis carmina. *Venetiis*, 1504, in-4°, 1 vol.

1157. Nonni Panopolitæ Dionysiaca. *Antuerpiæ*, 1569, in-4°, 1 vol.

1158. Synesii episcopi hymni. *Parisiis*, 1570, in-12, 1 vol.

1159. Dionysii Alexandrini de situ orbis libellus. (Denys le Periegète). *Lutetiæ*, 1547, in-4°, 1 vol.

1160. Sibyllina oracula notis illustrata a D.-J. Opsapoeo. *Parisiis*, 1590, in-8°, 1 vol.

1161. Hexameron, seu Mundi opificium, Georgii Pisidoe poema. *Lutetiæ*, 1584, in-4°, 1 vol.

1162. Opus sex dierum, seu Mundi opificium, Georgii Pisidæ poema. *Lutetiæ*, 1585, in-4°, 1 vol.

Consulter dans la polygraphie : *Scriptorum græcorum bibliotheca. . Collection des auteurs grecs, avec la traduction latine en regard et les index.*

POÉSIE LATINE

Traités de la poésie latine.

1163. Versificatoria Joannis Despauterii denuo recognita. *Antuerpiæ*, 1588, in-4°, 1 vol.

1164. Theatrum poeticum historicum, sive officina J. Ravisii Textoris. *Basileæ*, 1595, in-4°, 1 vol.

1165. Nicolai Nomesseii Parnassus biceps opera maxima primum congestus. *Atrebati*, 1607, in-8°, 1 vol.

1166. Systema prosodiæ Henrici Smetii. *Genevæ*, 1615, in-12, 1 vol.

1167. Prosodia Henrici Smetii. *Lugduni*, 1629, in-12, 1 vol.

1168. Draconis Stratonicensis liber de metris poeticis. *Lipsiæ*, 1712, in-8°, 1 vol.

Collections et extraits de poètes latins anciens.

1169. Flosculi et sententiæ antiquorum poetarum. 1513, in-12, 1 vol.

1170. Recueil de poésies latines. *Taurini*, 1521, in-4°, 1 vol.

1171. Illustrium poetarum flores. *Parisiis*, 1561, in-12, 1 vol.

1172. Corpus omnium veterum poetarum latinorum. *Aureliæ Allobrogum*, 1609, in-4°, 2 vol.

1173. Elegantiarum poeticarum per locos communes digestarum flores, studio Joan. BLUMEREL. *Duaci*, 1634, in-16, 1 vol.

1174. Les catalectes, ou pièces choisies des poètes latins, traduites en vers. *Paris*, 1675, in-4°, 1 vol.

1175. Hortulus carminum selectorum, sive de arte sermocinendi in omni consortio. *Bruxellis*, 1683, in-12, 1 vol.

1176. Opera et fragmenta veterum poetarum latinorum. *Londini*, 1713, in-fol., 2 vol.

1177. Corpus omnium veterum poetarum latinorum, tam prophanorum quam ecclesiasticorum. *Londini*, 1721, in-fol., 2 vol.

1178. Poetæ latini rei venaticæ scriptores, et bucolici antiqui, cum notis variorum. *Lugduni Batavorum*, 1728, in-4°, 1 vol.

1179. Poetæ Latini minores, curante Petro BURMANNO. *Leidiæ*, 1731, in-4°, 2 vol.

1180. Même ouvrage.

1181. Poemata didascalica. *Parisiis*, 1749, in-12, 3 vol.

1182. Collectio Pisaurensis omnium poematum latinorum. *Pisauri*, 1766, in-4°, 6 vol.

1183. Carmina ethica ex diversis auctoribus collegit A. RENOUARD. *Parisiis*, 1795, in-16, 1 vol.

1184. Conciones poeticæ, par Fr. NOEL. *Paris*, 1803, in-12, 1 vol.

1185. Poetæ latini minores. N. E. LEMAIRE. *Parisiis*, 1824, in-8°, 8 vol.

Poètes latins anciens.

1186. Q. ENNII fragmenta ab Paullo MERULA. *Lugduni Batavorum*, 1595, in-4°, 1 vol.

1187. Q. ENNII poetæ, cum primis censendi, annalium libri XVIII. *Lugd. Batavorum*, 1695, in-4°, 1 vol.

1188. LUCRETII Cari de rerum natura libri sex. *Lovanii*, 1513, in-4°, 1 vol.

1189. In Carum LUCRETIUM poetam commentarii a Joanne Baptista PIO. *Lutetiæ*, 1514, in-fol., 1 vol.

1190. LUCRETII Cari de rerum natura libri sex. *Parisiis*, in-4°, 1 vol.

1191. T. LUCRETII Cari de rerum natura libri sex. *Antucrpiæ*, 1565, in-12, 1 vol.

1192. LUCRETII Cari de rerum natura libri VI. *Lutetiæ*, 1570, in-4°, 1 vol.

1193. Titi LUCRETII Cari de rerum natura libri sex. *Parisiis*, 1680, in-4°, 1 vol.

1194. De l'origine et de la nature de toutes choses, exposée en vers par

Lucrèce, traduit en français. *Amsterdam,* 1742, in-12, 2 vol.

1195. Titi Lucretii Cari de rerum natura libri sex. *Lutetiæ Parisiorum,* 1754, in-12, 1 vol.

1196. Même ouvrage.

1197. Tibullus, Catullus et Propertius, cum commento. *Venetiis,* 1496, in-fol., 1 vol.

1198. Catullus, Tibullus, Propertius. *Parisiis,* 1534, in-12, 1 vol.

1199. Catullus, Tibullus, Propertius, etc. *Amstelodami,* 1651, in-32, 1 vol.

1200. Catullus, Tibullus et Propertius. *Trajecti ad Rhenum,* 1680, in-8°, 1 vol.

1201. Aur. Propertii elegiarum libri quatuor. *Amstelædami,* 1702, in-4°, 1 vol.

1202. Catullus, Tibullus, Propertius. *Lutetiæ Parisiorum,* 1723, in-4°, 1 vol.

1203. Catullus, Tibullus et Propertius. *Ludg. Batav.,* 1743, in-12, 1 vol.

1204. Traduction en prose de Catulle, Tibulle et Gallus. *Amsterdam,* 1771, in-8°, 2 vol.

1205. Elégies de Tibulle, par Mirabeau l'aîné. *Paris,* 1798, in-8°, 2 vol.

1206. Opera Vergiliana docte et familiariter exposita. *Parrhysiis,* 1512, in-fol., 1 vol.

1207. Opera Vergiliana docte et familiariter exposita. *Parrhysiis,* 1512, in-fol., 2 vol.

1208. Virgilii Maronis opus eximium. *Parrhisiis,* 1513, in-4°, 1 vol.

1209. Opera Vergiliana cum decem commentis. 1528, in-fol., 1 vol.

1210. P. Virgilii Maronis opera cum Servii commentariis. *Lutetiæ,* 1529, in-fo., 1 vol.

1211. OEuvres de Virgile, translatées du latin en français, par Michel de Tours. *Paris,* 1540, in-fo., 1 vol.

1212. P. Virgilii Maronis opera. *Duaci,* 1595, in-12, 1 vol.

1213. Symbolarum libri XVII quibus Virgilii Bucolica, Georgica, Æneis, etc. declarantur, comparantur, illustrantur per Jacobum Pontanum. *Coloniæ,* 1599, in-fo., 1 vol.

1214. Virgilii Maronis opera. *Coloniæ Agrippinæ,* 1601, in-12, 1 vol.

1215. Virgilii Maronis opera omnia cum commentario Frid. Taubmanni. 1618, in-4°, 1 vol.

1216. Virgilii Maronis opera, cum veterum omnium commentariis. *Amstelodami,* 1646, in-4°, 1 vol.

1217. Virgilii Maronis opera omnia. *Lugd. Batavorum,* 1659, in-8°, 1 vol.

1218. L'Enéide de Virgile, fidèlement traduite en vers héroïques. *Paris,* 1664, in-16, 1 vol.

1219. Virgilius, collatione scriptorum græcorum illustratus, opera Fulvii Ursini. *Antuerpiæ,* 1667, in-12, 1 vol.

1220. Traduction de l'Enéide de Virgile, par M. de Segrais. *Paris,* 1668, in-4°, 1 vol.

1221. Virgilius Maro, accurante Nic. Heinsio. *Lugd. Batavorum,* 1671, in-32, 1 vol.

1222. Virgilii Maronis opera. (Carolus Ruæus). *Parisiis,* 1682, in-4°, 1 vol.

1223. P. Virgilii Maronis opera. *Parisiis,* 1692, in-4°, 1 vol.

1224. Virgilii Maronis opera, cum Scaligeri notis. *Leovandiæ,* 1717, in-4°, 2 vol.

1225. Virgilii Maronis opera, notis illustravit Carolus Ruæus. *Hagæ-Comitum,* 1723, in-8°, 1 vol.

1226. Vergilii Maronis codex antiquissimus, in bibliotheca Mediceo-Laurentiana adservatus. *Florentiæ*, 1741, in-4°, 1 vol.

1227. P. Virgilii Maronis opera studio et curis Stephani Andreæ Philippe. *Lutetiæ Parisiorum*, 1745, in-12, 3 vol.

1228. Les œuvres de Virgile, en latin et en français. *Paris*, 1751, in-16, 4 vol.

1229. Les œuvres de Virgile, traduites en françois par l'abbé des Fontaines. *Amsterdam*, 1754, in-12, 2 vol.

1230. Publii Virgilii Maronis Bucolica, Georgica et Æneis. *Birminghamiæ*,1757, in-f°, 1 vol.

1231. Traduction nouvelle des œuvres de Virgile, par M. Le Blond. *Paris*, 1782, in-12, 3 vol.

1232. L'Enéide de Virgile, traduite en vers français, par M. Fontaine de Saint-Fréville. *Paris*, 1784, in-16. 2 vol.

1233. P. Virgilii Maronis opera. *Argentorati*, 1789, in-4°, 1 vol.

1234. Virgilii Maronis opera. Ch. Gottl. Heyne. *Londini*, 1793, in-8°, 4 vol.

1235. P. Virgilii Maronis opera, notis illustrata a Gottl. Heyne. *Lipsiæ*, 1800, in-12, 2 vol.

1236. Le moucheron de Virgile, traduit en vers français par le comte de Valori. *Paris*, 1817, in-12, 1 vol.

1237. G. Horatii Flacci ars poetica, cum commentariis. *Parisiis*, 1533, in-4°, 1 vol.

1238. Horatii Flacci opera, cum quatuor commentariis. *Parisiis*, 1543, in-f°, 1 vol.

1239. Horatii Flacci opera, cum annotationibus. *Basileæ*, 1545, in-4°, 1 vol.

1240. J.Baptistæ Pignæ poetica Horatiana. *Venetiis*, 1561, in-f°, 1 vol.

1241. Les œuvres de Q. Horace Flacce Venusin, traduites par M. Luc de la Porte. *Paris*, 1584, in-16, 1 vol.

1242. Horatius Flaccus, cum Lœvini Torrentii commentario. *Antuerpiæ*,1608 in-8°, 1 vol.

1243. Q. Horatii Flacci poemata, a Joanne Bond illustrata. *Londini*, 1620, in-12, 1 vol.

1244. Horatius Flaccus, cum commentariis Johannis Bond. *Lugduni Batavorum*, 1670, in-8°, 1 vol.

1245. Q. Horatii Flacci poemata. *Amstelodami*, 1676, in-16, 1 vol.

1246. Horatii Flacci opera. *Parisiis*, 1691, in-4°, 2 vol.

1247. Horace, de la traduction de M. de Martignac. *Paris*, 1696, in-12, 2 vol.

1248. Traduction en vers français de l'art poétique d'Horace. *Paris*, 1711, in-12, 1 vol.

1249. Quinti Horatii Flacci opera. *Londini*, 1733, in-8°, 2 vol.

1250. Q. Horatii Flacci opera. *Londini*, 1749, in-8°, 2 vol.

1251. Traduction des œuvres d'Horace en vers français. *Paris*, 1752, in-16, 5 vol.

1252. Horatii Flacci carmina expurgata, cum adnotationibus Josephi Juvencii. *Parisiis*, 1754, in-12, 3 vol.

1253. Les chefs d'œuvre d'Horace traduits en francais. *Lyon*, 1787, in-16, 1 vol.

1254. The works of Horace, translated literally by C. Smart. *London*, 1790, in-12, 2 vol.

1255. Les odes d'Horace en vers français. *Paris*, 1811, in-8°, 1 vol.

1256. Ach. Statii Lusitani in Q. Horatii Flacci poeticam commentarii. *Antuerpiæ*, 1553, in-4°, 1 vol.

1257. Horatii Flacci emblemata, studio Othonis Væni. *Antuerpiæ*, 1607, in-4°, 1 vol.

1258. Etudes lyriques d'après Horace, par DE REGANHAC. *Paris*, 1775, in-12, 1 vol.

1259. L'Etna de Cornelius SEVERUS, et les sentences de Publius SYRUS, traduits en français. *Paris*, 1736, in-12, 1 vol.

1260. Même ouvrage.

1261. P. OVIDII Nasonis de vetula libri tres. 1534, in-16, 1 vol.

1262. Les XXI épistres d'OVIDE, translatées de latin en françoys. *Paris*, 1541, in-18°, 1 vol.

1263. OVIDII Nasonis heroides epistolæ. *Venetiis*, 1558, in-f°, 1 vol.

1264. OVIDII metamorphoses. *Francofurti*, 1563, in-12, 1 vol.

1265. OVIDII Nasonis metamorphoses (allemand). *Francffure*, 1564, in-8°, 1 vol.

1266. Les quinze livres de la métamorphose d'OVIDE, interprétés par François HABERT. *Paris*, 1587, in-16, 1 vol.

1267. Las transformaciones de OVIDIO en lengua espanola. *En Envers*, 1595, in-8°, 1 vol.

1268. OVIDII NASONIS epistolæ. *Duaci*, 1605, in-18, 1 vol.

1269. Jacobi PONTANI ethicorum Ovidianorum libri quatuor. *Ingolstadii*, 1617, in-12, 1 vol.

1270. Les métamorphoses d'OVIDE, de nouveau traduites en français. *Paris*, 1622, in-f°, 1 vol.

1271. Les métamorphoses d'OVIDE, de nouveau traduites en français. *Rouen*, 1623, in-8°, 1 vol.

1272. Pub. OVIDII Nasonis opera. *Amsterodami*, 1625, in-32, 3 vol.

1273. Les épistres d'OVIDE, traduites en vers français par le Sr DE MÉZIRIAC. *Bourg-en-Bresse*, 1626, in-8°, 1 vol.

1274. OVIDII Nasonis operum tomi tres, cum notis variorum. *Lugduni Batavorum*, 1670, in-8°, 3 vol.

1275. Pièces choisies d'OVIDE, traduites en vers par Corneille. *Paris*, 1670, in 16, 1 vol.

1276. Métamorphoses d'OVIDE en rondeaux. *Paris*, 1676, in-4°, 1 vol.

1277. Les métamorphoses d'OVIDE, traduites en français. *Rouen*, 1676, in-8°. 1 vol.

1278. Des épistres et toutes les élégies amoureuses d'OVIDE, traduites en vers françois. *Rotterdam*, 1694, in-12, 1 vol.

1279. Commentaires sur les épitres d'OVIDE, par Gaspar BACHET. *La Haye*, 1716, in-8°, 2 vol.

1280. Nouvelle traduction des élégies amoureuses d'OVIDE, en vers françois. *Bruxelles*, 1736, in-12, 1 vol.

1281. Nouvelle traduction des épistres d'OVIDE, en vers français. *Bruxelles*, 1739, in-16, 1 vol.

1282. Les métamorphoses d'OVIDE, traduites en français par DU ROYER. *La Haye*, 1744, in-12, 4 vol.

1283. L'art d'aimer et le remède d'amour, traduction d'OVIDE. *Amsterdam*, 1751, in-12, 1 vol.

1284. Nouvelle traduction des métamorphoses d'OVIDE, par FONTANELLE. *Paris*, 1767, in-8°, 2 vol.

1285. OEuvres complètes d'OVIDE, traduites en françois par PONCELIN. *Paris*, an VII, in-8°, 7 vol.

1286. Traduction en vers des métamorphoses d'OVIDE, par F. DESAINTANGE. *Paris*, 1800, in-8°, 2 vol.

1287. M. MANILII astronomicon in usum serenissimi Delphini. *Paris*, 1679, in-4°, 1 vol.

1288. M. MANILII astronomicon interpretatione et notis et figuris illustravit Michael FAYUS. *Parisiis*, 1679, in-4°, 1 v.

1289. Les cinq livres astronomiques de Marcus MANILIUS. Traduction en vers, par L. RICOUART. *Paris*, 1883, in-8°, 1 vol.

1290. Les fables de PHÈDRE, en vers françois, avec une édition latine, par DENISE. *Paris*, 1708, in-12, 1 vol.

1291. PHÆDRI fabularum Æsopiarum libri quinque. *Parisiis*, 1742, in-16, 1 vol.

1292. PHÆDRI, Augusti liberti, fabularum Æsopiarum libri V ; Curante Petro BURMANNO. *Lugd. Batav.* 1745, in8°, 1 vol.

1293. PHÆDRI fabulæ Esopicæ, curante Petro BURMANNO. *Lugduni Batav.*, 1778, in-8°, 1 vol.

1294. Fabularum A. L. PHÆDRI libri quinque, per L. A. DESAVARY. *Paris*, 1841, in-12, 1 vol.

1295. Fables de PHÈDRE, anciennes et nouvelles, éditées d'après les manuscrits, et accompagnées d'une traduction littérale en vers libres, par Léopold HERVIEUX. *Paris*, 1881, in-12, 1 vol.

1296. Annæi LUCANI Pharsalia cum commentariis. ...... 1514, in-fol., 1 vol.

1297. Annæi LUCANI Pharsalia. *Lovanii*, 1581, in-4°, 1 vol.

1298. M. Annæi LUCANI Pharsalia, sive de bello civili Cæsaris et Pompeii lib. X. *Amsterodami*, 1627, in-16, 1 vol.

1299. M. Annæi LUCANI Pharsalia. *Amsterodami*, 1643, in-16, 1 vol.

1300. La Pharsale de LUCAIN, en vers françois de M. DE BRÉBEUF. *Paris*, 1682, in-12, 1 vol.

1301. La Pharsale de LUCAIN, traduite en françois par MARMONTEL. *Paris*, 1772, in-8°, 2 vol.

1302. SYLII ITALICI poemata cum commentariis Petri MARSI. *Venetiis*, 1483, in-fol., 1 vol.

1303. SILII ITALICI opera, cum Petri MARSI commentariis. *Parisiis*, 1512, in-4°, 1 vol.

1304. SILII ITALICI de bello Punico libri septemdecim. *Parisiis*, 1531, in-8°, 1 vol.

1305. SILII ITALICI punica, seu de bello punico secundo libri XVII. *Parisiis*, 1618, in-4°, 1 vol.

1306. In SILII ITALICI punica, seu de bello punico secundo libros XVII ; Cl. DAUSQUEIUS Sancto-Marius. *Parisiis*, 1618, in-4°, 1 vol.

1307. VALERII FLACCI Argonauticon libri VIII. *Coloniæ Allobrogum*. 1617, in-12, 1 vol.

1308. VALERII FLACCI Argonauticon libri VIII. *Lipsiæ*, 1630, in-12, 1 vol.

1309. D. Junii JUVENALIS et Auli PERSII satyræ. *Amstelodami*, 1650, in-16, 1 vol.

1310. Les satyres de JUVÉNAL et de PERSE. *Paris*, 1691, in-12, 1 vol.

1311. J. JUVENALIS et PERSII satiræ. *Parisiis*, 1684, in-4°, 1 vol.

1312. J. JUVENALIS satyræ, ex recensione Henrici Christ. HENNII. *Ultrajecti*, 1685, in-4°, 1 vol.

1313. Decii Junii JUVENALIS satirarum libri quinque. *Lutetiæ Parisiorum*, 1747, in-12, 1 vol.

1314. Même ouvrage.

1315. PERSII FLACCI satyræ. *Coloniæ*, 1538, in-12, 1 vol.

1316. Auli PERSII FLACCI satirarum liber, cum Isaaci CASAUBONI commentario. *Parisiis*, 1605, in-8°, 1 vol.

1317. Auli PERSII FLACCI satyræ, cum antiquissimis commentariis. *Lutetiæ*, 1613, in-4°, 1 vol.

1318. Satires de Perse, traduites en français par M. SÉLIS. *Paris*, 1776, in-8°, 1 vol.

1319. JUVENALIS familiare commentum, cum Antonii MANCINELLI explanatione. *Lugduni*, 1501, in-4°, 1 vol.

1320. Junii JUVENALIS satyræ sexdecim, cum commentariis. *Lutetiæ*, 1613, in-4°, 1 vol.

1321. J. JUVENALIS et PERSII satyræ. *Birminghamiæ*, 1761, in-4°, 1 vol.

1322. MARTIALIS epigrammata, cum duobus commentis. *Venetiis*, 1496, in-fol., 1 vol.

1323. Val. MARTIALIS epigrammata. *Lugduni*, 1522, in-4°, 1 vol.

1324. M. V. MARTIALIS epigrammata. *Tiguri*, 1544, in-12, 1 vol.

1325. Valerii MARTIALIS epigrammatum libri xv. *Parisiis*, 1607, in-4°, 1 vol.

1326. Valerii MARTIALIS epigrammatum libri xv, cum notis Jos. LANGII. *Lutetiæ*, 1617, in-fol.

1327. Val. MARTIALIS epigrammata ab obscenitate expurgata. *Antuerpiæ*, 1630, in-32, 1 vol.

1328. M. Val. MARTIALIS epigrammata, cum notis FARNABII. *Amsterdami*, 1644, in-16, 1 vol.

1329. MARTIALIS epigrammata, cum notis. *Amsterdam*, 1654, in-12, 1 vol.

1330. Valerii MARTIALIS epigrammata, cum notis FARNABII. *Lugduni Batavorum*, 1670, in-8°, 1 vol.

1331. Toutes les épigrammes de MARTIAL, en latin et en français. *Paris*, 1842, in-8°, 3 vol.

1332. P. STATII Papinii opera quæ extant. *Antuerpiæ*, 1595, in-8° 1 vol.

1333. Papinii STATII opera quæ exstant, cum commentariis LACTANTII. *Parisiis*, 1600, in-4°, 1 vol.

1334. Publii Papinii STATII Sylvarum lib. V. Thebaidos lib. XII. Achilleidos lib. II. *Lugd. Batav.* 1671, in-8°, 1 vol.

1335. Dionysii CATONIS disticha de moribus ad filium. *Amstelœdami*, 1754, in-8°, 1 vol.

1336. Cl. CLAUDIANI opera. *Venetiis*, 1523, in-12, 1 vol.

1337. Cl. CLAUDIANI opera quœ exstant. *Parisiis*, 1677, in-4°, 1 vol.

1338. Jani PARRHASII in CLAUDIANI de raptu Proserpinæ libros commentarius. *Basileœ*, 1539, in-4°, 1 vol.

1339. Flavii AVIANI fabulæ cum commentariis. *Amsteledami*, 1731, in-8°, 1 vol.

1340. AUSONII Burdigalensis opuscula varia. *Lugduni*, 1542, in-18, 1 vol.

1341. AUSONII Burdigalensis viri consularis opera. *Burdigalæ*, 1575, in-4° 1 vol.

1342. AUSONII Burdigalensis omnia quæ adhuc in veteribus bibliothecis inveniri potuerunt opera. *Burdigalæ*, 1590, in-4°, 1 vol.

1343. AUSONII Burdigalensis opera. *Amstelredam*, 1631, in-32, 1 vol.

1344. OEuvres d'AUSONE, traduites en français par l'abbé JAUBERT. *Paris*, 1769, in-12, 4 vol.

Consulter dans la polygraphie :

1° *Bibliothèque classique latine par Nicolas Eloi Lemaire.*

2° *Bibliothèque latine française, collection des classiques latins, publiée par L. F. Panckoucke.*

3° *Collection des auteurs latins, avec la traduction en français, publiés sous la direction de M. Nisard.*

Poëtes chrétiens.

1345. AURELII PRUDENTII CLEMENTIS opera. *Antuerpiæ*, 1536, in-12, 1 vol.

1346. Aurelius PRUDENTIUS CLEMENS. *Antuerpiæ*, 1564, in-8°, 1 vol.

1347. Même ouvrage.

·1348. Isaaci GRANGÆI commentarii in **Aur.** PRUDENTIS CLEMENTIS libros duos adversus Symmachum. *Parisiis*, 1614, in-12, 1 vol.

1349. Poème de saint PROSPER contre les ingrats (latin-français). *Paris*, 1717, in-12, 1 vol.

1350. Sancti ANSELMI Mariale. Poëme de saint Anselme sur la sainte Vierge, par RAGEY. *Paris*, 1883, in-8°, une brochure.

Poëtes latins, modernes. — Collections et extraits.

1351. Susanna per PLACENTIUM Evangelisten lusa. Eusebii CANDIDI elegia. . . . . 1532, in-12, 1 vol.

1352. Epigrammatum legalium liber facetissimus, auct. Joanne GIRARDO. *Lugduni*, 1576, in-12, 1 vol.

1353. Poetæ tres, Michael MARULLUS, Hieronymus ANGERIANUS, Joannes SECUNDUS. *Parisiis*, 1582, in-18, 1 vol.

1354. Theatri orbis terrarum enchiridion, carmine heroico collato. Phil. GALLOEUS et Hugo FAVOLIUS. *Antuerpiæ*, 1585, in-4°, 1 vol.

1355. Delitiæ poetarum gallorum, hujus posteriorisque ævi illustrium, collectore Ranutio GHERO. . . . . . 1609, in-16, **2** vol.

1356. Triumphus poeticus mortis, hoc est selectissima carmina in obitum omnium ferme Imperatorum ; studio Matthæi TURNEMAINNI. *Francofurti*, 1624, in-12, 1 vol.

1357. Palmæ regiæ Ludovico XIII a præcipuis nostri ævi poetis in trophæum erectæ. *Parisiis*, 1634, in-4°, 1 vol.

1358. Rhetorum collegii sancti Adriani poesis anagrammatica, sub Quintino Duretio Insulensi. *Antuerpiæ*, 1651, in-12, 1 vol.

1359. Septem illustrium virorum poemata. *Amstelodami*, 1672, in-12, 1 vol.

1360. Hortulus carminum selectorum. *Bruxellis*, 1683, in-12, 1 vol.

1361. Festa Musarum, gratulatio in regio Ludovici Magni collegio Societatis Jesu. *Parisiis*, 1696, in-12, 1 vol.

1362. HUETII et FRAGUERII carmina. *Parisiis*, 1729, in-12, 1 vol.

1363. Selecta carmina, ou recueil de poésies de plusieurs professeurs de l'Université de Paris. *Paris*, 1727, in-16, 2 vol.

1364. HUETII et FRAGUERII carmina. *Parisiis*, 1729, in-12, 1 vol.

1365. Fabulæ selectæ e gallico in latinum sermonem conversæ. *Rhotomagi*, 1765, in-12, 1 vol.

Recueils de poésies latines, grecques et françaises

1366. Fred. Jamothii medici Bethuniensis varia poemata, græca et latina. *Antuerpiæ*, 1593, in-4°, 1 vol.

1367. Poetarum ex academia Gallica, qui latine aut græce scripserunt carmina. *Hagæ-Comitum*, 1740, in-12, 1 vol.

1368. Recentiores poetæ latini et græci selecti quinque, curis Joseph Oliveti collecti ac editi. *Lugd. Batav.*, 1743, 1 vol.

Recueil de poésies latines et françaises

1369. La bibliothèque des poètes latins et français. *Paris*, 1731, in-12, 1 vol.

Poètes latins modernes, français de nation

1370. Elegiæ Fausti Andrelini. *Parisiis*, 1505, in-8°, 1 vol.

1371. Pictorii sacra et satyrica epigrammata, etc. *Basileæ*, 1518, in-4°, 1 vol.

1372. Œdiloquium, seu disticha, authore Gotofredo Turino. *Parisiis*, 1530, in-12, 1 vol.

1373. Nicolai Borbonii nugæ. *Parisiis*, 1533, in-12, 1 vol.

1374. Petri Rosseti Christus, nunc primum in lucem editus. *Parisiis*, 1534. in-12, 1 vol.

1375. Même ouvrage.

1376. Joannis Wletii Remensis epigrammatum libri IV. *Lugduni*, 1537, in-12. 1 vol.

1377. Alexandreidos Galteri poetæ libri decem. 1541, in-12, 1 vol.

1378. Joannis Pedionei de claris oratoribus libri duo. *Ingolstadii*, 1546, in-4°, 1 vol.

1379. De rectâ vivendi ratione et virtutum officiis, authore Petro Alite Carnutensi. *Lutetiæ*, 1547, in-4°, 1 vol.

1380. Mortis descriptio per Franciscum Quelain. *Gandavi*, 1554, in-12, 1 vol.

1381. Jacobi Sluperii poemata. *Antuerpiæ*, 1563, in-12, 1 vol.

1382. Même ouvrage.

1383. Elogia virorum bellica laude illustrium carmine descripta, auct. Jacobo Sluperio. *Atrebati*, 1603, in-4°, 1 vol.

1384. Même ouvrage.

1385. Solitudo, sive vita solitaria laudata a Cornelio Musio. *Antuerpiæ*, 1566, in-4°, 1 vol.

1386. Sacrarum Heroïdum libri tres, auctore Andrea Aleno Eburone. *Lovanii*, 1574, in-12, 1 vol.

1387. Lœvini Torrentii poemata sacra. *Antuerpiæ*, 1576, in-12, 1 vol.

1388. Laurentii Cambaræ rerum sacrarum liber. *Antuerpiæ*, 1577, in-4°, 1 vol.

1389. Joannis Edoardi Dumonin Beresithias, sive mundi creatio, ex gallico G. Sallustii du Bartas Heptamero expressa. *Parisiis*, 1579, in-8°, 1 vol.

1390. Joannis Aurati poematia. *Lutet. Parisior.*, 1586, in-8°, 1 vol.

1391. Francisci Moncaeii Atrebatii sacra bucolica, sive cantici canticorum Salomonis, magni Regis Israel, et psalmi XLIII : *Eructavit cor meum*, et poetica paraphrasis. *Parisiis*, 1587, in-4°, 1 vol.

1392. Vidi Fabri Pibracii 726 tetrasticha. *Pictavis*, 1590, in-4°, 1 vol.

1393. Panagii Salii Audomarensis Vedastiados, seu Galliæ christianæ libri quinque. *Duaci*, 1591, in-4°, 1 vol.

1394. Scœvolæ Sammarthani poemata. *Lutetiæ*, 1587, in-12, 1 vol.

1395. Scœvolæ Sammarthani poemata et elogia. *Augustoriti Pictonum*, 1606, in-12, 2 vol.

1396. Eidyllia sacra in utrumque Testamentum libris XII comprehensa, per Robertum Obrizium. *Duaci*, 1587, in-12, 1 vol.

1397. Hymnorum libri septem in Christi Jesu, et Virginis gloriam, auctore Roberto Obrizio Artesiano. *Rigiaci Atrebatium*, 1592, in-4°. 1 vol.

1398. Même ouvrage.

1399. Même ouvrage.

1400. Simonis Ogerii Audomaropolitæ Melou libri III. *Duaci*, 1589, in-4°, 1 vol.

1401. Simonis Ogerii Audomaropolitæ cantilenarum piarum et pudicarum Enneades duæ; item Peristera ; item Lutetia. *Duaci*, 1590-1592, in-12, 2 vol.

1402. Simonis Ogerii Audomaropolitæ Elegiarum Christianarum libri tres. *Atrebati*, 1594, 1595, 1596, in-4°, 1 vol.

1403. Simonis Ogerii Audomaropolitæ Galatea. *Atrebati*, 1595, in-4°, 1 vol.

1404. Simonis Ogerii Audomaropolitæ Calliopesachea. *Atrebati*, 1595, in-4°, 1 vol.

1405. Simonis Ogerii Audomaropolitæ Threnodion liber I. *Atrebati*, 1595, in-4°, 1 vol.

1406. Simonis Ogerii Audomaropolitæ Eldora. *Atrebati*, 1596, in-4°, 1 vol.

1407. Simonis Ogerii Audomaropolitæ Paræneses. *Atrebati*, 1596, in-4°, 1 vol.

1408. Simonis Ogerii Audomaropolitæ Cameracum. *Duaci*, 1597, in-12, 1 vol.

1409. Simonis Ogerii Audomaropolitæ Encomiorum liber I. *Duaci*, 1597, in-12, 1 vol.

1410. Simonis Ogerii Audomaropolitæ Epitaphiorum liber I. *Duaci*, 1597, in-12, 1 vol.

1411. Simonis Ogerii Audomaropolitæ Artesia. *Dauci*, 1597, in-12, 1 vol.

1412. Simonis Ogerii Audomaropolitæ Charisteria. *Duaci*, 1600, in-12, 1 vol.

1413. Simonis Ogerii Audomaropolitæ Albertus et Isabella. *Duaci*, 1600, in-12, 1 vol.

1414. Simonis Ogerii Audomaropolitæ symbola. *Duaci*, 1601, in-12, 1 vol.

1415. Même ouvrage.

1416. Francisci Ogerii Simonis filii Franciscasmata. *Duaci*, 1802, in-12, 1 vol.

1417. Simonis Ogerii Audomaropolitæ Symbola. *Duaci*, 1602, in-12, 1 vol.

1418. Simonis Ogerii Audomaropolitæ Vervinum. *Duaci*, in-12, 1 vol.

1419. Ex Antonii Meieri threnodia illustrium aliquot virorum epicedia et tumuli. *Rigiaci Atrebatium*, 1592, in-4°, 1 vol.

1420. Antonii Meieri anagrammatum in nomina discipulorum centuria. *Rigiaci Atrebatium*, 1592, in-4°, 1 vol.

1421. Maxæmyliani Urientii epigrammatum libri IX. *Antuerpiæ*, 1603, in-12, 1 vol.

1422. Civitas Veri, sive morum Bartholomei Delbene Aristotelis de moribus doctrinam carmine et picturis complexa. *Parisiis*, 1609, in-f°, 1 vol.

1423. Moratæ pœseos libri, auctore R. P. Joanne Surio Bethuniensi societatis Jesu. *Atrebati*, 1617, in-12, 2 vol.

1424. Même ouvrage.

1425. Spinus — gallice le Serin — carmen, auctore Jacobo DE BEUVILLE. *Atrebati*, in-12, 1 vol.

1426. Sacra Rhemensia, nomine collegii Pictavensis societatis Jesu. Franciscus GARASSUS. *Pictavis*, 1611, in-4°, 1 vol.

1427. Rodolphi BOTEREI Lutetia — (poema). *Lutetiæ Parisiorum*, 1611, in-8°, 1 vol.

1428. Dionysii PETAVII opera poetica. *Parisiis*, 1624, in-8°, 1 vol.

1429. Pia desideria elegiis emblematis illustrata, auct. Hermano HUGONE. *Antuerpiæ*, 1624, in-12, 1 vol.

1430. Rogerii BRAVE poematum sacrorum libri septem. *Cortraci*, 1627, in-12, 1 vol.

1431. Francisci MONTMORENCII poetica canticorum sacrorum expositio. *Duaci*, 1629, in-4°, 1 vol.

1432. Antonii DESLIONS Bethuniensis, societate Jesu, elegiæ de cultu B. V. Mariæ. *Atrebati*, 1631, in-12, 1 vol.

1433. Applausus cœlestini, autore Nic. DE LE VILLE, Atrebate. *Lovanii*, 1645 in-4°, 1 vol.

1434. Nicolai DE LE VILLE Atrebatis poemata cœlestina. *Lovanii*, 1646, in-12, 1 vol.

1435. Même ouvrage.

1436. DE LE VILLE Nic. Atrebatis cœlestini applausus, elegiæ et commentarii in mysteria Christi. *Lovanii*, 1647, in-12, 1 vol.

1437. Funus Cardinalis Fr. de la Rochefoucauld. *Parisiis*, 1646, in-4°, 1 vol.

1438. J. B. MASCULI lyricorum, sive odarum libri XV. *Antuerpiæ*, 1646, in-32, 1 vol.

1439. Jacobi DAMIANI Atrebatis bellum Germanicum, (Poema). *Duaci*, 1648, in-4°, 1 vol.

1440. Lud. Guezii BALZACII carminum libri tres. *Parisiis*, 1650, in-4°, 1 vol.

1441. Hymnus angelicus, sive doctoris Angelici rhythmica synopsis. *Parisiis*, 1651, in-16, 1 vol.

1442. Hymnus angelicus, sive doctoris Angelici rhythmica synopsis. *Duaci*, 1675, in-16, 1 vol.

1443. Joachimi PASTORII peplum Sarmaticum ; Musa peregrinans. *Dantisci*, 1653, in-18, 1 vol.

1444. Gulielmi BRITONIS Philippidos libri XII. *Lipsiæ*, 1658, in-8°, 1 vol.

1445. OEgidii MENAGII poemata. *Parisiis*, 1658, in-8°, 1 vol.

1446. Renati Michaelis RUPE MALLEI Parisini poematia. *Parisiis*, 1658, in-8°, 1 vol.

1447. Fr. VAVASSORIS epicorum liber, cui ode duplex, et aliquot epigrammata accedunt. *Parisiis*, 1661, in-4°, 1 vol.

1448. Renati RAPINI hortorum libri. *Parisiis*, 1666, in-16, 1 vol.

1449. Renati RAPINI eclogæ. *Parisiis*, 1723, in-12, 3 vol.

1450. Hymni ecclesiastici novo cultu adornati, auct. Martino CLAIRE. *Parisiis*, 1676, in-12, 1 vol.

1451. FERDINANDI Episcopi monasterii Paderbonensis poemata. *Parisiis*, 1684, in-fol., 1 vol.

1452. Lusus poetici allegorici, sive elegiæ oblectandis animis et moribus informandis accommodatæ, authore Petro Justo SAUTEL. *Duaci*, 1686, in-16, 1 vol.

1453. Lusus poetici allegorici, etc., auct. Petro Justo SAUTEL. *Parisiis*, 1725, in-12, 1 vol.

1454. Joannis COMMIRII carmina. *Lutetiæ Parisiorum*, 1689, in-12, 1 vol.

1455. Joannis Commirii carmina. *Parisiis,* 1753, in-12, 2 vol.

1456. Hymni sacri et novi, autore Santolio Victorino. *Parisiis, 1698, in-12,* 1 vol.

1457. Même ouvrage.

1458. Même ouvrage.

1459. OEuvres de M. de Santeuil, mises au jour par P. A. Pinel de la Martelière. *Paris,* 1698, in-12, 1 vol.

1460. Claudii Santolii hymni sacri. *Parisiis,* 1723, in-12, 1 vol.

1461. J.-B. Santolii operum omnium editio tertia. *Parisiis,* 1729, in-12, 4 vol.

1462. Petri Danielis Huetii poemata. *Ultrajecti,* 1700, in-16, 1 vol.

1463. R. P. Livini de Meyer poematum libri sex. *Bruxellis,* 1703, in-12, 1 vol,

1464. Joannis Antonii du Cerceau e societate Jesu carmina. *Parisiis,* 1705, in-12, 1 vol.

1465. Joannis Antonii du Cerceau opera. *Parisiis,* 1724. in-12, 1 vol.

1466. Petri Labbe elogia sacra, theologica, philosophica, regia, poetica etc. *Lipsiæ,* 1706, in-12, 1 vol.

1467. Petri d'Orville, jurisconsulti poemata. *Amstælodami,* 1740, in-8°, 1 vol.

1468. Fata Telemachi latino carmine reddita. *Berolini,* 1743, in-8°, 1 vol.

1469. Jacobi Vanierii prædium rusticum. *Tolosæ,* 1730, in-12, 1 vol.

1470. Même ouvrage.

1471. Jacobi Vanieri prædium rusticum. *Parisiis,* 1746, in-12, 1 vol.

1472. OEconomie rurale, traduction du poème du P. Vanière intitulé : prædium rusticum, par Berland. *Paris,* 1756, in-12, 2 vol.

1473. Jacobi Vanierii prædium rusticum. *Parisiis,* 1774, in-12, 1 vol.

1474. Anti-Lucretius, sive de Deo et Natura libri novem, Melchioris de Polignac opus posthumum. *Parisiis,* 1747, in-8°, 2 vol.

1475. L'anti-Lucrèce, poème par le Cardinal de Polignac. *Paris,* 1750, in-12, 2 vol.

1476. Ruris deliciæ a Francisco Bertrand. *Parisiis,* 1757, in-12, 1 vol.

1477. Franc. Josephi Desbillons fabularum Æsopiarum libri quinque priores. *Parisiis,* 1759, in-12, 1 vol.

1478. Le lutrin de Boileau Despréaux, traduit en vers latins. *Paris,* 1780, in-8°, 1 vol.

Poètes latins modernes, italiens et espagnols

1479. Parthenice Mariana Baptistæ Mantuani ab Jodoco Badio Ascensio familiariter explanata. *Paris,* 1499, in-4°, 1 vol.

1480. Baptistæ Mantuani Carmelitæ adolescentia, seu bucolica. *Coloniæ,* 1537, in-12, 1 vol.

1481. Fr. Quintiani Stoæ Brixiani poetæ Cleopolis. *Parisiis,* 1514, in-4°, 1 vol.

1482. Même ouvrage.

1483. J. Fr. Pici Mirandulani hymni heroici tres : ad Sanctam Trinitatem, ad Christum, ad Mariam. *Lipczick,* 1514, in-f°, 1 vol.

1484. Pici Mirandulani hymni heroici tres. *Argentorati,* 1514, in-4°, 1 vol.

1485. Ligurini de gestis Imp. Cæsaris Friderici primi Augusti libri decem carmine heroico conscripti. *Augustæ Vindelicorum*, 1521, in-f°, 1 vol.

1486. Joan. Joviani PONTANI carminum pars prima. *Basileæ*, 1531, in-12, 1 vol.

1487. Marci Hieronymi VIDÆ Cremonensis Christiados libri sex. *Lugduni*, 1536, in-12, 1 vol.

1488. Hieronymi VIDÆ Cremonensis opera. *Antuerpiæ*, 1558, in-18, 1 vol.

1489. M. Hieronymi VIDÆ Cremonensis opera. *Antuerpiæ*, 1578, in-16, 1 vol.

1490. In Angeli POLITIANI nutritia commentarii. *Norimbergæ*,1538,in-4°, 1 vol.

1491. Facture de l'or, trois livres, par Jean Aurel AUGUREL, traduit du latin en français. *Lyon*, 1548, in-18, 1 vol.

1492. Menalcas Gervasii SEPINI. *Parisiis*, 1555, in-4°, 1 vol.

1493. Ant. SEBASTIANI Minturnii de poeta libri sex. *Venetiis*, 1559, in-4°, 1 vol.

1494. Hippolyti CAPILUPI carmina. *Antuerpiæ*, 1574, in-4°, 1 vol.

1495. Constantii PULCHARELLII carminum libri quinque. *Flexiæ*, 1619, in-8°, 1 vol.

1496. Tarquinii GALLUTII Sabini carminum libri tres. *Parisiis*, 1619, in-18, 1 vol.

1497. Arcadia a M. Giac. SANNAZARO. *In Venetia*, 1625, in-32, 1 vol.

1498. Marcelli PALINGENII Zodiacus vitæ : hoc est de hominis vita, studio, ac moribus optime instituendis libri XII.*Amstelodami*, 1628, in-16, 1 vol.

1499. Marcelli PALINGENII Zodiacus vitæ, hoc est de hominis vita, studio ac moribus optime informandis (MANZOLLI). *Rotterodami*, 1722, in-12, 1 vol.

1500. Même ouvrage.

1501. Le Zodiaque de la vie humaine, de Marcel PALINGÈNE, traduit du poème latin par DE LA MONNERIE, divisé en douze livres, sous les douze signes. *Londres*, 1733, in-12, 1 vol.

1502. Epænesis Iberica, auctore Lud. TRIBALDO. *Antuerpiæ*, 1632, in-4°, 1 vol.

1503. Maphæi BARBERINI nunc Urbani Papæ VIII. poemata. *Antuerpiæ*, 1634, in-4°, 1 vol.

1504. PHILOMATHI (Fabii Ghigi postea Alexandri VII Papæ) Musæ juveniles. editio novissima. *Parisiis*, 1656, in-fol., 1 vol.

1505. Nicolai PARTHENII piscatoria et nautica (GIANNETASII). *Neapoli*, 1685, in-12, 1 vol.

1506. Nicolai PARTHENII GIANNETASII Halieutica. *Neapoli*. 1789, in-12, 1 vol.

1507. Phædrus alter, seu Gab. FAERNI Cremonensis fabulæ. *Parisiis*, 1697, in-16, 1 vol.

1508. Gabrielis FAERNI fabulæ et carmina varia. *Parmæ*, 1793, in-4°, 1 vol.

1509. Fables de FAERNE, ..., in-16, 1 vol.

1510. Selecta poemata Italorum,qui latine scripserunt, accurante A. POPE. *Londini*, 1740, in-12, 2 vol.

Poëtes latins modernes, allemands

1511. Arcus aliquot Triumphal. et monimenta victoriæ classicæ in honorem Jani Austriæ, — auctore Joan. SAMBUCO quibus adjectum est carmen heroicum per Hugonem FAVOLIUM. *Antuerpiæ*, 1572, in-fol., 1 vol.

1512. MELISSI epigrammata in urbes Italiæ. 1585, in-12, 1 vol.

1513. Veneres Blyenburgicæ, sive amorum hortus, opera Damasi BLYENBURGI *Dordraci*, 1600, in-8°, 1 vol.

1514. Petri Lotichii opera omnia descripta per Joannem Hagium. 1609, in-12, 1 vol.

1515. Jacobi Bidermani epigrammatum libri tres. *Duaci*, 1620, in-16, 1 vol.

1516. Jacobi Bidermani epigrammatum libri tres. *Atrebati*, 1633, in-16, 1 vol.

1517. Mathiæ Casimiri Sarbievii Lyricorum liber primus. *Antuerpiæ*, 1632, in-4°, 1 vol.

1518. Christ. Gotl. Schwarzii carmina. *Francofurti*, 1728, in-8°, 1 vol.

1519. Operum Helii Eobani Hessi farragines duæ; poemata. *Halæ Suevorum*, in-12, 1 vol.

Poëtes latins modernes, belges et hollandais

1520. Cantica M. Petri Burri de omnibus festis Domini. *Parisiis*, 1506, in 4°, 1 vol.

1521. Epistolæ Dominicales carmine elegiaco redditæ per Paulum Chimauhoeum. *Coloniæ*, 1554, in-12, 1 vol.

1522. Ad Philippum divi Caroli V filium carmen gratulatorium a Cornelio Ghistelio. *Antuerpiæ*, 1556, in-4°, 1 vol.

1523. Epitaphia virorum illustrium Academiæ Basiliensis, edita a Paulo Cherlerio. *Basileæ*, 1565, in-4°, 1 vol.

1524. Germania OEgidii Periandri, in qua doctissimorum virorum elogia et judicia continentur, ex diversorum nostri temporis poetarum monumentis accurate congesta. *Francofurti*, 1567, in-12, 1 vol.

1525. Jani Douzoe à Noortwick epigrammata, satyræ. etc. *Antuerpiæ*, 1570, in-12, 1 vol.

1526. Francisci Mauri Hispellatis Minoridæ Francisciados libri XIII. *Antuerpiæ*, 1572, in-12, 1 vol.

1527. Danielis Heinsii poematum editio tertia. *Lugd. Batav.*, 1610, in-12, 1 vol.

1528. Danielis Heinsii poemata latina et græca. *Amstelodami*, 1649, in-16, 1 vol.

1529. Joannis Roserii Rosetum poeticum. *Duaci*, 1616, in-12, 1 vol.

1530. Pia poemata Joannis Roserii Orchiacenei. *Tornaci*, 1621, in-12, 1 vol.

1531. Eryci Puteani pietatis thaumata in Bernardi Bauhusii Proteum Parthenium. *Antuerpiæ*, 1617, in-4°, 1 vol.

1532. Bernardi Bauhusii Antuerpiani epigrammatum libri V. *Antuerpiæ*, 1620, in-16, 1 vol.

1533. Même ouvrage.

1534. Antonii Sanderi poemata. *Gandavi*, 1621, in-12, 1 vol.

1535. Danielis Heinsii de contemptu mortis libri IV. *Lugd. Batav.*, 1621, in-4°, 1 vol.

1536. Pia hilaria Angelini Gayœi e societate Jesu, Atrebatis. *Antuerpiæ*, 1629, in-16, 1 vol.

1537. Même ouvrage.

1538. Même ouvrage.

1539. Même ouvrage.

1540. Joan. Vincartii sacrarum Heroïdum epistolæ. *Tornaci*, 1640, in-16, 1 vol.

1541. Même ouvrage.

1542. Joannis Vincartii sacrarum Heroidum epistolæ. *Tornaci*, 1652, in-16, 1 vol.

1543. Oliverii Florentii Waterloop monita spiritualia et moralia, tetrastichis distincta. *Antuerpiæ*, 1657, in-4°, 1 vol.

1544. Jacobi Wallii e soc. Jesu poematum libri novem. *Antuerpiæ*, 1657, in-18, 1 vol.

1545. Jacobi WALLII poematum libri novem. *Lugduni*, 1688, in-12, 1 vol.

1546. Sidronii HORSCHII elegiarum libri sex. *Antuerpiœ*, 1667, in-16, 1 vol.

1547. Jani PANNONII opera. *Basileœ*, in-16, 1 vol.

Poëtes latins modernes, anglais

1548. DARETIS Phrygii de bello Trojano libri sex à Cornelio Nepote latino carmine donati. — (EXETER). *Antuerpiœ*, 1608, in-12, 1 vol.

1549. Georg. BUCHANANI Scoti poemata. *Amstelodami*, 1641, in-32, 1 vol.

1550. Georgii BUCHANANI Scoti poemata quæ exstant. *Amstelœdami*, 1687, in-32, 1 vol.

1551. Georgii BUCHANANI Scoti poemata. *Londini*, 1716, in-12, 2 vol.

1552. Joan OWEN epigrammatum liber. *Amsterodami*, 1629, in-18, 1 vol.

1553. Joannis OWENI epigrammatum editio nova. *Lugd. Batav.*, 1642, in-16, 1 vol.

1554. Epigrammatum Joannis OWENI editio postrema. *Amstelodami*, 1679, in-16, 1 vol.

1555. Les épigrammes d'OWEN, traduites en vers français, par M. LE BRUN. *Bruxeiles*, 1719, in-16, 1 vol.

1556. Votum candidum vivat Rex, autore Mauritio NEOPORTO Anglo. *Londini*, 1676, in-8°, 1 vol.

Poésie italienne

1557. L'enfer, poème du DANTE, traduction nouvelle. *Londres*, 1783, in-8°. 1 vol.

1558. La divina comedia di DANTE ALIGHIERI col comento di G. BIAGIOLI. *Paris*, 1818, in-8°, 3 vol.

1559. L'enfer de DANTE ALIGHIERI, traduit par le chevalier A. F. ARTAUD. *Paris*, 1828, in-32, 3 vol.

1560. Le Paradis de DANTE ALIGHIERI, traduit par le chevalier A. F. ARTAUD. *Paris*, 1830, in-32, 3 vol.

1561. Le Purgatoire de DANTE ALIGHIERI, traduit par le chevalier A. F. ARTAUD. *Paris*, 1830, in-32, 3 vol.

1562. La divina comedia di DANTE ALIGHIERI. *Parigi*, 1844, in-8°, 1 vol.

1563. E. J. Delécluse, DANTE ALIGHIERI, ou la poésie amoureuse. *Paris*, 1857, in-12, 2 vol.

1564. La comedia de DANT ALIGHIER, per N. Andreu FEBRER. *Barcelona*, 1877, in-12, 1 vol.

1565. Les triomphes de Pétrarcque. *Paris*, 1539, in-12, 1 vol.

1566. PETRARCHA. (Allemand). *Francfort*, 1572, in-fol., 1 vol.

1567. Il PETRARCA con nuove sposition. *In Lyone*, 1574, in-16, 1 vol.

1568. Franc. PETRARCHÆ Florentini opera quæ extant omnia. *Basileœ*, 1583, in-fol., 1 vol.

1569. Le Pétrarque en rime françoise, avec ses commentaires, par Ph. DE MALDEGHEM. *Bruxelles*, 1600, in-12, 1 vol.

1570. Le Rime di Messer F. PETRARCA. *Parigi*, 1836, in-8°, 2 vol.

1571. Les œuvres amoureuses de Pé-

TRÀRQUÉ, traduites par GINGUENÉ. *Paris,* 1875, in-12, 1 vol.

1572. I. Romanzi di M. Giovan Battista PIGNA ne quali della poesia, e della vita dell' ARIOSTO. *In Vinegia,* 1554, in-4°, 1 vol.

1573. Orlando furioso di M. Lodovico ARIOSTO. *In Lyone,* 1571, in-18, 1 vol.

1574. Orlando furioso di M. Lodovico ARIOSTO. *In Venetia.* 1582, in-32, 1 vol.

1575. Orlando furioso di M. Lodovico ARIOSTO. *In Venetia,* 1603, in-4°, 1 vol.

1576. Le divin ARIOSTE, ou Roland le furieux, traduit par DE ROSSET. *Paris,* 1615, in-4°, 1 vol.

1577. Orlando furioso di Lodovico ARIOSTO. *Parigi,* 1768, in-16, 4 vol.

1578. L'Orlando furioso di Lodovico ARIOSTO. *Parigi,* 1836, in-8°, 4 vol.

1579. Extrait de Roland l'amoureux de Matheo Maria BOYARDO, Comte de Scandiano, par de TRESSAN. *Paris,* 1780, in-12, 1 vol.

1580. L'Italia liberata da Goti di Giangiorgio TRISSINO. *Parigi,* 1729, in-8°, 3 vol.

1581. La Gierusalemme liberata di TORQUATO TASSO. *In Genova,* 1590, in-4°, 1 vol.

1582. Hierusalem délivrée de TORQUATO TASSO, mise en notre langue par J. BAUDOIN. *Paris,* 1626, in-8°, 1 vol.

1583. Le Godefroy, ou la Jéruslsalem dévrée du TASSE, en vers français par SABLON. *Paris,* 1659, in-4°, 1 vol.

1584. La Gerusaleme liberata di TORQUATO TASSO. *Parigi,* 1768, in-12, 2 vol.

1585. La Hiérusalem délivrée du TASSE. *Paris,* 1675, in-16, 2 vol.

1586. Il Goffredo, overo Gierusaleme liberata. *Parigi,* 1678, in-18, 1 vol.

1587. Jérusalem délivrée, poème héroïque du TASSE. *Paris,* 1735, in-8°, 2 vol.

1588. Jérusalem délivrée. Poème du TASSE. *Paris,* 1775, in 12, 2 vol.

1589. La Gerusalemme liberata di TORQUATO TASSO. *In Parigi,* 1792, in-8°, 2 vol.

1590. La Jérusalem délivrée, traduite en vers français, par BAOUR-LORMIAN. *Paris,* 1819, in-8°, 3 vol.

1591. La Gerusalemme, e l'Aminta di TORQUATO TASSO. *Parigi,* 1836, in-8°, 2 vol.

1592. Les veillées DU TASSE manuscrit inédit, mis au jour par COMPAGNOLI, traduit de l'italien, par J. B. MIMAUT. *Paris,* .... in-8°, 1 vol.

1593. Morgante Maggiore di Luigi PULCI. *In Vinegia,* 1545, in-4°, 1 vol.

1594. Gli apologi del signor Guilio Cesare CAPACCIO. *In Venetia,* 1619, in-4°, 1 vol.

1595. L'amorosa Clarice di Ferdinando DONNO. *In Venetia,* 1625, in-16, 1 vol.

1596. L'Apollon, ou l'oracle de la poésie Italienne et Espagnole, par P. BENSE-DUPUIS. *Paris,* 1644, in-12, 1 vol.

1597. La Philis de Scire, pastorale du Comte BONNARELLI, traduit de l'italien en vers français. *Paris,* 1669, in-12, 1 vol.

1598. Le divorce céleste, causé par les désordres et les dissolutions de l'épouse romaine, traduit de l'italien de Ferrante PALLAVICINO. *Cologne,* 1696, in-32, 1 vol.

1599. L'art de s'amuser à la ville, ou les quatre parties du jour ; traduction du poème italien : il matino par l'abbé PARINI. *Milan,* 1778, in-12, 1 vol.

1600. Les nuits clémentines, poème en 4 chants sur la mort de Clément XIV, par D. GIORGI BERTOLA. *Paris,* 1778, in-12, 1 vol.

1601. Même ouvrage.

1602. Même ouvrage.

1603. Tesoro della poesia Italiana, del

Cav. F. BRANCIA. *Parigi*, 1840, in-8°, 1 vol.

1604. Parnasso Italiano. Poeti Italiani contemporanei. *Parigi*, 1843, in-8°, 1 vol.

Poésie espagnole

1605. Question de amor y carcel de amor. *En Anvers*, 1598, in-16, 1 vol.

1606. Arcadia, prosas y versos de LOPE de VEGA. *En Madrid*, 1605, in-12, 1 vol.

1607. El Peregrino en su patria de LOPE DE VEGA. *En Brusselas*, 1608, in-16, 1 vol.

1608. Pastores de Belen prosas y versos divinos de LOPE DE VEGA. *En Brusselas*, 1614, in-16, 1 vol.

1609. Tesoro de Parnasso Espanol por Don Josef QUINTANA. *Paris*, 1838, in-8°, 1 vol.

1610. Tesoro de los romanceros Espanôles por Don Eugenio de OCHOA. *Paris*, 1838, in-8°, 1 vol.

1611. Tesoro de los poemas Espanôles por Don Eugenio de OCHOA. *Paris*, 1840, in-8°, 1 vol.

1612. Colleccion de poesias Castellanas por don SANCHEZ. *Paris*, 1842, in-8°, 1 vol.

1613. Poesias selectas de Don Juan Francico LOPEZ DEL PLANO. *Zaragoza*, 1880, in-8°, 1 vol.

1614. Lucas FERNANDEZ. Farsas y eglogas. *Madrid*, 1867, in-12, 1 vol.

1615. Rimas de Pedro LINAN de RIAZA. *Zaragoza*, 1876, in-4°, 1 vol.

1616. Cancionero de D. Pedro Manuel Ximenez DE URREA. *Zaragoza*, 1878, in-8°, 1 vol.

Poésie portugaise

1617. Os Luciadas de Luis DE CAMOENS. *Em. Lisbona*, 1609, in-4°, 1 vol.

1618. La Lusiade DE CAMOENS, poème héroïque, sur la découverte des Indes orientales, traduit du portugais par M. DUPERRON DE CASTERA. *Paris*, 1735, in-12, 3 vol.

1619. Les Lusiades, poème de CAMOENS, en dix chants, traduction par J. MILLIÉ. *Paris*, 1825, in-8°, 2 vol.

1620. Parnaso Lusitano, ou poesias selectas dos auctores Portuguezes. *Paris*, 1827, in-32, 6 vol.

1621. Obras completas de Luis DE CAMOENS. *Lisboa*, 1843, in-8°, 3 vol.

1622. Recueil de pièces diverses ; La Lusiade de CAMOENS ; le Paradis terrestre, imitó do Milton. ...... in-8°, 1 vol.

POÉSIE FRANÇAISE

Traités sur la poésie française

1623. L'Académie de l'art poétique, par le Sʳ DE DEIMIER. *Paris,* 1610, in-8°, 1 vol.

1624. Le grand dictionnaire des rimes françoises, par P. DE LA NOUE. *Cologne,* 1624, in-12, 1 vol.

1625. Nouveau dictionnaire des rimes, corrigé et augmenté, par P. RICHELET. *Paris,* 1667, in-12, 1 vol.

1626. La versification française, par P. RICHELET. *Paris,* 1671, in-12, 1 vol.

1627. Dictionnaire de rimes, par P. RICHELET. *Paris,* 1692, in-12, 1 vol.

1628. Traité de la poésie françoise, par le P. MOURGUES. *Paris,* 1724, in-12, 1 vol.

1629. Poétique françoise, par M. MARMONTEL. *Paris,* 1743, in-8°, 2 vol.

1630. Poétique françoise à l'usage des dames. *Paris,* 1749, in-12, 1 vol.

1631. Dictionnaire de rimes par RICHELET, par l'abbé BERTHELIN. *Paris,* 1751, in-8°, 1 vol.

1632. Nouvelle histoire poétique, et deux traités abrégés, l'un de la poésie, l'autre de l'éloquence. *Paris,* 1751, in-12, 2 vol.

1633. Elémens de poésie françoise, par l'abbé JOANNET. *Paris,* 1752, in-12, 3 vol.

1634. Traité de la poésie françoise, par le P. MOURGUES. *Paris,* 1755, in-12, 1 vol.

1635. Dictionnaire poétique portatif. *Paris,* 1759, in-12, 1 vol.

1636. Histoire poétique, tirée des poètes françois. *Paris,* 1763, in-12, 1 vol.

1637. Poétique de M. de Voltaire. *Genève,* 1766, in-8°, 1 vol.

1638. Histoire poétique tirée des poètes françois; on y a joint un dictionnaire poétique, par l'auteur des anecdotes françoises. *Paris,* 1767, in-12, 1 vol.

1639. Les deux arts poétiques d'Horace et de Boileau, avec traduction en vers et en prose par J. C. BARBIER. *Paris,* 1874, in-18, 1 vol.

1640. Petit traité de la poésie française, par Théodore DE BANVILLE. *Paris,* ...., in-12, 1 vol.

Collections et extraits

1641. Les marguerites poétiques, tirées des plus fameux poètes français, par Esprit AUBERT. *Lyon,* 1513, in-4°, 1 vol.

1642. La muse chrestienne. *Paris,* 1581, in-12, 1 vol.

1643. Collection de poèmes français des XIIᵉ et XIIIᵉ siècles, par C. HIPPEAU; avec un glossaire. In-8°, 2 vol.

1644. Le Temple d'Apollon, ou nouveau recueil des plus excellents vers de ce temps. *Rouen,* 1611, in-12, 2 vol.

1645. Le cabinet des Muses, ou nouveau recueil des plus beaux vers de ce temps. *Rouen*, 1619, in-12, 1 vol.

1646. Même ouvrage.

1647. Le Parnasse royal où les immortelles actions de Louis XIII sont publiées par les plus célèbres esprits de ce temps, par Bois-Robert. *Paris*, 1635, in-4°, 1 vol.

1648. Recueil de pièces galantes en prose et en vers de Madame la comtesse DE LA Suze et de Monsieur Pélisson. *Paris*, 1638, in-16, 1 vol.

1649. Recueil des plus belles pièces des poètes français, tant anciens que modernes, depuis Villon jusqu'à M. de Benserade. *Paris*, 1692, in-8°, 5 vol.

1650. Nouveau recueil des epigrammatistes français, par Bruzen DE LA Martinière. *Amsterdam*, 1720, in-12, 2 vol.

1551. Recueil de poésies diverses. *Paris*, 1733, in-12, 1 vol.

1652. Choix de poésies morales et chrétiennes. *Paris*, 1740, in-8°, 3 vol.

1653. Le recueil du Parnasse. *Paris*, 1743, in-12, 4 vol.

1654. Bibliothèque poétique, depuis Marot jusqu'aux poètes de nos jours. *Paris*, 1745, in-12, 4 vol.

1655. Le Parnasse chrétien, ouvrage divisé en deux parties. *Paris*, 1748, in-16, 2 vol.

1656. Recueil des plus belles pièces des poètes français, depuis Villon jusqu'à Benserade. *Paris*, 1752, in-16, 6 vol.

1657. Fabliaux et contes des poètes français des XIIe, XIIIe, XIVe, XVe siècles. *Paris*, 1756, in-12, 3 vol.

1658. Nouvelle anthologie françoise, ou choix des épigrammes et madrigaux de tous les poètes français, depuis Marot. *Paris*, 1769, in-12, 2 vol.

1659. Parnasse moral et chrétien, par Brillon Dupéron. *Paris*, 1775, in-8°, 1 vol.

1660. Fabliaux, ou contes du XIIe et du XIIIe siècle, traduits ou extraits d'après divers manuscrits du temps, par Le Grand d'Aussy. *Paris*, 1779, in-8°. 4 vol.

1661. Même ouvrage.

1662. Chefs d'œuvre de poésies philosophiques et descriptives du XVIIIe siècle. *Paris*, 1792, in-18, 3 vol.

1663. Fabliaux et contes des poètes français des XIe, XIIe, XIIIe, XIVe et XVe siècles, publiés par Barbazan. *Paris*, 1808, in-8°, 3 vol.
Le premier volume manque.

1664. Nouveau recueil de fabliaux et contes inédits des poètes français des XIIe, XIIIe et XIVe siècles, publié par M. Méon. *Paris*, 1823, in-8°, 2 vol.

1665. Les poètes françois, depuis le XIIe siècle jusqu'à Malherbe. *Paris*, 1824, in-8°.

1666. Nouveau recueil de contes fabliaux des XIIIe, XIVe et XVe siècles, par Ach. Jubinal. *Paris*, 1839, in-8°, 2 vol.

1667. Les vieux conteurs françois, par Paul L. Jacob. *Paris*, 1841, in-8°, 1 vol.

1668. La Poésie à Napoléon III, votes des poètes français, recueillis par J. Lesguillon. *Paris*, 1853, in-8°, 1 vol.

1669. Petits poètes français, depuis Malherbe jusqu'à nos jours, par M. Prosper Poitevin. *Paris*, 1870, in-8°, 2 vol.

1670. Parnasse des dames. *Paris*, 1873, in-8°, 5 vol.

1671. Recueil de poésies françoises des XVe et XVIe siècles, morales, facétieuses, historiques, réunies et annotées, par M. Anatole DE Montaiglon. *Paris*, 1855, in-16, 8 vol.

1672. Le Parnasse des plus excellens poètes de ce temps. In-16, 2 vol.

1673. Recueil de pièces diverses de poésie. In-8°, 1 vol.

1674. Recueil de pièces diverses de poésie. In-8°, 1 vol.

1675. Recueil de diverses pièces.
— Fables ou allégories philosophiques, par Dorat.
— La Henriade travestie, poésies diverses. In-12, 1 vol.

1676. Poésies diverses. In-8°, 1 vol.

1677. L'abeille du Parnasse. In-16, 2 vol.

1678. Recueil de poésies diverses. In-8°, 1 vol.

1679. Recueil de pièces diverses : éloges et tragédies. In-8°, 1 vol.

1680. Recueil de pièces diverses : Eloges poèmes. lu-8°, et 1 vol.

POÈTES FRANÇAIS

Premier âge, jusqu'à Clément Marot

1681. Romant de la rose, translaté de rime en prose par MOLINET. *Paris*, 1501, in-4°, 1 vol.

1682. Le Roman de la Rose, par Guillaume DE LORRIS et Jean DE MEUNG, dit Clopinel. *Amsterdam*, 1735, in-12, 3 vol.

1683. Le jardin de Plaisance et fleur de rhétorique. Ballades et rondeaux. *Lyon*, 1513, in-4°, 1 vol.

1684. Premières œuvres françaises de Jean DE LA JESSÉE. *Anvers*, 1583, in-4°, 2 vol.

1685. La chanson du chevalier au Cygne et de Godefroy de Bouillon, par C. HIPPEAU. *Paris*, 1774, in-8°, 1 vol.

1686. La chanson du chevalier au Cygne, publiée par C. HIPPEAU. *Paris*, 1877, in-12, 1 vol.

1687. OEuvres de François VILLON, avec les remarques de diverses personnes. *La Haie*, 1742, in-12, 1 vol.

1688. Même ouvrage.

1689. Les poésies du roi de Navarre (THIBAUT), avec des notes et un glossaire français, précédées d'un discours sur l'ancienneté des chansons françaises et de quelques autres pièces, par P. A. LÉVÊQUE DE LA RAVALLIÈRE. *Paris*, 1742, in-12, 2 vol.

1690. Chansons de THIBAULT IV, Comte de Champagne et de Brie, roi de Navarre. *Reims*, 1851, in-8°, 1 vol.

1691. Choix des poésies originales des Troubadours, par M. RAYNOUARD. *Paris*, 1816, in-8°, 6 vol.

1692. Poésies de MARIE DE FRANCE, par B. DE ROQUEFORT. *Paris*, 1819, in-8°, 2 vol.

1693. Vaux-de Vire d'Olivier BASSELIN, poète normand de la fin du XIVᵉ siècle. *Caen*, 1821, in-8°, 1 vol.

1694. Poésies morales et historiques d'Eustache DESCHAMPS, poète du XIVᵉ siècle, par A. CRAPELET. *Paris*, 1822, in-8°, 1 vol.

1695. Le roman du Renart, publié d'après les manuscrits des 13°, 14° et 15° siècles, par M. MÉON. *Paris*, 1826, in-8°, 4 vol.

1696. Le roman du Renart, supplément, variantes et corrections, par P. CHABAILLE. *Paris*, 1835, in-8°, 1 vol.

1697. Branche des royaux lignages, chronique métrique de Guillaume GUIART, publiée pour la première fois, par J. A. BUCHON. *Paris*, 1828, in-8°, 2 vol.

1698. Poésies de J. FROISSART, par J. A. BUCHON. *Paris*, 1829, in-8°, 1 vol.

1699. L'historial du Jongleur. Chroniques et légendes françaises, publiées par MM. FERDINAND LANGLÉ et Emile MORICE. *Paris*, 1829, in-8°, 1 vol.

1700. Chansons du chatelain DE COUCY, par Francisque MICHEL. *Paris*, 1830, in-8°, 1 vol.

1701. Les Trouvères Cambrésiens, par Arthur DINAUX. *Valenciennes*, 1834, in-8°, 1 vol.

1702. Le pas d'armes de la Bergère, maintenu au tournoi de Tarascon. *Paris*, 1835, in-8°, 1 vol.

1703. Le combat de trente Bretons contre trente Anglais. *Paris*, 1835, in-8°, 1 vol.

1704. Vers sur la mort, par Thibauld DE MARLY. *Paris*, 1835, in-8°, 1 vol.

1705. Le Roman de Brut par WACE, poète du 12° siècle, publié par LE ROUX DE LINCY. *Rouen*, 1836, in-8°, 2 vol.

1706. Charlemagne, an Anglo-Norman poem, by Francisque MICHEL. *London*, 1836, in-12, 1 vol.

1707. Li romans des Sept Sages, von Heinrich Adelbert KELLER. *Tubingen*, 1836, in-8°, 1 vol.

1708. Fragments d'épopées romanes du 12° siècle, traduits et annotés par Edward LE GLAY. *Paris*, 1838, in-8°, 1 vol.

1709. OEuvres complètes de RUTEBEUF, par Ach., JUBINAL. *Paris*, 1839, in-8°, 2 vol.

1710. Trouvères de la Flandre et du Tournaisis, par Arthur DINAUX. *Paris*, 1839, in-4°, 1 vol.

1711. Li Romans de RAOUL DE CAMBRAI et de BERNIER, publiés par Edward LE GLAY. *Paris*, 1840, in-12, 1 vol.

1712. Le bel inconnu, poème de la table ronde, publié par C. HIPPEAU. *Paris*, 1840, in-8°, 1 vol.

1713. Le roman du Saint-Graal, par FRANCISQUE MICHEL. *Bordeaux*, 1841, in-8°, 1 vol.

1714. Recueil de chants historiques français, par LEROUX DE LINCY. *Paris*, 1841, in-12, 2 vol.

1715. Poésies de CHARLES D'ORLÉANS, par Marie GUICHARD. *Paris*, 1842, in-8°, 1 vol.

1716. Les trouvères Artésiens, par Arthur DINAUX. *Paris*, 1843, in-8°, 1 vol.

1717. Les œuvres de Guillaume COQUILLART. *Reims*, 1847, in-8°, 2 vol.

1718. La chanson de Roland, par F. GENIN. *Paris*, 1850, in-8°, 1 vol.

1719. Amis et Amiles und Jourdains de Blaives. *Erlangen*, 1852, in-8°, 1 vol.

1720. Mélusine, par IEHAN D'ARRAS, publié par Ch. BRUNET. *Paris*, 1854, in-12, 1 vol.

1721. Le Bestiaire d'amour, par Richard DE FOURNIVAL, suivi de la réponse de la Dame, par C. HIPPEAU. *Paris*, 1860, in-12, 1 vol.

1722. Gedichte von Jehan de Condet nach der Casanatensischen handschrift herausgeben von Adolf TOBLER. *Stuttgart*, 1860, in-8°, 1 vol.

1723. Messire Gauvain, poème de la table ronde, publié par C. HIPPEAU. *Paris*, 1862, in-8°, 1 vol.

1724. Les trouvères Brabançons, par Arthur DINAUX. *Paris*, 1863, in-8°, 1 vol.

1725. Amadas et Ydoine poème d'aventures, publié par C. HIPPEAU. *Paris*, 1863, in-8°, 1 vol.

1726. Trouvères Belges du 12° au 14° siècle, par Aug. Sheler. *Bruxelles*, 1876, in-8°, 1 vol.

1727. OEuvres complètes du trouvère ADAM DE LA HALLE (poésies et musique), par E. DE COUSSEMAKER. *Paris*, 1872, in-8°, 1 vol.

1728. Les chansons de Jean BRETEL, publiés par Gaston RAYNAUD. *Paris*, 1880, in-8°, 1 vol.

1729. Les congés de Jean BODEL, avec glossaire, par Gaston RAYNAUD. *Paris*, 1880, in-8°, 1 vol.

1730. Les miracles de saint Eloi, poème du 13° siècle, par PEIGNÉ-DELACOURT. *Paris*, in-8°, 1 vol.

Deuxième âge, depuis Marot jusqu'à Malherbe

1731. Les œuvres de Clément MAROT de Cahors, valet de chambre du roi. *La Haye*, 1700, in-12, 2 vol.

1732. OEuvres de Clément MAROT et augmentées de diverses poésies, avec les ouvrages de Jean MAROT son père, ceux de Michel Marot son fils, et les pièces du différend de Clément avec François Sagon. *La Haye*, 1731, in-12, 6 vol.

1733. Même ouvrage.

1734. Les Pseaumes de David, mis en rime française, par Clément MAROT et Théodore DE BÉZE. *Charenton*, 1664, in-12, 1 vol.

1735. Epistre du roy à Hector de Troyes et aucunes autres œuvres assez dignes de veoir, par Jean LEMAIRE DE BELGES. *Paris*, in-f°, 1 vol.

1736. Opuscules du traverseur des voyes périlleuses (Jehan BOUCHET). *Poitiers*, 1525, in-4°, 1 vol.

1737. Les faicts et dicts de maistre Jehan MOLINET. *Paris*, 1537, in-12, 1 vol.

1738. Sommaire, discours de la guerre civile, par Joachim BLANCHON. *Paris*, 1569, in-12, 1 vol.

1739. OEuvres poétiques d'Estienne FORCADEL. *Paris*, 1579, in-12, 1 vol.

1740. Même ouvrage.

1741. OEuvres poétiques de Jaques PELETIER du Mans, intulez louanges avec quelques autres écriz du même auteur, ancores non publiez. *Paris*, 1581, in-4°, 1 vol.

1742. Les œuvres de P. DE RONSARD, gentilhomme Vandomois. *Paris*, 1584, in-f°, 1 vol.

1743. Les œuvres de Pierre DE RONSARD. *Paris*, 1623, in-f°, 2 vol.

1744. Les passetems de Jean Antoine DE BAIF. *Paris*, 1573, in-12, 1 vol.

1745. Les poëmes du sieur d'EXPILLY à Madame la Marquise de Monceaux. *Paris*, 1596, in-4°, 1 vol.

1746. Les œuvres poétiques de G. DE SALUSTE, sieur du BARTAS. *Rouen*, 1610, in-12, 1 vol.

1747. Les œuvres de G. DE SALUSTE, sieur DU BARTAS. *Paris*, 1611, in-f°, 1 vol.

1748. La semaine, ou création du monde, du sieur Christofle DE GAMON, contre celle du sieur du Bartas. *Lyon*, 1609, in-16, 1 vol.

1749. Les premières œuvres de Philippes DES PORTES. *Paris*, 1588, in-16, 1 vol.

1750. Les œuvres de Philippes DES PORTES. *Rouen,* 1611, in-12, 1 vol.

1751. Les œuvres poétiques de M. BERTAUT. *Paris,* 1633, in-8°, 1 vol.

1752. Les satires du sieur RÉGNIER. *Paris,* 1612, in-12, 1 vol.

1753. Même ouvrage.

1754. Les satyres du sieur RÉGNIER. *Rouen,* 1614, in-12, 1 vol.

1755. Les satyres et autres œuvres de RÉGNIER, avec remarques. *Londres,* 1729, in-f°, 1 vol.

1756. 1° Ritmes et refrains Tournésiens. 2° OEuvres de Mathurin RÉGNIER. In-8°, 1 vol.

1757. Recueil des œuvres poétiques de Jean PASSERAT. *Paris,* 1606, in-12, 1 vol.

1758. Poëmes français, contenant plusieurs épithalames, épigrammes, épitaphes, élégies, comédies et autres discours par M. Jean ROSIER. *Douay,* 1616, in-8°, 1 vol.

1759. Les œuvres de Scévole DE SAINTE-MARTHE. *Paris,* 1629, in-4°, 1 vol.

1760. Les œuvres de THÉOPHILE. *Paris,* 1655, in-12, 1 vol.

1761. Le ris de Démocrite et le pleur de Héraclite, philosophes, sur les folies et misères de ce monde, par M. Antonio Phileremo FREGOSO, interprétée en ryme françoise par Michel d'AMBOISE. *Paris,* 1547, in-12, 1 vol.

1762. La poësie de Loys LE CARON, Parisien, dit Charondas. *Paris,* 1554, in-12, 1 vol.

1763. Le Pegme de Pierre COUSTAU, mis en français, par LANTEAUME. *Lyon,* 1555, In-12, 1 vol.

1764. CHAMPIER Symphorien, La nef des dames vertueuses. *Paris,* 1564, in-8°, 1 vol.

1765. Le premier livre des poëmes de Guillaume BELLIARD, secrétaire de la Rayne de Navarre. *Paris,* 1578, in-4°, 1 vol.

1766. La galliade, ou de la révolution des arts et sciences, par Guy LE FÈVRE DE LA BODERIE. *Paris,* 1578, in-4°, 1 vol.

1767. Même ouvrage.

Depuis Malherbe jusqu'au XVIIIe siècle

1768. Les poésies de M. DE MALHERBE, avec les observations de M. MÉNAGE. *Paris,* 1666, in-8°, 1 vol.

1769. Les œuvres de François DE MALHERBE. *Paris,* 1723, in-12, 2 vol.

1770. OEuvres de MALHERBE, recueillies et annotées par M. L. LALANE. Nouvelle édition revue sur les autographes et les plus anciennes impressions. Avec un album. *Paris,* 1862, in-8°, 5 vol.

1771. Sonnets spirituels recueillis pour la plupart des anciens théologiens, tant grecs que latins, par M. Jaques DE BILLY. *Paris,* 1577, in-4°, 1 vol.

1772. Le zodiaque poétique, ou la philosophie de la vie humaine, par M. DE RIVIÈRE. *Paris,* 1619, in-8°, 1 vol.

1773. Les rossignols spirituels, liguez en duo : dont les meilleurs accords, nommément le bas, relèvent du Seigneur Pierre PHILIPPES. *Valenciennes,* 1621, in-18, 1 vol.

1774. Même ouvrage.

1775. Le sacrifice des muses au grand cardinal de Richelieu, par BOISROBERT. *Paris,* 1635, in-4°, 1 vol.

1776. Poésies diverses de M. DE BRÉBEUF. *Paris,* 1658, in-16, 1 vol.

1777. Entretiens solitaires, ou prières et méditations pieuses, en vers françois, par DE BRÉBEUF. *Paris*, 1670, in-12, 1 vol.

1778. Dissertation sur la Pharsale, les entretiens solitaires de M. DE BRÉBEUF. *Paris*, 1664, in-16, 1 vol.

1779. Le vilebrequin de M. ADAM, (BILLAUT), menuisier de Nevers. *Paris*, 1663, in-16, 1 vol.

1780. Les divertissements de COLLETET. *Paris*, 1631, in-16, 1 vol.

1781. Les œuvres du sieur de SAINT-AMANT. *Rouen*, 1649, in-16, 1 vol.

1782. Moyse sauvé, idyle héroïque du sieur DE SAINT AMANT. *Amsterdam*, 1664, in-16, 1 vol.

1783. La pastorale sacrée, ou paraphrase du cantique des cantiques, selon la lettre, par M. Charles COTIN. *Paris*, 1662, in-12, 1 vol.

1784. Louanges de la sainte Vierge, composées en rimes latines, par S. BONAVENTURE, et mises en vers français, par P. CORNEILLE. *Paris*, 1667, in-12, 1 vol.

1785. Stances chrestiennes sur divers passages de l'Ecriture Sainte et des Pères, par l'Abbé TESTU. *Paris*, 1669, in-12, 1 vol.

1786. Stances chrestiennes sur divers passages de l'Ecriture Sainte, par le sieur TESTU. *Paris*, 1684, in-16, 1 vol.

1787. Stances chrétiennes sur divers passages de l'Ecriture Sainte, par l'Abbé TESTU. *Paris*, 1696, in-12, 1 vol.

1788. L'Homme-Dieu souffrant. Poème héroïque, par le Père DE LONGUEVILLE. *Paris*, 1681, in-8°, 1 vol.

1789. Poésies de Mᵐᵉ DESHOULIÈRES. *Paris*, 1683, in-12, 1 vol.

1790. Poésies de Madame DESHOULIÈRES. *Paris*, 1688, in-8°, 1 vol.

1791. Poésies de Mᵐᵉ et de Mˡˡᵉ DESHOULIÈRES. *Paris*, 1732, in-8°, 2 vol.

1792. OEuvres de Madame et de Mˡˡᵉ DESHOULIÈRES. *Paris*, 1747, in-16, 2 vol.

1793. Recueil de poésies diverses, par DE LA FONTAINE. *Paris*, 1671, in-12, 2 vol.

1794. Poëme du Quinquina, et autres ouvrages en vers de M. DE LA FONTAINE. *Paris*, 1682, in-12, 1 vol.

1795. OEuvres diverses de M. DE LA FONTAINE. *Paris*, 1744, in-16, 4 vol.

1796. Même ouvrage.

1797. Contes et nouvelles en vers, par Jean DE LA FONTAINE. *Amsterdam*, 1777, in-8°, 2 vol.

1798. OEuvres inédites de J. DE LA FONTAINE, par M. Paul LACROIX. *Paris*, 1863, in-8°, 1 vol.

1799. OEuvres de J. DE LA FONTAINE, nouvelle édition revue sur les plus anciennes impressions et les autographes, par M. Henri REGNIER. *Paris*, 1883, in-8°, 5 vol.

1800. OEuvres de CHAPELLE et de BACHAUMONT. *La Haie*, 1755, in-16, 1 vol.

1801. OEuvres de BOILEAU-DESPRÉAUX, avec des éclaircissemens historiques, donnez par lui-même. *Genève*, 1716, in-4°, 2 vol.

1802. Les œuvres de BOILEAU-DESPRÉAUX. *Paris*, 1740, in-4°, 2 vol.

1803. OEuvres de BOILEAU-DESPRÉAUX, par M. DE SAINT-MARC. *Paris*, 1747, in-8°, 5 vol.

1804. OEuvres complètes de BOILEAU-DESPRÉAUX. *Paris*, 1809, in-8°, 3 vol.

1805. OEuvres complètes de BOILEAU-DESPRÉAUX. *Paris*, 1810, in-8°, 3 vol.

1806. OEuvres de BOILEAU-DESPRÉAUX, avec un commentaire de SAINT-SURIN. *Paris*, 1821, in-8°, 4 vol.

1807. OEuvres diverses de BOILEAU-DESPRÉAUX. ....., in-12, 1 vol.

1808. La Magdeleine de F. Remi de Beauvais, capucin de la Province des Pays-Bas. *Tournay*, 1617, in-18, 1 vol.

1809. Pieux désirs imités des latins du R. P. Herman Hugo. *Paris*, 1627, in-16, 2 vol.

1810. OEuvres poétiques du sieur Desmarets. *Paris*, 1641, in-4°, 1 vol.

1811. Clovis, ou la France chrétienne, par Desmarets, poème héroïque. *Paris*, 1657, in-4°, 1 vol.

1812. Samson, poème sacré par J. de Coras. *Paris*, 1645, in-16, 1 vol.

1813. La Pucelle, ou la France délivrée, poème héroïque, par M. Chapelain. *Paris*, 1656, in-fol., 1 vol.

1814. Les poésies de Jules de la Mesnardière. *Paris*, 1656, in-4°, 1 vol.

1815. Alaric, ou Rome vaincue. poëme héroïque, par De Scudéry. *Paris*, 1659, in-12, 1 vol.

1816. Les Tragiques ci-devant donnez au public par le larcin de Prométhée, et depuis avouez et enrichis par le sieur d'Aubigné. Vers 1660, in-12, 1 vol.

1817. Poésies de M. de Segrais. *Paris*, 1661, in-12, 1 vol.

1818. Poésies diverses du sieur Furetière. *Paris*, 1664, in-16, 1 vol.

1819. Charlemagne, poème héroïque, par Louis Le Laboureur. *Paris*, 1664, in-12, 1 vol.

1820. Charlemagne, ou le rétablissement de l'Empire Romain ; poème héroïque, par Louis Le Laboureur. *Paris*, 1666, in-16, 1 vol.

1821. Charlemagne, ou le rétablissement de l'Empire Romain. Poème héroïque, par N. Courtin. *Paris*, 1000, in-18, 1 vol.

1822. La Magdeleine au désert de la sainte Baume, en Provence, poème spirituel et chrétien, par le Père Pierre de Saint-Louys. *Lyon*, 1668, in-12, 1 vol.

1823. Paraphrase sur le livre de l'Ecclésiaste, en vers françois, par Gabien de Morillon. *Paris*, 1670, in-12, 1 vol.

1824. Les fastes de l'Eglise pour les douze mois de l'année, par Antoine Godeau. *Paris*, 1674, in-12, 1 vol.

1825. Le château de Richelieu, ou l'histoire des dieux et des héros de l'antiquité, avec des réflexions morales par M. Vignier. *Saumur*, 1676, in-12, 1 vol.

1826. Les œuvres spirituelles, en vers français, de M. l'Abbé d'Heauville. *Paris*, 1687, in-16, 1 vol.

1827. Poème contenant la tradition de l'Eglise sur le très-saint sacrement de l'Eucharistie, par Le Maistre de Sacy. *Paris*, 1695, in 4°, 1 vol.

1828. Les bergeries de Mre Honorat de Bueil, sieur de Racan. *Paris*, 1698, in-12, 1 vol.

1829. Les vérités plaisantes, ou le monde naturel. *Rouen*, 1702, in-12, 1 vol.

1830. Le modèle des pénitents, ou paraphrase nouvelle, en vers françois, des sept pseaumes de la Pénitence, par Maugard. *Paris*, 1703, in-12, 1 vol.

1831. Joseph, ou l'esclave fidèle, poème par dom Julien Gabien de Morillon. *Bréda*, 1705, in-16, 1 vol.

1832. Odes de N. D... *Paris*, 1707, in-12, 1 vol.

1833. Poésies sacrées, traduites ou imitées des Pseaumes, par Desfontaines-Guyot. *Rouen*, 1717, in 12, 1 vol.

1834. OEuvres en vers de l'Abbé de Villiers. *La Haye*, 1717. in-12, 1 vol.

1835. Poësies du Père Sanlecque. *Harlem*, 1726, in-12, 1 vol.

1836. Même ouvrage.

1837. Les Psaumes traduits en vers, par les meilleurs poètes. *Paris*, 1751, in-16, 1 vol.

1838. Poésies variées de M. DE COULANGE. *Paris*, 1753, in-16, 1 vol.

1839. Diverses petites poésies du chevalier D'ACEILLY. *Paris*, 1825, in-12, 1 vol.

1840. Le Microcosme contenant divers tableaux de la vie humaine, représentez en figures avec une briève exposition en vers françois. *Amsterdam*, in-4°, 1 vol.

XVIIIe siècle jusqu'à nos jours

1841. Poésies pastorales, avec un traité sur la nature de l'églogue, et une digression sur les anciens et les modernes par M. DE FONTENELLE. *Paris*, 1698, in-12, 1 vol.

1842. Même ouvrage.

1843. Discours satiriques en vers, par F. GACON. *Cologne*, 1696, in-12, 1 vol.

1844. Le poète sans fard, ou discours satiriques sur toute sorte de sujets, par Fr. GACON. *Paris*, 1701, in-12, 1 vol.

1845. Même ouvrage.

1846. Poésies diverses, contenant des contes choisis, etc., par BARATON. *Paris*, 1705, in-12, 1 vol.

1847. Odes de M. DE LA MOTTE. *Paris*, 1711, in-8°, 1 vol.

1848. Poésies de M. DE LA MONNOYE, avec son éloge, par DE SALLENGRE. *La Haye*, 1716, in-12, 1 vol.

1849. Le voyage du Parnasse, par LIMOJON DE SAINT-DISDIER. *Rotterdam*, 1716, 1717, in-12, 1 vol.

1850. La Colombiade, ou la foi portée au nouveau monde, poème par Madame DUBOCCAGE. *Paris*, 1718, in-12, 1 vol.

1851. La Colombiade, ou la foi portée au nouveau monde, (poème) par Madame DUBOCCAGE. *Paris*, 1756, in-8°, 1 vol.

1852. Le Paradis terrestre, poème imité DE MILTON, par Madame DU BOCCAGE, *Londres*, 1754, in-8°, 1 vol.

1853. OEuvres diverses de M. VERGIER. *Amsterdam*, 1731, in-12, 2 vol.

1854. OEuvres diverses de M. VERGIER. *Amsterdam*, 1742, in-12, 2 vol.

1855. Apologie des bestes, ou leurs connaissance et raisonnement prouvés contre le système des Cartésiens, ouvrage en vers, par MORFOUAGE DE BEAUMONT. *Paris*, 1732, in-8°, 1 vol.

1856. OEuvres diverses de M. L. DE CHAULIEU. *Amsterdam*, 1733, in-8°, 1 vol.

1857. OEuvres diverses de M. l'abbé DE CHAULIEU. *Londres*, 1740, in-8°, 2 vol.

1858. OEuvres de l'abbé DE CHAULIEU. *Paris*, 1750, in-16, 2 vol.

1859. Vert-vert, ou les voyages du perroquet de Nevers (GRESSET). *Amsterdam*, 1735, in-12, 1 vol.

1860. OEuvres de M. GRESSET. *Londres*, 1748, in-18, 2 vol.

1861. OEuvres de Monsieur GRESSET. *Londres*, 1758, in-12, 2 vol.

1862. L'accord de la grâce et de la liberté, poème par le R. P. LE VAILLANT DE LA BASSARDRIES. *Tournay*, 1740, 1 vol.

1863. Même ouvrage.

1864. Epîtres diverses sur des sujets différents, par Geor. L. DE BAAR. *Londres*, 1740, in-12, 1 vol.

1865. La Religion, poème par Louis RACINE. *Paris*, 1742, in-8°, 1 vol.

1866. Même ouvrage.

1867. La Religion, poème par M. L. RACINE. *Paris*, 1751, in-18, 4 vol.

1868. La grâce, poëme par Louis Racine. *Paris*, 1745, in-8°, 1 vol.

1869. Voltaire. La Henriade. *Londres*, 1737, in-8°, 1 vol.

1870. La Henriade, par Voltaire, avec les variantes. ..... 1746, in-16, 1 vol.

1871. Commentaire sur la Henriade, par de la Beaumelle. *Berlin*, 1775, in-8°, 1 vol.

1872. La Henriade, poëme de Voltaire, ornée de dessins lithographiques. *Paris*, 1825, in-fol., 1 vol.

1873. Voltaire. La pucelle d'Orléans, poëme en vingt chants. ..... 1742, in-8°, 1 vol.

1874. Œuvres de J. B. Rousseau. *Paris*, 1743, in-12, 4 vol.

1875. Œuvres poétiques de J. B. Rousseau, avec un commentaire par Amar. *Paris*, 1824, in-8°, 2 vol.

1876. Poésies diverses de M. de Grécourt. *Lausanne*, 1748, in-12, 1 vol.

1877. Poésies diverses de M. Desforges-Maillard. *Amsterdam*, 1750, in-12, 1 vol.

1878. La grandeur de Dieu dans les merveilles de la nature, poëme par Dulard. *Paris*, 1751, in-12, 1 vol.

1879. Poésies de M. de Haller. *Zuric*, 1752, in-12, 1 vol.

1880. La Christiade, ou le paradis reconquis, par l'abbé J. Franc. de Labaume-Desdossat. *Bruxelles*, 1753, in-12, 6 vol.

1881. Poésies variées de M. de Coulange, divisées en quatre livres. *Paris*, 1753, in-12, 1 vol.

1882. Poésies sacrées de M. Le Franc de Pompignan. *Paris*, 1754, in-12, 1 vol.

1883. Poésies diverses de M. Cocquard. *Dijon*, 1754, in-12, 1 vol.

1884. Traduction libre en vers français des élégies latines de Sidronius Hosschius, sur la passion de J.-C. par M. Deslandes. *Paris*, 1756, in-8°, 1 vol.

1885. Poésies diverses, par le chevalier de Ranto de Laborie. ....., 1757, in-12, 1 vol.

1886. L'Arcadie moderne, ou les bergeries sçavantes, par de la Beaume-Desdossat. *Paris*, 1757, in-12, 1 vol.

1887. Poésies du Philosophe de Sans-Souci (Frédéric II). *Postdam*, 1760, in-12, 2 vol.

1888. Poésies diverses du roi de Prusse (Frédéric II). *Berlin*, 1760, in-12, 2 vol.

1889. Les saisons, poëme, par Saint-Lambert. *Amsterdam*, 1769, in-12, 1 vol.

1890. L'agriculture, poëme, par M. Rosset. ....., 1774, in-8°, 1 vol.

1891. Œuvres diverses de M. Léonard. *Liège*, 1777, in-8°, 1 vol.

1892. La société des Rosati d'Arras, 1778-1788. ....., in-fol., 1 vol.

1893. Mon rêve, ou les immortels. ....., 1778, in-12, 1 vol.

1894. Œuvres de Jacques Delille. *Paris*, 1808, in-8°, 17 vol.

1895. Les jardins, ou l'art d'embellir les paysages, par l'abbé Delille. *Paris*, 1782, in-8°, 1 vol.

1896. L'homme des champs, ou les géorgiques françoises, par Jacques Delille. *Strasbourg*, 1800, in-8°, 1 vol.

1897. La Philippide, poëme en xv chants, par de Vixouze. *Aurillac*, 1784, in-12, 1 vol.

1898. L'harmonie imitative de la langue francaise, poëme en quatre chants, par M. de Piis. *Paris*, 1785, in-12, 1 vol.

1899. Mes souvenirs, et autres opuscules poëtiques de Le Gay. *Au pays de Vaud*, 1788, in-18, 1 vol.

1900. Œuvres de MONCRIF. *Paris*, 1791, in-8°, 2 vol.

1901. Même ouvrage.

1902. Recueil. Discours sur la manière de lire les vers, par N. Francois de NEUF-CHATEAU, et poésies diverses. *Paris, an VII*, in-12, 1 vol.

1903. Georgiques françaises, poème, par J.-B. ROUGIER, Baron DE LABERGERIE. *Paris*, 1804, in-8°, 1 vol.

1904. La Navigation, poëme, par I. ESMÉNARD. *Paris*, 1805, in-8°, 2 vol.

1905. OEuvres inédites de P. J. GROSLEY, par L. M. PATRIS-DEBREUIL. *Paris*, 1812, in-8°, 3 vol.

1906. Poëmes élégiaques, par M. TRÉNEUIL. *Paris*, 1817, in-8°, 1 vol.

1907. OEuvres de Fr. Guill. Jean-Stanislas ANDRIEUX. *Paris*, 1818, in-8°, 4 vol.

1908. Opuscules poétiques du général. L. N.-M. CARNOT. *Paris*, 1820, in-8°, 1 vol.

1909. Poésies lyriques et bucoliques, par M. DORION. *Paris*, 1820, in-8°, 1 vol.

1910. Chants populaires de la Grèce moderne, par C. FAURIEL. *Paris*, 1824, in-8°, 2 vol.

1911. Recueil, odes sacrées et poésies diverses, par le comte DE MARCELLUS. *Paris*, 1825, in-16, 2 vol.

1912. Mes souvenirs. Poésies par Maurice BLANCHARD. *Saint-Omer*, 1832, in-18, 1 vol.

1913. Jeanne d'Arc, poème en dix chants, par SEMET. *Lille*, 1832, in-12, 1 vol.

1914. Guillaume de Nassau, ou la fondation des Provinces-Unies, poème en dix chants, par L. T. SEMET. *Lille*, 1832, in-12, 1 vol.

1915. Souvenirs poétiques de L.-T. SEMET. *Lille*, 1833, in-4°, 2 vol.

916. Chants Armoricains, ou souvenirs de Basse-Bretagne, par BOUCHER de PERTHES. *Paris*, 1831, in-12, 1 vol.

1917. Satires, contes et chansonnettes, par BOUCHER DE PERTHES. *Paris*, 1833, in-12, 1 vol.

1918. Romances, ballades et légendes, par BOUCHER DE PERTHES. *Paris*, 1849, in-8°, 1 vol.

1919. Adèle de Ponthieu, poème historique, par MONDELOT. *Paris*, 1834, in-12, 1 vol.

1920. Les Algues, poésies du Baron L.-A. COPPENS. *Dunkerque*, 1836, in-8°, 1 vol.

1921. Jules HOCEDÉ. Poésies. *Paris*, 1840, in-4°, 1 vol.

1922. A. BRIZEUX. Marie, poème. *Paris*, 1840, in-12, 1 vol.

1923. Poésies complètes d'Alfred DE MUSSET. *Paris*, 1840, in-12, 1 vol.

1924. OEuvres complètes de Alfred DE MUSSET. *Paris*, 1884, in-8°, 10 vol.

1925. Paul DE MUSSET. Biographie de Alfred de Musset, par E. BLANCHON. *Paris*, 1884, in-8°, 1 vol.

1926. Poésies complètes de Ste-BEUVE. *Paris*, 1840, in-12, 1 vol.

1927. SAINTE-BEUVE. Volupté. *Paris*, 1874, in-18, 1 vol.

1928. SAINTE-BEUVE. Poésies complètes. *Paris*, 1877, in-18, 1 vol.

1929. Messéniennes, et poésies diverses, par Casimir DELAVIGNE. *Paris*, 1840, in-12, 1 vol.

1930. Poésies de André CHENIER. *Paris*, 1841, in-12, 1 vol.

1931. OEuvres de MILLEVOYE. *Paris*, 1841, in-12, 1 vol.

1932. Poésies complètes du comte Alfred DE VIGNY. *Paris*, 1841, in-12, 1 vol.

1933. Victor HUGO. Les Orientales. *Paris*, 1841, in-12, 1 vol.

1934. Victor HUGO. Odes et ballades. *Paris*, 1841, in-12, 1 vol.

1935. Victor HUGO. Les Rayons et les Ombres. Les feuilles d'Automne. *Paris*, 1841, in-12, 1 vol.

1936. Victor HUGO. Les Voix intérieures. Les Rayons et les Ombres. *Paris*, 1841, in-12, 1 vol.

1937. Poésies complètes de Madame Emile DE GIRARDIN. *Paris*, 1842, in-12, 1 vol.

1938. Poésies de Madame DESBORDES-VALMORE. *Paris*, 1842, in-12, 1 vol.

1939. Chants civils et religieux, par Auguste BARBIER. *Paris*, 1842, in-12, 1 vol.

1940. Les Paquerettes, premières fleurs poétiques, par Victor COURMACEUL. *Calais*, 1843, in-8°, 1 vol.

1941. Epîtres et satires, par M. VIENNET. *Paris*, 1845, in-12, 1 vol.

1942. J. AUTRAN. Les poèmes de la mer. *Paris*, 1852, in-8°, 1 vol.

1943. J. AUTRAN. Œuvres complètes. *Paris*, 1875-1880, in-12, 7 vol.

1944. Victor de LAPRADE. Les Symphonies. *Paris*, 1862, in-18, 1 vol.

1945. Victor DE LA PRADE. Poèmes civiques. *Paris*, 1873, in-12, 1 vol.

1946. Victor DE LAPRADE. Pernette. *Paris*, 1880, in-12, 1 vol.

1947. Victor DE LAPRADE. Poèmes Evangéliques. *Paris*, 1861, in-18, 1 vol.

1948. Fables en vers, suivies de pièces diverses, par Auguste DOUDEMENT. *Paris*, 1852, in-12, 1 vol.

1949. Croyances, par Onésime SEURE. *Paris*, 1852, in-8°, 1 vol.

1950. Œuvres posthumes de Philippe DU-PLESSIS. *Paris*, 1853, in-8°, 5 vol.

1951. Poésies de Jules GUILLEMIN. *Châlons-sur-Saône*, 1853, in-12, 1 vol.

1952. Cœur et Patrie, par Fanny DE-NOIX DES VERGNES. *Paris*, 1855, in-12, 1 vol.

1953. Varia. Poésies par Jules CANONGE. *Paris*, 1857, in-32, 1 vol.

1954. Varia. Sourire — Aimer — Songer. Souvenances par Jules CANONGE. 1869, in-12, 1 vol.

1955. Fleurs et Jalons. Poésies et souvenirs historiques, par Emile BOULANGER. *Paris*, 1858, in-8°, 1 vol.

1956. Fleurs du chalet des Iris, par Henri GALLEAU. *Paris*, 1867, in-12, 1 vol.

1957. Jean SECOND. Les Baisers, traduction nouvelle, par V. DEVELAY. *Paris*, 1872, in-12, 1 vol.

1958. Maisonnette, par Ant. CAMPAUX. *Paris*, 1872, in-12, 1 vol.

1959. Alexandre FERMENT. Mes ébauches. Poésies posthumes recueillies et publiées par sa sœur. *Paris*, 1873, in-12, 1 vol.

1960. Désir RAVON, à l'Allemagne. *Paris*, 1873, in-12, 1 vol.

1961. L'abbé DEVRAIS. Enghien-les-Bains, poème en trois tableaux. *Paris*, 1875, in-12, 1 broch.

1962. Les Soupirs, poésies nouvelles. *Paris*, 1775, in-18, 1 vol.

1963. Idéal et Nature, par Guy DE BEAU-FORT. *Paris*, 1875, in-12, 1 vol.

1964. Sœur Marthe, poëme par Germ. PICARD. *Paris*, 1876, in-12, 1 broch.

1965. Un mariage sous la terreur; récit par Charles YRTAL. *Paris*, 1876, in-12, 1 vol.

1966. Entre deux roses, par Carolus DE NAC. *Paris*, 1876, in-12, 1 vol.

1967. Les rêves d'antan, 1871-1875, par Gaston DE LA SOURCE. *Paris*, 1877, in-12, 1 vol.

1968. Petite encyclopédie philosophique en vers, par A. Fillemin. *Paris,* 1877, in-12, 1 vol.

1969. Théophile Gautier. Poésies complètes. *Paris,* 1877, in-12, 2 vol.

1970. Théophile Gautier. Emaux et camées. *Paris,* 1877, in-12, 1 vol.

1971. Thalie, épître à M. le prince N. Rosetti de Roznovano, par Emile Bouilly. *Paris,* 1876, in-12, 1 vol.

1972. Sara Berthet. Roses et Cyprès. *Paris,* 1878, in-12, 1 vol.

1973. Vibrations. Poésies, par L. Vébé. *Pars,* 1878, in-12, 1 vol.

1974. Fernand Bret. Aurores et crépuscules. 1869-1878. *Paris,* 1878, in-12, 1 vol.

1975. Charles Delavaud. La science. Poème. *Paris,* 1879, in-12, 1 broch.

1976. Jules Breton. Les champs et la mer. *Pars,* 1875, in-12, 1 vol.

1977. Jules Breton. Jeanne. poème. *Paris,* 1880, in-18, 1 vol.

1978. OEuvres poétiques de Jules Breton. 1867-1886. Les champs et la mer. Jeanne. *Paris,* 1887, in-16, 1 vol.

1979. Satire. Le Prêtre, par Olivier des Armoises. *Paris,* 1880, in-8°, 1 broch.

1980. Octave Postel. Les mois républicains, ou les époques de la nation. *Abbeville,* an 90, in-8°, 1 broch.

1981. Monde et patrie, par Eugène de Sars. Rondeaux. *Saint-Omer,* 1880, in-8°, 1 broch.

1982. Trente ans après, par Eugène de Sars. Rondeaux. *Douai,* in-8°, 1 vol.

1983. Mes doux loisirs, par Jeanne Henry. *Arras,* 1881, in-12, 1 vol.

1984. Mes doux loisirs, par Jeanne Henry. *Arras,* 1881, in-18, 1 vol.

1985. Lecomte De Lisle. Poëmes barbares. *Pars,* 1872, in-8°, 1 vol.

1986. Leconte de Lisle. Poëmes antiques. *Paris,* 1874, in-8°, 1 vol.

1987. Leconte de Lisle. Poèmes tragiques. *Paris,* 1884, in-8°, 1 vol.

1988. Les Vibrations, poésies par Juliette Joinville. *Paris,* 1883, in-12, 1 vol.

1989. Edouard Plouvier. Le livre du Bon Dieu, musique de Louis Darcier. *Paris,* in-4°, 1 vol.

1990. Confession d'une toute jeune femme, et fantaisies anodines, par P. Viteau. *Paris,* in-12, 1 vol.

1991. Gaston Crémieux. OEuvres posthumes, précédées d'une lettre de Victor Hugo, et d'une notice par A. Naquet. *Paris,* 1884, in-12, 1 vol.

1992. Trilogie morale comprenant : 1° Guide de la sagesse, 2° Poème psychologique, 3° Poème astronomique, par Babin. *Paris,* 1885, in-12, 1 vol.

1993. Jeanne d'Arc. Poème lyrique en trois parties, par Paul Allard. Musique de Ch. Lenepveu. *Rouen,* 1886, in-8°, 1 broch.

1994. Poésies de Sully Prudhomme. *Paris,* 1872, in-16, 4 vol.

1995. Sully Prudhomme. Le Prisme. Poésies diverses. *Pars,* 1886, in-12, 1 vol.

1996. Sully Prudhomme. Le Bonheur. Poème. *Pars,* 1888, in-12, 1 vol.

1997. Poésies de François Coppée. *Paris,* 1886, in-16, 5 vol.

1998. Némésis médicale, recueil de satires par un Phocéen. Favre. *Paris,* in-4°, 1 vol.

1999. Le cinq novembre XDCCCLXXX. *Paris,* in-8°, 1 broch.

Cantiques, Noëls et Chansons

2000. Les œuvres poétiques de Jacques Loys, docteur ès droits et poète lauré, divisées en 4 livres, comme on pourra en voir la page suivante. *Douai*, 1612, in-12, 1 vol.

2001. Parodies bachiques sur les airs et symphonies des opera, par Monsieur Ribon. *Paris*, 1696, in-12, 1 vol.

2002. Recueil de chansons choisies. *Paris*, 1698, in-12, 2 vol.

2003. Nouvelles parodies bachiques mêlées de vaudevilles, par Christophe Ballard. *Paris*, 1700, in-12, 2 vol.

2004. Brunettes, ou petits airs tendres, avec les doubles et la basse continue, par Christophe Ballard. *Paris*, 1703, in-12, 3 vol.

2005. Tendresses bachiques, ou duo et trio mêlés de petits airs tendres et à boire, par Christophe Ballard. *Paris*, 1712, in-12, 2 vol.

2006. Nouvelles parodies bachiques, mêlées de vaudevilles ou rondes de table, par Christophe Ballard. *Paris*, 1714, in-12, 3 vol.

2007. La clef des chansonniers, ou recueil des vaudevilles depuis cent ans et plus, notés et recueillis pour la première fois, par J.-B. Christophe Ballard. *Mont-Parnasse*, 1717, in-12, 2 vol.

2008. Noëls nouveaux sur les chants des noëls anciens, et chansons spirituelles pour tout le cours de l'année, par M. l'abbé Pellegrin. *Paris*, 1722, in-8°, 1 vol.

2009. Hymnes de Santeuil, traduites en vers français, par M. l'abbé Saurin. *Paris*, 1760, in-12, 1 vol.

2010. Les vaudevires, poésies du XVe siècle par Olivier Basselin. *Vire* (Avranches), 1811, in-8°, 1 vol.

2011. Cantiques religieux et moraux, ou la morale en chansons. *Paris*, 1818, in-18, 1 vol.

2012. OEuvres complètes de Béranger. *Paris*, 1834, in-8°, 4 vol.

2013. Poésies nationales de la Révolution française, ou recueil des chants, hymnes, couplets, odes, chansons patriotiques. *Paris*, 1836, in-8°, 1 vol.

2014. Paul Déroulède. Chants du soldat. *Paris*, 1875, in-32, 1 vol.

2015. Paul Déroulède. Nouveaux chants du soldat. *Paris*, 1875, in-32, 1 vol.

2016. Chansons de J.-B. Clément. *Paris*, 1885, in-12, 1 vol.

2017. Le chant de la Marseillaise, son véritable auteur, avec fac-simile du manuscrit, par Loth. *Paris*, 1886, in-8°, 1 broch.

Poésies gaillardes et burlesques

2018. Poésies burlesques, par le sieur Loret. *Paris*, 1647, in-4°, 1 vol.

2019. La Muse historique ou recueil des lettres en vers, par le sieur Loret. *Paris*, 1658, in-f°, 1 vol.

2020. La Muze historique, par J. Loret. *Paris*, 1857, in-8°, 4 vol.

2021. Le Virgile travesty en vers burlesques, de M. Scarron. *Paris*, 1648, in-12, 1 vol.

2022. Le Virgile travesty en vers burlesques de M. SCARRON. *Amsterdam*, 1695, in-12, 1 vol.

2023. SCARRON. Le Virgile travesti. *Paris*, 1715, in-12, 2 vol.

2024. L'Ovide bouffon, ou les métamorphoses burlesques, par RICHER. *Paris*, 1649, in-4°, 1 vol.

2025. Le roman comique, mis en vers, par M. LE TELLIER D'ORVILLIERS. *Paris*, 1733, in-12, 2 vol.

2026. La Henriade, travestie en vers burlesques. *Berlin*, 1745, in-12, 1 vol.

2027. L'élève de Minerve, ou Télémaque travesti en vers. *Senlis*, 1769, in-12, 3 vol.

2028. Le faut-mourir, le tout en vers burlesques, par M. Jacques-Jacques. *Lyon*, 1784, in-12, 1 vol.

2029. OEuvres complètes de VADÉ. *Londres*, 1784, in-12, 4 vol.

2030. Banquet de la vie.
1° Le melon
2° Les petits radis roses
3° Les pigeons à la financière. *Paris*, 1873, petit in-12, 3 broch.

2031. Recueil de pièces diverses de poésie burlesque. In-8°, 1 vol.

Poésies en patois de diverses provinces de France

2032. Recueil de poètes gascons. *Amsterdam*, 1700, in-12, 2 vol.

2033. Noei borguignon de Gui BAROZAI, par Bernard DE LA MONNOYE, avec un glossaire bourguignon-français. *Ai Dioni*, 1720, in-12, 1 vol.

2034. Même ouvrage.

2035. Noei Borguignon de Gui BAROZAI. *En Bregogne*, 1738, in-12, 1 vol.

2036. Noei Borguignon de Gui BAROZAI. *Ai Dioni*, 1776, in-8°, 1 vol.

Poésies anglaises

2037. John MILTON. Paradise lost.. *Glascow*, 1776, in-18, 2 vol.

2038. MILTON's paradise lost : with copious notes. *Paris*, 1841, in-8°.

2039. MILTON's paradise lost. *London*, 1851, in-12, 2 vol.

2040. Le paradis perdu de MILTON, traduit par L. RACINE. *Paris*, 1755, in-12, 3 vol.

2041. Le paradis perdu de MILTON, poëme héroïque, traduit de l'anglais. *La Haye*, 1777, in-12, 1 vol.

2042. Paradis perdu, traduit par J. DELILLE. *Paris*, 1805, in-8°, 3 vol.

2043. John MILTON. Paradis regain'd. *Glascow*, 1772, in-16, 2 vol.

2044. Paradis reconquis, traduit de l'anglais de MILTON, avec quelques autres pièces de poësies. *Paris*, 1730, in-12, 1 vol.

2045. OEuvres complètes d'Alexandre POPE, traduites en françois. *Paris*, 1780, in-8°, 8 vol.

2046. Essai sur la critique, par M. POPE. *Paris*, 1736, in-12, 1 vol.

2047. Les principes de la morale et du goût, en deux poëmes, traduits de l'anglais de M. POPE, par DU RESNEL. *Paris*, 1737, in-12, 1 vol.

2048. OEuvres diverses de POPE. *Amsterdam*, 1754, in-12, 6 vol.

2049. Essai sur l'homme, poëme philosophique par Alex. POPE, en cinq langues. *Strasbourg*, 1762, in-8°, 1 vol.

2050. Night thoughts on life, death an immortality by the late D^r. YOUNG. *London*, 1780, in-12, 1 vol.

2051. Les nuits d'YOUNG, traduites de l'anglais, par M. LE TOURNEUR. *Amsterdam*, 1769, in-12, 2 vol.

2052. The Night by YOUNG. In-18, 2 vol.

2053. Léonidas, poëme traduit de l'anglais de GLOVER par J. BERTRAND. *La Haye*, 1738, in-12, 2 vol.

2054. Poems on several occasions by the late Matthew PRIOR. *London*, 1754, in-12, 1 vol.

2055. Hudibras, poème par Samuel BUTLER, traduit en vers français. *Londres*, 1757, in-12, 3 vol.

2056. Tyrtœus, an ancient Athenian poet. *Glascow*, 1759, in-4°, 1 vol.

2057. Poems by M. GRAY. *Glascow*, 1773, in-16, 1 vol.

2058. Poem of Dr. Jonatham SWIFT. *Glascow*, 1774, in-16, 2 vol.

2059. Ossian fils de Fingal, barde du troisième siècle, traduit de l'anglois de MACPHERSON, par LE TOURNEUR. *Paris*, 1777, in-8°, 2 vol.

2060. Ossian, fils de Fingal, poésies galliques, traduites par LE TOURNEUR. *Paris*, 1799, in-8°, 2 vol.

2061. The living poets of England. *Paris*, 1827, in-8°, 2 vol.

2062. The complete works of lord Byron. *Paris*, 1840, in-8°, 4 vol.

2063. OEuvres de lord BYRON, traduction de M. Amédée PICHOT. *Paris*, 1836, in-8°, 6 vol.

2064. Select poetical works of Thomas MOORE. *Paris*, 1841, in-8°, 1 vol.

2065. Victorian poetry, selected and arranged by C. VAN TIEL. *Leiden*, in-12, 1 vol.

2066. English poetry, 1800-1837. Selected and arranged by C. VAN TIEL. *Leiden*, in-12, 1 vol.

Poésies allemandes

2067. Satyres de M. RABENER, traduction libre de l'allemand, par M. de BOISPRÉAUX. *Paris*, 1754, in-12, 2 vol.

2068. Même ouvrage.

2069. Idylles et poëmes champêtres de M. GESNER, traduit de l'allemand, par HUBER. *Lyon*, 1762, in-8°, 1 vol.

2070. Pastorales et poëmes de M. GESNER, traduit de l'allemand. *Paris*, 1766, in-12, 1 vol.

2071. Le Messie, poëme en dix chants, traduit de l'allemand de M. KLOPSTOCK. *Paris*, 1769, in-12, 2 vol.

2072. La Messiade, poème en vingt chants, par KLOPSTOCK. *Paris*, 1840, in-12, 1 vol.

2073. Les saisons, poëme, par WIELAND. *Amsterdam*, 1769, in-12, 1 vol.

2074. Caldéron et Gœthe, ou le Faust et le magicien prodigieux, traduit par J. G. MAGNABAL. *Paris*, 1883, in-12, 1 vol.

Poésies russes

2075. Satyres du prince CANTEMIR, traduites du russe en français, avec l'histoire de sa vie. *Londres*, 1750, in-12, 1 vol.

Poésies polonaises

2076. Poëtes illustres de la Pologne au XIXe siècle.
1. Jules SLOWACKI, un épisode en Suisse.
2. Sigismond KRASINSKI, l'aube du grand jour. *Paris*, 1876, in-18, 1 vol.

2077. Poëtes illustres de la Pologne au XIXe siècle. Adam MICKIEWICZ, Monsieur Thadée « de Sopliça » ou le dernier procès en Lithuanie. *Paris, 1876-77*, in-18, 2 vol.

2078. Poëtes illustres de la Pologne au XIXe siècle. *Cycle Ukrainien.*
1. Antoine MALCZEWSKI.
2. Bohdan ZALESKI.
3. Séverin GOSZCZYNSKI. *Nice*, 1878, in-18, 1 vol.

2079. Poëtes illustres de la Pologne au XIXe siècle. *Cycle Galicien.*
1. Vincent POL.
2. Kornel UJEJSKI.
3. Alexandre FREDRO. *Nice*, 1879, in-18, 1 vol.

2080. Poëtes illustres de la Pologne au XIXe siècle. *Cycle Lithuanien.*
1. Adam MICKIEWICZ.
2. Edouard ODYNIEC.
3. Ladislas SYROKOMLA.
4. Julien NIEMCÉWICZ. *Nice*, 1880, in-18, 2 vol.

2081. Poëtes illustres de la Pologne au XIXe siècle. Dernière série.
1. THÉOPHILE LENARTOWICZ.
2. Sigismond KRASINSKI.
3. Jules SLOWACKI.
4. Joseph KRASZEWTKI. *Nice*, 1881, in-18, 1 broch.

2082. Jules SLOWACKI. La peste au désert à El-Arish. Traduction en vers français, par Venceslas GASZTOWTT. *Paris*, 1879, in-12, 1 vol.

Poésies hongroises

2083. Poésies Magyares, choix et traductions par H. DESBORDES-VALMORE. *Paris*, 1873, in-12, 1 vol.

2084. Le chevalier Jean, conte Magyar, par Alexandre PETOEFI, traduit par *A.* DOZON. *Paris*, 1877, in-12, 1 vol.

Poésies arabes

2085. Scientia metrica et rhythmica, seu tractatus de prosodia arabica, opera Samuelis CLERICI. *Oxonii*, 1661, in-12, 1 vol.

2086. La colombe messagère, par Michel SABBAGH, traduit par SILVESTRE DE SACY. (français et arabe). *Paris*, 1805, in-8°, 1 vol.

2087. Les quatrains de Khéyam, traduits du Persan, par Nicolas J.-B. *Paris*, 1869, in-8°, 1 vol.

2088. Poésies populaires de la Kabylie du Jurjura, texte Kabyle et traduction par HANOTEAU. *Paris*, 1867, in-8°, 1 vol.

2089. Chrestomathie arabe… in-8°, 3 vol.

QUATRIÈME CLASSE

ART DRAMATIQUE

Traités sur l'art dramatique et sur l'art du comédien

2090. Réflexions historiques et critiques sur les différents théatres de l'Europe, par Louis RICCOBONI. *Amsterdam, 1740,* in-12, 1 vol.

2091. De la réformation du théâtre, par Louis RICCOBONI, 1743, in-12, 1 vol.

2092. Même ouvrage.

2093. Lettres sur les spectacles, par DES-PREZ DE BOISSY. *Paris, 1777,* in-8°, 2 vol.

2094. L'art théatral, par M. SAMSON, de la comédie française. *Paris,* 1863, in-8°, 2 vol.

2095. Arthur POUGIN. Dictionnaire historique et pittoresque du théâtre et des arts qui s'y rattachent. *Paris,* 1885, in-8°, 1 vol.

Théâtre grec

2096. Le théatre des Grecs, par le R. P. BRUMOY. *Paris,* 1730, in-4°, 3 vol.

2097. Théatre des Grecs, par le P. BRUMOY. *Paris,* 1785, in-8°, 13 vol.

2098. Le théatre des Grecs, par le P. BRUMOY. *Paris,* 1820, in-8°, 16 vol.

2099. MENANDRI et PHILEMONIS reliquiæ, cum notis GROTII et J. CLERICI. *Amstelodami,* 1709, in-8°, 1 vol.

2100. Excerpta ex tragœdiis et comœdiis Græcis, versibus latinis reddita ab Hugone GROTIO. *Parisiis,* 1626, in-4°, 1 vol.

2101. ARISTOPHANIS comœdiæ undecim. *Basileæ,* 1539, in-8°, 1 vol.

2102. Agidii BOURDINII scholia in ARISTOPHANEN. *Parisiis,* 1545, in-4°, 1 vol.

2103. ARISTOPHANIS comœdiæ novem, cum commentariis antiquis. *Basileæ,* 1547, in-f°, 1 vol.

2104. Même ouvrage.

2105. Même ouvrage.

2106. Q. Septimii FLORENTIS in ARISTOPHANIS Irenam, vel Pacem commentaria. *Lutetiæ,* 1589, in-12, 1 vol.

2107. ARISTOPHANIS comœdiæ, cum versione latina a Phil. BRUNCK. *Londini,* 1823, in-18, 3 vol.

2108. ÆSCHYLI Prometheus, cum interpretatione Matthiæ GARBITII. *Basileæ,* 1549, in-12, 1 vol.

2109. ÆSCHYLI tragœdiæ. *Parisiis,* 1552, in-12, 1 vol.

2110. OEschyli tragœdiæ VII. Petri VICTORII cura. *Antuerpiæ,* 1557, in-4°, 1 vol.

2111. Tragédies d'Eschyle. *Paris*, 1770, in-8°, 1 vol.

2112. Théatre d'Æschyle, traduit en français, par de la Porte du Theil. *Paris*, an iii, in-8°, 2 vol.

2113. Commentarii interpretationum argumenti Thebaidos fabularum Sophoclis, authore Joachimo Camerario. *Haganoæ*, 1534, in-16, 1 vol.

2114. Même ouvrage.

2115. Sophoclis tragœdiæ (græce). *Parisiis*, 1552, in-4°, 1 vol.

2116. Sophoclis tragœdiæ(græce).*Parisiis*, 1553, in-4°, 1 vol.

2117. Sophoclis tragœdiæ septem, cum omnibus scholiis. *Parisiis*, 1568, in-f°, 1 vol.

2118. Sophoclis tragœdiæ vii. *Heidelbergæ*, 1597, in-8°, 1 vol.

2119. Sophoclis tragœdiæ septem (græce) in-4°, 1 vol.

2120. Sophoclis tragœdiæ septem(græce et latine). *Cantabrigiæ*, 1665, in-8°, 1 vol.

2121. Sophoclis tragœdiæ quæ extant septem. *Glasguæ*, 1745, in-12, 2 vol.

2122. Sophoclis tragœdiæ septem, cum versione et notis Ph. Brunckii. *Argentorati*, 1786, in-8°, 4 vol.

2123. Sophoclis dramata quæ supersunt, cum annotatione Ph. Brunckii et Henrici Bothe. *Lipsiæ*, 1806, in-8°, 2 vol.

2124. Euripidis tragœdiæ. *Basileæ*, 1551, in-8°, 1 vol.

2125. Euripidis Hecuba et Iphigenia.... 1506, in-4°, 1 vol.

2126. Aristologia Euripidea græco-latina, a Michaele Neandro. *Basileæ*, 1559, in-4°, 1 vol.

2127. Euripidis tragœdiæ xix. *Heidelbergæ*, 1597, in-8°, 2 vol.

2128. Euripidis tragœdiæ quæ extant,cum latina Canteri interpretatione. *Antuerpiæ*, 1602, in-4°, 2 vol.

2129. Euripidis tragœdiæ quæ extant. 1602, in-4°, 1 vol.

2130. Euripidis Hippolytus, cum scholiis, versione latina Valkenarii notis integris. etc. *Oxonii*, 1796, in-4., 1 vol.

2131. La Grèce tragique traduite en vers, par Léon Halevy. *Paris*, 1859, in-8°. 3 vol. incomplet.

Théâtre latin

2132. Théâtre complet des Latins, par J.-B. Level et le Monnier, augmenté de dissertations par MM. Amaury Duval et Alex. Duval. *Paris*, 1820, in-8°, 15 vol.

2133. Marci Accii Plauti comœdiæ viginti. *Venetiis*, 1518, in-fol., 1 vol.

2134. M. Accii Plauti comœdiæ xx, studio Joachimi Camerarii. *Basileæ*, 1538, in-8°, 1 vol.

2135. M. Plauti comœdiæ, Charpentarii curâ in lucem editæ. *Parrhisiis*, in-8°, 1 vol.

2136. Actii Plauti comœdiæ viginti. *Lugduni*, 1540, in-8°, 1 vol.

2137. M. Accius Plautus, opera Dionys. Lambini emendatus. *Lutetiæ*, 1577, in-f°, 1 vol.

2138. Accius Plautus Dionys. Lambini opera emendatus. *Aureliæ Allobrogum*, 1605, in-4°, 1 vol.

2139. Acci Plauti comœdiæ. *Amstelodami*, 1652, in-32, 1 vol.

2140. Accii Plauti comœdiæ. *Parisiis*, 1679, in-4°, 2 vol.

2141. Accii PLAUTI comœdiæ, ex recensione Fr. GRONOVII. *Amstelodami*, 1684, in-8°, 1 vol.

2142. P. TERENTII comœdiæ cum scholiis. *Basileæ*, 1532, in-fol., 1 vol.

2143. Terentius. In singulas scenas argumenta. *Paris*, 1533, in-8°, 1 vol.

2144. P. TERENTII comœdiæ, cum scholiis. *Basileæ*, 1538, in-fol., 1 vol.

2145. Le grant THÉRENCE, en francoys, tant en rime que en prose. *Paris*, 1539, in-fol., 1 vol.

2146. TERENTIUS, dictionibus hyperdisyllabis a P. ANTESIGNANO. *Lugduni*, 1556, in-8°, 1 vol.

2147. Il TERENTIO latino commentato in lingua Toscana. *In Vinegia*, 1558, in-4°, 1 vol.

2148. Les six comédies DE TÉRENCE. *Paris*, 1574, in-16, 1 vol.

2149. Les six comédies de TÉRENCE, corrigées par Ant. DE MURET. *Paris*, 1583, in-16, 1 vol.

2150. Pub. TERENTII comœdiæ sex, cum annotationibus Thomæ FARNABII. *Amstelædami*, 1651, in-16, 1 vol.

2151. Comédies de TÉRENCE, nouvellement traduites, par M. DE MARTIGNAC. *Paris*, 1678, in-12, 1 vol.

2152. Les còmédies de TÉRENCE, avec la traduction de Madame DACIER. *Hambourg*, 1732, in-12, 3 vol.

2153. Publii TERENTII Afri comœdiæ sex. *Lutetiæ Parisiorum*, 1753, in-12, 2 vol.

2154. Publii TERENTII comœdiæ. *Birminghamiæ*, 1772, in-4°, 1 vol.

2155. Même ouvrage.

2156. Antonii DELRII syntagma tragœdiæ latinæ in tres partes distinctum. *Antuerpiæ*, 1593, in-4°, 1 vol.

2157. Même ouvrage.

2158. Bibliotheca comicorum vetustissimorum quorum opera integra non exstant, per Jacobum HERTELIUM. *Veronæ*, 1616, in-12, 1 vol.

2159. L. Annæi SENECÆ et aliorum tragœdiæ. *Amsterodami*, 1568, in-32, 1 vol.

2160. L. et M. Annæi SENECÆ tragœdiæ, cum notis FARNABII. *Parisiis*, 1625, in-8°, 1 vol.

2161. Decem tragœdiæ quæ L. Annæo SENECÆ tribuuntur. *Duaci*, 1649, in-32, 1 vol.

2162. L. Annæi SENECÆ tragœdiæ. *Basileæ*, 1541, in-12, 1 vol.

Théâtre latin moderne

2163. Nicolai BARTHOLOMÆI Lochiensis Christus Xylonicus. *Parisiis*, 1531, in-16, 1 vol.

2164. Jacobi SCHOEPPERI comœdiæ et tragœdiæ Sacræ. *Tremoniæ*, 1552, in-12, 1 vol.

2165. Studentes, comœdia de vita Studiosorum, authore M. Christophoro STUMMELIO. *Coloniæ*, 1552, in-12, 1 vol.

2166. Omnes Georgii MACROPEDII fabulæ comicæ. *Ultrajecti*, 1552, in-12, 1 vol.

2167. Operum poeticorum Nicodemi FRISCHLINI pars scenica. 1585, in-8°, 1 vol.

2168. Matthæus et Machabæus, tragœdiæ sacræ, auct. Andrea HOIO Brugensi. *Duaci*, 1587, in-12, 1 vol.

2169. Terentius Christianus, seu comœdiæ sacræ Terentiano stylo conscriptæ, auct. Corn. Schonæo GOUDANO. 1594, in-12, 1 vol.

2170. Tragœdiæ, seu diversarum gentium et imperiorum magni principes, autore

Petro Mussonio. *Flexiæ*, 1621, in-12, 1 vol.

2171. Nicolaï Vernulæi Ottocarus Bohemiæ rex, seu rebellio contra Rudolphum I Imperatorem (tragœdia). *Lovanii*, 1626, in-16, 1 vol.

2172. Nicolai Vernulæi tragœdiæ decem. *Lovanii*, 1631, in-12, 1 vol.

2173. Dramatica poemata, auth. Guil. Druræo. *Duaci*, 1628, in-16, 1 vol.

2174. Musæ lacrymantes, id est septem tragœdiæ sacræ, auctore Jacobo Corn. Lummence a Marca. *Duaci*, 1628, in-4°, 1 vol.

2175. Theatrum castitatis, sive Susanna et Gamma, tragœdiæ, auct. Mich. Hoyero. *Tornaci*, 1631, in-12, 1 vol.

2176. Selectæ P. P. Societatis Jesu tragœdiæ. *Antuerpiæ*, 1634, in-16, 1 vol.

2177. Même ouvrage.

2178. Hugonis Grotii tragœdiæ. *Amsterdami*, 1635, in-4°, 1 vol.

2179. Martini du Cygne e societate Jesu comœdiæ xii. *Leodii*, 1679, in-16, 1 vol.

2180. Ludus poeticæ veridicus, sive dissertationes dramaticæ piæ juxta ac lepidæ. *Insulis*, 1683, in-12, 1 vol.

THÉATRE FRANÇAIS

Histoire du théâtre

2181. Histoire de la comédie et de l'opéra. *Paris*, 1697, in-16, 1 vol.

2182. Bibliothèque des théâtres, contenant le catalogue alphabétique des pièces dramatiques, Opéra, Parodies, et Opéra comiques, par Maupoint. *Paris*, 1733, in-8°, 1 vol.

2183. Recherches sur les théâtres de France, depuis l'an 1161, par de Beauchamps. *Paris*, 1735, in-4°, 1 vol.

2184. Histoire du théâtre français, depuis son origine jusqu'à présent. *Paris*, 1745, in-12, 15 vol.

2185. Histoire de l'ancien théâtre Italien. etc. *Paris*, 1753, in-12, 1 vol.

2186. Bibliothèque du théâtre françois, depuis son origine. *Dresde*, 1768, in-12, 3 vol.

2187. Les trois théâtres de Paris, par M. des Essarts. *Paris*, 1777, in-8°, 1 vol.

2188. L'opéra Italien de 1848 à 1856, par Castil-Blaze. *Paris*, 1856, in-8°, 1 vol.

2189. Le théâtre révolutionnaire (1788-1799), par E. Jauffret. *Paris*, 1869, in-12, 1 vol.

2190. Le théâtre de la Révolution, 1789-1799, avec documents inédits, par Welschinger. *Paris*, 1880, in-12, 1 vol.

2191. Mémoires de Samson de la comédie française. *Paris*, 1882, in-18, 1 vol.

Recueils de pièces

2192. Le théâtre Italien, ou le recueil de toutes les scènes françaises, jouées par les comédiens Italiens du Roi. *Paris,*1694, in-12, 1 vol.

2193. Le théâtre Italien de Ghérahdi, ou recueil général de toutes les comédies, jouées par les comédiens Italiens du Roi. *Paris,* 1717, in-12, 6 vol.
(Manque le 1er vol.)

2194. Recueil de tragédies diverses. *Paris,* 1724, in-8°, 3 vol.

2195. Théâtre François, ou recueil des meilleures pièces de théâtres. *Paris,* 1737, in-12, 12 vol.

2196. Pièces de théâtre. *Paris,* 1739, in-8°, 3 vol.

2197. Recueil de tragédies. *Paris,* 1749, in-12, 1 vol.

2198. Recueil de pièces de théâtre. *Paris,* 1751, in-12, 1 vol.

2199. Le nouveau théâtre Italien, ou recueil général des comédies représentées par les comédiens italiens ordinaires du Roi. *Paris,* 1753, in-12, 10 vol.

2200. Recueil de pièces de théâtre. *Paris,* 1758, in-12, 1 vol.

2201. Répertoire du théâtre françois, par M. Petitot. *Paris,* 1803, in-8°, 23 vol.
(Manque le 10e vol.)

2202. Théâtre de Clara Gazul, par Prosper Mérimée. *Paris,* 1842, in-12, 1 vol.

2203. Recueil de diverses tragédies. In-8°, 1 vol.

2204. Recueil de diverses pièces de théâtre. In-8°, 1 vol.

2205. Recueil de pièces de théâtre. In-12, 1 vol.

OEuvres dramatiques rangées chronologiquement

2206. Mystères inédits du XVe siècle, par Achille Jubinal. *Paris,* 1837, in-8°, 2 vol.

2207. Composition mise en scène et représentation du mystère des Trois Doms joué à Romans, 1509, d'après un manuscrit publié, par M. Giraud. *Lyon,* 1858, in-4°, 1 vol.

2208. Les tragédies de Robert Garnier. *Lyon,* 1592, in-12, 1vol.

2209. Le théâtre d'Alexandre Hardy. *Paris,* 1624, in-12, 1 vol.

2210. OEuvres de Jean Rotrou. *Paris,* 1820, in-8°, 5 vol.

2211. La mort de César, tragédie par M. de Scudery. *Paris,* 1637, in-4°, 1 vol.

2212. Poëmes dramatiques de T. Corneille. *Paris,* 1682, in-12, 5 vol.

2213. Le théatre de P. Corneille, revu et corrigé par l'auteur. *Paris,* 1692, in-12, 5 vol.

2214. Poëmes dramatiques de Th. Corneille. *Paris,* 1692, in-12, 5 vol.

2215. OEuvres diverses de Pierre Corneille. *Amsterdam,* 1740, in-12, 1 vol.

2216. Le théâtre de P. Corneille. *Paris,* 1747, in-12, 6 vol.

2217. Même ouvrage.

2218. OEuvres de P. Corneille. *Paris,* 1752, in-12, 10 vol.

2219. Théâtre de Pierre Corneille. *Genève,* 1774, in-4°. 8 vol.

2220. OEuvres de Pierre Corneille, avec les notes de tous les commentateurs. *Paris*, 1854, in-8°, 12 vol.

2221. OEuvres de P. Corneille, nouvelle édition revue sur les plus anciennes impressions et les autographes, par M. Ch. Marty-Laveaux. avec album. *Paris*, 1862, in-8°, 12 vol.

2222. Rodogune, tragi-comédie de P. Corneille. *Paris*, 1646, in-4°, 1 vol.

2223. Commentaires sur le théâtre de Pierre Corneille, et autres morceaux intéressants ...., 1764, in-12, 3 vol.

2224. Poèmes dramatiques de Thomas Corneille. *Paris*, 1722, in-12, 5 vol.

2225. OEuvres de Molière. *Paris*, 1739, in-12, 8 vol.

2226. OEuvres de Molière, par M. Petitot. *Paris*, 1820, in-8°, 6 vol.

2227. OEuvres de Molière, nouvelle édition, revue sur les plus anciennes impressions et augmentée de variantes, de notices, de notes etc., par MM. Eugène Despois et Paul Mesnard. *Paris*, 1875, in-8°, 10 vol.

2228. L'Avare, comédie de Molière en 5 actes, mise en vers par A. Maloin. *Paris*, 1859, in-8°, 1 vol.

2229. OEuvres de J. Racine. *Bruxelles*, 1700, in-16, 2 vol.

2230. OEuvres de J. Racine. *Paris*, 1702, in-12, 2 vol.

2231. OEuvres de Jean Racine. *Paris*, 1736, in-12, 2 vol.

2232. OEuvres de Jean Racine. *Paris*, 1750, in-16, 3 vol.

2233. OEuvres de Jean Racine (avec figures). *Amsterdam*, 1754, in-12, 3 vol.

2234. OEuvres de J. Racine. *Paris*, 1755, in-12, 3 vol.

2235. OEuvres de Jean Racine, avec des commentaires par Luneau de Boisjermain. *Paris*, 1768, in-8°, 7 vol.

2236. OEuvres de J. Racine, nouvelle édition revue sur les plus anciennes impressions et les autographes, par M. Paul Mesnard, avec album et musique. *Paris*, 1885, in-8°, 8 vol.

2237. Athalie, tragédie tirée de l'Écriture Sainte, par J. Racine. *Paris*, 1691, in-4°, 1 vol.

2238. Les œuvres de M. Pradon, divisées en deux tomes. *Paris*, 1744, in-12, 2 vol.

2239. Pièces de théâtre de La Fontaine. *La Haye*, 1702, in-12, 1 vol.

2240. Le Florentin, comédie par M. de La Fontaine. .... in-12, 1 vol.

2241. OEuvres de Campistron. *Paris*, 1739, in-12, 2 vol.

2242. Les œuvres de Regnard. (6e édition). *Bruxelles*, 1840, in-12, 1 vol.

2243. Même ouvrage.

2244. OEuvres de Regnard. *Paris*, 1778, in-12, 4 vol.

2245. OEuvres complètes de Regnard. *Paris*, 1790, in-8°, 6 vol.

2246. Même ouvrage.

2247. Le Distrait, comédie de Regnard. *Paris*, 1698, in-12, 1 vol.

2248. La Sérénade, comédie de Regnard. *Paris*, 1695, in-12, 1 vol.

2249. Le Retour imprévu, comédie de Regnard. *Paris*, 1700, in-12, 1 vol.

2250. Démocrite, comédie de Regnard. *Paris*, 1700, in-12, 1 vol.

2251. Catilina, tragédie par De Crébillon. *Paris*, 1749, in-12, 1 vol.

2252. Le Tambour nocturne, ou le mari devin, par Destouches. *Paris*, 1765, in-12, 1 vol.

2253. La Mélize, pastorale comique, par du Rocher. *Paris*, 1640, in-8°, 1 vol.

2254. Coriolan, tragédie, par ABEILLE. *Paris*, 1676, in-12, 1 vol.

2255. OEuvres de Monsieur HAUTEROCHE. *La Haye*, 1683, in-18, 1 vol.

2256. Cornélie, mère des Gracques, tragédie, par Mlle BARBIER. *Paris*, 1703, in-12, 1 vol.

2257. Tomyris tragédie, par Mlle BARBIER. *Paris*, 1707, in-12, 1 vol.

2258. Les tragédies et autres poésies de Mlle M. A. BARBIER. *Leide*, 1719, in-12, 1 vol.

2259. OEdipe, tragédie, Thémistocle, tragédie, par L. P. F. J. (le Père FOLLARD). *Paris*, 1722, in-8°, 1 vol.

2260. La farce de Maistre Pierre Pathelin, avec son testament à quatre personnages. *Paris*, 1723, in-12, 1 vol.

2261. Les œuvres de théâtre de M. DE LA MOTTE. *Paris*, 1730, in-8°, 2 vol.

2262. Les Amazones révoltées, roman moderne, comédie en cinq actes, par Don Luis LE MAINGRE DE BOUCIQUAULT. *Rotterdam*, 1730, in-12, 1 vol.

2263. Théâtre de Messieurs DE MONTFLEURY, père et fils. *Paris*, 1739, in-8°, 3 vol.

2264. L'Avocat Patelin, comédie en 3 actes de M. BRUEYS. *Paris*, 1760, in-12, 1 vol.

2265. Germanicus. Tragédie par A. V. ARNAULT. *Bruxelles*, 1717, in 8°, 1 vol.

2266. Le théâtre de Monsieur BARON. *Amsterdam*, 1736, in-12, 2 vol.

2267. Le Legs, comédie en un acte, en prose, par DE MARIVAUX. *Paris*, 1740, in-12, 1 vol.

2268. Didon, tragédie, par LEFRANC POMPIGNAN. *Paris*, 1746, in-8°, 1 vol.

2269. Alzaïde, tragédie, par LINANT. *Paris*, 1746, in-8°, 1 vol.

2270. OEuvres de Mr RIVIÈRE DU FRESNY. *Paris*, 1747, in-12, 2 vol.

TOME IV.

2271. VOLTAIRE. Tragédies diverses. *Paris*, 1749, in-12, 1 vol.

2272. Théâtre de M. DANCHET. *Paris*, 1751, in-12, 4 vol.

2273. La nouvelle école des femmes, par DE MOISSY. comédie en 3 actes et en prose. *Paris*, 1758, in-12, 1 vol.

2274. Les Caquets, comédie en trois actes et en prose, par RICCOBONI. *Paris*, 1761, in-8°, 1 vol.

2275. Théâtre et œuvres diverses de M. PANNARD. *Paris*, 1763, in-12, 4 vol.

2276. Les Mœurs du temps, comédie en un acte et en prose, par SAURIN. *Paris*, 1764, in-8°, 1 vol.

2277. La jeune Indienne, comédie en un acte et en vers, par DE CHAMFORT. *Paris*, 1764, in-8°, 1 vol.

2278. Le Siège de Calais. Tragédie par M. DE BELLOY. *Paris*, 1765, in-8°, 1 vol.

2279. Le Tableau parlant, comédie-parade, par ANSEAUME. *Paris*, 1769, in-8°, 1 vol.

2280. Opuscules dramatiques par DE SACY. *Paris*, 1778, in-8°, 2 vol.

2281. Théâtre de M. CAILHAVA. *Paris*, 1781, in-8°, 4 vol.

2282. Mon bonnet de nuit, par M. MERCIER. *Neufchatel*, 1784, in-8°, 1 vol.

2283. La folle journée, ou le mariage de Figaro, comédie en 5 actes, BEAUMARCHAIS. *Kell*, 1785, in-8°, 1 vol.

2284. Charles IX ou l'école des Rois, tragédie par Marie-Joseph CHÉNIER. *Paris*, 1790, in-8°, 1 vol.

2285. Les Infidèles fidèles, fable boscagère de l'invention du pasteur Calianthe. *Paris*, 1603, in-12, 1 vol.

2286. Europe, comédie-héroïque. *Paris*, 1643, in-12, 1 vol.

2287. Les Enlèvements, comédie. *Paris*, 1686, in-12, 1 vol.

7

2288. Adam et Eve, tragédie nouvelle ; imitée de Milton. *Amsterdam*, 1742, in-8°, 1 vol.

2289. L'Amant auteur et valet, comédie en 1 acte. *Paris*, 1755, in-12, 1 vol.

2290. Le Somnambule, comédie. *Paris*, 1768, in-8°, 1 vol.

2291. Le Flatteur, comédie en cinq actes, par Etienne Gosse. *Paris*, 1820, in-8°, 1 vol.

2292. OEuvres de Madame la baronne DE STAEL. (Essais dramatiques). *Paris*, 1821, in-8°, 3 vol.

2293. OEuvres complètes de G. Legouvé. *Paris*, 1826, in-8., 3 vol.

2294. Théâtre de Casimir Delavigne. *Paris*, 1840, in-12, 3 vol.

2295. Victor Hugo. Théâtre. *Paris*, 1841, in-8°, 2 vol.

2296. Victor Hugo. Cromwell. *Paris*, 1842, in-12, 1 vol.

2297. Ma liberté, ou les artistes convalescents, comédie-vaudeville en 3 actes, par A. Couppy. *Valenciennes*, 1850, in-8°, 1 vol.

2298. Sujets dramatiques par Boucher de Perthes. *Paris*, in-12, 2 vol.

2299. Les Spectacles de la foire, par Emile Campardon. *Paris*, 1877, in-8°, 2 vol.

2300. OEuvres de MM. Alfred, Gustave et Jules de Wailly. Théâtre. *Paris*, 1874, in-12, 2 vol.

2301. Edouard Plouvier. Recueil de pièces de théâtre, grand in-8°, 1 vol.

2302. Edouard Plouvier. Théâtre. *Paris*, in-12, 4 vol.

2303. A. d'Ennery et Jules Verne. Les voyages au théâtre. *Paris*, in-8°, 1 vol.

2304. Théâtre de François Coppée. *Paris*, 1886, in-16, 3 vol.

2305. Théâtre complet de Emile Augier. *Paris*, 1886, in-12, 7 vol.

Pièces en patois

2306. Satyre d'un curé Picard sur les vérités du temps. *Avignon*, 1754, in-12, 1 vol.

2307. Buez ar Pèvar Mab Emon, duc d'ordon, laget e form un dragédi, ha reiset en urz gant. A. L. M. L. E. Montroulez. 1838, in-12, 1 vol.

OPÉRAS

(Voir sciences et arts, n° 4123).

2308. Polydore, tragédie, par Pellegrin. *Paris*, 1706, in-12, 2 vol.

2309. Issé, Pastorale héroïque, par M. Destouches. *Paris*, 1724, in-fol., 1 vol.

2310. Le théâtre de M. Quinault. *Paris*, 1739, in-12, 5 vol.

Théâtre des collèges

2311. Germanicus, tragédie latine, sera représentée sur le théâtre du collège de la compagnie de Jésus pour la distribution des prix... *Arras*, 1729, in-4°, plaquette.

2312. Isaac ou le sacrifice d'Abraham, tragédie, sera représentée par les écoliers du collège des pères de la compagnie de Jésus, à la distribution des prix.. *Arras*, 1735, in-4°, plaquette.

2313. Ernest Boysse. Le théâtre des Jésuites. *Paris*, 1880, in-12, 1 vol.

Théâtres étrangers

2314. Chefs-d'œuvre des théâtres étrangers, Allemand, Anglais, Chinois, Danois, Espagnol, Hollandais, Indien, Italien, Polonais, Portugais, Russe, Suédois ; traduits en français, par MM. *Aignan, Andrieux, de Barante, Berr, Bertrand, Campenon, B. Constant, Chatelain, Cohen, A. Denis, F. Denis, Esménard, Guizard, Guizot, La Beaumelle, Lebrun, Malte-Brun, Mennéchet, Merville, Nodier, Pichot, A. Rémusat, Ch. de Rémusat, de Saint-Aulaire, de Saint-Priest, Saladin, de Stael, Trognon. Villemain, Vincens de Saint-Laurent, Visconti. Paris*, 1822-29, in-8°, 25 vol.

Cette collection se compose ainsi qu'il suit :

THEATRE ALLEMAND. — *Goethe, Werner, Mullner, Lessing et Kotzbue.* 5 vol.

THEATRE ANGLAIS. — *Tobin, Sheridan, Cumberland, Rowe, Otway, Dodsley, Home, Bickerstaff, Beaumont et Flechter, Burgoyne, Thomson, Goldsmith, Johnson, Wicherley et Farquhar.* 5 vol.

THEATRE ESPAGNOL. — *Lope de Vega, Calderon, Moratin, Torres Naharro, Cervantès Saavedra, Guillem de Castro.* 6 vol.

THEATRE HOLLANDAIS. — *Hooft, Vondel, et Langendyk.* 1 vol.

THEATRE ITALIEN. — *Monti, Ugo Foscolo, H. Pindemonte, S. Pellico, Ai. Manzoni, J. Giraud, de Rossi, Nota, Federici, Goldoni.* 3 vol.

THEATRE POLONAIS. — *Felinsky, Wensyk, Niemcqwitz, Oginsky, Mowinski et Kochanowsky.* 1 vol.

THEATRE PORTUGAIS. — *Tomès, Pimenta de Aguiar et Jozé.* 1 vol.

THEATRE RUSSE. — *Ozerof, Jon-Vizine, Krilof et Schakofskoi.* 1 vol.

THEATRE SUÉDOIS. — *Lëopold, Gyllenborg, Lindegren.* 1 vol.

Les théâtres Chinois, Danois, Indien n'ont pas paru.

Théâtre italien

2315. Le Berger fidelle, traduit de l'italien de GUARINI, en vers françois. *Lyon*, 1707, in-12, 1 vol.

2316. Drammi di Pietro METASTASIO. *Pirenze*, 1825, in-32, 5 vol.

2317. Tragedie di Vittorio ALFIERI. *Pisa*, 1826, in-8°, 1 vol.

2318. Tragedie e vita di Vittorio ALFIERI, volume unico preceduto da un ragionamento storico-critico del prof. Silvestro CENTOFANTI. *Firenze*, 1842, in-8°, 1 vol.

2319. Opere scelte di Ugo Foscolo. *Parigi*, 1837, in-8°, 1 vol.

2320. Opere scelte di Silvio Pellico. *Parigi*, 1837, in-8°, 1 vol.

Théâtre espagnol

2321. La doleria del sueno del mundo comedia, tratada por via de Philosoph. moral. *Paris*, 1614, in-12, 1 vol.

2322. Théâtre espagnol. *Paris*, 1770, in-12, 4 vol.

2323. Tesoro del theatro espanol por Don Eugenio de Ochoa. *Paris*, 1838, in-8°, 6 vol.

Théâtre anglais

2324. Le théâtre anglois. *Londres*, 1746, in-12, 8 vol.

2325. Lettres sur le théâtre anglois, avec une traduction de l'Avare, comédie de Shadwell, et de la Femme de campagne, comédie de Wicherley. 1752, in-12, 2 vol.

2326. OEuvres complètes de Shakspeare, traduites de l'anglais par Letourneur. *Paris*, 1821, in-8°, 13 vol.

2327. Chefs-d'œuvre de Shakspeare, traduits en français. *Paris*, 1826, in-8°, 2 vol.

2328. OEuvres complètes de William Shakspeare, (texte anglais). *Paris*, 1844, in-4°, 2 vol.

Théâtre allemand et danois

2329. Les Chérusques, tragédie tirée du théâtre allemand, par Bauvier. *Paris*, 1773, in-8°, 1 vol.

2330. OEuvres dramatiques de Schiller. *Paris*, 1821, in-8°, 6 vol.

Voir les œuvres complètes de Gœthe et de Schiller aux polygraphes.

2331. Louis Holberg. Le théâtre Danois. *Copenhague*, 1746, in-12, 1 vol.

Fables et apologues

2332. Æsopi Phrygis fabellæ (græce et latine). *Basileæ*, 1534, in-8°, 1 vol.

2333. Æsopi Phrygis fabulæ (græce et latine). *Basileæ*, 1538, in-4°, 1 vol.

2334. Æsopi fabulæ. *Antuerpiæ*, 1542, in-12, 1 vol.

2335. Æsopi Phrygis et aliorum fabulæ. *Lugduni*, 1548, in-12, 1 vol.

2336. Æsopi Phrygis fabulæ, (græce et latine). *Parisiis*, 1623, in-32, 1 vol.

2337. Æsopi fabulæ gallicæ, latinæ, græcæ, per J. Meslier. *Parisiis*, 1629, in-8°, 1 vol.

2338. Les fables d'Esope Phrygien, par J. Baudoin. *Rouen*, 1660, in-12, 1 vol.

2339. Æsopi et aliorum fabulæ. *Antuerpiæ*, 1665, in-18, 1 vol.

2340. Les fables d'Esope Phrygien, avec celles de Philelphe, par De Bellegarde. *Amsterdam*, 1709, in-12, 2 vol. en un seul.

2341. Recueil. Æsopi fabulæ, Luciani dialogi ; Isocratis orationes duæ. *Edinburgi*, 1747, in-12, 1 vol.

2342. Gabr. Faerni fabulæ centum. *Patavii*, 1718, in-4°, 1 vol.

2343. Fables choisies, mises en vers par M. de la Fontaine. *Amsterdam*, 1693, in-12, 1 vol.

2344. Fables choisies, mises en vers par J. de la Fontaine. *Paris*, 1765, in-8°, 6 vol.

2345. Fabulæ selectæ Fontanii, e gallico in latinum sermonem conversæ, auct. J. B. Giraud. *Rothomagi*, 1775, in-12, 2 vol.

2346. Même ouvrage.

2347. Fables de La Fontaine. *Paris*, 1832, in-8°, 2 vol.

2348. Contes et fables de Le Noble. *Amsterdam*, 1700, in-12, 1 vol.

2349. Fables nouvelles, par M. de la Motte. *Paris*, 1719, in-12, 1 vol.

2350. La fable des abeilles, ou les fripons devenus honnêtes gens (traduit de l'anglais). *Londres*, 1740, in-12, 2 vol.

2351. Recueil de fables nouvelles d'Ardene. *Paris*, 1747, in-8°, 1 vol.

2352. Fables nouvelles, mises en vers, par M. Richer. , *Paris*, 1748, in-16, 1 vol.

2353. Fables nouvelles, par M. Grozelier. *Paris*, 1760, in-16, 1 vol.

2354. Fables nouvelles, par l'abbé Aubert. *Paris*, 1773, in-16, 1 vol.

2355. Fables, par Etienne Gosse. *Paris*, 1818, in-12, 1 vol.

2356. Fables russes tirées du recueil de M. Kriloff, publiées par le comte Orloff. *Paris*, 1825, in-8°, 2 vol.

2357. Fables, par le baron de Stassart. *Paris*, 1847, in-12, 1 vol.

2358. Fables, contes et autres poésies, par Val. Derbigny. *Paris*, 1853, in-8°, 1 vol.

CINQUIÈME CLASSE

ROMANS ET CONTES

Histoire et critique

2359. Entretien sur les romans, par l'abbé JACQUIN. *Paris*, 1755, in-12, 1 vol.

2360. Traité de l'origine des romans, par HUET, Evêque d'Avranches. *Paris*, an VII, in-12, 1 vol.

2361. Vte E. M. de Vogüé. Le roman Russe. *Paris*, 1788, in-18, 1 vol.

Romans grecs

2362. HELIODORI OEthiopicæ historiæ libri decem è græco sermone in latinum translati. *Basileæ*, 1552, in-fol., 1 vol.

2363. Histoire Æthiopique de Heliodorus. *Lyon*, 1589, in-16, 1 vol.

2364. HELIODORI Æthiopiorum libri X. *Lugduni*, 1640, in-12, 1 vol.

2365. Les Ephésiaques de XÉNOPHON Ephésien, ou les amours d'Anthie et d'Abrocomas, traduits en françois. *Paris*, 1736, in-12, 1 vol.

3366. Histoire Ethiopique d'HÉLIODORE, ou les amours de Théogène et Chariclée, traduction d'AMYOT. *Paris*, 1822, in-8°, 2 vol.

2367. ACHILLIS TATII libri VIII, de Clitophontis et Leucippes amoribus. LONGI sophistæ de Daphnidis et Chloes amoribus libri IV. 1601, in-8°, 1 vol.

2368. ACHILLE TAZIO. Alessandrino dell' amore di Clitofonte e Leucippe. *In Fiorenza*, 1617, in-12, 1 vol.

2369. ACHILLIS TATII Alexandrini de Clitophontis et Leucippes amoribus libri VIII. *Lipsiæ*, 1776, in-8°, 1 vol.

2370. Les Pastorales de LONGUS, ou Daphnis et Cloé, traduction d'AMYOT. *Paris*, 1821, in-8°, 1 vol.

2371. CHARITONIS Aphrodiensis amatoriarum narrationum de Chæreâ et Callirrhoë libri VIII. *Amstelodami*, 1750, in-4°. 1 vol.

2372. XENOPHONTIS Ephesii de Anthia et Habrocome Ephesiacorum libri V. *Vindobonæ*, 1796, in-4°, 1 vol.

Romans latins anciens

2373. T. PETRONII satyricon. *Lugduni*, 1618, in-16, 1 vol.

2374. PETRONII Arbitri satyricon, ejusdemque fragmenta, illustrata hac nova editione J. BOURDELOTII notis criticis et glossario Petroniano. *Lugduni Batavorum*, 1645, in-16, 1 vol.

2375. Le PÉTRONE en vers, traduction nouvelle. *Paris*, 1667, in-12, 1 vol.

2376. Traduction de plusieurs pièces tirées de PÉTRONE, par NODOT. *Paris,1694*, in-12, 1 vol.

2377. Satyre de PÉTRONE, par DE BOISPRÉAUX. *La Haye*, 1742, in-12, 2 vol.

2378. Titi PETRONII ARBITRI satyricon quæ supersunt, cum integris doctorum virorum commentariis. *Amstelædami*, 1743, in-4°, 2 vol.

2379. PÉTRONE, latin et français, suivant le manuscrit trouvé à Belgrade en 1688, avec plusieurs remarques, par NODOT. 1713, in-12, 2 vol.

2380. Même ouvrage.

2381. APULEIUS. Metamorphoseos, sive lusus Asini libri XI. *Venetiis*, 1521, in-12, 1 vol.

2282. APULEII metamorphoseos, sive lusus asini libri XI. Floridorum III. De deo Socratis I. De philosophia I. Asclepius TRISMEGISTI dialogus, eodem APULEIO interprete, ejusdem APULEII liber de dogmatis Platonicis, etc. *Venise*, 1524, in-12, 1 vol.

2383. Philip. BEROALDI in Asinum aureum L. APULEI commentaria. *Lutetiæ*, 1512, in-fol., 1 vol.

2384. G. STEWECHL HEUSDANI in L. APULEI opera omnia quæstiones et conjecturæ. *Antuerpiæ*, 1586, in-12, 1 vol.

2385. L'Asne d'or, ou les Métamorphoses de L. APULÉE, philosophe platonique. *Paris*, 1612, in-12, 1 vol.

2386. L. APULEII monimenta. *Basileæ*, 1633, in-18, 1 vol.

2387. Les Métamorphoses, ou l'Ane d'or d'APULÉE, philosophe platonicien. *Paris*, 1787, in-8°, 2 vol.

2388. Même ouvrage.

Romans latins modernes

2389. Les satyres d'Euphormion de Lusine, composées en langue latine, par Jean BARCLAY et mises en français. *Paris*, 1625, in-12, 1 vol.

2390. Joan. BARCLAII Argenis. *Lugd. Batav.*, 1630, in-12, 1 vol.

2391. Même ouvrage.

2392. L'Argenide di Giovani BARCLAIO, tradotta da Carl'Antonio COCASTELLO. *In Torino*, 1630, in-8°, 1 vol.

2393. L'Argenis de Jean BARCLAY. *Paris*, 1632, in-8°, 1 vol.

2394. Joan. BARCLAII Argenis. *Lugd. Batav.*, 1664, in-8°, 2 vol.

2395. Joan. BARCLAII Satyricon. *Lugd. Batav.*, 1674, in-8°, 1 vol.

2396. Gyges Gallus. Petro FIRMIANO authore. Accessere Somnia Sapientis. *Parisiis*, 1658, in-4°, 1 vol.

Romans arabes et indiens

2397. Les mille et une nuits, contes arabes par GALLAND. Accompagnés de notes et d'un essai historique sur les mille et une nuits, par A. LOISELEUR DESLONGCHAMPS. *Paris*, 1838, in-8°, 1 vol.

2398. Histoire de Calife le pêcheur, et du calife Haroun-er-Rechid, conte inédit des mille et une nuits, par CLERMONT-GANNEAU. *Jérusalem*, 1869, in-8°, 1 vol.

2399. Contes indiens du Brésil, recueillis par le général CONTO DE MAGALHAES, et traduits par Emile ALLAIN. *Rio de Janeiro*, 1883, in-12, 1 broch.

Romans espagnols

2400. Fernando de ROJAS. Celestina tragicomedia de Calisto et Melibea, tradotta de lingua Castigliana. 1541, in-12, 1 vol.

2401. La Célestine, tragi-comédie de Calixte et Mélibée, traduction par Germont DE LAVIGNE. *Paris*, 1841, in-12, 1 vol.

2402. Amadis de Gaule. (Vasco de LOBEIRA). *Lyon*, 1577, in-18, 2 vol.

2403. Das ander buch der hystorien, Amadis autz Francfreich. *Francfurt*, 1570, in-12, 2 vol.

2404. Trésor et recueil des harangues, épistres, etc, du XXI livre d'Amadis de Gaule. *Lyon*, 1582, in-18, 1 vol.

2405. El cavallero determinado, traduzido de lengua francesa en castellana por Don Hernando DE ACUNA. *Anvers*, 1591, in 8°, 1 vol.

2406. Franc. DE UBEDA. De entretenimiento de la Picara-Justina. *En Brusellas*, 1608, in-12, 1 vol.

2407. Lazarille de Tormés, por Diego HURTADO DE MENDOZA. *Paris*, 1678, in-12, 2 vol.

2408. La vie de Gusman d'Alfarache, traduit de l'espagnol de Matho ALEMAN, par LESAGE. *Paris*, 1696, in-12, 3 vol.

2409. La vie de Guzman d'Alfarache, par LESAGE. *Amsterdam*, 1728, in-12, 3 vol.

2410. Le Héros, traduit de l'espagnol de Baltazar GRACIAN. *Paris*, 1725, in-8°, 1 vol.

2411. Histoire de l'admirable Don Quichotte de la Manche, traduite de l'espagnol de Michel DE CERVANTES. *Francfort*, 1750, in-12, 6 vol.

2412. Histoire de l'admirable Don Quichotte de la Manche, traduite de l'espagnol de Michel DE CERVANTES. *Paris*, 1754, in-8°, 6 vol.

2413. Obras de Miguel DE CERVANTES SAAVEDRA. *Paris*, 1841, in-8°, 4 vol.

2414. Obras escogidas de D. F. DE QUEVEDO. *Paris*, 1842, in-8°, 1 vol.

2415. Le Damoiseau de Don Henri-le-Dolent, traduit de l'espagnol par Marcel MARS. *Chateauroux*, 1865, in-8°, 1 vol.

Romans et contes italiens

2416. Historia del cavaliere Palmerino d'Oliva. *Venetiis*, 1543, in-12, 1 vol.

2417. PRIMA LEONE nel quale si narra l'historia de suoi malorosi fatti et di Polendo suo fratello. *In Vinegia*, 1548, in-12, 1 vol.

2418. Le Philocope de Jean BOCCACE. *Paris*, 1575, in-18, 1 vol.

2419. Traité des mésadventures de personnages signalés, traduit du latin de BOCCACE. *Paris*, 1578, in-12, 1 vol.

2420. Contes et nouvelles de BOCCACE. *Cologne*, 1732, in-12, 2 vol.

2421. Il Decameron di M. Giovani BOCCACCIO. *Londra*, 1757, in-8°, 5 vol.

2422. Johannis Boccacii de casibus illustrium virorum libri novem, quum historiis adfatim cognoscendis tum præclare instituendis hominum moribus longe utilissimi. In-4°. 1 vol.

2423. Histoires tragiques, extraites des œuvres italiennes de Bandello. *Paris*, 1580, in-18, 7 vol.

2424. Le tableau des riches inventions, qui sont représentées dans le songe de Poliphile (Franc. Colonna), par Béroalde de Verville. *Paris*, 1600, in-4°, 1 vol.

2425. Les facécieuses nuits du Seigneur Jean-François Straparole, traduites d'italien, par Jean Louveau. *Rouen*, 1601, in-18, 2 vol.

2426. La prima e la seconda Cena. Novelle di Anton. Francesco Grazzini. *In Londra*, 1756, in-12, 1 vol.

2427. Le comte de Carmagnola et Adelghis, traduit de l'italien, par Fauriel. *Paris*, 1823, in-8°, 1 vol.

2428. I promessi sposi scoperta e rifata da Alessandro Manzoni. *Parigi*, 1842, in-8°, 1 vol.

2429. Les Fiancés, par Alex. Manzoni. *Paris*, 1842, in-12, 1 vol.

Romans allemands

2430. Werther, par Goethe, traduction de M. P. Leroux. *Paris*, 1841, in-12, 1 vol.

Romans anglais

2431. La vie et les aventures surprenantes de Robinson Crusoé. Daniel de Foé. *Amsterdam*, 1724, in-8°, 3 vol.

2432. Histoire des passions, ou aventures du chevalier Shroop (traduit de l'anglais). *La Haye*, 1751, in-12, 2 vol. en un seul.

2433. Le Conte du tonneau, par Jonatham Swift. *Lausanne*, 1742, in-12, 2 vol.

2434. Le procès sans fin, ou l'histoire de John Bull, par le docteur Swift. *Londres*, 1723, in-12, 1 vol.

2435. L'Abbaye, ou le Château de Barford, imité de l'anglais de Miss. Munific, par J. P. Fresnay. *Londres*, 1769, in-12, 2 vol.

2436. Voyage sentimental, par M. Sterne, traduit de l'anglais, par M. Frénais. *Strasbourg*, 1790, in-8°, 1 vol.

2437. OEuvres complètes de Sir Walter Scott, traduction nouvelle. *Paris*, 1828, in-12, 84 vol.

2438. Select novels of Sir Walter Scott. *Paris*, 1840, in-8°, 1 vol.

2439. OEuvres de Fenimore Cooper. Traduction de M. Defaucompret. *Paris*, 1830, in-8°, 28 vol.

2440. J. Fenimore Cooper. Le Cratère, ou Marc dans son île. *Paris*, 1852, in-8°, 1 vol.

2441. J. Fenimore Cooper. Les mœurs du jour. *Paris*, 1852, in-8°, 1 vol.

2442. The vicar of Wakefield by Olivier Goldsmith. *Paris*, 1836, in-12, 2 vol.

2443. Le vicaire de Wakefield, par Olivier Goldsmith. *Paris*, 1839, in-12, 1 vol.

2444. Histoire de Rasselas, prince d'Abyssinie, conte par Samuel Johnson. *Paris*, 1840, in-12, 1 vol.

2445. Tom Jones, ou l'enfant trouvé, par Fielding. *Paris*, 1841, in-12, 1 vol.

2446. Simple histoire, par Miss Inchbald. *Paris*, 1842, in-12, 1 vol.

2447. Vie et opinions de Tristram Shandy, par STERNE. *Paris*, 1842, in-12, 1 vol.

2448. The works of Laurence STERNE. *London*, 1845, in-8°, 1 vol.

2449. Contes populaires de la Grande-Bre-tagne, par Louis BRUEYRE. *Paris*, 1875, in-8°, 1 vol.

2450. Le Kalevala, épopée nationale de la Finlande et des peuples Finnois, traduit de l'idiôme original, par L. LÉOUZON LE DUC. *Paris*, 1879, in-8°, 1 vol.

ROMANS FRANÇAIS

Romans épiques

2451. Les nobles prouesses et vaillances de Galien restauré, fils du noble Olivier le marquis, et de la belle Jaqueline, fille du roy Hugon, Empereur de Constanti-nople. 1593, in-4°, 1 vol. Il manque un feuillet.

2452. L'histoire du palais de la félicité, par Fr. DE ROSSET. *Paris*, 1616, in-4°, 1 vol.

2453. Histoire celtique, où sous les noms d'Amindorix et de Célanire sont compri-ses les actions de nos Roys, et les diver-ses fortunes de la Gaule et de la France. *Paris*, 1634, in-12, 1 vol.

2454. Les avantures d'Aristonoüs et de Télémaque, par DE FÉNELON. *La Haye*, 1699, in-16, 2 vol.

2455. Les aventures de Télémaque, fils d'Ulysse, par FÉNELON. *La Haye*, 1700, in-12, 2 vol.

2456. Les avantures de Télémaque, par M. DE FÉNELON. *Paris*, 1717, in-12, 2 vol.

2457. Les avantures de Télémaque, par M. DE FÉNELON. *Paris*, 1729, in-12, 2 vol.

2458. Les avantures de Télémaque, par DE FÉNELON. *Paris*, 1740, in-12, 2 vol.

2459. Les aventures de Télémaque, par FÉNELON. *Paris*, 1775, in-12, 2 vol.

2460. Les aventures de Télémaque, par FÉNELON. *Paris*, 1798, in-18, 2 vol.

2461. Les amours de Psyché et de Cupi-don, par DE LA FONTAINE. *La Haye*, 1714, in-12, 1 vol.

2462. Les amours de Psyché et de Cupi-don, par LA FONTAINE. *Paris*, 1795, in-4°, 1 vol.

2463. L'histoire des quatre fils Aymons, très nobles et très vaillants chevaliers. *Troyes*, 1730, in-4°, 1 vol.

2464. Séthos, histoire, ou vie tirée des mo-numents anecdotes de l'ancienne Egypte, par l'Abbé TERRASSON. *Paris*, 1731, in-12, 2 vol.

2465. Hymne au soleil, suivi de plusieurs morceaux du même genre qui n'ont pas encore paru, par l'Abbé DE REYRAC. *Or-léans*, 1780, in-16, 1 vol.

2466. Atala, par M. Réné DE CHATEAU-BRIAND. *Paris*, 1805, in-12, 1 vol.

2467. Les Martyrs, ou le triomphe de la Religion chrétienne, par M. DE CHATEAU-BRIAND. *Paris*, 1809, in-8°, 2 vol.

2468. Même ouvrage.

2469. Même ouvrage.

2470. Vida del Joven René (traduit de Chateaubriand). *Valencia*, 1813, in-16, 1 vol.

2471. Le livre du très chevaleureux Comte d'Artois, et de sa femme, fille au Comte de Boulogne. *Paris*, 1837, in-4°, 1 vol.

Contes et nouvelles

2472. Roman du meunier d'Arleux, en vers, du XIII° siècle, par Enguerrand d'Oisy, publié pour la première fois, par Francisque Michel. *Paris*, 1833, in-8°, Plaquette.

2473. Le jeu de l'Esbahy des censeurs estonnez. ..... 1520, in-12, 1 vol.

2474. Cinquante jeus divers d'honnète entretien, etc., par Messer Innocent Rhinghier. *Lyon*, 1555, in-4°, 1 vol.

2475. Le printemps d'iver, contenant plusieurs histoires discourues en cinq journées, par Jacques Yver. *Paris*, 1574, in-16, 1 vol.

2476. Les neuf matinées du seigneur de Cholières. *Paris*, 1585, in 12, 1 vol.

2477. Histoires prodigieuses extraictes de plusieurs auteurs, par P. Boaistuau. *Anvers*, 1595, in-12, 1 vol.

2478. Les contes et discours d'Eutrapel, par Noel du Fail, seigneur de la Hérissaye. *Rennes*, 1598, in-12, 1 vol.

2479. Le premier livre des sérées de Guillaume Bouchet, sieur de Brocourt. *Paris*, 1608, in-12, 2 vol.

2480. Les comtes facécieux du sieur Gaulard, gentilhomme de la Franche-Comté Bourguignotte. *Paris*, 1614, in-12, 1 vol.

2481. Almanzaïde, nouvelle, par Mlle de la Roche-Guilhem. *Paris*, 1674, in-12, 1 vol.

2482. Contes et fables de Le Noble. *Amsterdam*, 1700, in-12, 2 vol.

2483. Essai du nouveau conte de ma Mère Loye, ou les enluminures du jeu de la constitution, par l'abbé Debonnaire. ..... 1722, in-8°, 1 vol.

2484. L'histoire et plaisante chronique du petit Jehan de Saintré ; de la jeune Dame des belles cousines, sans autre nom nommer, par de La Sale. *Paris*, 1724, in-12, 1 vol.

2485. Même ouvrage.

2486. Les cent nouvelles nouvelles, par Antoine de la Sale. *Cologne*, 1736, in-12, 2 vol.

2487. Les cent nouvelles nouvelles, par Leroux de Lincy. *Paris*, 1841, in-12, 1 vol.

2488. Les quinze joyes de mariage, par de La Sale. *La Haye*, 1734, in-12, 1 vol.

2489. Le Bélier, conte par Ant. Hamilton. *Paris*, 1730, in-12, 1 vol.

2490. Les Contes du sieur d'Ouville. *Amsterdam*, 1732, in-12, 1 vol.

2491. Avantures galantes, avec la feste des Tuileries, etc. *La Haye*, 1736, in-12, 1 vol.

2492. Le Renard, ou le procez des bestes. *Bruxelles*, 1739, in-12, 1 vol.

2493. Le cabinet des Fées, ou collection choisie des contes des fées et autres contes merveilleux, par Charles Joseph Meyer. *Amsterdam*, 1785, in-8°, 41 vol.

2494. Discipline de Clergie, traduction de l'ouvrage de Pierre-Alphonse, (latin français). *Paris*, 1824, in-12, 2 vol.

2495. Boucher de Perthes. Opinion de M. Christophe. *Paris*, 1831, in-12, 1 vol.

2496. BOUCHER DE PERTHES. Nouvelles. *Paris*, 1832, in-12, 1 vol.

2497. Nouvelles de Charles NODIER. *Paris*, 1840, in-12, 1 vol.

2498. Contes de Charles NODIER. *Paris*, 1841, in-12, 1 vol.

2499. L'Heptaméron, ou histoire des amants fortunés, nouvelles de la Reine MARGUERITE DE NAVARRE. Notes du Bibliophile JACOB. *Paris*, 1841, in-12, 1 vol.

2500. Edouard PLOUVIER. Contes pour les jours de pluie. *Paris*, 1853, in-12, 1 vol.

2501. La buche de Noël, par Edouard PLOUVIER. *Paris*, in-8°, 1 vol.

2502. François Coppée. Vingt contes nouveaux. *Paris*, 1883, in-12, 1 vol.

2503. François Coppée. Contes rapides. *Paris*, 1889, in-18, 1 vol.

Contes moraux

2504. Mes délassemens, ou recueil choisi de contes moraux, par Mlle M. DE MORVILLE. *Paris*, 1771, in-12, 2 vol.

2505. Variétés morales et amusantes tirées des journaux anglais. *Paris*, 1784, in-12, 2 vol.

Voyages imaginaires et merveilleux

2506. L'homme dans la lune, par Dominique GONZALÈS. *Paris*, 1648, in-12, 1 vol.

2507. L'histoire des Sevarambes, peuples de la terre Australe (par Denis VAIRASSE). *Paris*, 1682, in-18, 1 vol.

2508. Histoire des Sevarambes, peuples qui habitent une partie du troisième continent, communément appelé la terre Australe, par Denis VAIRASSE. *Amsterdam*, 1716, in-12, 1 vol.

2509. Relation du voyage du Prince de MONTBERAUD, dans l'île de Naudely. *Mérinde*, 1706, in-12, 1 vol.

2510. Voyages et aventures de Jacques MASSÉ, par TYSSOT DE PATOT. *Cologne*, 1710, in-12, 1 vol.

2511. Voyage merveilleux du prince Fanférédin, dans la Romancie, par le P. BOUGEANT. *Paris*, 1735, in-8°, 1 vol.

2512. Philoctecte, ou voyage instructif et amusant, avec des réflexions politiques, militaires et morales, par M. ANSART. *Paris*, 1737, in-12, 1 vol.

Romans mystiques

2513. Le Philaret, divisé en deux parties, par Guillaume DE REBREVIETTES. *Arras*, 1611, in-8°, 1 vol.

2514. Même ouvrage.

2515. La métamorphose du vertueux, tiré de l'italien de Laurent SELVA, et mis en français par J. BAUDOIN. *Paris*, 1611, in-12, 1 vol.

2516. Dorothée, ou la pitoyable issue d'une volonté violentée, par l'Evesque de Belley, Jean-Pierre CAMUS. *Paris*, 1621, in-8°, 1 vol.

2517. Elise, ou l'innocence coulpable, par l'Evêque de Belley. (Pierre CAMUS.) *Paris*, 1621, in-12, 1 vol.

2518. Flaminio et Colman, par Mgr de Belley, Jean-Pierre CAMUS. *Lyon*, 1626, in-12, 1 vol.

2519. Jonathas, ou le vrai ami, par l'abbé de CÉRIZIERS. *Bruxelles*, 1667, in-32, 1 vol.

2520. Voyage de deux sœurs Colombelle et Volontairette vers leur bien-aimé, par Boèce de BOLSWERT. *Liège*, 1734, in-12, 1 vol.

2521. Le pélerinage de Coulombelle et Volontairette vers leur bien-aimé dans la cité de Jérusalem, mise au jour par BOETIUS A BOLSWERT. *Liège*, 1735, iu-12, 1 vol.

Romans écrits par des femmes

2522. Artamène, ou le grand Cyrus, par Mlle DE SCUDÉRY. *Paris*, 1650, in-8°, 10 vol.

2523. La princesse de Clèves, par Madame DE LA FAYETTE. *Paris*, 1678, in-12, 1 vol.

2524. La princesse de Clèves, par Madame DE LA FAYETTE. *Paris*, 1764, in-18, 1 vol.

2525. Zayde, histoire espagnole, par DE SEGRAIS, (Madame DE LA FAYETTE). *Paris*, 1705, in-12, 2 vol.

2526. Histoire secrète de Bourgogne, par Mlle C. R. DE CAUMONT DE LA FORCE. *La Haye*, 1649, in-12, 1 vol.

2527. OEuvres de Madame de VILLE-DIEU. *Paris*, 1715, in-12, 10 vol.

2528. Les avantures, ou mémoires de la vie d'Henriette-Sylvie de Molière, par Mᵉ DE VILLE-DIEU. *Amsterdam*, 1733, in-12, 1 vol.

2529. Avantures de Don Ramire de Roxas, et de Dona Leonor de Mendoce, par Madame LEGENDRE. *Paris*, 1737, in-8°, 1 vol.

2530. Histoire et avantures de Mademoiselle DE LA ROCHETTE, par elle-même. *Leyde*, 1738, in-12, 1 vol.

2531. Anecdotes du 16ᵉ siècle, ou intrigues de cour politiques et galantes, par Mlle DE LA FORCE. *Amsterdam*, 1741, in-12, 1 vol.

2532. Les amants malheureux, ou le Comte de Comminge, par Madame DE TENCIN. *La Haye*, 1774, in-8°, 1 vol.

2533. Madame DE TENCIN. Mémoires du Comte de Comminges. Le siège de Calais. *Paris*, 1885, in-12, 1 vol.

2534. Lettres d'une Péruvienne, par Madame DE GRAFFIGNY, augmentées et suivies de celles d'Aza, traduites de l'anglais, par P. DURAND. *Paris*, 1802, in-8°, 2 vol.

Romans écrits par des hommes

2535. OEuvres de F. RABELAIS. *Paris*, 1823, in-8°, 3 vol.

2536. OEuvres de RABELAIS. *Paris*, 1841, in-12, 1 vol.

2537. OEuvres de RABELAIS, glossaire, par Louis BARRÉ. *Paris*, in-18, 1 vol.

2538. Le lict d'honneur de Chariclée, par Jean d'INTRAS. *Paris*, 1609, in-12, 1 vol.

2539. Les diverses fortunes de Panfile et de Nise, divisées en quatre livres, par D'AUDIGUIER. *Paris*, 1614, in-12, 1 vol.

2540. Les amours d'Aristandre et de Cléonice, par le sieur D'AUDIGUIER. *Paris*, 1626, in-12, 1 vol.

2541. Théâtre d'Histoire, où avec les grandes prouesses et aventures étranges du noble et vertueux chevalier Polimantes, prince d'Arfine, se représentent plusieurs occurences fort rares, arrivées en son temps, par Philippe DE BELLEVILLE. *Bruxelles*, 1613, in-4°, 1 vol.

2542. Les histoires tragiques de notre temps, par François DE ROSSET. *Paris*, 1614, in-12, 1 vol.

2543. L'Astrée d'Honoré D'URFÉ. *Rouen*, 1616, in-12, 5 vol.

2544. La Diane des bois, par le sieur DE PRÉFONTAINE. *Rouen*, 1622, in-12, 1 vol.

2545. Les amours d'Amisidore et Chrysolite, par le sieur DU BAIL. *Paris*, 1623, in-12, 1 vol.

2546. Travaux d'Aristée et d'Amarile, dans Salamine, par DE CURY. *Paris*, 1624, in-12, 1 vol.

2547. L'Uranie du sieur de MONTAGATHE. *Paris*, 1625, in-12, 1 vol.

2548. Climandor, ou l'histoire des princes. *Paris*, 1626, in-12, 1 vol.

2549. Le roman de la cour de Bruxelles, par DE LA SERRES. *Spa et Aix*, 1628, in-8°, 1 vol.

2550. Histoire de la cour sous les noms de Cléomédonte et de Hermilinde, par le sieur HUMBERT. *Paris*, 1629, in-12, 1 vol.

2551. Les advantures de la cour de Perse, divisées en sept journées, par Jean BAUDOIN. *Paris*, 1629, in-12, 1 vol.

2552. Les adventures estranges de Lycidas Cyrien et Cleorithe Rhodienne, par DE BASIRE. *Rouen*, 1630, in-12, 1 vol.

2553. Les avantures du Baron de Fœneste. Comprinses en quatre parties. Th. Agrippa d'AUBIGNÉ. 1641, in-12, 1 vol.

2554. Les aventures de Renaud et d'Armide, par le chevalier DE MÉRÉ. *Paris*, 1678, in-12, 1 vol.

2555. Histoire comique par Monsieur DE CYRANO BERGERAC, et ses œuvres diverses. *Paris*, 1679, in-12, 1 vol.

2556. Les œuvres diverses de M. CYRANO BERGERAC. *Paris*, 1681, in-12, 1 vol.

2557. Les œuvres diverses de M. CYRANO DE BERGERAC. *Amsterdam*, 1761, in-12, 4 vol.

2558. Même ouvrage.

2559. Les œuvres diverses de M. DE CYRANO BERGERAC, avec son Pédant joué. *Rouen*, in-12, 1 vol.

2560. L'illustre Parisienne, histoire galante et véritable, par PRÉCHAC. *Paris*, 1679, in-12, 1 vol.

2561. L'illustre Parisienne, Histoire galante et véritable, par PRÉCHAC. *Paris*, 1698, in-12, 1 vol.

2562. Le Zombi du Grand-PÉROU, ou la comtesse de Cocagne. Attribué à Corneille BLESSEBOIS. 1697. in-12, 1 vol.

2563. Mémoires du comte de Vordac, général des armées de l'Empereur, par CAVARD. *Paris*, 1703, in-12, 1 vol.

2564. Mémoires du chevalier Hasard, traduits de l'anglais sur l'original manuscrit. *Cologne*, 1705, in-16, 1 vol.

2565. Semélion, histoire véritable, par Simon CHARDON LA ROCHETTE. *Constantinople*, in-12, 1 vol.

2566. Les funestes effets de l'amour, et les désordres de cette passion. In-12. 1 vol.

2567. Le Diable boiteux, par M. LE SAGE. *Amsterdam*, 1707, in-12, 1 vol.

2568. Le Diable boiteux, par M. LE SAGE, *Paris*, 1720, in-12, 1 vol.

2569. Histoire d'Estevanille Gonzalez, par LE SAGE. *Paris*, 1734, in-8°, 1 vol.

2570. La promenade du Luxembourg, par M. Le Sage. *La Haye,* in-18, 1738, 1 vol.

2571. La promenade de Saint-Cloud, ou la confidence réciproque, par M. Le Sage. *La Haye,* 1738, in-18, 1 vol.

2572. Histoire de Gil-Blas de Santillane, par Le Sage. *Paris,* 1820, in-8°, 3 vol.

2573. La vie de Don Alphonse Blas de Lirias, fils de Gil-Blas. *Amsterdam,* 1754, in-12, 1 vol.

2574. Gomgam, ou l'homme prodigieux, transporté dans l'air, sur la terre et sous les eaux, par l'abbé L. Bordelon. *Amsterdam,* 1713, in-16, 1 vol.

2575. Les tours de Maître Gonin, par l'abbé L. Bordelon. *Anvers,* 1714, in-12, 1 vol.

2576. Mémoires de Madame la Marquise de Fresne, par Gatien de Sandras de Courtilz. *Amsterdam,* 1714, in-12, 1 vol.

2577. L'Ariane, où sont contenus les avantures de Mélinte, Palamède et Epicharis, par Desmaretz. *Paris,* 1724, in-12, 3 vol.

2578. Les aventures de Pomponius, chevalier romain, ou l'histoire de notre temps, par Labadie. *Rome,* 1725, in-12, 1 vol.

2579. L'abbé Prévost. Mémoires et aventures d'un homme de qualité. *Paris,* 1728, in-12, 4 vol.

2580. Lettre de Mentor à un jeune seigneur, traduite de l'anglais, par l'abbé Prévôt. *Londres,* 1764, in-8°, 1 vol.

2581. Œuvres choisies de l'abbé Prévost. *Paris,* 1783, in-8°, 39 vol. (Manque 8, 9 et 10).

2582. L'abbé Prévost. Histoire de Cléveland. *Paris,* 1810, in-8°, 4 vol.

2583. L'abbé Prévost. Paméla. *Paris,* 1810, in-8°, 2 vol.

2584. L'abbé Prévost. Mémoires et aventures d'un homme de qualité. *Paris,* 1810, in-8°, 3 vol.

2585. Lettres Persanes, par de Montesquieu. *Cologne,* 1731, in-12, 2 vol.

2586. Le repos de Cyrus, ou l'histoire de sa vie depuis sa seizième jusqu'à sa quarantième année, par l'abbé Pernetti. *Paris,* 1732, in-8°, 1 vol.

2587. La Saxe galante, par le baron Charles-Louis de Poellnitz. *Amsterdam,* 1734, in-8°, 1 vol.

2588. Le paysan parvenu, par de Marivaux. *La Haye,* 1737, in-8°, 1 vol.

2589. Les mémoires du chevalier de T**. *La Haye,* 1738, in-12, 1 vol.

2590. Mémoires de Mlle Bontemps, ou de la Comtesse de Marlou, rédigés par M. Gueulette. *Amsterdam,* 1738, in-18, 1 vol.

2591. Tanzaï et Néadarné. Histoire japonoise, par Crébillon fils. *Pékin,* 1740, in-12, 2 vol.

2592. Lettres de la Marquise de M..., au Comte de R..., par M. de Crébillon fils. *La Haye,* 1746, in-12, 1 vol.

2593. Histoire amoureuse des Gaules par le Comte de Bussy Rabutin. *Cologne,* 1740, in-16, 4 vol.

2594. Le nouveau Télémaque, ou voyages et avantures du Comte de ... et de son fils, par M. l'abbé Lambert. *La Haye,* 1741, in-12, 1 vol.

2595. Amusements de la campagne, ou récréations historiques, avec quelques anecdotes secrètes et galantes, par E. le Noble. *Paris,* 1742, in-12, 7 vol.

2596. Les amours d'Enée et de Didon, par Bouhier. *Paris,* 1742, in-12, 1 vol.

2597. Les soupers de Daphène, et les dortoirs de Lacédémone ; anecdotes grecques par A.-G. Meusnier de Querlon. *Oxfort,* 1746, in-12, 1 vol.

2598. Mémoires secrets pour servir à l'histoire de Perse. *Amsterdam*, 1749, in-16, 1 vol.

2599. Roman comique de M. SCARRON. *Paris*, 1752, in-12, 3 vol.

2600. Lettres d'Osman, par le Chevalier d'ARCQ. *Constantinople, Paris*, 1755, in-12, 1 vol.

2601. Le roman du jour, pour servir à l'histoire du siècle, par A. DE SAINTE-FOIX. *Amsterdam*, 1755, in-18, 1 vol.

2602. Ariste, ou les charmes de l'honnêteté, par SÉGUIER DE SAINT-BRISSON. *Paris*, 1765, in-12, 1 vol.

2603. Hylair, ou Hilaire, parodie de Bélisaire, par un métaphysicien, J. B. MARCHAND. *Amsterdam*, 1767, in-12, 1 vol.

2604. Dolbreuse, ou l'homme du siècle ramené à la vérité par le sentiment et par la raison, par M. LOISEL DE TRÉOGATE. *Paris*, 1786, in-8°, 2 vol.

2605. Le Comte de Valmont, ou les égarements de la raison, par l'abbé L. Philippe GÉRARD. *Paris*, 1787, in-12, 1 vol.

2606. Grandor, ou le héros Abissin — histoire héroï-politique. *Trèves*, 1789, in-12, 2 vol.

2607. Estelle, Pastorale, par M. DE FLORIAN. *Paris*, 1793, in-16, 1 vol.

2608. Estelle, romanzo pastorale del signor di FLORIAN, tradotto d'all' avvocato RASTELLI. *Lione*, 1790, in-12, 1 vol.

2609. Les liaisons dangereuses, lettres recueillies dans une société, par LACLOS. *Londres*, 1796, in-8°, 2 vol.

2610. Le compère Matthieu ou les bigarrures de l'esprit humain, par l'Abbé DULAURENS. 1796, in-8°, 3 vol.

2611. Jeanne ROYEZ, ou la bonne mère, par Fr. MARLIN. *Paris*, 1814, in-8°, 4 vol.

2612. Antoine et Maurice, par M. L. P. DE JUSSIEU. *Paris*, 1821, in-12, 1 vol.

2613. Servitude et grandeur militaires, par le comte Alfred DE VIGNY. *Paris*, 1836, in-8°, 1 vol.

2614. Romans de Charles NODIER. *Paris*, 1840, in-12, 1 vol.

2615. Obermann, par DE SENANCOUR. *Paris*, 1840, in-12, 1 vol.

2616. Victor HUGO. Notre-Dame de Paris. *Paris*, 1841, in-12, 2 vol.

2617. Chronique du règne de Charles IX, par Prosper MÉRIMÉE. *Paris*, 1842, in-12, 1 vol.

2618. Adolphe, par Benjamin CONSTANT. *Paris*, 1842, in-12, 1 vol.

2619. Emma, ou quelques lettres de femme, par M. BOUCHER DE PERTHES. *Paris*, 1852, in-8°, 1 vol.

2620. Ed. PLOUVIER. La belle aux cheveux bleus. *Paris*, 1861, in-12, 1 vol.

2621. Souvenirs d'un proscrit, recueillis par Hyacinthe CORNE, ancien député. *Paris*, 1861, in-8°, 1 vol.

2622. Antony BLONDEL. La vie privée de Pierre Camus (d'Arras). *Paris*, 1882, in-12, 1 vol.

2623. Miscellanées, romans et feuilletons. *Arras*, in-8°, 3 vol.

2624. Œuvres complètes de BALZAC : La Comédie humaine. *Paris*, 1875, in-8°, 24 vol.

SIXIÈME CLASSE

PIÈCES PLAISANTES ET BURLESQUES

Ouvrages grecs

2625. La Luciade, ou l'âne de Lucius de Patras, traduction de Paul Louis Courier. *Paris*, 1824, in-8°, 1 vol.

Ouvrages latins

2626. L. Domitii Brusonii facetiarum rerum memorabilium, etc., libri VII. *Francofurti*, 1609, in-8°, 1 vol.

2627. Amphitheatrum sapientiæ Socraticæ joco-seriæ autorum qua veterum, qua recentiorum prope omnium a Gaspare Dornavio. *Hanoviæ*, 1619, in-fol., 1 vol.

2628. Laus asini. *Lugduni Batav.*, 1629, in-18, 1 vol.

2629. Democritus reviviscens, authore Joanne-Chrysostomo Magneno. *Hagæ-Comitis*, 1658, in-12, 1 vol.

2630. Les Arrêts d'amour, par Martial d'Auvergne (Martialis Avernus). *Amsterdam*, 1731, in-12, 1 vol.

2631. Les Arrêts d'amour, avec l'amant rendu Cordelier à l'observance d'amour, par Martial d'Auvergne. *Paris*, 1731, in-8°, 1 vol.

2632. Stultitiæ laus. Des. Erasmi Rot. declamatio. *Basileæ*, 1676, in-8°, 1 vol.

2633. Même ouvrage.

2634. Stultitiæ laudatio, seu encomium moriæ, D. Erasmi declamatio. *Londini*, 1765, in-12, 1 vol.

2635. Eloge de la folie, par Erasme, traduit par M. Gueudeville. *Amsterdam*, 1731, in-12, 1 vol.

2636. L'éloge de la folie, traduit du latin d'Erasme, par M. Gueudeville. 1752, in-16, 1 vol.

2637. L'Eloge de la folie, traduit du latin d'Erasme, par Gueudeville, ..., 1761, in-12, 1 vol.

2638. Eloge de la folie, par D. Erasme, traduction nouvelle par Victor Develay. *Paris*, 1876, in-12, 1 vol.

Ouvrages français

2639. Les mondes célestes, terrestres et infernaux, par Gabriel Chappuis. *Lyon*, 1583, in-12, 1 vol.

2640. Les bigarrures et touches du Seigneur des Accords, (Et. Tabourot). *Paris*, 1614, in-16, 1 vol.

2641. Les bigarrures et touches du Seigneur des Accords, avec les apophtegmes du sieur GAULARD et les escraignes dijonnaises. *Paris*, 1662, in-12, 1 vol.

2642. Guerre comique, ou la défense de l'Ecole des femmes, par Pierre DE LA CROIX. *Paris*, 1668, in-12, 1 vol.

2643. Les malades de belle humeur, par l'Abbé BOURDELON. *Paris*, 1697, in-12, 1 vol.

2644. Lucien en belle humeur, ou nouvelles conversations des morts, par BRUSLÉ DE MONTPLEINCHAMP. *Amsterdam*, 1701, in-12, 2 vol.

2645. Les libertins en campagne, mémoires tirés du Père la Joie. 1710, in-18, 1 vol.

2646. Même ouvrage.

2647. De la grandeur et de l'excellence des femmes au-dessus des hommes, par H. C. AGRIPPA. *Paris*,1713, in-16, 1 vol.

2648. Amusements sérieux et comiques, à l'usage de ceux qui veulent apprendre le français ou l'anglais. *La Haye.* 1719, in-12, 1 vol.

2649. Les coudées franches, ouvrage satyrique et curieux, par L. BORDELON. *Paris*, 1723, in-12, 1 vol.

2650. Discours d'aucuns propos rustiques facécieux de Ragot, par Léon LADULFI, (Noel DU FAIL). 1732, in-12, 1 vol.

2651. Apologie des Dames, appuyée sur l'histoire, par Madame GALIEN. *Paris*, 1737, in-12, 1 vol.

2652. Histoire des rats pour servir à l'histoire universelle, (par SIGRAIS). 1738, in-8°, 1 vol.

2653. Même ouvrage.

2654. La guerre Séraphique, ou histoire des périls qu'a courus la barbe des Capucins, par J.-B. THIERS. *La Haye*, 1740, in-12, 1 vol.

2655. L'avocat du diable, ou mémoires historiques et critiques sur la légende du Pape Grégoire VII, par l'abbé ADAM. *Paris*, 1743, in-12, 3 vol.

2656. Le moyen de parvenir contenant la raison de tout ce qui a été, est et sera. (Béroalde DE VERVILLE). 1747, in-12, 2 vol.

2657. Le moyen de parvenir, par BÉROALDE DE VERVILLE. In-18, 2 vol.

2658. Le moyen de parvenir, par BÉROALDE DE VERVILLE; notes par Paul JACOB. *Paris*, 1841, in-12, 1 vol.

2659. La femme n'est pas inférieure à l'homme, traduit de l'anglais, par Ph. Florent DE PUISIEUX. *Londres*, 1750, in-12, 1 vol.

2660. Défenses du beau sexe, ou mémoires historiques, philosophiques et critiques pour servir d'apologie aux femmes, par Dom Ph.-Jos. CABBIAUX. *Amsterdam*, 1753, in-8°, 4 vol.

2661. Eloge de l'enfer, ouvrage critique, historique et moral. *La Haye*, 1759, in-12, 2 vol.

2662. Les amusements des gens d'esprit, par Pierre Louis DE MASSAC. *Paris*, 1764, in-12, 1 vol.

2663. Le Citateur, par PIGAULT-LEBRUN. *Paris*, 1803, in-12, 1 vol.

2664. Physiologie du goût, ou méditations de gastronomie transcendante, par BRILLAT-SAVARIN. *Paris*, 1842, in-12, 1 vol.

2665. La chanson de Gilles Dindin, par le bibliophile Artésien. (L. DESCHAMPS DE PAS). *Saint-Omer*, 1871, in-18, 1 vol.

2666. Les fantaisies de Bruscambille, par le Sr DES LAURIERS. *Paris*, ..., in-12, 1 vol.

2667. Recueil des pièces burlesques. In-12, 1 vol.

Ouvrages italiens

2668. POGGII Florentini historiæ convivales, orationes, epistolæ, descriptiones et facetiarum liber. *Parrhisiis*, 1511, in-4°, 1 vol.

2669. Bizzarrie academiche di Gio. Franc. LOREDANO. *In Venetia*, 1654, in-16, 1 vol.

SEPTIÈME CLASSE

DIALOGUES ET ENTRETIENS

Dialogues grecs

2670. LUCIANI Samosatensis dialogi. Græce. *Argentorati*, 1550, in-8°, 1 vol.

2671. Æschinis Socratici dialogi tres (græce et latine). *Amstelodami*, 1711, in-8°, 1 vol.

Dialogues latins

2672. Maphei VEGII disputatio inter Terram, Aurum et Solem, etc. *Parrhisiis*, 1511, in-8°, 1 vol.

2673. Caroli SIGONII de dialogo liber. *Venetiis*, 1562, in-4°, 1 vol.

2674. Aula, Otium, scena vitæ et consilia, auct. HATTRON. *Bruxellæ*, 1619, in-8°, 1 vol.

2675. Desiderii ERASMI Colloquia familiaria. *Parisiis*, 1656, in-12, 1 vol.

2676. Des. ERASMI Colloquia. *Lugd. Batavorum.* 1664, in-8°, 1 vol.

2677. Des. ERASMI Colloquia nunc emendatiora. *Amstelodami*, 1695, in-8°, 1 vol.

Dialogues français

2678. Les dialogues de Guy DE BRUÈS contre les nouveaux académiciens. *Paris*, 1557, in-4°, 1 vol.

2679. Dialogue entre le Maheustre et le Manant, contenant les raisons de leurs débâts et questions en ces présents troubles au royaume de France, par Lazare MORIN. 1594, in-12, 1 vol.

2680. Triomphe de Chasteté et totale défaite du fol amour, en forme de dialogue, divisé en huit journées, par le P. Antoine DE BALINGHEM. *Lille*, 1616, in-12, 2 vol.

2681. La Promenade, dialogue entre Tubertus Ocella et Marcus Bibulus, par LA MOTHE LE VAYER. *Paris*, 1662, in-16, 1 vol.

2682. Soliloques sceptiques, par LA MOTHE LE VAYER. *Paris*, 1670, in-32, 1 vol.

2683. Cinq dialogues faits à l'imitation des anciens, par ORATIUS TUBERO. LA MOTHE LE VAYER. *Mons*, 1673, in-12, 1 vol.

2684. La manière de bien penser dans les ouvrages de l'esprit. Dialogues par le P. BOUHOURS. *Paris*, 1687, in-4°, 1 vol.

2685. La manière de bien penser dans les ouvrages d'esprit. Dialogues, par le P. BOUHOURS. *Paris*, 1756, in-12, 1 vol.

2686. Les entretiens d'Ariste et d'Eugène (par le P. BOUHOURS). *Paris*, 1737, in-8°, 1 vol.

2687. Sentiments de Cléante sur les entretiens d'Ariste et d'Eugène, (par BARBIER D'AUCOUR). *Paris*, 1678, in-18, 2 vol.

2688. Sentiments de Cléante sur les entretiens d'Ariste et d'Eugène, par M. BARBIER D'AUCOUR. *Paris*, 1776, in-12, 1 vol.

2689. Nouveaux dialogues des morts, par FONTENELLE. *Paris*, 1683, in-18, 1 vol.

2690. Nouveaux dialogues des morts, par FONTENELLE. *Amsterdam*, 1687, in-16, 1 vol.

2691. Conversations sur différents sujets, par Mlle DE SCUDÉRY. *Paris*, 1685, in-8°, 2 vol.

2692. Dialogues satyriques et moraux, par PETIT. *Amsterdam*, 1688, in-8°, 1 vol.

2693. Le Cibisme, premier dialogue entre Pasquin et Marforio, sur les affaires du temps, par Eustache LE NOBLE. *Rome*, 1691, in-16, 1 vol.

2694. Modèles de conversations pour les personnes polies, par l'abbé DE BELLEGARDE. *Paris*, 1701, in-12, 1 vol.

2695. Dialogues sur l'éloquence en général, et sur celle de la chaire en particulier, avec une lettre écrite à l'Académie française, par feu François de Salignac de la Mothe FÉNELON. *Paris*, 1718, in-12, 1 vol.

2696. Même ouvrage.

2697. Dialogues des morts anciens et modernes, avec quelques fables, composez pour l'éducation d'un prince, par M. DE LA MOTHE FÉNELON. *Paris*, 1721, in-12, 2 vol.

2698. Même ouvrage.

2699. Dialogues des morts, par Fr. DE LA MOTHE FÉNELON. *Paris*, 1725, in-12, 2 vol.

2700. Colloques scholastiques et moraux. *Lille*, 1725, in-16, 1 vol.

2701. Dialogues critiques et philosophiques, par l'abbé DE CHARTE-LIVRY. *Amsterdam*, 1730, in-12, 1 vol.

2702. Le monde fou préféré au monde sage, en vingt quatre promenades de trois amis, Criton, Philon et Eraste, par Mlle Marie HUBER. *Amsterdam*, 1733, in-8°, 2 vol.

2703. L'ombre du grand Colbert, le Louvre, et la ville de Paris, par LA FONT-DE-SAINT-YENNE. (Dialogue). *La Haye*, 1749, in-12, 1 vol.

2704. Le Cymbalum Mundi, ou dialogues satyriques sur divers sujets, de Bonaventure DES PÉRIERS, par Paul L. JACOB. *Paris*, 1841, in-12, 1 vol.

2705. Le Mercure postillon, de l'un à l'autre monde. *Liège*, in-12, 1 vol.

Dialogues espagnols

2706. Dialogues familiers où sont contenus les discours, façons de parler, et mots
espagnols les plus communs, par Jean DE
LUNA. *Bruxelles*, 1625, in-12, 1 vol.

Dialogues anglais

2708. Lexiphanes, a dialogue imitated from Lucian (English).*London*,1767, in-12, 1 vol.

HUITIÈME CLASSE

ÉPISTOLAIRES

Art épistolaire

2709. D. ERASMI opus de conscribendis
epistolis. *Parisiis*, 1530, in-8°, 1 vol.

2710. NOZERINUS. Epistolarum laconica-
rum atque selectarum farragines duæ.
Basileæ, 1554, in-16, 1 vol.

2711. Thesaurus contexendarum epistolarum, authore Andrea DIETHER. *Coloniæ*,
1561, in-12, 1 vol.

2712. Estilo y methodo de escrivir cartas
missivas, y respondir como conviene,
por Juan Vincente PELIGER. *En Brusselas*, 1617, in-16, 1 vol.

2713. Le secrétaire du cabinet, ou la manière d'écrire que l'on pratique à la Cour,
par le Sieur DE LA SERRE. *Paris*, 1667,
in-12, 1 vol.

2714. Thesaurus conscribendarum epistolarum, opera Joannis BUCHLERI. *Antuerpiæ*, 1699, in-16, 1 vol.

2715. Nouvelles lettres familières sur toutes sortes de sujets, par René MILLERAN.
Amsterdam, 1705, in-16, 1 vol.

2716. Le secrétaire des amans, ou la manière d'écrire avec justesse sur divers
sujets, par un gentilhomme de la Cour
de France. *Paris*, 1729, in-12, 1 vol.

2717. Traité général du stile, avec un
traité particulier du stile épistolaire, par
l'auteur des remarques sur les germanis-
mes, E. MAUVILLON. *Paris*, 1751, in-12,
1 vol.

Auteurs grecs

2718. Epistolæ græcæ Gullielmi Budæi. *Lutetiæ*, 1520, in-4°, 1 vol.

2719. G. Budæi græcæ epistolæ. *Parisiis*, 1540, in-fol., 1 vol.

2720. Epistolæ Phalaridis Agrigentinorum tyranni. *Parisiis*, 1549, in-4°, 1 vol.

2721. Phalaridis Agrigentinorum tyranni epistolæ. *Oxoniæ*, 1551, in-12, 1 vol.

2722. Epistolæ græcanicæ antiquorum rhetorum, a Jacobo Cujacio latinitate donatæ. *Aureliæ Allobrogum*, 1606, in-fol., 1 vol.

2723. Theophylacti Archiepiscopi Bulgariæ epistolæ. *Lugduni Batavorum*, 1617, in-8°, 1 vol.

2724. Themistoclis epistolæ, ex vetusto codice Bibliothecæ Vaticanæ etc. Interprete J. Matthæo Caryophilo. *Romæ*, 1626, in-4°, 1 vol.

2725. Theophylactis Archiepiscopi Bulgariæ epistolæ (græce)...., in-4°, 1 vol.

2726. Isocratis epistolæ græcæ, quas Renatus Guillonius latinas ex græcis fecit. *Parisiis*, 1647, in-4°, 1 vol.

2727. Libanii sophistæ epistolæ, græce et latine, ex editione Joannis Christophori Wolfii. *Amstelædami*, 1738, in-fol., 1 vol.

2728. Lettres d'Aristenète, traduites du grec. *Londres*, 1739, in-16, 1 vol.

2729. Alciphronis rhetoris epistolæ. *Lipsiæ*, 1798, in-8°, 2 vol.

2730. Lettres grecques du rhéteur Alciphron, traduites en français par Stéphane de Rouville. *Paris*, 1874, in-12, 1 vol.

Auteurs latins anciens

2731. In M. T. Ciceronis epistolas, quæ familiares appellantur, annotationes. *Basileæ*, 1540, in-12, 1 vol.

2732. M. T. Ciceronis epistolæ ad familiares, ex castigatione J. Boulierii. *Lugduni*, 1564, in-8°, 2 vol.

2733. M. Tullii Ciceronis epistolæ ad familiares, a Dyonisio Lambino emendatæ. *Coloniæ Agrippinæ*, 1615, in-12, 1 vol.

2734. Lettres morales et politiques de Cicéron à son amy Attique. *Paris*, 1666, in-16, 1 vol.

2735. Tullii Ciceronis epistolarum libri xvi ad familiares, ex recensione G. Grævii. *Amstelodami*, 1677, in-8°, 2 vol.

2736. M. T. Ciceronis ad familiares epistolæ, ad usum Delphini. *Parisiis*, 1685, in-4°, 1 vol.

2737. Plinii Cæcilii Secundi epistolarum libri x. *Basileæ*, 1552, in-fol., 1 vol.

2738. In Caii Plinii Secundi epistolarum libros decem notæ, auct. Claudio Minoe. *Parisiis*, 1588, in-12, 1 vol.

2739. Caii Plinii Secundi epistolæ, auct. Claud. Minoe. *Parisiis*, 1608, in-12, 1 vol.

2740. Les lettres de Pline le jeune, traduites par L. de Sacy. *Paris*, 1821, in-12, 3 vol.

2741. C. Plinii Cæcilii Secundi epistolarum libri decem. *Lipsiæ*, 1800, in-8°, 1 vol.

2742. C. Plinii Cæcilii Secundi epistolarum libri decem et panegyricus. *Parisiis*, 1822, in-8°, 2 vol.

Auteurs latins modernes

2743. Epistolæ Fr. PHILELPHI. *Parrhisiis,* 1593, in-8°, 1 vol.

2744. Illustrium virorum epistolæ ab Angelo POLITIANO collectæ. *Parisiis,* 1517, in-4°, 1 vol.

2745. Petri BEMBI Patricii Veneti epistolæ. *Patavii,* 1534, in-8°, 1 vol.

2746. Joannis TRITEMII Abbatis Spanhemensis epistolarum libri duo. *Haganoæ,* 1536, in-4°, 1 vol.

2747. Roberti BRITANNI Atrebatis epistolarum libri duo. *Parisiis,* 1540, in-4°, 1 vol.

2748. Gasparis SARDI Ferrariensis epistolarum liber. *Florentiæ,* 1549, in-12, 1 vol.

2749. Jacobi SADOLETI epistolarum libri sexdecim. *Coloniæ,* 1564, in-8°, 8 vol.

2750. Epistolæ principum rerum publicarum ac sapientum virorum. *Venetiis,* 1574, in-12, 1 vol.

2751. Aldi MANUTII Pauli de quæsitis per epistolam libri III. *Venetiis,* 1576, in-12, 1 vol.

2752. Q. Aurelii SYMMACHI epistolarum ad diversos libri decem. *Parisiis,* 1580, in-4°, 1 vol.

2753. Q. Aurelii SYMMACHI epistolarum libri X castigatissimi. *Parisiis,* 1604, in-4°, 1 vol.

2754. Michaelis HOSPITALII epistolarum, seu sermonum libri sex. *Lutetiæ,* 1585, in-fol., 1 vol.

2755. Hugonis GROTII epistolæ ad Gallos. *Lugduni Batavorum,* 1601, in-12, 1 vol.

2756. Hugonis GROTII epistolæ ad Gallos. *Lugd. Bat.,* 1648, in-18, 1 vol.

2757. Justi LIPSII, epistolarum selectarum III centuriæ. *Antuerpiæ,* 1601, in-4°, 1 vol.

2758. Justi LIPSII epistolarum selectarum centuria singularis. *Antuerpiæ,* 1602, in-4°, 1 vol.

2759. Justi LIPSII epistolarum selectarum centuria secunda ad Belgas. *Antuerpiæ,* 1605, in-4°, 1 vol.

2760. Epistolarum Pauli MANUTII libri XII. *Duaci,* 1605, in-12, 1 vol.

2761. Isaaci CASAUBONI ad Frotonem ducem epistolæ. *Londini,* 1612, in-8°, 1 vol.

2762. Petri ABÆLARDI et HÉLOÏSÆ conjugis ejus opera. *Paris,* 1616, in-4°, 1 vol.

2763. Petri ABÆLARDI et HELOÏSÆ epistolæ. *Londini,* 1718, in-8°, 1 vol.

2764. Lettres d'ABÉLARD et d'HÉLOÏSE, traduction par le bibliophile Jacob. *Paris,* 1840, in-12, 1 vol.

2765. Balduini CADILIAVI epistolarum Heroum et Heroidum libri quatuor. *Antuerpiæ.* 1636, in-12, 1 vol.

2766. Eryci PUTEANI epistolarum selectarum apparatus. *Amstelodami,* 1646, in-24, 1 vol.

2767. Ph. MELANCTHONIS epistolarum liber. *Lugduni Batavorum,* 1647, in-12, 1 vol.

2768. Claudii SALMASII epistolarum liber primus, accurante Antonio CLEMENTIO. *Lugduni Batavorum,* 1656, in-4°, 1 vol.

2769. Opus epistolarum Petri MANTYRIS, cui accesserunt epistolæ Ferdinandi DE PULGAR. *Parisiis,* 1670, in-fol., 1 vol.

2770. Même ouvrage.

2771. Tanaquilli FABRI epistolæ. *Salmurii,* 1674, in-4°, 1 vol.

2772. Lettres de Jacques DE BONGARS, résident et ambassadeur du roi Henri IV, en latin et en françois, traduites par DE BRIANVILLE. *A La Haye*, 1695, in-12, 2 vol.

2773. Marquardi GUDII, et doctorum virorum ad eum epistolæ, curante P. BURMANNO. *Ultrajecti*, 1697, in-4°, 1 vol.

2774. Sylloges epistolarum à viris illustribus scriptarum tomi quinque, collecti et digesti per Petrum BURMANNUM. *Leidæ*, 1727, in-4°, 5 vol.

2775. Même ouvrage.

2776. Gregorii MAJANSII epistolarum libri sex. *Valentiæ Edetanorum*, 1732, in-4°, 1 vol.

2777. Thesauri epistolici LACROZIANI tomi duo. *Lipsiæ*, 1742, in-4°, 1 vol.

2778. Epistolarum obscurorum virorum ad D. M. Ortuinum Gratium, volumina II. *Londini*, 1742, in-12, 1 vol.

2779. Clarorum Belgarum ad Ant. Magliabechium epistolæ. *Florentiæ*, 1745, in-12, 4 vol.

2780. Italorum et Germanorum epistolæ ad Petrum Victorinum ; illustravit Ang. Mar. BANDINIUS. *Florentiæ*, 1758, in-4°, 2 vol.

2781. Udalrici ZASII epistolæ ad viros suæ ætatis doctissimos. *Ulmæ*, 1774, in-8°, 1 vol.

Lettres en italien

2782. Epistres des princes, recueillies d'italien par Hiéronyme RUSCELLI, et mises en français, par F. DE BELLE-FOREST. *Paris*, 1572, in-4°, 1 vol.

2783. Raccolta di lettere di diversi principi ed altri signori, fatta dal signor Paolo Emilio MARCOBRUNI. *In Venetia*, 1595, in-4°, 1 vol.

2784. Lettres de LOREDANO noble Vénitien, traduites en français, par le Sr DE VENERONI. *Paris*, 1695, in-12, 1 vol.

Lettres en espagnol

2785. Epistres dorées, moralles et familières de Dom Antoine DE GUEVARE. *Lyon*, 1558, in-4°, 1 vol.

2786. Les épistres dorées et discours salutaires de Don Antoine DE GUEVARE. *Paris*, 1570, in-8°, 1 vol.

2787. Les épistres dorées et discours salutaires de Dom Anthoine de GUEVARE, traduit en français, par le Seigneur DE GUTERRY. *Paris*, 1585, in-4°, 1 vol.

2788. Las obras y relaciones de Antonio PEREZ. *In Geneva*, 1644, in-8°, 1 vol.

2789. Cartas de Antonio PEREZ. *Paris*, in-8°, 1 vol.

Lettres en anglais

2790. Lettres de M. le chevalier TEMPLE durant son ambassade à La Haye, traduit de l'anglais de JONES. *La Haye*, 1700, in-16, 1 vol.

2791. Lettres de Henri VIII à Anne Boleyn. *Paris*, 1835, in-8°, 1 vol.

2792. Lettres d'Egypte par Lady Lucie Buff. Gordon, traduites par Mrs Ross. *Paris*, in-12, 1 vol.

LETTRES EN FRANÇAIS

a. — *Recueils*

2793. Les plus belles lettres des meilleurs auteurs français, par Pierre Richelet. *Amsterdam*, 1690, in-12, 1 vol.

2794. Les plus belles lettres des meilleurs auteurs françois, par Pierre Richelet. *Brusselles*, 1695, in-12, 1 vol.

2795. Lettres choisies de Messieurs de l'Académie française, sur toutes sortes de sujets, par M. Perrault. *Paris et Bruxelles*, 1725, in-8°, 1 vol.

2796. Recueil de lettres choisies, pour servir de suite aux lettres de Mme de Sévigné à Madame de Grignan sa fille. *Paris*, 1751, in-12, 1 vol.

2797. Lettres diverses. *Londres*, 1750, in-8°, 1 vol.

2798. Recueil de lettres diverses. In-12, 1 vol.

b. — *Lettres de rois, reines, princes et hommes d'état*

2800. Lettres du Baron de Busbecq. *Paris*, 1748, in-12, 3 vol.

2801. Lettres de l'illustrissime et révérendissime Cardinal D'Ossat, au roy Henri-Le Grand, et à M. de Villeroy, depuis 1594 jusqu'à 1604. *Paris*, 1624, in-4°, 1 vol.

2802. Lettres de M. J. de Wicquefort. *Amsterdam*, 1695, in-12, 1 vol.

2803. Lettres du Cardinal D'Ossat, avec des notes de M. Amelot de la Houssaie. *Amsterdam*, 1714, in-12, 5 vol.

2804. Lettres de Henri IV, Roi de France, et de Mrs de Villeroy et de Puisieux, à M. Antoine Le Fèvre de la Boderie. *Amsterdam*, 1733, in-8°, 1 vol.

2805. Lettres de Louis XIV au comte de Briord. *La Haye*, 1728, in-18, 1 vol.

2806. Lettres turques et lettres de Nedim Coggia, revues, corrigées et augmentées, par G.-F. Poullain de Saint-Foix. *Amsterdam*, 1750, in-12, 1 vol.

2807. Lettres de Louis XIV aux princes de l'Europe, à ses généraux, etc., recueillies par M. Rose. *Paris*, 1755, in-12, 2 vol.

2808. Même ouvrage.

2809. Lettres choisies de Christine, reine de Suède. *Villefranche*, 1760, in-12. 1 vol.

2810. Correspondance familière de Frédéric II, roi de Prusse, avec U. F. de Suhm, Conseiller de l'Electeur de Saxe. *Genève*, 1787. in-12, 2 vol.

2811. Lettres inédites de Marie Stuart. *Paris*, 1829, in-8°, 1 vol.

2812. Correspondance inédite du prince François XAVIER DE SAXE, par Arsène THÉVENOT. *Paris*, 1875, in-8°, 1 vol.

2813. Correspondance de NAPOLÉON Ier, publiée par ordre de l'Empereur Napoléon III. *Paris*, 1858, 1863, in-fol., 32 vol.

2814. Correspondance inédite du prince DE TALLEYRAND et du roi Louis XVIII, pendant le congrès de Vienne, publiée par G. PALLAIN. *Paris*, 1884, in-8°, 1 vol.

2815. Lettres inédites de TALLEYRAND à Napoléon, 1800-1809, publiées par Pierre BERTRAND. *Paris*, 1889, in-8°, 1 vol.

2816. Correspondance diplomatique de TALLEYRAND. La mission de Talleyrand à Londres, en 1792. Ses Lettres d'Amérique à Lord Lansdowne. Avec introduction et notes, par G. PALLAIN. *Paris*, 1889, in-8°, 1 vol.

c. — *Lettres d'hommes célèbres dans les lettres, les sciences et les arts*

2817. Lettres choisies du sieur DU VERDIER, historiographe de France. *Paris*, 1655, in-8°, 1 vol.

2818. Les œuvres diverses du sieur DE BALZAC. *Paris*, 1659, in-16, 1 vol.

2819. Lettres de M. DE LA CHAMBRE. *Paris*, 1664, in-12, 1 vol.

2820. Lettres nouvelles et curieuses de M. Barthélemy PIELAT. *Amsterdam*, 1677, in-16, 1 vol.

2821. Lettres choisies de M. Guy PATIN. *Paris*, 1685, in-16, 1 vol.

2822. Lettres choisies de feu M. Guy PATIN. *La Haye*, 1715, in-12, 5 vol.

2823. Lettres de Guy PATIN, par J. H. REVEILLÉ-PARISE. *Paris*, 1846, in-8°, 3 vol.

2824. Amitiez, amours et amourettes, par M. LE PAYS. *Paris*, 1672, in-12, 1 vol.

2825. Amitiez, amours et amourettes, par M. LE PAYS. *Paris*, 1685, in-12, 2 vol.

2826. Lettres de M. ARNAULD D'ANDILLY. *Paris*, 1689, in-16, 1 vol.

2827. Les lettres de François RABELAIS, escrites pendant son voyage d'Italie, avec des remarques par MM. DE SAINTE-MARTHE. *Brusselle*, 1710, in-12, 1 vol.

2828. Lettres persanes. (Montesquieu). *Cologne*, 1721, in-12, 1 vol.

2829. Lettres de M. Antoine ARNAULD, docteur en Sorbonne. *Nancy*, 1727, in-12, 9 vol.

2830. Lettres choisies de Mgr FLÉCHIER, Evèque de Nîmes. *Lyon*, 1735, in-12, 2 vol.

2831. Lettres nouvelles de M. BOURSAULT. *Paris*, 1738, in-12, 3 vol.

2832. Lettres de Messire Roger DE RABUTIN, Comte DE BUSSY. *Amsterdam*, 1738, in-12, 3 vol.

2833. Les lettres de Messire Roger DE RABUTIN, Comte de BUSSY. *Paris*, 1742, in-12, 7 vol.

2834. Nouvelles lettres de M. BAYLE. *La Haye*, 1739, in-12, 2 vol.

2835. Lettres de ROUSSEAU sur différents sujets. *Genève*, 1749, in-16, 5 vol.

2836. Lettres critiques sur les lettres philosophiques de M. DE VOLTAIRE. *Paris*, 1753, in-12, 1 vol.

2837. Lettres secrettes de M. DE VOLTAIRE. *Genève*, 1765, in-12, 1 vol.

2838. Lettres de M. DE LA MOTTE. 1754, in-12, 1 vol.

2839. Lettres familières du Président DE MONTESQUIEU à divers amis d'Italie. *Rome*, 1767, in-12, 1 vol.

2840. Lettres familières de Mrs BOILEAU-DESPRÉAUX et BROSSETTE, par CIZERON-RIVAL. *Lyon*, 1770, in-12, 3 vol.

2841. Lettre à une illustre morte, décédée en Pologne, par L. A. CARACCIOLI. *Paris*, 1771, in-12, 1 vol.

2842. Collection de lettres de Nic. POUSSIN, publiées par M. Quatremère de Quincy. *Paris*, 1824, in-8°, 1 vol.

2843. Lettres écrites en 1786 et 1787, publiées par M. BALLANCHE. *Paris*, 1834, in-12, 1 vol.

2844. Correspondance de François GÉRARD, peintre d'histoire. *Paris*, 1867, in-8°, 1 vol.

2845. Lettres adressées au Baron François Gérard, peintre d'histoire, par les artistes et les personnages célèbres de son temps. Deuxième édition, publiée par le baron GÉRARD, son neveu. *Paris*, 1886, in-8°, 2 vol.

2846. Lettres et poésies inédites adressées à la reine de Prusse, à la princesse Ulrique, à la Margrave de Bareuth, par Victor ADVIELLE. *Paris*, 1872, in-12, 1 vol.

2847. Lettres inédites du R. P. LACORDAIRE, des Frères prêcheurs. *Paris*, 1874, in-8°, 1 vol.

2848. Correspondance de P.-J. PROUDHON, précédée d'une notice sur P.-J. Proudhon, par J.-A. LANGLOIS. *Paris*, 1875, in-8°, 14 vol.

2849. Les vraies lettres de VOLTAIRE à l'abbé Moussinet, par COURTAT. *Paris*, 1875, in-8°, 1 vol.

2850. SAINTE-BEUVE. Correspondance — 1822-1860. *Paris*, 1877, in-18, 2 vol.

2851. C. A. SAINTE-BEUVE. Lettres à la Princesse. *Paris*, in-18, 1 vol.

2852. Correspondance de M. DE RÉMUSAT, pendant les premières années de la Restauration, publiée par son fils Paul de Rémusat. *Paris*, 1883, 1886, in-8°, 4 vol.

d. — Correspondance littéraire

2853. Lettres sur les Anglois et les François et sur les voïages (par L. DE MURALT). 1726, in-12, 1 vol.

2854. Lettres philosophiques, sérieuses, critiques et amusantes, traitant de la pierre philosophale, de l'incertitude de la médecine, etc. *Paris*, 1733, in-12, 1 vol.

2855. Lettres morales et critiques sur les différents états et les diverses occupations des hommes, par le marquis D'ARGENS. *Amsterdam*, 1737, in-12, 1 vol.

2856. Lettres de critique, de littérature, d'histoire écrites à divers savants de l'Europe, par Gisbert CUPER. *Leipzig*, 1755, in-4°, 1 vol.

2857. Lettres iroquoises, par J. H. MAUBERT DE GOUVEST ; nouvelle édition. 1755, in-12, 1 vol.

2858. Lettres de M. le marquis DE MÉZIÈRE. *Manhein*, 1760, in-12, 1 vol.

2859. Même ouvrage.

2860. Lettres du Marquis DE ROSELLE, par Madame ELIE DE BEAUMONT. *Londres*, 1764, in-12, 1 vol.

2861. Seconde lettre d'un anonyme à M. J. J. Rousseau. E. LUZAC. *Paris*, 1767, in-12, 1 vol.

2862. Lettres récréatives et morales sur les mœurs du temps, par L. Ant. DE CARACCIOLI. *Paris*, 1767, in-12, 4 vol.

2863. Lettres intéressantes du Pape Clément XIV (Ganganelli); traduites de
l'italien et du latin, par Carraccioli.
Paris, 1776, in-12, 4 vol.

2864. Correspondance littéraire par J.
Franc. La Harpe. *Paris*, 1804, in-8°,
6 vol.

2865. Le Baron de Grimm. Correspondance littéraire, philosophique et critique. *Paris*, 1813, in-8°, 16 vol.

2866. Correspondance littéraire, philosophique et critique, adressée à un sou-
verain d'Allemagne, par M. le Baron
Grimm. *Paris*, 1813, in-8°, 6 vol.

2867. Baron de Grimm. Nouveaux mémoires secrets et inédits. *Paris*, 1834,
in-8°, 2 vol.

e. — *Lettres de femmes*

2868. Lettres galantes et philosophiques
par Mlle de M***, par Toussaint Rémond de Saint-Mard. *Cologne*, 1721,
in-12, 1 vol.

2869. Lettres diverses et critiques, par
Madame Le Prince de Beaumont. *Nancy*,
1750, in-16, 1 vol.

2870. Lettres de Ninon de l'Enclos au
Marquis de Sévigné. *Amsterdam*, 1750,
in-12, 1 vol.

2871. Recueil des lettres de Mme la marquise de Sévigné à Mme la Comtesse de
Grignan, sa fille. *Paris*, 1754, in-12,
8 vol.
(Manque le 1er vol.)

2872. Lettres de Madame du Montier et
de la Marquise de.... sa fille. *Paris*, 1757,
in-12, 1 vol.

2873. Lettres de Madame de Maintenon.
1758, in-12, 9 vol.

2874. Lettres de Madame la Marquise de
Villars. *Amsterdam*, 1759, in-16, 1 vol.

2875. Lettres historiques et galantes, par
Mme Du Noyer. *Amsterdam*, 1760, in-
12, 6 vol.

2876. Lettres de Madame la Marquise de
Pompadour, depuis 1746 jusqu'en 1752.
Londres, 1774, in-16, 1 vol.

2877. Recueil des lettres de Madame la
Marquise de Sévigné. *Paris*, 1775, in-
16, 8 vol.
(Manque le 1er vol.)

2878. Mémoires et correspondance de
Mme d'Epinay. *Paris*, 1818, in-8°,
3 vol.

2879. Même ouvrage.

2880. Lettres de la marquise du Deffand
à Horace Walpole, depuis le Comte
d'Oxford, écrites en 1766 à 1780. *Paris*,
1813, in-8°, 4 vol.

2881. Lettres de Mme de Rémusat, 1804-
1814, publiées par son petit-fils, Paul de
Rémusat. *Paris*, 1881, in-8°, 2 vol.

2882. Mme Hess (Marie-Madeleine). En
villégiature. *Paris*, 1883, in-13, 1 broch.

NEUVIÈME CLASSE

MÉLANGES LITTÉRAIRES

OEuvres diverses en latin

2883. Andreæ NAUGERII orationes duæ carminaque nonnulla. *Venetiis*, 1530, in-4°, 1 vol.

2884. Joannis PONTANI opera quæ soluta oratione composuit. *Basileæ*, 1538, in-8°, 3 vol.

2885. Gabrielis PUTHERBEI Theotimus, sive de tollendis et expungendis malis libris. *Parisiis*, 1549, in-12, 1 vol.

2886. Petri CRINITI opuscula. *Lugduni*, 1561, in-16, 1 vol.

2887. Joannis CASÆ latina monimenta, quorum partim versibus, partim soluta oratione scripta sunt. *Florentiæ*, 1567, in-8°, 1 vol.

2888. Joannis PASSERATI orationes et præfationes. *Parisiis*, 1606, in-12, 1 vol.

2889. Francisci REMONDI epigrammata, elegiæ et orationes. *Antuerpiæ*, 1606, in-12, 1 vol.

2890. Même ouvrage.

2891. Jocorum atque seriorum, cum novorum tum selectorum lectu non solum jucundus verum utilis, etc., aut. Othone MELANDRO. *Smalcadia*, 1611, in-12, 1 vol.

2892. Justi Jodoci DECULEONIS orationes, epistolæ et carmina. *Antuerpiæ*, 1613, in-16, 1 vol.

2893. Même ouvrage.

2894. Vincentii MARINERII Valentini opera omnia poetica et oratoria in IX libros divisa. *Turnoni*, 1633, in-8°, 1 vol.

2895. Eryci PUTEANI Unus et omnis, amœnitas bonæ mentis. *Lovanii*, 1633, in-4°, 1 vol.

2896. Joannis PIERII VALERIANI Bellunensis de literatorum infelicitate libri duo. *Amstelodami*, 1647, in-18, 1 vol.

2897. Joannis VALERIANI Bellunensis de literatorum infelicitate libri duo. *Amstelodami*, 1647, in-32, 1 vol.

2898. Elegantiores præstantium virorum satyræ. Distinguuntur in tomos duos. *Lugduni Batavorum*, 1655, in-18, 1 vol.

2899. Jacobi CRUCIS suada Delphica, sive orationes 68. *Amstelodami*, 1675, in-16, 1 vol.

2900. Opera latina Caroli LEBEAU. *Parisiis*, 1782, in-8°, 4 vol.

2901. Tractatus varii latini a CREVIER, BROTIER, AUGER, etc., conscripti. *Londini*, 1788, in-8°, 1 vol.

2902. Recueil de diverses pièces : — 1° Historia strenarum orationibus adversariis explicata et carmine. T. MARCILIUS; 2° orationis dominicæ et salutationis angelicæ interpretatio. In-12, 1 vol.

2903. Recueil de pièces, (en grec et en latin.) In-12, 1 vol.

OEuvres diverses en latin et en français

2904. Les œuvres latines et françaises de Nicolas RAPIN. *Paris*, 1610, in-4°, 1 vol.

2905. Même ouvrage.

2906. Les œuvres du P. RAPIN. *Amsterdam*, 1709, in-12, 2 vol.

2907. Justi Lipsii sapientiæ et litterarum antistitis fama postuma. *Antuerpiæ*, 1613, in-4°, 1 vol.

2908. Scævolæ SAMMARTHANI Quæstoris Franciæ tumulus. *Lutetiæ*, 1630, in-4°, 1 vol.

2909. Abelii SAMMARTHANI Scævolæ f. opera quæ exstant latina et gallica, tum ea quæ soluta oratione, tum ea, quæ versu scripta sunt. *Lutetiæ*, 1632, in-4°, 1 vol.

2910. Même ouvrage.

2911. Scævolæ et Abelii SAMMARTHANORUM patris et filii opera latina et gallica. *Lutetiæ*, 1633, in-4°, 1 vol.

2912. Pauli COLOMESII opera. *Hamburgi*, 1709, in-4°, 1 vol.

2913. Les œuvres de M. COFFIN, ancien recteur de l'Université. *Paris*, 1755, in-12, 2 vol.

2914. Opuscules de feu M. ROLLIN, avec son éloge historique, par M. DE BOZE. *Paris*, 1771, in-8°, 2 vol.

2915. Même ouvrage.

2916. Hermes Romanus, ou Mercure latin par J. N. BARBIER-VÉMARS. *Paris*, 1816, in-12, 3 vol.

2917. Epulum linguarum et apposita ad singula fercula varia condimenta, per Jacobum Xaverium VAN LAREBEKE. — Avec diverses pièces. *Gandavi*, in-12, 1 vol.

2918. Recueil de pièces diverses en latin et en français. In-12, 1 vol.

2919. Recueil de pièces diverses en latin et en français. In-12, 1 vol.

2920. Recueil de pièces diverses en latin et en français. In-12, 1 vol.

2921. Recueil de diverses pièces en latin et en français. *Paris*, 1568, in-12, 1 vol.

OEuvres diverses en français

2922. OEuvres de George DE SELVE, Evesque de LAVAUR. *Paris*, 1559, in-fol., 1 vol.

2923. Les œuvres de Maistre Alain CHARTIER. *Paris*, 1617, in-4°, 1 vol.

2924. Les œuvres diverses de M. DE BRÉBEUF. In-12, 1 vol.

2925. Le philosophe, ou admiration, l'orateur, ou rhétorique chrétienne, le prince, ou imitation de Dieu, le vassal, ou le fief, par Philippe DE BROIDE. *Douay*, 1627, in-8°, 1 vol.

2926. Les œuvres de Monsieur SARRASIN. *Paris*, 1663, in-12, 1 vol.

2927. Œuvres choisies de SARRASIN. *Paris*, 1826, in-12, 1 vol.

2928. OEuvres mêlées de M. l'abbé DE SAINT-RÉAL. *Paris*, 1689, in-16, 1 vol.

2929. Chefs-d'œuvre des auteurs tragiques et des auteurs comiques. *Paris*, in-12. 8 vol.

2930. Les œuvres diverses de M. PATRU, de l'académie française. *Paris*, 1692, in-12, 2 vol.

2931. Les œuvres de M. DE VOITURE. *Paris*, 1693, in-12, 2 vol.

2932. Les œuvres de M. DE VOITURE. *Paris*, 1734, in-12, 2 vol.

2933. Nouvelles œuvres posthumes de M. D. S. R. *Paris*, 1699, in-16, 1 vol.

2934. Œuvres posthumes de M. le chevalier DE MÉRÉ. *Paris*, 1700, in-12, 2 vol.

2935. Œuvres posthumes de M. le chevalier de MÉRÉ. *La Haye*, 1701, in-8°, 1 vol.

2936. Mélange de pièces amoureuses, galantes et héroïques, par le chevalier DE LA HOSBINIÈRE. *Paris, Brusselles*, 1704, in-12, 1 vol.

2937. Mélanges curieux des meilleures pièces attribuées à SAINT-EVREMONT. *Amsterdam*, 1706, in-16, 5 vol.

2938. Œuvres de Monsieur DE SAINT-EVREMONT, avec la vie de l'auteur, par DES MAIZEAUX. 1740, in-8°, 10 vol.

2939. Œuvres diverses de M. DE SEGRAIS. *Amsterdam*, 1723, in-12, 2 vol.

2940. Œuvres de Monsieur DE CHALAMONT DE LA VISCLÈDE. *Paris*, 1726, in-8°, 1 vol.

2941. Œuvres diverses de M. ROY. *Paris*, 1727, in-8°, 1 vol.

2942. Œuvres de M. PAVILLON, de l'Académie française. *Utrecht*, 1731, in-12, 1 vol.

2943. Œuvres d'Etienne PAVILLON, de l'Académie française. *Amsterdam*, 1747, in-16, 1 vol.

2944. Œuvres d'Etienne PAVILLON, de l'Académie française. *Amsterdam*, 1751, in-16, 1 vol.

2945. Œuvres diverses de Monsieur PELLISSON, de l'Académie française. *Paris*, 1735, in-8°, 3 vol.

2946. Recueil de pièces galantes, en prose et en vers, de Madame la comtesse DE LA SUZE et de M. PÉLISSON. *Trévoux*, 1748, in-12, 5 vol.

2947. Fragments d'histoire et de littérature, par Nic. H. LARROQUE. *La Haye*, 1734, in-12, 1 vol.

2948. Mémoires politiques, amusans et satiriques de Messire J. N. C. DE BRASEY. *Amsterdam*, 1735, in-12, 3 vol.

2949. Œuvres diverses en vers et en prose, par M. LE BRUN. *Paris*, 1736, in-12, 1 vol.

2950. Œuvres de Monsieur SCARRON. *Amsterdam*, 1737, in-16, 10 vol.

2951. Œuvres mêlées de M. l'abbé NADAL. *Paris*, 1738, in-12, 3 vol.

2952. Œuvres de Monsieur l'abbé DE PONS. *Paris*, 1738, in-8°, 1 vol.

2953. Recueil de divers ouvrages en prose et en vers, par le P. BRUMOY. *Paris*, 1741, in-12, 4 vol.

2954. Les Œuvres mêlées de M. DE RÉMOND DE SAINT-MARD. *La Haye*, 1742, in-12, 2 vol.

2955. Même ouvrage.

2956. Le controlleur du Parnasse, ou mémoires de littérature française et étrangère, par LE SAGE. *Berne*, 1745, in-12, 2 vol.

2957. Œuvres de M. DE FONTENELLE. *Paris*, 1752, in-12, 10 vol. (Manque : 5ᵉ et 6ᵉ vol.)

2958. Œuvres DE FONTENELLE. *Paris*, 1790, in-8°, 8 vol.

2959. Le Spectateur François, par DE MARIVAUX. *Paris*, 1752, in-12, 2 vol.

2960. Œuvres diverses de Monsieur LE FRANC DE POMPIGNAN. *Paris*, 1753, in-12, 2 vol.

2961. Œuvres meslées en prose et en vers. *Genève*, 1753, in-12, 1 vol.

2962. OEuvres choisies de M. de Voltaire. *Genève*, 1756, in-12, 5 vol.

2963. OEuvres posthumes de M. De Glatigny. *Lyon*, 1757, in-12, 1 vol.

2964. OEuvres diverses de M. Dulard. *Amsterdam*, 1758, in-12, 2 vol.

2965. OEuvres diverses de M. Thomas. *Amsterdam*, 1762, in-12, 1 vol.

2966. OEuvres de Monsieur de Moncrif. *Paris*, 1768, in-12, 2 vol.

2967. OEuvres choisies de feu M. de la Monnoye, de l'Académie françoise. *La Haye*, 1770, in-8°, 3 vol.

2968. OEuvres complettes d'Alexis Piron, publiées par Rigoley de Juvigny. *Paris*, 1776, in-12, 8 vol.

2969. OEuvres complettes de M. Palissot. *Londres*, 1779, in-12, 7 vol.

2970. OEuvres de Palissot. *Paris*, 1788, in-8°, 4 vol.

2971. OEuvres de Le Sage. *Amsterdam*, 1783, in-8°, 15 vol.

2972. OEuvres de Lesage. *Paris*, 1845, in-8°, 1 vol.

2973. OEuvres mêlées de Dutens. *Genève*, 1784, in-8°, 1 vol.

2974. OEuvres mêlées de M. L. Dutens, historiographe du roi de la Grande Bretagne. *Londre*, 1797, in-4°, 1 vol.

2975. Collection des meilleurs ouvrages français, composés par des femmes, par Mlle de Kéralio. *Paris*, 1786, in-8°, 3 vol.

2976. Mémoires de Madame de Warens. *Chambéry*, 1786, in-8°, 1 vol.

2977. OEuvres de théâtre et autres poésies de Chabanon. *Paris*, 1788, in-8°, 1 vol.

2978. Pièces intéressantes et peu connues pour servir à l'histoire et à la littérature. *Maestricht*, 1790, in-12, 8 vol.

2979. OEuvres posthumes de Marmontel. *Paris*, 1804, in-8°, 4 vol.

2980. OEuvres posthumes de Marmontel. *Paris*, 1805, in-12, 3 vol.

2981. Mélanges de littérature, par J. B. A. Suard. *Paris*, 1805, in-8°, 5 vol.

2982. Esprit du Mercure de France, depuis son origine jusqu'à 1792. *Paris*, 1810, in-8°, 3 vol.

2983. OEuvres inédites de P. J. Grosley par L. M. Patris Debreuil. *Paris*, 1812, in-8°, 3 vol.

2984. OEuvres du cardinal de Boisgelin, de l'Académie française. *Paris*, 1818, in-8°, 1 vol.

2985. Villemain. Discours et mélanges littéraires. *Paris*, 1823, in-8°, 1 vol.

2986. Villemain. Discours et mélanges littéraires. *Paris*, 1846, in-12, 1 vol.

2987. OEuvres choisies de Sénecé. *Paris*, 1826, in-12, 1 vol.

2988. OEuvres diverses de M. Roger, de l'Académie française, publiées par Ch. Nodier. *Paris*, 1835, in-8° 2 vol.

2989. OEuvres complètes de Beaumarchais. *Paris*, 1837, in-8°, 1 vol.

2990. OEuvres politiques et littéraires d'Armand Carrel. *Paris*, 1837, in-8°, 5 vol.

2991. OEuvres en prose de André Chénier. *Paris*, 1840, in-12, 1 vol.

2992. OEuvres du Comte Adrien de Sarrazin. *Paris*, 1841, in-12, 1 vol.

2993. Mémoires complets, œuvres morales et littéraires de B. Franklin. *Paris*, 1841, in-12, 1 vol.

2994. J. Michelet. Le banquet, papiers intimes. *Paris*, 1879, in-12, 1 vol.

2995. J. Michelet, mon journal. (1820-1823). *Paris*, 1888, in-12, 1 vol.

2996. Dieu, Patrie et Liberté, par Jules Simon. *Paris*, 1883, in-8°, 1 vol.

2997. Jours de solitude, par Octave Pirmetz. *Paris et Genève*, in-8°, 1 vol.

Pensées détachées, mélanges, extraits

2998. Scaligeriana, sive excerpta ex ore Josephi SCALIGERI. *Genevæ*, 1666, in-12, 1 vol.

2999. Scaligeriana, editio altera. *Coloniæ Agrippinæ*, 1667, in-12, 1 vol.

3000. Prima Scaligeriana, editio altera priore emendatior. *Ultrajecti*, 1671, in-12, 1 vol.

3001. Remarques ou réflexions critiques, morales et historiques, par Laurent BORDELON. *Paris*, 1690, in-12, 1 vol.

3002. Les intrigues découvertes, ou le caractère de divers esprits. *Paris*, 1686, in-12, 1 vol.

3003. Le retour des pièces choisies, ou bigarrures curieuses à EMMERICK. 1687, in-12, 2 vol.

3004. Perroniana et Thuana. Alphabetice disposuit DAILLÉ. *Coloniæ Agrippinæ*, 1691, in-12, 1 vol.

3005. Sorberiana, sive excerpta ex ore Samuelis SORBIÈRE. *Tolosæ*, 1691, in-12, 1 vol.

3006. Menagiana, sive excerpta ex ore Ægidii MENAGII. *Parisiis*, 1693, in-12, 1 vol.

3007. Diversités curieuses pour servir de récréations à l'esprit, par l'abbé BOURDELON. *Paris*, 1694, in-12, 8 vol.

3008. Les paroles remarquables, les bons mots et les maximes des Orientaux. *Paris*, 1694, in-12, 1 vol.

3009. Même ouvrage.

3010. Sorberiana, ou bons mots de M. SORBIÈRE. *Paris*, 1694, in-12, 1 vol.

3011. Valesiana, ou les pensées critiques, historiques et morales de M. DE VALOIS. *Paris*, 1694, in-12, 1 vol.

TOME IV.

3012. Recueil d'apophtegmes, ou bons mots. *Toulouse*, 1695, in-12, 1 vol.

3013. Bigarrures ingénieuses, ou nouvelles diversités. *Paris*, 1695, in-12, 1 vol.

3014. Réflexions, pensées et bons mots, par le sr PEPINOCOURT. *Paris*, 1696, in-12, 1 vol.

3015. Diversités curieuses, pour servir de récréation à l'esprit, par l'abbé BORDELON. *Amsterdam*, 1696, in-12, 7 vol.

3016. Furetiriana, ou les bons mots et les remarques de M. FURETIÈRE. *Lyon*, 1696, in-12, 1 vol.

3017. Diversités curieuses en plusieurs lettres par l'abbé BORDELON. *Paris*, 1698, in-12, 2 vol.

3018. Pensées ingénieuses des anciens et des modernes, par le P. BOUHOURS. *Paris*, 1698, in-12, 1 vol.

3019. Parrhasiana, ou pensées diverses, par Th. PARRHASE. *Amsterdam*, 1699, in-12, 1 vol.

3020. Parrhasiana, ou pensées diverses sur des matières de critique et d'histoire, par Théodore PARRHASE. *Amsterdam*, 1701, in-12, 1 vol.

3021. Même ouvrage.

3022. Anonimiana, ou mélanges de poésie, d'éloquence et d'érudition. *Paris*, 1700, in-12, 1 vol.

3023. Naudæana et Patiniana, ou singularités remarquables prises des conversations de MM. NAUDÉ et PATIN. *Amsterdam*, 1703, in-12, 1 vol.

3024. Le sublime des auteurs, ou pensées choisies, rédigées par matières suivant l'ordre alphabétique, par l'abbé de BELLEGARDE. *Paris*, 1705, in-12, 1 vol.

3025. Santeuilliana, ou les bons mots de M. DE SANTEUIL, avec un abrégé de sa vie. *La Haye*, 1708, in-8°, 1 vol.

3026. Elite des bons mots et des pensées choisies. *Amsterdam*, 1709, in-12, 1 vol.

3027. Saillies d'esprit, ou choix curieux de traits utiles, par M. GAYOT DE PETAVAL. *Paris*, 1713, in-12, 2 vol.

3028. Le passe-temps agréable ou nouveau choix de bons mots, etc. *Rotterdam*, 1715, in-12, 1 vol.

3029. Les femmes savantes, ou bibliothèque des dames. *Amsterdam*, 1718, in-12, 1 vol.

3030. Huetiana, ou pensées diverses de M. HUET, évêque d'Avranches. *Amsterdam*, 1723, in-12, 1 vol.

3031. Carpenteriana, ou remarques et bons mots de M. CHARPENTIER. *Paris*, 1724, in-12, 1 vol.

3032. Même ouvrage.

3033. Grenier à sel, ou recueil nouveau de bons mots, etc. par ROUSSELET. *Paris*, 1730, in-12, 1 vol.

3034. Nouveaux amusements du cœur et de l'esprit, par E. A. PHILIPPE DE PRÉTOT. *La Haye*, 1737, in-12, 4 vol.

3035. Le philanthrope, par Elie BERTRAND. *La Haye*, 1738, in-12, 2 vol.

3036. Ducatiana, ou remarques de M. LE DUCHAT. *Amsterdam*, 1738, in-12, 2 vol.

3037. Matanasiana, ou mémoires littéraires du docteur MATANASIUS. *A La Haye*, 1740, in-12, 2 vol.

3038. Scaligeriana, Thuana, Perroniana, etc, ou remarques historiques, critiques, etc. *Amsterdam*, 1740, in-12, 1 vol.

3039. Même ouvrage.

3040. Bolœana, ou bons mots de BOILEAU. *Amsterdam*, 1742, in-12, 1 vol.

3041. Saint-Evremoniana, ou recueil de pièces curieuses, etc. *Amsterdam*, 1750, in-16, 1 vol.

3042. Le mot et la chose, par M. CAMPAN. 1752, in-12, 1 vol.

3043. Anecdotes littéraires, ou histoire de ce qui est arrivé de plus singulier aux écrivains français depuis le renouvellement des lettres, etc. *Paris*, 1752, in-12, 2 vol.

3044. Mes Pensées, par LA BEAUMELLE. *Berlin*, 1752, in-12, 1 vol.

3045. Longueruana, ou recueil de pensées, de discours et de conversations de feu Louis Dufour de LONGUERUE. *Berlin*, 1754, in-12, 1 vol.

3046. Même ouvrage.

3047. Même ouvrage.

3048. Même ouvrage.

3049. Les amusemens des gens d'esprit, par Pierre-Louis DE MASSAC. *Amsterdam*, 1756, in-12, 1 vol.

3050. Sevigniana, ou recueil de pensées ingénieuses de Madame DE SÉVIGNÉ. *Grignan*, 1756, in-12, 1 vol.

3051. Mes Loisirs (par le ch. d'Arcq). *Paris*, 1756, in-12, 1 vol.

3052. Mélanges littéraires. *Amsterdam*, 1756, in-12, 1 vol.

3053. Le castoiement, ou instruction du père à son fils. Chronique de S. Magloire et quelques autres pièces historiques. *Paris*, 1760, in-12, 1 vol.

3054. Le génie de Montesquieu, par DELEYRE. *Amsterdam*, 1759, in-12, 1 vol.

3055. Esprit de M. de Voltaire, par VILLARET. ..... 1759, in-8°, 1 vol.

3056. Les erreurs de Voltaire. *Paris*, 1762, in-12, 2 vol.

3057. Les pensées de J.-J. ROUSSEAU. *Amsterdam*, 1764, in-12, 1 vol.

3058. Pensées de M. l'abbé Prévot. *Amsterdam*, 1764, in-12, 1 vol.

3059. Les loisirs de M. de C★★. *La Haye*, 1764, in-12, 2 vol.

3060. Variétés sérieuses et amusantes. *Amsterdam*, 1765, in-12, 4 vol.

3061. Nouvelle bibliothèque de littérature, d'histoire, etc., ou choix des meilleurs morceaux tirés des Ana. *Lille*, 1765, in-8°, 2 vol.

3062. Esprit de Mademoiselle de Scuderi. *Amsterdam*, 1766, in-12, 1 vol.

3063. Pensées philosophiques de M. de Voltaire. 1766, in-12, 1 vol.

3064. L'esprit des poëtes et orateurs célèbres du règne de Louis XIV. par Mlle de St-Wast. *Paris*, 1767, in-12, 1 vol.

3065. M. Voltaire, peint par lui-même. *Lausanne*, 1775, in-12, 1 vol.

3066. Génie de M. de Buffon. *Paris*, 1778, in-12, 1 vol.

3067. Fêtes des Bonnes-Gens de Canon, et des Rosières de Briquebec et de St-Sauveur-le-Vicomte, par l'abbé Le Monnier. *Paris*, 1778, in-8°, 1 vol.

3068. Pensées de Sénèque, recueillies par Angliviel de la Beaumelle. *Paris*, 1779, in-12, 1 vol.

3069. Mon Oisiveté, par Charles Remi. *Amsterdam*, 1779, in-8°, 1 vol.

3070. Mes souvenirs et autres opuscules, de M. Le Gay. *Caen*, 1788, in-12, 2 vol.

3071. Ana, ou collection de bons mots, contes, etc. *Amsterdam*, 1789, in-8°, 10 vol.

3072. Pensées diverses, par Etienne Coeiulhe. *Paris*, ..., in-18, 1 vol.

3073. Bibliothèque académique, par A. Serieys. *Paris*, 1810, in-8°, 12 vol.

3074. Huetiana, ou pensées diverses de Huet, évêque d'Avranches. *Paris*, 1822, in-8°, 1 vol.

3075. A bas Voltaire ! par Nobody. 1867, in-16, 1 vol.

3076. Voyage à travers mon atelier, par J. Deschamps. *Paris*, 1879, in 12, 1 vol.

3077. Les trois rêves, suivi de Daira l'abîme, par Dubuisson d'Auxerre. *Nevers*, 1884, in-12, 1 vol.

3078. L'esprit des Orientaux, pensées, maximes, sentences et proverbes, recueillis et mis en ordre alphabétique, par A. Morel. *Paris*, in-18, 1 vol.

3079. L'esprit des Latins, pensées, maximes, sentences et proverbes, recueillis et mis en ordre alphabétique, par A. Morel. *Paris*, in-18, 1 vol.

3080. L'esprit des Italiens, pensées, maximes, sentences et proverbes recueillis et mis en ordre alphabétique, par P. J. Martin. *Paris*, in-18, 1 vol.

3081. L'esprit des Espagnols, pensées, maximes, sentences et proverbes, recueillis et mis en ordre alphabétique, par P. J. Martin. *Paris*, in-18, 1 vol.

3082. L'esprit des Anglais, pensées, maximes, sentences et proverbes, recueillis et mis en ordre alphabétique, par A. Esquiros. *Paris*, in-18, 1 vol.

3083. L'esprit des Allemands, pensées, maximes, sentences et proverbes, recueillis et mis en ordre alphabétique, par A. Morel et Ed. Gérimont. *Paris*, in-18, 1 vol.

3084. Feuilletons du Propagateur. Miscellanées. *Arras*, in-8°, 3 vol.

Recueils de pièces détachées

3085. Divers portraits, par Mademoiselle DE MONTPENSIER. *Caen,* 1659, in-4°, 1 vol.

3086. Recueil de pièces galantes, en prose et en vers, de Madame la comtesse DE LA SUZE, d'une autre dame et de M. PÉLISSON. *Paris,* 1678, in-12, 1 vol.

3087. Le porte-feuille de M. L. D. F. L. DE LA FAILLE. *Carpentras,* 1694, in-12, 1 vol.

3088. Recueil de pièces curieuses et nouvelles tant en prose qu'en vers. *La Haye,* 1694, in-12, 4 vol.

3089. Recueil de pièces diverses de littérature et histoire. *Lille,* 1694, in-4°, 1 vol.

3090. Conversations académiques, par le sieur GALLOIS. *Paris,* 1698, in-12, 1 vol.

3091. Bibliothèque volante, ou élite de pièces fugitives, par le sieur JOLLI. *Amsterdam,* 1700, in-12, 1 vol.

3092. Bibliothèque volante, ou élite de pièces fugitives (3° partie), par JOLLI. *Amsterdam,* 1700, in-16, 1 vol.

3093. Bibliothèque volante, ou élite de pièces fugitives, par le sieur JOLLI. *Amsterdam,* 1700-1702, in-12, 3 vol. (incomplet).

3094. Pièces de poésie qui ont remporté le prix de l'Académie Française, depuis 1671 jusqu'à 1747. *Paris,* 1747, in-12, 1 vol.

3095. Même ouvrage.

3096. Recueil de pièces en prose et en vers de l'Académie de La Rochelle. *Paris,* 1747, in-8°, 1 vol.

3097. Mélanges de poésie, de littérature et d'histoire, par l'Académie des Belles-Lettres de Montauban, pour les années 1744-45-46. *Montauban,* 1750, in-8°, 1 vol.

3098. Même ouvrage.

3099. Même ouvrage.

3100. Mélanges de poésie, de littérature, etc., par l'Académie de Montauban, pour les années 1747, 48, 49 et 50. *Montauban,* 1755, in-8°, 1 vol.

3101. Le portefeuille de Madame de T... *Berlin,* 1751, in-12, 1 vol.

3102. Recueil de différentes choses, par le Marquis DE LASSAY. *Lausanne,* 1756, in-4°, 4 vol.

3103. Le portefeuille trouvé, ou tablettes d'un curieux, par d'AQUIN DE CHATEAU-LYON. *Genève,* 1757, in-12, 1 vol.

3104. Le portefeuille amusant, ou nouvelles variétés littéraires, par GUILLARD DE BEAURIEU. *Paris,* 1773, in-12, 1 vol.

3105. Le Conservateur, ou recueil de morceaux inédits tirés des portefeuilles de M. François DE NEUFCHATEAU. *Paris,* An VIII, in-8°, 2 vol.

3106. Variétés littéraires, ou recueil de pièces concernant la philosophie et la littérature. *Paris,* 1804, in-8°, 4 vol.

3107. Opuscules par CAUCHOIS-LEMAIRE. *Paris,* 1821, in-8°, 1 vol.

3108. Leçons et modèles de littérature française ancienne et moderne, par J. F. TISSOT. *Paris,* 1835, in-8°, 2 vol.

3109. Latini sermonis vetustioris reliquiæ selectæ, par A. E. EGGER. *Paris,* 1843, in-8°, 1 vol.

3110. Variétés historiques et littéraires, recueil de pièces volantes rares et curieuses en prose et en vers, revues et annotées, par Edouard FOURNIER. *Paris,* 1855, in-16, 10 vol.

3111. Recueil de divers opuscules de M. Victor ADVIELLE. in-12, 1 vol.

3112. Recueil de pièces sur différents sujets. Harangues et discours. in-4°, 1 vol.

3113. Recueil de pièces diverses. in-4°, 1 vol.

3114. Recueil de pièces diverses de poésie et de littérature. in-8°, 1 vol.

3115. Recueil de diverses pièces. — Épître à Voltaire ; Childéric I·ʳ, roi de France ; Éloge de Dreux, marquis de Brézé, par le duc DE NOAILLES. in-8°, 1 vol.

3116. Recueil de pièces diverses. in-12, 1 vol.

DIXIÈME CLASSE

PHILOLOGIE OU CRITIQUE

Traités de la critique

3117. Projet et fragmens d'un dictionnaire critique, par BAYLE. *Rotterdam, 1692,* in-8°, 1 vol.

3118. De philologia tractatus Guil. BUDÆI, Thomæ CAMPANELLÆ, etc. quos Thomas CRENIUS collegit. *Lugduni in Batavis,* 1696, in-4°, 1 vol.

3119. Joannis CLERICI ars critica, in qua ad studia linguarum latinæ, græcæ et hebraïcæ via munita.*Amstelodami,* 1700, in-12, 3 vol.

3120. Petri POIRET de eruditione triplici solida, superficiaria falsa libri tres. *Amstelodami,* 1707, in-4°, 1 vol.

3121. Henrici VALESII emendationum libri quinque et de critica libri duo, edente Petro BURMANNO. *Amstelodami,* 1711, in-4°, 1 vol.

3122. Mélanges de mythologie et de linguistique, par Michel BRÉAL. *Paris,* 1878, in-8°, 1 vol.

3123. Manuel de philologie classique, par Salomon REINACH. *Paris,* 1880, in-8°, 2 vol.

Critiques grecs

3124. ATHENÆI. Deipnosophistarum, sive cœnæ sapientium libri xv. *Basileæ,*1535, in-f°, 1 vol.

3125. ATHENÆI Naucratis deipnosophistarum libri xv, in latinum sermonem versi a Jac. DALECHAMPIO. *Lugduni,* 1583, in-f°, 1 vol.

3126. ATHENÆI deipnosophistarum libri xv, cura Is. CASAUBONI. *Heidelbergæ,* 1597, in-f°, 1 vol.

3127. Isaaci CASAUBONI animadversionum in ATHENÆI deipnosophistas libri xv. *Lugduni,* 1600, in-f°, 1 vol.

3128. ATHENÆI deipnosophistarum libri quindecim, cum Jacobi DALECHAMPII latina interpretatione. *Lugduni,* 1012, in-f°, 1 vol.

3129. ATHENÆI deipnosophistarum libri quindecim. *Argentorati,* 1801, in-8°, 14 vol.

Critiques latins anciens

3130. Auli-Gellii noctes Atticæ. *Lugduni*, 1550, in-8°, 1 vol.

3131. Auli-Gellii noctes Atticæ. *Lugduni*, 1559, in-16, 1 vol.

3132. Auli-Gelii noctes Atticæ, cum notis Joannis Fred. Gronovii. *Lugd. Batav.* 1687, in-8°, 1 vol.

3133. Macrobii Ambrosii opera. *Lugduni*, 1556, in-12, 1 vol.

3134. Aur. Theodosii Macrobii opera. *Lugd. Batav.* 1597, in-8°, 1 vol.

3135. OEuvres de Macrobe, traduites par de Rosoy. *Paris*, 1827, in-8°, 2 vol.

Critiques latins modernes

3136. Alberti Pii Comitis tres et viginti libri in locos lucubrationum variarum D. Erasmi Roterodami. *Parisiis*, 1531, in-fol., 1 vol.

3137. Lilii Gregorii Gyraldi dialogismi xxx. *Venetiis*, 1532, in-12, 1 vol.

3138. Petri Victorii variarum lectionum libri xxv. *Florentiæ*, 1553, in-fol., 1 vol.

3139. Lodovici Cælii Rhodigini lectionum antiquarum libri xxx. *Lugduni*, 1560, in-8°, 1 vol.

3140. Antiquarum lectionum commentaria Lodovici Cælii Rhodigini. *Parisiis*, 1617, in-fol., 1 vol.

3141. Balth. Bonifacii Rhodigini historia ludicra, opus ex omni disciplinarum genere, selecta et jucunda eruditione refertum. *Bruxellæ*, 1656, in-4°, 1 vol.

3142. Même ouvrage.

3143. Petri Pithæi adversariorum subsecivorum libri ii. *Parisiis*, 1565, in-12, 1 vol.

3144. Antonii Mureti variarum lectionum libri viii. *Parisiis*, 1573, in-12, 1 vol.

3145. In auctores pene omnes, antiquos potissimum, censio; Claudio Verderio auctore. *Lugduni*, 1586, in-4°, 1 vol.

3146. Joannis Meursii exercitationum criticarum partes ii. *Lugduni Batavorum*, 1599, in-12, 1 vol.

3147. Joannis Meursii atticarum lectionum libri vi. *Lugd. Batav.*, 1617, in-4°, 1 vol.

3148. Adriani Turnebii adversariorum tomi iii. *Argentinæ*, 1599, in-fol., 1 vol.

3149. Desiderii Heraldi adversariorum libri duo. *Parisiis*, 1599, in-12, 1 vol.

3150. Même ouvrage.

3151. Joannis Servilii de mirandis antiquorum operibus libri tres. *Lubecæ*, 1600, in-4°, 1 vol.

3152. Martini de Roa singularium locorum ac rerum libri v. *Lugduni*, 1604, in-8°, 2 vol.

3153. Gasparis Scioppii Scaliger hypobolimæus. *Moguntiæ*, 1607, in-4°, 1 vol.

3154. Cornelii Bredæ errores; liber philologus. *Lovanii*, 1612, in-4°, 1 vol.

3155. Francisci Fernandii de Cordova didascalia multiplex. *Lugduni*, 1615, in-12, 1 vol.

3156. Gasperii Gevartii electorum libri iii. In quibus plurima veterum scriptorum loca obscura et controversa explicantur. *Lutetiæ*, 1619, in-4°, 1 vol.

3157. Quatuor clarissimorum virorum satyræ. *Lugduni Batav.*, 1620, in-12, 1 vol.

3158. Jacobi PONTANI philocalia, sive excerptorum e sacris et externis auctoribus opus. *Augustæ*, 1626, in-fol., 1 vol.

3159. Samuelis PETITI miscellaneorum libri novem. *Parisiis*, 1630, in-4°, 1 vol.

3160. Même ouvrage.

3161. Même ouvrage.

3162. Politiæ literariæ Angeli DECEMBRII libri septem. *Augustæ Vindelicorum*, 1640, in-fol., 1 vol.

3163. Aurifodina artium et scientiarum omnium excerpendi solertia ab Hieremia DREXELIO. *Antuerpiæ*, 1641, in-32, 1 vol.

3164. Joh. HENRICI URSINI de ZOROASTRE Bactriano, HERMETE TRISMEGISTO, SANCHONIATHONE Phænicio, eorumque scriptis, et aliis, contra Mosaïcæ scripturæ antiquitatem exercitationes familiares. *Norimbergæ*, 1661, in-12, 1 vol.

3165. Gasperis SCIOPPII grammatica philosophica. *Amstelodami*, 1664, in-12, 1 vol.

3166. Illustris Bilibaldi PIRCKHEIMERE, consiliarii quondam DD. Maximilianii et Caroli V. imp. aug. opera politica, historica, philologica et epistolica. *Francofurti ad Moenum*, 1665, in-fol., 1 vol.

3167. Guil. SALDENI de libris usu et abusu libri duo. *Amstelodami*, 1688, in-12, 1 vol.

3168. Gasperis SCIOPPII grammatica philosophica a Petro SCAVENIO. *Franc Keræ*, 1704, in-12, 1 vol.

3169. ALEXANDRI AB ALEXANDRO jurisperiti Neapolitani, genialium dierum, libri sex cum notis. *Lugduni Batavorum*, 1673, in-8°. 2 vol.

3170. ALEXANDRI AB ALEXANDRO genialium dierum libri sex, cum commentariis Andreæ TIRAQUELLI. *Lugduni Batavorum*, 1674, in-8°, 2 vol.

3171. Latini Latinii Viterbiensis bibliotheca sacra et profana, sive observationes et variæ lectiones in sacros et profanos scriptores a Dominico MACRO Melitensi. *Romæ*, 1677, in-fol., 1 vol.

3172. Petri PETITI miscellanearum observationum libri quatuor, nunquam antehac editi. *Trajecti ad Rhenum*, 1682, in-8°, 1 vol.

3173. Censura celebriorum authorum, sive tractatus in quo varia virorum doctorum de clarissimis cujusque sæculi scriptoribus judicia traduntur omnia digessit, etc. Pope BLOUNT. *Genevæ*, 1696, in-4°, 1 vol.

3174. Magnus elucidarius omnes historias et poeticas fabulas continens insuper montes, valles, amnes, etc., et omnia in poetarum monumentis loca famigerabilia. In-4°, 1 vol.

3175. Io. Conradi SCHWARTS de plagio literario liber unus. *Lipsiæ*, 1706, in-12, 1 vol.

3176. Hadriani Junii HORNANI animadversa, de coma commentarium. *Roterodami*, 1708, in-12, 1 vol.

3177. Casauboniana, sive Isaaci CASAUBONI varia de scriptoribus librisque judicia. *Hamburgi*, 1710, in-12, 1 vol.

3178. Bibliotheca Bremensis historico-philologico-theologica. *Bremæ*, 1718, in-12, 16 vol.

3179. Museum historico-philologico-theologicum. *Bremæ*, 1728, in-12, 1 vol.

3180. Amœnitates literariæ quibus variæ observationes scripta item quædam anecdota et rariora opuscula exhibentur. *Francofurti*, 1730, in-12, 7 vol.

3181. Petri ZORNII opuscula sacra, hoc est programmatum, dissertationum, orationum, epistolarum in quibus selectissima historiæ ecclesiasticæ et literariæ capita illustrantur. *Altonaviæ*, 1731, in-8°, 1 vol.

3182. Leonis ALLATII, opuscula græca et latina, vetustiora et recentiora. *Venetiis,* 1733, in-fol., 1 vol.

3183. J. Georgii WALCHII historia critica latinæ linguæ. *Coloniæ,* 1734, in-12, 2 vol.

3184. Miscellanea Duisburgensia, theologica, historica, philologica. *Amstelodami,* 1736, in-12, 2 vol.

3185. Miscellanea Groningana in miscellaneorum Duisburgensium continuationem publicata. *Amstelodami,* 1736, in-12, 4 vol.

3186. Nicolai HEINSII adversariorum libri IV, curante Petro BURMANNO. *Harlingæ,* 1742, in-4°, 1 vol.

3187. Symbolæ litterariæ opuscula varia, philologica, etc. *Romæ,* 1751, in-8°, 1 vol.

3188. Triga opusculorum criticorum rariorum. *Trajecti ad Rhenum,* 1755, in-8°, 1 vol.

3189. Bibliotheca Bremensis nova historico-philologico-theologica. *Bremæ et Amstelodami,* 1760, in-12, 6 vol.

3190. Francisci SANCTII Brocensis opera omnia. *Genevæ,* 1766, in-8°, 4 vol.

3191. Bibliotheca Hagana historico-philologico-theologica, a Nicolao BARKEY. *Amstelodami,* 1768, in-12, 1 vol.

3192. Analecta Ulphilana duabus comprehensa dissertationibus, prima de codice argenteo et litteratura Gothica, altera de Mœsogothorum nominibus. *Upsaliæ,* 1769, in-4°, 1 vol.

3193. Museum Haganum historico-philologico-theologicum, a Nicolao BARKEY. *Hagæ Comitum,* 1774, in-12, 1 vol.

3194. Simbolæ litterariæ Haganæ, editore Nicolao BARKEY. *Hagæ Comitum,* 1777, in-12, 1 vol.

3195. Symbolæ litterariæ ex Haganis factæ Duisburgenses a Io. Petro BERG. *Hagæ Comitum,* 1783, in-12, 2 vol.

3196. Prolusiones et opuscula academica argumenti maxime philologici ; scripsit Birgerus THORLACIUS. *Havniæ,* 1806, in-8°, 1 vol.

3197. Ricardi DAWESII miscellanea critica. *Londini,* 1827, in-8°, 1 vol.

3198. Scriptorum a societate Hafniensi bonis artibus promovendis dedita Danice editorum tomi tres. *Hafniæ,* 1868, in-4°, 3 vol.

Critiques italiens

3199. Le imprese illustri, con espositione de Jeronimo AUSCELLI. *In Venetia,* 1580, in-4°, 1 vol.

3200. Josephi LAURENTII Lucensis Polymathia, sive variæ eruditionis antiquæ libri sex. *Lugduni,* 1666, in-8°, 1 vol.

3201. L'Exilé, journal de littérature italienne. *Paris,* 1832, in-fol., 3 vol.

Critiques anglais

3202. Mélanges de littérature et de philosophie, par POPE. *Londres,* 1742, in-12, 2 vol.

CRITIQUES FRANÇAIS

a. — Généralités

3203. Des bons mots et des bons contes. De leur usage, de la raillerie des anciens, de la raillerie et des railleurs de notre temps, par De Callières. *Paris*, 1692, in-12, 1 vol.

3204. Décision faite en Sorbonne, touchant la comédie. *Paris*, 1694, in-12, 1 vol.

3205. Du bel esprit, où sont examinés les sentiments qu'on a d'ordinaire dans le monde, par Fr. de Callières. *Paris*, 1695, in-12, 1 vol.

3206. Des causes de la corruption du goût, par Madame Dacier. *Paris*, 1714, in-12, 1 vol.

3207. Des causes de la corruption du goût, par Madame Dacier. *Amsterdam*, 1715, in-12, 1 vol.

3208. Réflexions historiques et critiques sur le goût, par le marquis d'Argens. *Amsterdam*, 1743, in-12, 1 vol.

3209. Les leçons de Thalie, ou les tableaux des divers ridicules que la comédie présente, par P. A. Alletz. *Paris*, 1751, in-12, 2 vol.

3210. Essai historique et philosophique sur le goût, par M. Cartaud de la Vilate. *Londres*, 1751, in-12, 1 vol.

3211. Même ouvrage.

3212. Essai sur le goût, par Alex. Gérard. *Paris*, 1766, in-12, 1 vol.

3213. Même ouvrage.

3214. Scènes de la nature sous les tropiques, et de leur influence sur la poésie, par Ferdinand Denis. *Paris*, 1824, in-8°, 1 vol.

3215. Lettres sur les fabulistes, par M. Jauffret. *Paris*, 1827, in-12, 3 vol.

3216. Entrevue de Napoléon I*er* et de Gœthe, suivie de notes et commentaires, par Sklower. *Lille*, 1853, in-8°, 1 vol.

3217. Thèses de littérature, par B. Julien. *Paris*, 1856, in-8°, 1 vol.

3218. Études de philologie comparée sur l'argot, par Francisque Michel. *Paris*, 1856, in-8°, 1 vol.

3219. F. Génin. Récréations philologiques. *Paris*, 1858, in-12, 2 vol.

3220. Études et glanures pour faire suite à l'histoire de la langue française, par E. Littré. *Paris*, 1880, in-8°, 1 vol.

3221. Principes de la critique historique, par de Smedt. *Liége et Paris*, 1883, in-12, 1 vol.

3222. Notions élémentaires de critique historique, par Tardif. *Paris*, 1883, in-8°, 1 broch.

Cours de littérature générale

3223. Les Comparaisons des grands hommes de l'antiquité, qui ont le plus excellé dans les belles-lettres, par Rapin. *Paris*, 1674, in-4°, 1 vol.

3224. Parallèle des anciens et des modernes en ce qui regarde les arts et les sciences et l'éloquence, par M. Pérault, *Paris*, 1690, in-12, 3 vol.

3225. Mémoires pour servir à l'histoire des hommes illustres dans la république des lettres. *Paris*, 1727, in-12, 1 vol.

3226. Observations sur la littérature moderne, par Jos. DE LA PORTE. *La Haye*, 1749, in-12, 9 vol.

3227. Querelles littéraires, ou mémoires pour servir à l'histoire des révolutions de la république des lettres depuis Homère jusqu'à nos jours, par l'abbé A.-S. IRAILH. *Paris*, 1761, in-12, 2 vol.

3228. Essai sur l'étude de la littérature. *Paris*, 1762, in-12, 1 vol.

3229. Dictionnaire littéraire extrait des meilleurs auteurs anciens et modernes. *Liège*, 1768, in-12, 3 vol.

3230. Dictionnaire de littérature, par l'abbé SABATIER, de Castres. *Paris*, 1770, in-12, 3 vol.

3231. Même ouvrage.

3232. Lycée, ou cours de littérature ancienne et moderne, par J. F. LA HARPE. *Paris*, 1799, in-8°, 16 vol.

3233. Cours analytique de littérature générale par M. L. LEMERCIER. *Paris*, 1817, in-4°, 4 vol.

3234. VILLEMAIN. Études de littérature ancienne et étrangère. *Paris*, 1846, in-12, 1 vol.

3235. Cours familier de littérature, par DE LAMARTINE. *Paris*, 1856, in-8°, 30 vol.

3236. La littérature française depuis la formation de la langue, par STAAFF. *Paris*, 1871, in-8°, 3 vol.

3237. Les deux masques, tragédie-comédie par PAUL DE ST-VICTOR. 1re série. Les Antiques : Eschyle, Sophocle, Euripide, Kalidasa. 2e série : les modernes ; Shakespeare, le théâtre français depuis les origines jusqu'à Beaumarchais. *Paris*, 1880-83, in-8°, 3 vol.

3238. Anciens et modernes, par Paul DE SAINT-VICTOR. *Paris*, 1886, in-8°, 1 vol.

c. — *Etudes critiques sur les écrivains grecs et latins*

3239. Jacobi PALMERII A GRENTEMESNIL exercitationes in optimos fere auctores Græcos. *Lugd. Batav.*, 1668, in-4°, 1 vol.

3240. Remarques sur Virgile, sur Homère etc., par P. V. FAYDIT. *Paris*, 1705, in-12, 2 vol.

3241. Georgii d'ARNAULD specimen animadversionem criticarum ad aliquot scriptores Græcos. *Amstelodami*, 1730, in-8°, 1 vol.

3242. Remarques sur Virgile et sur Homère. *Amsterdam*, 1734, in-12, 1 vol.

3243. Apologie pour Hérodote, ou traité de la conformité des merveilles anciennes avec les modernes, par Henri ESTIENNE. *La Haye*, 1735, in-12, 3 vol.

3244. Henri ESTIENNE. Apologie pour Hé-rodote avec notes par RISTELHUBER. *Paris*, 1879, in-8°, 2 vol.

3245. Recherches et dissertations sur Hérodote, par le président BOUHIER. *Dijon*, 1746, in-4°, 1 vol.

3246. Éléments de critique, ou recherches des différentes causes de l'altération des textes latins, avec les moyens d'en rendre la lecture plus facile, par l'abbé MOREL. *Paris*, 1766, in-12, 1 vol.

3247. Lettre critique de E. J. BAST à M. J. F. Boissonade, sur Antoninus Liberalis, Partheninus et Aristénète. *Paris*, 1805, in-8°, 1 vol.

3248. Essai sur le génie de Pindare et sur la poésie lyrique, etc., par M. VILLEMAIN. *Paris*, 1859, in-8°, 1 vol.

3249. Les deux arts poétiques d'Horace et de Boileau, par J. C. Barbier. *Paris,* 1874, in-12, 1 vol.

3250. Étude sur Catulle, thèse par Auguste Couat. *Paris,* 1875, in-8°, 1 vol.

3251. Patin. Études sur les tragiques grecs. *Paris,* 1877, in-12, 4 vol.

3252. Étude lexicographique et grammaticale de la latinité de saint Jérôme, par Henri Goelzer. *Paris,* 1884, in-8°, 1 vol.

3253. La comédie grecque, par J. Denis. *Paris,* 1886, in-8°, 2 vol.

3254. C. A. Sainte-Beuve. Étude sur Virgile. *Paris,* in-18, 1 vol.

Etudes sur la littérature anglaise, italienne, allemande et russe

3255. L'Apollon, ou l'oracle de la poésie italienne et espagnole, avec un commentaire général sur tous les poëtes de l'une et de l'autre langue, tant anciens que modernes, par J. Bense du Puis. *Paris,* 1644, in-12, 1 vol.

3256. Histoire de l'origine et des progrès de la poésie, par le docteur Brown. *Paris,* 1768, in-8°, 1 vol.

3257. Le Faust de Goethe, par Henri Blaze. *Paris,* 1842, in-12, 1 vol.

3258. Les Slaves, cours professé au collège de France, par Adam Mickiewicz. (1840-1841). *Paris,* 1849, in-8°, 5 vol.

3259. Hippolyte Lucas. Curiosités dramatiques et littéraires. *Paris,* 1855, in-18, 1 vol.

3260. Biographie de Jonathan Swift, par Emile Reynald. *Paris,* 1860, in-12, 1 vol.

3261. Victor Hugo, William Shakespeare. *Paris,* 1864, in-8°, 1 vol.

3262. Cinquième centenaire de la mort de Pétrarque célébré à Vaucluse (1874). *Avignon,* 1874, in-8°, 1 vol.

3263. Histoire de la comédie anglaise au dix-septième siècle (1672-1707), par A. de Grisy. *Paris,* 1878, in-12, 1 vol.

3264. V¹ᵉ E. M. de Vogüé. Le roman Russe. *Paris,* 1888, in-12, 1 vol.

Etudes sur les écrivains français

3265. Le tombeau de l'orateur François, ou discours de Tyrsis, pour servir de response à la lettre de Périandre, touchant l'apologie pour Monsieur de Balzac. *Paris,* 1628, in-12, 1 vol.

3266. L'Anti-phyllarque, ou réfutation des lettres de Phyllarque à Ariste, par le P. André. *Lyon,* 1630, in-8°, 1 vol.

3267. Réflexions académiques sur les orateurs et sur les poètes, par M. de sainte Garde. *Paris,* 1676, in-16, 1 vol.

3268. Jugement de Pluton sur les deux parties des nouveaux dialogues des morts (par Fontenelle). *Paris,* 1684, in-12, 1 vol.

3269. Jugement de Pluton sur les deux parties des nouveaux dialogues des morts, par Fontenelle. *Paris,* 1703, in-12, 1 vol.

3270. Anti-Menagiana, par Jean Bernier. *Paris,* 1693, in-12, 1 vol.

3271. Critique générale des avantures de Télémaque, par Nic. Gueudeville. *Cologne,* 1700, in-18, 2 vol.

3272. Même ouvrage.

3273. La Télémacomanie, ou la critique du roman intitulé : les avantures de Télémaque, par FAYDIT. *Eleutéropole,*1700, in-12, 1 vol.

3274. Anti-Rousseau, par le poète sans fard GACON. *Rotterdam,* 1712, in-12, 1 vol.

3275. Dissertation sur les œuvres meslées de Monsieur DE SAINT-EVREMONT. *Paris,* 1718, in-8°, 1 vol.

3276. Bayle en petit, ou anatomie de ses ouvrages, par le P. Jacques LEFEBVRE. *Douay,* 1737, in-12, 1 vol.

3277. Recueil de dissertations sur plusieurs tragédies de Corneille et de Racine, par l'abbé F. GRANET. *Paris,* 1739, in-12, 2 vol.

3278. Essais de critique 1° sur les écrits de Mr Rollin, 2° sur les traductions d'Hérodote, 3° sur le dictionnaire géographique et critique de M. Bruze de la Martinière, par l'abbé F. BELLENGER. *Amsterdam,* 1740, in-12, 1 vol.

3279. Même ouvrage.

3280. Même ouvrage.

3281. Critique d'un livre contre les spectacles, intitulé J.-J. Rousseau, à M. D'Alembert. *Amsterdam,* 1740, in-8°, 1 vol.

3282. Critique d'un livre contre les spectacles, intitulé J.-J. ROUSSEAU, citoyen de Genève à M. D'ALEMBERT. *Amsterdam,* 1760, in-8°, 1 vol.

3283. Examen critique des ouvrages de BAYLE, par le P. Jacques LE FÈVRE. *Paris,* 1747, in-12, 1 vol.

3284. Même ouvrage.

3285. Analyse raisonnée de Bayle, par l'abbé Fr. Marie DE MARSY.*Londres,*1755, in-12, 4 vol.

3286. Sentiments critiques sur les caractères de M. DE LA BRUYÈRE. *Amsterdam,* 1750, in-12, 1 vol.

3287. Remarques sur les tragédies de Jean Racine, par Louis RACINE. *Amsterdam,* 1752, in-12, 3 vol.

3288. Même ouvrage.

3289. Réflexions philosophiques et littéraires, sur le poëme de la Religion naturelle, par A. L. THOMAS. *Paris,* 1756, in-12. 1 vol.

3290. J.-J. ROUSSEAU, citoyen de Genève, à D'Alembert, sur son article Genève. *Amsterdam,* 1759, in-12, 1 vol.

3291. L'oracle des nouveaux philosophes pour servir de suite et d'éclaircissement aux œuvres de Voltaire, par l'abbé Cl. M. GUYON. *Berne,* 1760, in-12, 2 vol.

3292. Examen des critiques du livre intitulé de l'Esprit, par Georges LE ROY. *Londres,* 1760, in-8°, 1 vol.

3293. Les plagiats de M. J.-J. R. de Genève sur l'éducation, par Dom J. Joseph CAJOT, Bénédictin. *La Haye,* 1766, in-12, 1 vol.

3294. Commentaires sur les œuvres de Jean Racine, par LUNEAU DE BOISJERMAIN. *Paris,* 1768, in-12, 3 vol.

3295. Mr DE VOLTAIRE peint par lui même, ou lettres de cet écrivain. *Lausanne,* 1768, in-12, 1 vol.

3296. Les erreurs de Voltaire, par l'abbé NONNOTTE. *Lyon,* 1770, in-12, 2 vol.

3297. VOLTAIRE. Recueil des particularités curieuses de sa vie et de sa mort, par Marie Maximilien HAREL. *Porrentrui,* 1781, in-8°, 1 vol.

3298. Analyses et critiques des ouvrages de M. DE VOLTAIRE, par l'abbé C. Thomas SERPE. *Kell,* 1789, in-8°, 1 vol.

3299. Recueil de pièces : vie de Molière ; lettres sur les théâtres. *Paris,* 1789, in-12, 1 vol.

3300. Études sur La FONTAINE, par P. L. SOLVET, précédées de son éloge par M. GAILLARD. *Paris,* 1812, in-8°, 1 vol.

3301. Notice sur le caractère et les écrits de Madame DE STAEL, par Madame NECKER DE SAUSSURE. *Paris*, 1820, in-12, 1 vol.

3302. Lettres sur les contes de fées attribués à PERRAULT, par C. A. WALCKENAER. *Paris*, 1826, in-12, 1 vol.

3303. VILLEMAIN. Tableau de la littérature au Moyen-âge. *Paris*, in-8°, 2 vol.

3304. VILLEMAIN. Tableau de la littérature au dix-huitième siècle. *Paris*, 1840, in-8°, 4 vol.

3305. SAINTE-BEUVE. Tableau historique de la poésie française et du théâtre français, au XVIᵉ siècle. *Paris*, 1838, in-8°, 2 vol.

3306. C. A. SAINTE-BEUVE. Tableau historique et critique de la poésie française au XVIᵉ siècle. *Paris*, 1869, in-18, 1 vol.

3307. C. A. SAINTE-BEUVE. Premiers lundis. *Paris*, in-18, 3 vol.

3308. C. A. SAINTE-BEUVE. Nouveaux lundis. *Paris*, 1875, in-18, 13 vol.

3309. C. A. SAINTE-BEUVE. Chroniques parisiennes. *Paris*, 1876, in-18, 1 vol.

3310. C. A. SAINTE-BEUVE. Madame DESBORDES-VALMORE. *Paris*, in-18, 1 vol.

3311. C. A. SAINTE-BEUVE. CHATEAUBRIAND et son groupe littéraire. *Paris*, in-18, 2 vol.

3312. C. A. SAINTE-BEUVE. P. J. PROUDHON, sa vie et sa correspondance. *Paris*, in-18, 1 vol.

3313. C. A. SAINTE-BEUVE. Souvenirs et indiscrétions. *Paris*, in-18, 1 vol.

3314. C. A. SAINTE-BEUVE. Trois brochures. *Paris*.

3315. Monumens de la littérature Romane, par GATIEN-ARNOULT. *Toulouse*, 1841, in-8°, 3 vol.

3316. KERVIN DE LETTENHOVE. FROISSART, étude littéraire sur le XIVᵉ siècle. *Bruxelles*, 1857, in-12, 2 vol.

3317. Thèses de critique et poésies, par B. JULIEN. *Paris*, 1858, in-8°, 1 vol.

3318. DAMAS HINARD. LA FONTAINE et BUFFON. *Paris*, 1861, in-12, 1 vol.

3319. De la prose française au milieu du XVIIᵉ siècle (1643-1661), par GANDAR. *Paris*, 1862, in-8°, 1 broch.

3320. Les contemporains de Molière, par Victor FOURNEL. *Paris*, 1863, in-8°, 3 vol.

3321. J. Marie PEIGNÉ. LAMENNAIS, sa vie intime à la Chênaie. *Paris*, 1864, in-16, 1 vol.

3322. PRÉVOST-PARADOL. Études sur les moralistes français. *Paris*, 1865, in-12, 1 vol.

3323. Alfred DELVAU. Henry Murger et la bohème. *Paris*, 1856, in-16, 1 vol.

3324. Essai sur les œuvres dramatiques de Jean ROTROU. Thèse par J. Jarry. *Paris*, 1868, in-8°, 1 vol.

3325. H. TAINE. Les philosophes classiques du dix-huitième siècle. *Paris*, 1868, in-18, 1 vol.

3326. H. TAINE. LA FONTAINE et ses fables. *Paris*, 1870, in-18, 1 vol.

3327. H. TAINE. Essai de critique et d'histoire. *Paris*, 1871, in-18, 1 vol.

3328. H. TAINE. Nouveaux essais de critique et d'histoire. *Paris*, in-18, 1 vol.

3329. Vie du R. P. LACORDAIRE, par FOISSET. *Paris*, 1870, in-8°, 2 vol.

3330. Étude sur les essais DE MONTAIGNE, par LEVEAUX. *Paris*, 1870, in-12, 1 vol.

3331. Les orateurs sacrés à la cour de Louis XIV, par l'abbé A. HUREL. *Paris*, 1872, in-8°, 2 vol.

3332. LAMARTINE, par LEGOUVÉ (Conférence). *Paris*, 1876, in-8°, brochure.

3333. Étude biographique sur François VILLON, d'après les documents inédits, par Auguste LONGNON. *Paris*, 1877, in-12, 1 vol.

3334. Étude sur la vie et les œuvres de Jean DE MAIRET, par Gaston BIZOS. *Paris*, 1877, in-8°, 1 vol.

3335. Le seizième siècle en France. Tableau de la littérature et de la langue, par MM. A. DARMESTETER et Ad. HATZFELD. *Paris*, 1878, in-12, 1 vol.

3336. BOSSUET orateur, par E. GANDAR. *Paris*, 1880, in-18, 1 vol.

3337. Choix de sermons de la jeunesse de BOSSUET, par E. GANDAR. *Paris*, 1881, in-18°, 1 vol.

3338. La tribune moderne en France et en Angleterre, 1re partie : M. de Chateaubriand, sa vie, ses écrits, etc. 2e partie : Fox, Lord Grey ; MM. de Serre, Royer Collard, Dupin, Desmousseux de Givré, E. Gladstone, par M. VILLEMAIN. *Paris*, 1882, in-8°, 2 vol.

3339. Polyeucte dans l'histoire. Études sur le martyre de Polyeucte, par B. AUBÉ. *Paris*, 1882, in-8°, 1 vol.

3340. L'éloquence politique et parlementaire, en France avant 1789, d'après des documents manuscrits, par Charles AUBERTIN. *Paris*, 1882, in-8°, 1 vol.

3341. Histoire de la littérature française, par D. NISARD. *Paris*, 1882, in-12, 4 vol.

3342. Nouveaux mélanges d'histoire et de littérature, par NISARD. *Paris*, 1886, in-12, 1 vol.

3343. La tragédie française au XVIe siècle (1550-1600), par Emile FAGUET. *Paris*, 1883, in-8°, 1 vol.

3344. RIVAROL et la Société française pendant la Révolution et l'émigration (1753-1801). Études et portraits historiques et littéraires, d'après des documents inédits, par M. DE LESCURE. *Paris*, 1883, in-8°, 1 vol.

3345. Vie de Mgr DUPANLOUP, Evêque d'Orléans, par l'abbé LAGRANGE. *Paris*, 1883, in-8°, 3 vol.

3346. Monseigneur DUPANLOUP et M. LAGRANGE, son historien, par l'abbé MAYNARD. *Paris*, 1884, in-8°, 1 vol.

3347. L'abbé BAUTAIN, sa vie et ses œuvres, par l'abbé de RÉGNY. *Paris*, 1884, in-12, 1 vol.

3348. Henri MARTIN, sa vie, ses œuvres, son rôle, par L. MAINARD et P. BUQUET. Préface de M. H. CARNOT. *Paris*, 1884, in-12, 1 vol.

3349. Le romantisme des classiques, par DESCHANEL. *Paris*, 1883, in-12, 1 vol.

3350. RACINE, par DESCHANEL. *Paris*, 1884, in-12, 2 vol.

3351. PASCAL, LA ROCHEFOUCAULT, BOSSUET, par DESCHANEL. *Paris*, 1885, in-12, 1 vol.

3352. Le théâtre de VOLTAIRE, par DESCHANEL. *Paris*, 1886, in-12, 1 vol.

3353. BOILEAU et Charles PERRAULT, par DESCHANEL. *Paris*, 1888, in-12, 1 vol.

3354. La vie de Rotrou mieux connue, documents inédits sur la société polie de son temps, et la querelle du Cid, par Henri CHARDON. *Paris*, 1884, in-8°, 1 vol.

3355. La poésie du moyen-âge. Leçons et lectures, par Gaston PARIS. *Paris*, 1885, in-12, 1 vol.

3356. Paul BOURGET. Essais de Psychologie contemporaine. Baudelaire, — M. Renan, — Flaubert, — M. Taine, — M. Dumas fils, — M. Leconte de Lisle... etc. *Paris*, 1885-86, in-12, 2 vol.

3357. RACINE et Victor HUGO, par Paul STAPPER. *Paris*, 1887, in-12, 1 vol.

3358. L'abbé MAURY (1746-1791). L'abbé Maury avant 1789, l'abbé Maury et MIRABEAU, par Mgr RICHARD. *Paris*, 1887, in-12, 1 vol.

3359. Les orateurs politiques de la France. La tradition et l'esprit français et politique, par Albert CHABRIER. *Paris*, 1888, in-12, 1 vol.

3360. Victor BARBIER. Les Rosati. Notice historique et choix de poésies. *Arras*, 1888, in-12, 1 vol.

3361. Étude sur l'œuvre d'Honoré DE BALZAC, par Augustin CABAT. *Paris*, 1889, in-8°, 1 vol.

3362. M. DE LESCURE. François COPPÉE, l'homme, la vie et l'œuvre (1842-1889). *Paris*, 1889, in-12, 1 vol.

Mélanges de critique

3363. Mélanges historiques, et recueil de diverses matières paradoxalles et vraies, par Pierre DE SAINT-JULIEN. *Lyon*, 1589, in-8°, 1 vol.

3364. Vérités académiques, ou réfutation des préjugés populaires dont se servent les jésuites contre l'université de Paris, par Godefroy HERMANT. *Paris*, 1643, in-8°, 1 vol.

3365. La guerre des auteurs anciens et modernes, par Gabriel GUÉRET. *Paris*, 1671, in-16, 1 vol.

3366. L'académie des beaux esprits. *Paris*, 1673, in-12, 1 vol.

3367. Pensées diverses écrites à un docteur de Sorbonne, à l'occasion de la comète, qui parut en décembre 1680, par BAYLE. *Rotterdam*, 1683, in-12, 1 vol.

3368. Factum pour messire Antoine FURETIÈRE, abbé de Chalivoy, contre quelques uns de l'académie française, par FURETIÈRE. *Amsterdam*, 1685, in-12, 1 vol.

3369. Factum pour messire Antoine Furetière, par FURETIÈRE. *Amsterdam*, 1686, in-16, 2 vol.

3370. Même ouvrage.

3371. Histoire poétique de la guerre nouvellement déclarée entre les anciens et les modernes, par Fr. DE CALLIÈRE. *Amsterdam*, 1688, in-12, 1 vol.

3372. L'enterrement du dictionnaire de l'académie, par MALLEMENT DE MESSANGE. ......, 1697, in-12, 1 vol.

3373. Mélange critique de littérature de M. ANCILLON. *Basle*, 1698, in-12, 1 vol.

3374. Remarques et décisions de l'académie française, recueillies par M. L. TALLEMANT. *Paris*, 1698, in-12, 1 vol.

3375. Mélanges d'histoire et de littérature, recueillis par DE VIGNEUL-MARVILLE. *Rotterdam*, 1700, in-12, 1 vol.

3376. Même ouvrage.

3377. Mélange critique de littérature, recueilli par l'abbé DE LA MORLIÈRE. *Amsterdam*, 1701, in-12, 1 vol.

3378. Bibliothèque curieuse et instructive de divers ouvrages anciens et modernes, de littérature et des arts, par le P. Claude François MÉNESTRIER. *Trévoux*, 1704, in-12, 1 vol.

3379. Même ouvrage.

3380. Bibliothèque critique, ou recueil de diverses pièces critiques publiées par DE SAINJORE. *Basle*, 1709, in-12, 2 vol.

3381. Histoire critique de la république des lettres, tant ancienne que moderne par Samuel MASSON. *Utrecht*, 1712, in-12, 2 vol.

3382. Le chef-d'œuvre d'un inconnu. Poëme heureusement découvert et mis au jour avec des remarques savantes et recherchées, par Chrysostome MATANASIUS (Thémiseuil). *La Haye*, 1714, in-12, 1 vol.

3383. Même ouvrage.

3384. Le chef-d'œuvre d'un inconnu, par le Dr Chrisostome MATANASIUS (THEMISEUIL DE SAINT-HYACINTHE). *La Haye*, 1732, in-12, 2 vol.

3385. Matanasiana, ou mémoires littéraires, historiques et critiques du docteur MATANASIUS, S. D. L. R. G. *La Haye*, 1740, in-12, 1 vol.

3386. Mémoires de littérature, par M. A. H. DE SALLENGE. *La Haye*, 1715, in-8°, 2 vol.

3387. Même ouvrage.

3388. Mémoires littéraires. *La Haye*, 1716, in-12, 1 vol.

3389. Même ouvrage.

3390. Les aménités de la critique, ou dissertations et remarques nouvelles sur divers points de l'antiquité ecclésiastique et profane, par dom Jean LIRON. *Paris*, 1717, in-12, 1 vol.

3391. Même ouvrage.

3392. De la charlatanerie des savants, avec des remarques critiques de différents auteurs, par M. MENKEN. *La Haye*, 1721, in-12, 1 vol.

3393. Récréations littéraires, avec l'histoire de Zamet-Barcais, par M. de L. P.-J. DE LA PIMPIE DE SOLIGNAC. *Paris*, 1723, in-12, 1 vol.

3394. Même ouvrage.

3395. Recueil de littérature, de philosophie et d'histoire, par C. E. JORDAN, de Berlin. *Amsterdam*, 1730, in-12, 1 vol.

3396. Même ouvrage.

3397. Remarques historiques, critiques et satiriques d'un cosmopolite, par A. F. DESLANDES. *Cologne*, 1731, in-16, 1 vol.

3398. Histoire critique des journaux, par D. F. CAMUSAT, publié par J. F. BERNARD. *Amsterdam*, 1734, in-12, 2 vol.

3399. Le Nouvelliste du Parnasse, ou réflexions sur les ouvrages nouveaux, par DESFONTAINES et GRANET. *Paris*, 1734, in-12, 2 vol.

3400. Éloge funèbre de très haut et très enfoncé philosophe Frisesomoron, contenant tout le fin de la philosophie Péripatéticienne, avec des réflexions critiques et badines. *Paris*, 1737, in-12, 1 vol.

3401. Mémoires historiques, politiques, critiques et littéraires, par AMELOT DE LA HOUSSAIE. *Amsterdam*, 1737, in-12, 3 vol.

3402. Le mérite vengé, ou conversations littéraires et variées, par le chevalier DE MOUHY. *Amsterdam*, 1737, in-12, 1 vol.

3403. Relation de ce qui s'est passé dans une assemblée tenue au bas du Parnasse, pour la réforme des belles-lettres, par l'abbé Ant. GACHET D'ARTIGNY. *Amsterdam*, 1739, in-12, 1 vol.

3404. Caprices d'imagination, ou lettres sur différents sujets d'histoire et de morale, par J. J. BRUHIER D'ABLAINCOURT. *Paris*, 1740, in-12, 1 vol.

3405. Amusements littéraires ou correspondance politique, historique, philosophique, critique et galante, par DE LA BARBE DE BEAUMARCHAIS. *La Haye*, 1740, in-12, 2 vol.

3406. Essais sur divers sujets de littérature et de morale par l'abbé TRUBLET. *Paris*, 1741, in-12, 1 vol.

3407. Essais sur divers sujets de littérature et de morale, par l'abbé TRUBLET. *Paris*, 1754, in-12, 3 vol.

3408. Même ouvrage.

3409. Essais sur divers sujets de littérature et de morale, par l'abbé TRUBLET. *Paris*, 1762, in-12, 4 vol.

3410. Mémoires secrets de la république des lettres, ou le théâtre de la vérité, par l'auteur des lettres Juives, le Marquis D'ARGENS. *La Haye*, 1743, in-18, 6 vol.

3411. Songes philosophiques par l'auteur des lettres Juives (Le Marquis D'ARGENS). *Berlin*, 1746, in-12, 1 vol.

3412. Nouveaux mémoires d'histoire, de critique et de littérature, par l'abbé D'ARTIGNY. *Paris*, 1749, in-12, 6 vol.

3413. Même ouvrage.

3414. Variétés historiques, physiques et littéraires, ou recherches d'un sçavant, contenant plusieurs pièces curieuses et intéressantes. BOUCHER D'ARGIS. *Paris*, 1752, in-12, 3 vol.

3415. Opuscules de M.F*** (Fréron).*Amsterdam*, 1753, in-12, 3 vol.

3416. L'Abeille, ou recueil de philosophie, de littérature et d'histoire. *La Haye*, 1755, in-8°, 1 vol.

3417. Poliergie, ou mélange de littérature et de poésies, par E. DE VATTEL. *Amsterdam*, 1757, in-12, 1 vol.

3418. Querelles littéraires, ou mémoires pour servir à l'histoire des révolutions de la république des lettres, depuis Homère jusqu'à nos jours, par l'abbé A. S. IRAILH. *Paris*, 1761, in-12, 4 vol.

3419. Nouvelle bibliothèque de littérature, d'histoire, etc., par M. Guill. GRIVEL. *Lille*, 1765, in-12, 2 vol.

3420. Recueil d'instructions et d'amusemens littéraires, par P. L. DE MASSAC. *Amsterdam*, 1765, in-12, 1 vol.

3421. Même ouvrage.

3422. Variétés sérieuses et amusantes, par SABLIER. *Amsterdam*, 1765, in-12, 2 vol.

3423. Mélanges de littérature, d'histoire et de philosophie (par D'ALEMBERT). *Amsterdam*, 1767, in-12, 5 vol.

3424. Mélanges de littérature, d'histoire et de philosophie, par D'ALEMBERT. *Amsterdam*, 1770, in-12, 5 vol.

3425. Pièces philosophiques et littéraires, par D. R. BOULLIER, ... 1769, in-12, 1 vol.

3426. Le Diogène moderne, ou le désap-

probateur, par L. CASTILLON. *Bouillon*, 1770, in-12, 2 vol.

3427. Mélanges de littérature étrangère, par Aubin Louis MILLIN. *Paris*, 1785, in-12, 6 vol.

3428. Le conservateur, ou bibliothèque choisie de littérature, de morale et d'histoire, par Fr. Ant. DELANDINE. *Paris*, 1787, in-12, 2 vol.

3429. Mélanges de littérature, par J. B. A. SUARD. *Paris*, 1803, in-8°, 5 vol.

3430. Mélanges d'histoire, de littérature, etc., tirés d'un portefeuille, par Quintin CRAUFURD, Écossais. *Paris*, 1809, in-4°, 1 vol.

3431. Mélanges de critique et de philologie, par CHARDON DE LA ROCHETTE. *Paris*, 1812, in-8°, 3 vol.

3432. Bibliothèque étrangère d'histoire et de littérature, par AIGNAN. *Paris*, 1823, in-8°, 3 vol.

3433. Mélanges de littérature et de politique, par Benjamin CONSTANT. *Paris*, 1829, in-8°, 1 vol.

3434. Mélanges tirés d'une petite bibliothèque, ou variétés littéraires et philosophiques, par Charles NODIER. *Paris*, 1829, in-8°, 1 vol.

3435. Testament philosophique et littéraire, par Ch. LACRETELLE. *Paris*, 1840, in-8°, 2 vol.

3436. Causeries et méditations historiques et littéraires, par M. Charles MAGNIN. *Paris*, 1843, in-8°, 2 vol.

3437. Études littéraires, par Ch. LABITTE, avec une notice, par SAINTE-BEUVE. *Paris*, 1847, in-8°, 2 vol.

3438. Même ouvrage.

3439. Souvenirs et correspondance, tirés des papiers de Madame DE RÉCAMIER. *Paris*, 1859, in-8°, 2 vol.

3440. Mémoires d'outre-tombe, par CHATEAUBRIAND. *Paris*, 1860, in-8°, 6 vol.

3441. Critiques d'art et de littérature, par le Comte L. Clément DE RIS. *Paris*, 1862, in-8°, 1 vol.

3442. Esquisses morales et littéraires, par Thomas BRUNTON. *Paris*, 1874, in-8°, 1 vol.

3443. Fragments littéraires de M. P. F. DUBOIS. Articles extraits du Globe, précédés d'une notice biographique, par M. E. VACHEROT, 1824, 1830. *Paris*, 1879, in 8°, 2 vol.

3444. Almanachs des noms, contenant l'explication de 2,800 noms, par Lorédan LARCHEY. *Paris*, 1881, in-4° min. 1 br.

3445. Ernest LEGOUVÉ, de l'Académie française. Soixante ans de souvenirs, première partie : Ma jeunesse. *Paris*, 1886, in 8°, 2 vol.

3446. Frédéric Rouvroy, sa vie et ses travaux, par Jules HELBIG. *Liège*, 1886. in-8°, 1 broch.

3447. Le temps passé ; Mélanges de critique littéraire et de morale, par M. et Mme GUIZOT. *Paris*, 1887, in-12, 2 vol.

3448. J. MICHELET. Mon journal, 1820-1823. *Paris*, 1888, in-12, 1 vol.

3449. Mémoires d'un royaliste, par le comte DE FALLOUX. *Paris*, 1888, in-8°, 2 vol.

3450. Excursions historiques et philosophiques à travers le Moyen-Age, publication posthume, par Ch. JOURDAIN. *Paris*, 1888, in-8°, 1 vol.

3451. Recueil de pièces diverses de littérature et d'histoire. in-8°, 1 vol.

3452. Recueil de pièces diverses, et mélanges littéraires. in-8°, 1 vol.

3453. Recueil de pièces diverses de littérature. in-8°, 1 vol.

3454. Recueil de diverses pièces de littérature. in-8°, 1 vol.

3455. Pièces diverses sur la grammaire et la littérature. in-12, 1 vol.

3456. Recueil de pièces diverses de critique littéraire. in-8°, 1 vol.

3457. Recueil. 1° Académie royale des sciences. — Analyses. 2° Linguistique. — Langue Celtique. in-4°, 1 vol.

POLYGRAPHIE, HISTOIRE LITTÉRAIRE, BIBLIOGRAPHIE

POLYGRAPHIE

PREMIÈRE DIVISION

TRAITÉS GÉNÉRAUX. — ENCYCLOPÉDIES

a. — *Introduction à l'étude des sciences*

3458. M. Mantuœ Polymathiæ, hoc est disciplina multijuga, nunc primum in studiosorum gratiam ædita. *Venetiis*, 1558, in-8°, 1 vol.

3459. Introduction générale à l'étude des sciences et des belles-lettres, en faveur des personnes qui ne savent que le français, par A. Bruzen de la Martinière. *La Haye.* 1731, in-12, 1 vol.

3460. Symbolæ literariæ ad incrementum scientiarum omne genus, a variis amice collatæ. *Bremœ*, 1754, in-12, 6 vol.

3461. Io. Matthi. Gesneri, primæ lineæ isagoges in eruditionem universalem. *Lipsiæ*, 1784, in-8°, 1 vol.

Voir le catalogue *Sciences et Arts* Nᵒˢ 2 et 121.

Cornelii Agrippæ de incertitudine et vanitate omninm scientiarum et artium liber. Fr. Baconis de dignitate et augmentis scientiarum libri x.

b. — *Classification des connaissances humaines*

3462. Idealis umbra sapientiæ generalis ; R. P. F. Spiritu Sabbathier. *Parisiis*, 1679, in-4°, 1 vol.

3463. Même ouvrage.

3464. Essai sur la philosophie des sciences, par André-Marie Ampère. *Paris*, 1843, in-8°, 2 vol.

c. — *Dictionnaires encyclopédiques*

3465. Polyanthea, opus suavissimis floribus exornatum, compositum per Dominicum Nanum. *Coloniæ*, 1552, in-fol., 1 vol.

3466. Index universalis alphabeticus materias omni facultate consulto pertractatas, earumque scriptores et locos designans, appendice perampl a locupletatus Fabiani Justiniani. *Romæ*, 1612. in-fol., 1 vol.

3467. Florilegii magni, seu Polyantheæ floribus novissimis sparsæ, libri xx, studio Josephi Langii. *Francofurti*, 1628, in-fol., 3 vol.

3468. Josephi Langii Polyanthea in duos tomos divisa. *Lugduni*, 1669, in-fol., 1 vol.

3469. Dictionnaire théologique, historique, poétique, cosmographique et chronologique, par D. Delvigne-Broissinière. *Paris*, 1668, in-4°, 1 vol.

3470. Jacobi Hoffmamni Lexicon universale quatuor tomis distributum. *Lugduni*, 1698, in-fol., 4 vol.

3471. Dictionnaire universel des arts et des sciences, de MM. de l'Académie française. *Paris*, 1732, in-fol., 2 vol.

3472. Encyclopédie, ou dictionnaire raisonné des sciences, des arts et des métiers, mis en ordre et publié par M. Diderot; et quant à la partie mathématique par M. d'Alembert. Texte, planches et supplément. *Paris*, 1751, 1780, in-fol., 35 vol.

3473. L'esprit de l'Encyclopédie, ou choix des articles les plus curieux, etc. *Genève*, 1769, in-12, 7 vol.

3474. Questions sur l'Encyclopédie par des amateurs. Voltaire.... 1770, in-8°,9 vol.

3475. Encyclopédie moderne ou dictionnaire abrégé des sciences, des lettres et des arts, par Courtin et par une société de gens de lettres. *Paris*, 1823, in-8°, 33 vol. avec les suppléments.

3476. Dictionnaire de la conversation et de la lecture. Publié sous la direction de M. William Duckett. *Paris*, 1833, in-8°, 52 vol.

3477. Dictionnaire de la conversation et de la lecture. Publié sous la direction de M. William Duckett.

— Supplément offrant le résumé des faits et des idées de notre temps sous la direction de M. L. Louvet. *Paris*, 1878, in-8°, 5 vol.

3478. Dictionnaire général des sciences théoriques et appliquées, par Privat-Deschanel et Focillon. *Paris*, 1870, in-8°, 2 vol.

3479. Dictionnaire général des lettres, des beaux-arts et des sciences morales et politiques, par Th. Bachelet et Désobry. *Paris*, 1872, in-8°, 2 vol.

3480. Dictionnaire des mathématiques appliquées. Comprenant les principales applications des mathématiques à l'architecture, à l'arpentage, à l'artillerie, etc. par H. Sonnet. *Paris*, 1884, in-8°, 1 vol.

d. — Encyclopédies

3481. Policratici de nugis curialium et vestigiis philosophorum Joannis Salesberiensis opus, libris octo digestum. *Parisiis*, 1513, in-8°, 1 vol.

3482. Le grand propriétaire de toutes choses, par Jean Corbichon. *Paris*, 1556, in-f°, 1 vol.

3483. Theatrum humanæ vitæ Theodori Zuingeri. *Basileæ*, 1586, in-f°, 5 vol.

3484. Les intelligences de Jean de Villiers exhibantes une figure remplie d'infinités de dictions, langages et sciences. *Paris*, 1587, in-8°, 1 vol.

3485. Decas fabularum humani generis mores, sortem, ingenium, inventa atque opera adumbrantium, per J. Walchium. *Argentorati*, 1609, in-4°, 1 vol.

3486. Les jours caniculaires, c'est-à-dire vingt et trois excellents discours des choses naturelles, composés en latin par Messire Simon Maiole, mis en français, par Fr. de Rosset. *Paris*, 1609, in-4°, 1 vol.

3487. Dies caniculares Simonis MAIOLI, hoc est colloquia tria et viginti physica, nova et penitus admiranda ac summa jucunditate concinnata. *Moguntiæ*, 1614, in-f°, 1 vol.

3488. Les diversitez de toutes les princi-pales choses du monde, par le sieur de la P... *Paris*, 1610, in-f°, 1 vol.

3489. Bibliotheca Mundi, seu Vincentii BURGUNDI speculum quadruplex, naturale, doctrinale, morale, historiale. *Duaci*, 1624, in-f°, 1 vol.

e. — Cours d'études encyclopédiques

3490. Joachimi FORTII RINGELBERGI opera. *Lugduni*, 1556, in-8°, 1 vol.

3491. Joachimi FORTII RINGELBERGII de ratione studii liber vere aureus. *Lugd. Batavorum*, 1633, in-12, 1 vol.

3492. ALSTEDII scientiarum omnium en-cyclopædiæ tomi IV. *Lugduni*, 1649, in-f°, 2 vol.

3493. G. Joannis VOSSII de quatuor arti-bus popularibus, de philologia et scien-tiis mathematicis, libri tres. *Amstelæ-dami*, 1660, in-4°, 1 vol.

3494. Polymathiæ philologicæ, seu totius rerum universitatis ad suos ordines revo-catæ adumbratio, a Joanne JONSTON. *Francofurti*, 1667, in-8°, 1 vol.

3495. Indiculus universalis, ou l'Univers en abrégé du P. POMEY, par l'abbé DI-NOUART. *Paris*, 1756, in-12, 1 vol.

3496. Nouvelle encyclopédie portative, ou tableau général des connaissances hu-maines, par Aug. ROUX. *Paris*, 1756, in-12, 2 vol.

3497. Notionaire, ou mémorial raisonné de ce qu'il y a d'utile et d'intéressant dans les connaissances acquises, par de GAR-SAULT. *Paris*, 1761, in-8°, 1 vol.

3498. Encyclopédie élémentaire, ou intro-duction à l'étude des lettres, des sciences et des arts, par M. l'abbé DE PETITY. *Paris*, 1767, in-4°, 3 vol.

3499. Même ouvrage.

3500. Séances des écoles normales, recueil-lies par des sténographes, et revues par les professeurs. *Paris*, 1800, in-8°, 12 vol.

3501. Manuel pratique des écoles élémen-taires, par M. NYON. *Paris*, 1818, in-12, 1 vol.

3502. Enseignement élémentaire univer-sel, ou encyclopédie de la jeunesse, par de BRIOUDE et BAUDET. *Paris*, 1844, in-8°, 1 vol.

3503. Un million de faits, aide-mémoire universel des arts et des lettres, par J. AICARD, DESPORTES et Paul GERVAIS. *Paris*, 1846, in-8°, 1 vol.

POLYGRAPHES

a. — Polygraphes grecs

3504. PLUTARCHI Choronensis quæ extant opera, cum latina interpretatione ÆMYLII PROBI de vita excellentium imperatorum liber. *Parisiis*, 1572, in-8°, 13 vol.

3505. Même ouvrage.

3506. Thesaurus PLUTARCHI, auct. Francisco LE TORT. *Parisiis*, 1577, in-18, 1 vol.

3507. PLUTARCHI quæ exstant omnia, cum latina interpretatione CRUSERII et XILANDRI. *Francofurti*, 1599, in-f°, 2 vol.

3508. PLUTARCHI omnium quæ exstant operum tomus primus et secundus. *Lutetiæ*, 1624, in-f°, 2 vol.

3509. Œuvres mêlées de PLUTARQUE, traduites du grec par AMYOT. *Paris*, 1802, in-8°, 5 vol.

3510. LUCIANI Samosatensis opera quæ quidem extant, græco sermone in latinum conversa. *Parisiis*, 1546, in-f°, 1 vol.

3511. LUCIANI Samosatensis opera. *Basileæ*, 1555, in-8°, 1 vol.

3512. LUCIANI Samosatensis opera quæ quidem exstant omnia, e græco sermone in latinum per Jacobum MICYLLUM translata. *Lugduni*, 1559, in-f°, 1 vol.

3513. Les œuvres de LUCIAN de Samosate, traduites du grec par Filbert BRETIN. *Paris*, 1581, in-f°, 1 vol.

3514. LUCIANI Samosatensis philosophi opera omnia quæ extant, cum latina interpretatione. *Lutetiæ Parisiorum*, 1615, in-f° 1 vol.

3515. LUCIEN, de la traduction de M. PERROT, sieur d'ABLANCOURT. *Paris*, 1707, in-12, 3 vol.

3516. Excerpta quædam ex LUCIANI Samosatensis operibus, per N. KENT. *Londini*, 1745, in-8°, 1 vol.

3517. PHILOSTRATI Lemnii opera quæ exstant (græce et latine). *Parisiis*, 1608, in-f°, 1 vol.

3518. Claudii OELIANI opera quæ exstant omnia (græce et latine). *Tiguri*, 1556, in-f°, 1 vol.

3519. Cl. OELIANI sophistæ varia historia, græce et latine duobus voluminibus comprehensa, curante Abrahamo GRONOVIO. *Lugd. Batavorum*, 1731, in-4°, 1 vol.

3520. Même ouvrage.

3521. Histoires diverses D'ELIEN. *Paris*, 1772, in-8°, 1 vol.

3522. Claudii OELIANI sophistæ varia historia et fragmenta. *Lipsiæ*, 1780, in-8°, 2 vol.

3523. JULIANI Imperatoris opera quæ exstant omnia. (græce et latine). *Parisiis*, 1583, in-8°, 1 vol.

3524. JULIANI Imperatoris opera quæ quidem reperiri potuerunt omnia. *Parisiis*, 1630, in-4°, 1 vol.

3525. Même ouvrage.

3526. Opuscula mythologica, ethica et physica (græce et latine). *Cantabrigæ*, 1671, in-8°, 1 vol.

3527. Même ouvrage.

3528. Opuscula mythologica, physica et ethica. (græce et latine). *Amstelædami*, 1688, in-8°, 1 vol.

b. — *Polygraphes latins anciens*

3529. M. Tullii CICERONIS opera, studio J. BOULIERII. *Lugduni*. 1562, in-8°, 1 vol.

3530. Marci Tullii CICERONIS opera omnia, a LAMBINO emendata. *Parisiis*, 1566, in-fol., 1 vol.

3531. Tullii CICERONIS opera omnia, cum Jani GRUTERII notis. *Basileæ*, 1687, in-4°, 1 vol.

3532. VALERII MAXIMI dictorum factorumque memorabilium exempla. *Parisiis*, 1580, in-32, 1 vol.

3533. VALERII MAXIMI dictorum factorum-

que memorabilium libri IX, per Stephanum PIGHIUM. *Antuerpiæ*, 1614.

3534. VALERIUS MAXIMUS. *Lugd. Batavorum*, 1655, in-12, 1 vol.

3535. VALÈRE MAXIME, traduction nouvelle, par CLAVIRET. *Paris*, 1665, in-18, 2 vol.

3536. Même ouvrage.

3537. VALERII MAXIMI dictorum factorumque memorabilium libri IX. *Antuerpiæ*, 1685, in-8°, 1 vol.

3538. APULEI opera omnia quæ exstant. *Francofurti*, 1731, in-8°, 1 vol.

c. — *Polygraphes latins modernes*

3539. Varia Phil. BEROALDI opuscula. *Argentorati*, 1510, in-4°, 1 vol.

3540. D. ERASMI lucubrationes. *Argentorati*, 1515, in-4°, 1 vol.

3541. Desiderii ERASMI opera omnia emendatiora et auctiora. *Lugduni Batavorum*, 1703, in-fol., 11 vol.

3542. Joannis PICI Mirandulæ opera omnia. *Parisiis*, 1517, in-fol., 1 vol.

3543. Omnium Angeli POLITIANI operum tomus prior et posterior. *Parisiis*, 1519, in-fol., 1 vol.

3544. Stephani NIGRI monimenta, nempe translationes : Iconum Philostrati, Aureorum Carminum Pythagoræ, etc. *Basileæ*, 1532, in-4°, 1 vol.

3545. Laurentii VALLÆ opera. *Basileæ*, 1540, in-fol., 1 vol.

3546. Cœlii CALCAGNINI opera aliquot. *Basileæ*, 1544, in-fol., 1 vol.

3547. Anneæ Sylvii PICCOLOMINI Senensis

opera quæ extant omnia (Pie II). *Basileæ*, 1551, in-fol., 1 vol.

3548. Même ouvrage.

3549. Commentariorum urbanorum Raphaelis VOLATERRANI octo et triginta libri. *Lugduni*, 1552, in-fol., 1 vol.

3550. Commentariorum urbanorum Raphaelis VOLATERRANI octo et triginta libri. *Basileæ*, 1559, in-fol., 1 vol.

3551. Lodovici VIVIS Valentini opera in duos distincta tomos. *Basileæ*, 1555, in-fol., 2 vol.

3552. Hadriani JUNII animadversorum libri VI, omnigenæ lectionis thesaurus. *Basileæ*, 1556, in-12, 1 vol.

3553. Thomæ MORI Angli omnia latina opera. *Lovanii*, 1566, in-fol., 1 vol.

3554. Uberti FOLIETÆ opuscula nonnulla. *Romæ*, 1574, in-4°, 1 vol.

3555. Opera Joannis GOROPII BECANI. *Antuerpiæ*, 1580, in-fol., 1 vol.

3556. Même ouvrage.

3557. Adriani Turnebi opera. *Argentorati*, 1600, in-fol., 1 vol.

3558. Johan. Wolfii lectionum memorabilium Centenarii xvi. *Romæ*, 1600, in-fol., 2 vol.

3559. Johannis Wolfii opera omnia, theologico-historico-politica. *Francofurti ad Mænum*, 1671, in-fol., 2 vol.

3560. Gerardi Joannis Vossii opera in sex tomos divisa. *Amstelodami*, 1701, in-fol., 6 vol.

3561. Méditations historiques par Ph. Camerarius, comprises en trois volumes qui contiennent trois cents chapitres réduits en quinze livres : tournez de latin en français par Simon Goulart. *Paris*, 1608, in-12, 3 vol.

3562. D. Fulberti Carnotensis Episcopi opera varia, cum notis variorum. *Parisiis*, 1608, in-12, 1 vol.

3563. Henrici Kornmanni de miraculis mortuorum opus novum et admirandum, in decem partes distributum. 1610, in-12, 1 vol.

3564. Lœlii Bisciolæ Mutinensis horarum subsecivarum libri, in quibus pleraque ex philologia, et encyclopædia, et omnibus fere linguis non vulgaria explicata. *Ingolstadii*, 1611, in-fol., 2 vol.

3565. Joannis Trithemii libri polygraphiæ vi. *Argentorati*, 1613, in-12, 1 vol.

3566. Attica bellaria, seu literatorum secundæ mensæ, a Jacobo Pontano. *Augustæ Vindelicorum*, 1617, in-8°, 3 vol.

3567. J. Caes. Bulengeri opusculorum systema duobus tomis digestum. *Lugdini*, 1621, in-fol., 2 vol.

3568. Viridarium sacræ ac profanæ eruditionis a P. Fr. de Mendoça. *Coloniæ Agrippinæ*, 1633, in-8°, 1 vol.

3569. Leonis Allatii opusculorum græcorum et latinorum libri duo. *Coloniæ Agrippinæ*, 1653, in-12, 1 vol.

3570. Antonii Deusingii fasciculus dissertationum selectarum. *Groningæ*, 1660, in-18, 1 vol.

3571. Joh. Henrici Ursini 1° de Zoroastre Bactriano, 2° Hermete Trismegisto, 3° Sanchoniathone Phœnicio exercitationes familiares. *Norimbergæ*, 1661, in-8°, 1 vol.

3572. Johannis Henrici Ursini analectorum sacrorum libri sex. *Francofurti*, 1668, in-8°, 1 vol.

3573. Theodori Janssonii ab Almeloveen inventa novantiqua. *Amsterdam*, 1684, in-12, 1 vol.

3574. Francisci Baconis, Baronis de Verulamio, opera omnia : philosophica, politica, historica, studio Simonis Johannis Arnoldi. *Lipsiæ*, 1694, in-fol., 1 vol.

3575. Jacobi Sirmondi opera varia. *Parisiis*, 1696, in-fol., 5 vol.

3576. Joannis Harduini e societate Jesu opera selecta. *Amstetodami*, 1709, in-fol., 1 vol.

3577. Joannis Harduini e societate Jesu opera varia. *Amstelodami*, 1733, in-fol., 1 vol.

3578. Pauli Colomesii opera, curante Alberto Fabricio. *Hamburgi*, 1709, in-4°, 1 vol.

3579. Christophori Cellarii dissertationes academicæ. *Lipsiæ*, 1712, in-8°, 1 vol.

3580. Ultima verba factaque morientium philosophorum, virorumque et feminarum illustrium, Jacobi de Richebourcq opera. *Amstelœdami*, 1721, in-fol., 2 vol.

3581. Jacobi Sadoleti Cardinalis opera quæ exstant omnia. *Veronæ*, 1737, in-4°, 4 vol.

3582. Petri Scriverii opera anecdocta philologica et poetica ex schedis auctoris mss. eruit et edi curavit Arn. Henr.

Westerhovius. *Trajecti ad Rhenum, 1737, in-4°, 1 vol.*

3583. B. Jo. Alberti Fabricii opusculorum historico-critico-litterariorum syl-

loge. *Hamburgi,* 1738, in-8°, 1 vol.

3584. OEuvres de Leibniz, publiées par Foucher de Careil. *Paris,* 1867, in-8°, 6 vol.

d. — *Polygraphes allemands*

3585. Annæ Mariæ Schurman opuscula hebræa, græca, latina, gallica. *Lugd. Batavorum,* 1601, in-12, 1 vol.

3586. Bilibaldi Pirckheimeri opera politica, historica, philologica, etc.. *Francofurti,* 1610, in-fol., 1 vol.

3587. Mithidrates oder allgemeine sprachenkunde mit dem vater unser als sprachprobe...C. Gesner von Johan Christoph. Adelung. *Berlin,* 1806, in-8°, 4 vol.

3588. Schiller, opera omnia, texte allemand. *Stuttgard,* 1840, in-8°, 1 vol.

3589. OEuvres de Shiller. Traduction nouvelle par Ad.Regnier.Poésies, théâtre, œuvres historiques, mélanges,esthétique. *Paris,* 1868, in-4°, 1 vol.

3590. Klopstock opera omnia. Texte allemand. *Leipsig,* 1840, in-8°, 1 vol.

3591. Goethe opera omnia,texte allemand. *Paris,* 1840, in-8°, 5 vol.

3592. OEuvres de Goethe, traduction par Jacques Porchat. Poésies diverses. Pensées. Divan oriental. Théâtre. Poèmes et romans. Les années d'apprentissage de Wilhem Meister. Les années de voyage de W. Meister. Entretiens d'émigrés allemands. Les bonnes femmes. Nouvelles. Mémoires. Voyages en Suisse et en Italie. Mélanges. *Paris,* 1871, in-8°, 11 vol.

3593. Hoffmann, opera omnia. Texte allemand. *Paris,* 1841, in-8°, 1 vol.

3594. Ludwig Tieck, opera omnia. Texte allemand. *Paris,* 1841, in-8°, 2 vol.

3595. Lessing, opera omnia. Texte allemand. *Leipsig,* 1841, in-8°, 1 vol.

3596. Jean Paul Richter, opera omnia. Texte allemand. *Paris,* 1843, in-8°, 4 vol.

3597. Herder, opera omnia. Texte allemand. *Stuttgard,* 1844, in-8°, 1 vol.

e. — *Polygraphes anglais*

3598. Joannis Caii Britanni opuscula. *Londini,* 1729, in-12, 1 vol.

3599. Wᵐ Robertsons' works.*Paris,*1835, in-8°, 3 vol.

f. — *Polygraphes italiens*

3600. Opere complete di Niccolo Machiavelli. Texte italien. *Firenze,* 1833, in-8°, 1 vol.

g. — Polygraphes espagnols

3601. Les diverses leçons de Pierre MESSIE, contenans variables et mémorables histoires, mises en français par Claude GRUGET. *Paris*, 1567, in-8°, 1 vol.

3602. Les diverses leçons de Pierre MESSIE. *Lyon*, 1570, in-12, 2 vol.

3603. Même ouvrage.

3604. Nuova seconda selva di varia lettione, che segue Pietro MESSIA, etc. *In Venetia*, 1573, in-12, 1 vol.

3605. Les diverses leçons de Piere MESSIE. *Tournon*, 1610, in-8°, 1 vol.

3606. Pentechontarchus, sive quinquaginta militum ductor Laurentii RAMIREZ DE PRADO stipendiis conductus. *Antuerpiæ*, 1612, in-4°, 1 vol.

3607. Joannis GALLEGO DE LA SERNA, opera physica, medica, ethica, etc. *Lugduni*, 1634, in-fol., 1 vol.

3608. Dialogos del illustre cavallero Pero MEXIA. *Madrid*, 1767, in-18, 1 vol.

h. — Polygraphes français

3609. Les œuvres de Maistre Alain CHARTIER, clerc, notaire et secrétaire des rois Charles VI et VII, contenant l'Histoire de son temps, l'Espérance, le Curial, le Quadrilogue, et autres pièces, revues et corrigées, par André DU CHESNE. *Paris*, 1617, in-4°, 1 vol.

3610. Œuvres complètes de Michel l'Hospital, précédées d'un essai sur sa vie et ses ouvrages, par P. J. S. DUFEY, de l'Yonne. *Paris*, 1824, in-8°, 3 vol.

3611. OEuvres inédites de Michel l'Hospital. *Paris*, 1825, in-8°, 3 vol.

3612. Œuvres de feu M. Claude FAUCHET, revues et corrigées en cette dernière édition. etc. *Paris*, 1610, in-4°, 1 vol.

3613. Les œuvres d'Estienne PASQUIER, contenant ses recherches de la France. *Amsterdam*, 1723, in-fol., 2 vol.

3614. Les œuvres d'Estienne PASQUIER, ses lettres, ses œuvres mêlées, et les lettres de Nicolas PASQUIER, fils d'Estienne. *Amsterdam*, 1723, in-fol, 2 vol.

3615. Même ouvrage.

3616. Le Monophile, avec quelques autres œuvres d'amour, par Estienne PASQUIER. *Paris*, 1566, in-12, 1 vol.

3617. Les œuvres du sieur DU VAIR, garde des sceaux de France, comprises en cinq parties. *Rouen*, 1617, in-8°, 1 vol.

3618. Les œuvres du sieur DU VAIR, comprises en cinq parties. *Rouen*, 1624, in-8°, 1 vol.

3619. OEuvres de Messire François DE MALHERBE. (*Voir plus loin : collection des grands écrivains français, par Ad. Régnier*).

3620. Toutes les œuvres de Pierre CHARRON. *Paris*, 1635, in-4°, 1 vol.

3621. Œuvres de Blaise PASCAL. *La Haye*, 1779, in-8°, 5 vol.

3622. Œuvres de M. SARRASIN. *Paris*, 1683, in-12, 2 vol.

3623. Œuvres complètes de Jean DE LA FONTAINE avec des notes et une nouvelle notice sur sa vie, par M. C. A. WALCKENAER. *Paris*, 1870, in-8°, 1 vol.

3624. Œuvres de François DE LA MOTHE LE VAYER. *Paris*, 1662, in-fol., 2 vol.

3625. Œuvres de François DE LA MOTHE LE VAYER. *Dresde*, 1756, in-8°, 14 vol.

3626. Œuvres de M. l'abbé DE SAINT-RÉAL. *Paris*, 1730, in-12, 5 vol.

3627. Œuvres meslées du S. SAINT-EVRE-MONT. *Paris*, 1688, in-12, 1 vol.

3628. Œuvres meslées de SAINT-EVRE-MOND. *Paris*, 1690, in-4°, 2 vol.

3629. Œuvres de Messire Jacques-Bénigne BOSSUET, évêque de Meaux, publiées par L. G. PÉRAU et Fr. LEROY. *Paris*, 1743, in-fol., 17 vol.

3630. Œuvres diverses de M. Pierre BAYLE, contenant tout ce que cet auteur a publié sur des matières de théologie, de philosophie, de critique, d'histoire et de littérature, excepté son dictionnaire historique. *La Haye.* 1727, in-fol., 4 vol.

3631. Œuvres mêlées de FLÉCHIER, évêque de Nîmes.*Paris*, 1712, in-12, 1 vol.

3632. Même ouvrage.

3633. Œuvres de M. François de Salignac de la Mothe FÉNELON. *Paris*, 1787, in-4°, 9 vol.

3634. Œuvres choisies de FÉNELON. *Paris*, 1821, in-8°, 6 vol.

3635. Œuvres de MASSILLON, évêque de Clermont. *Paris*, 1810, in-8°, 13 vol.

3636. Œuvres complètes de BRANTOME. *Paris*, 1822, in-8°, 8 vol.

3637. Œuvres de M. DE TOURREIL, de l'Académie française. *Paris*, 1721, in-4°, 2 vol.

3638. Œuvres de Madame la Marquise DE LAMBERT. *Paris*, 1761, in-12, 1 vol.

3639. Ouvrages posthumes de J. MABILLON et de Thierri RUINART, par D. Vincent THUILLIER. *Paris*, 1724, in-4°, 3 vol.

3640. Œuvres complètes de FRÉRET. Edition augmentée de plusieurs ouvrages inédits, et rédigée par feu M. de SEPT-CHÈNES. *Paris*, 1796, in-12, 20 vol.

3641. Œuvres de M. DE MONTESQUIEU. *Amsterdam*, 1764, in-12, 6 vol.

3642. Œuvres de MONTESQUIEU. *Paris*, 1796, in-4°, 5 vol.

3643. Œuvres de DU MARSAIS. *Paris*, 1797, in-8°, 7 vol.

3644. Œuvres de BOULANGER. *Paris*,1792 in-8°, 8 vol.

3645. Les œuvres de DE MAUPERTUIS. *Berlin*, 1753, in-12, 2 vol.

3646. Œuvres de MAUPERTUIS. *Lyon*, 1756, in-8°, 4 vol.

3647. Œuvres complètes de DUCLOS. *Paris*, 1820, in-8°, 9 vol.

3648. Œuvres complettes de M. DE SAINT-FOIX. *Paris*, 1778, in-8°, 6 vol.

3649. Même ouvrage.

3650. Œuvres complètes de J. J. ROUSSEAU. *Paris*, 1823, in-8°, 25 vol.

3651. Œuvres complètes de VOLTAIRE. *Paris*, 1785, in-8°, 70 vol.

3652. Œuvres complètes de VOLTAIRE. *Paris*, 1785, in-12, 91 vol.

3653. Œuvres choisies de CONDILLAC. *Paris*, 1796, in-4°, 2 vol.

3654. Œuvres complètes de CONDILLAC. *Paris*, 1822, in-8°, 16 vol.

3655. Œuvres de Denis DIDEROT. *Paris*, 1798, in-8°, 15 vol.

3656. Œuvres complètes de DIDEROT avec notes, par J. ASSÉZAT. *Paris*, 1875, in-8°, 20 vol.

3657. Œuvres posthumes de RULHIÈRE, de l'Académie française. *Paris*, 1819, in-8°, 4 vol.

3658. Œuvres de CONDORCET publiées par A. CONDORCET-O'CONNOR et M. F. ARAGO. *Paris*, 1847-49. in-8°, 12 vol.

3659. Œuvres complètes de RIVAROL. *Paris*, 1808, in-8°, 4 vol.

3660. Œuvres complètes de l'abbé Proyart. *Paris*, 1819, in-8°, 17 vol.

3661. Œuvres complètes de d'Alembert. *Paris*, 1821, in-8°, 5 vol.

3662. Œuvres complètes de Bernardin de St-Pierre. — Nouvelle édition revue et augmentée, par Aimé Martin. *Paris*, 1826, in-8°, 12 vol.

3663. Mémoires et mélanges historiques et littéraires, par le Prince de Ligne. *Paris*, 1727, in-8°, 5 vol.

3664. Œuvres de C. F. Volney, mises en ordre et précédées d'une notice sur la vie et les écrits de C. F. Volney (par M. Ad. Bossange). *Paris*, 1826, in-8°, 8 vol.

3665. Le Comte Joseph-Marie de Maistre. Œuvres diverses. *Lyon*, 1838, in-8°, 9 vol.

3666. Œuvres complètes du comte Xavier de Maistre. *Paris*, 1841, in-12. 1 vol.

3667. Œuvres diverses de P. L. Lacretelle (aîné). — Philosophie et littérature. *Paris*, 1802, in-8°, 3 vol.

3668. Chateaubriand. Œuvres complètes. *Paris*, 1826, in-8°, 28 vol.

3669. Ozanam. Œuvres diverses. *Paris*, 1862, in-8°, 6 vol.

3670. Œuvres de François Arago, 2ᵉ édition, mise au courant de la science, par J. A. Barral. *Paris*, 1865, in-8°, 2 vol.

3671. Œuvres de François Arago. Notices scientifiques et voyages scientifiques *Paris*, 1865, in-8°, 5 vol.

3672. Œuvres de François Arago. Mélanges et tables. *Paris*, 1865, in-8°, 2 vol.

3673. Œuvres de Napoléon III. *Paris*, 1854-1869, in-8°, 4 vol.

3674. Œuvres complètes du Baron de Stassart, publiées et accompagnées d'une notice biographique par P. N. Dupont-Delporte. *Paris*, 1855, in-8°, 1 vol.

3675. Œuvres de Franklin. *Paris*, 1773, in-4°, 1 vol.

3676. Collection complète des œuvres de Charles Bonnet. *Neufchâtel*, 1779, in-4°, 10 vol.

3677. Œuvres de Michel Lepelletier de Saint-Fargeau. *Bruxelles*, 1826, in-8°, vol.

3678. Œuvres de J. D. Lanjuinais. *Paris*, 1832, in-8°, 4 vol.

3679. Œuvres complètes de F. de La Mennais. *Paris*, 1836-37, in-8°, 12 vol.

3680. Œuvres complètes de Alphonse de Lamartine. *Paris*, 1839, in-8°, 13 vol.

3681. Œuvres complètes d'Elisa Mercoeur, de Nantes. *Paris*, 1843, in-8°, 3 vol.

3682. Œuvres complètes de Mᵐᵉ Stael-Holstein. *Paris*, 1861, in-8°. 3 vol.

3683. Œuvres de Georges Chastellain, par M. Kervyn de Lettenhove. *Bruxelles* 1863, in-8°, 8 vol.

3684. Œuvres de Froissart, par Kervyn de Lettenhove. *Bruxelles*, 1870, in-8°, 27 vol.

3685. Œuvres de Le Roy-Mabille. — Agronomie, économie politique, histoire, etc. *Paris*, 1868, in-8°, 1 vol.

3686. Œuvres complètes de P.-J. Proudhon. *Paris*, in-12, 34 vol.

3687. Correspondance de P.-J. Proudhon. *Paris*, 1875, in-8°, 14 vol.

3688. Œuvres du R. P. Lacordaire. *Paris*, 1872, in-8°, 9 vol.

3689. Œuvres complètes d'Ernest Renan. *Paris*, 1856, 1889, in-8°, 28 vol.

3690. Œuvres complètes de Victor Hugo. édition définitive. *Paris*, 1879-1889, in-8°, 48 vol.

i. — Variétés.

Sous ce titre se trouvent réunis les ouvrages d'auteurs qui, sans avoir fait de traités spéciaux, ont écrit cependant sur les différentes branches des connaissances humaines.

3691. Les diversitez de Messire Jean-Pierre CAMUS, évesque et seigneur de Belley. *Paris*, 1609, in-8°, 11 vol.

3692. Les diverses leçons de Loys GUYON, Dolois. *Lyon*, 1610, in-8°, 1 vol.

3693. Les diverses leçons d'Antoine DU VERDIER, suivant celles de Pierre MESSIE, contenans plusieurs histoires, discours et faicts mémorables. *Tournon*, 1610, in-12, 1 vol.

3694. Histoires en forme de dialogues sérieux de trois philosophes, par G. CHAPPUYS. *Rouen*, 1625, in-18, 1 vol.

3695. Les préludes de l'harmonie universelle, ou questions curieuses, par le P. Marin MERSENNE. *Paris*, 1634, in-12, 1 vol.

3696. Recueil général des questions traictées ès conférences du bureau d'Adresse, sur toutes sortes de matières, par les plus beaux esprits de ce temps. *Paris*, 1656, in-8°, 5 vol.

3697. Recueil. 1° Harangue prononcée en la présence de la reyne Marguerite et de sa noblesse, par J. LE MIÈRE, maçon. 2° Histoire plaisante, du Lazare de Formès Espagnol. *Douay*, 1668, in-16, 1 vol.

3698. Le cabinet, ou la bibliothèque des grands, histoire, chronologie, etc., par Gédéon PONTIER. *Paris*, 1690, in-12, 2 vol.

3699. Tablettes de l'homme du monde. ..... 1715, in-12, 1 vol.

3700. Recueil de diverses histoires mêlées politiques et morales, par M. DE LAVAU. *Rouen*, 1721, in-12, 1 vol.

3701. Le cabinet du philosophe. *Paris* 1734, in-12, 1 vol.

3702 Divers ouvrages de M. DE TROUSAZ. *Amsterdam*, 1737, in-12, 2 vol.

3703. Singularités historiques et littéraires, par dom Jean LIRON. *Paris*, 1738, in-12, 2 vol.

3704. Singularités historiques et littéraires, par dom Jean LIRON. *Paris*, 1738-40, in-12, 4 vol.

3705. Pensées de M. le comte d'OXENSTIERN, sur divers sujets. *La Haye*, 1742, in-12, 1 vol.

3706. Variétés historiques, physiques et littéraires, ou recherches d'un sçavant, contenant plusieurs pièces curieuses et intéressantes, par BOUCHER D'ARGIS. *Paris*, 1752, in-12, 4 vol.

3707. Même ouvrage.

3708. Recueil de pièces diverses : vie de Benoît Joseph Labre, par MARCONI ; Le sourd muet civilisé, par L. P. PAULMIER. *Paris*, 1784, in-12, 1 vol.

3709. Recueil de pièces intéressantes concernant les antiquités, les beaux-arts, les belles-lettres et la philosophie. *Paris*, 1796, in-8°, 6 vol.

3710. Discours et opinions, journal et souvenirs de Stanislas GIRARDIN. *Paris*, 1828, in-8°, 4 vol.

3711. Analectes historiques pour l'histoire des faits, des mœurs et de la littérature.... etc., par le docteur LE GLAY. *Paris*, 1838, in-8°, 1 vol.

3712. Les souhaits d'un bonhomme à ses concitoyens par Gaspard BELLIN de Bénarés. *Paris*, 1857, in-12, 2 vol.

3713. Recueil de pièces diverses : mélanges littéraires et politiques. In-8°, 1 vol.

3714. Recueil de pièces diverses : 1° Fruits de la solitude et du malheur par FAULCON. 2° Traduction des fables d'APHTONE. 3° HÉSIODE. 4° THÉOGNIS et PYTHAGORE. In-8°, 1 vol.

3715. Recueil de pièces diverses : 1° Examen d'un discours de M. Thomas. 2° Porte-feuille d'un exempt de police. 3° La vie et doléances d'un pauvre diable. In-8°, 1 vol.

3716. Recueil de pièces diverses : Littérature et histoire. In-4°, 1 vol.

3717. Recueil de pièces diverses : Littérature, histoire, commerce. In-8°, 1 vol.

3718. Recueil de pièces diverses : 1° Traité sur la véritable pronciation du grec, par C. MINOÏDE MINAS. 2° Fabliaux inédits, par ROBERT. 3° Thomas BASIN, sa vie et ses écrits, par J. QUICHERAT. In-8°, 1 vol.

3719. Recueil de pièces diverses : Eloges historiques, Comédies, Beaux-arts, Lettres. In-8°, 1 vol.

3720. Recueil de brochures diverses : 1° Cathédrale de Tournay, par LE MAISTRE D'ANSTAING. 2° Statistique de la France, par FAYET. 3° Statistique du Pas de-Calais, par FAYET. 4° Carenci et ses seigneurs, par A. D'HÉRICOURT. 5° Biographie de Bernardotte. 6° Jeanne Divion. 7° Notice sur les travaux économiques de Vauban. 8° Esquisse historique de Gutemberg. In-8°, 1 vol.

3721. Recueil de brochures diverses : 1° Jeanne d'Arc, sa mission et son martyre, par A. RENZI. 2° Comédies par B. ESNAULT. 3° Remarques sur le patois, par G. BRITON. In-8°, 1 vol.

3722. Recueil de pièces diverses : Mélange littéraire et archéologique. In-8°, 1 vol.

3723. Recueil de pièces diverses : mélange littéraire et archéologique. In-8°, 1 vol.

3724. Recueil de pièces diverses : 1° Poésies et éloges historiques. 2° Notes sur la maîtrise de Saint-Quentin et sur les célébrités musicales de cette ville, par Ch. GOMART. In-8°, 1 vol.

3725. Recueil de pièces diverses : 1° Discours académiques. 2° Pamphlets contre Bonaparte. 3° Eloges de René DESCARTES, par M. THOMAS. In-8°, 1 vol.

3726. Recueil. 1° Ritmes et refrains Tournésiens. 2° Serventois et sottes chansons couronnés à Valenciennes. 3° OEuvres de Mathurin REGNIER, par M. VIOLLET LE DUC. In-4°, 1 vol.

3727. Recueil de pièces diverses : la dernière guerre des bestes ; Eutretiens aux champs élysées. Le Moine Marchand. In-12, 1 vol.

3728. Recueil de pièces diverses : 1° Le puits de la vérité ; nouvelle gauloise. 2° Dialogues divers. In-16, 1 vol.

3729. Recueil de pièces diverses : 1° L'âme dans la veille et dans le sommeil, par M. OPOIX. 2° Essai sur le caractère et les mœurs des François comparés à ceux des Anglois. In-12, 1 vol.

3730. Recueil de diverses pièces d'histoire et de littérature. In-18, 1 vol.

3731. Recueil de diverses pièces, critique littéraire, et histoire. In-12, 1 vol.

3732. Recueil de diverses pièces : Turenne. La bière. Lettres ultramontaines. In-12, 1 vol.

3733. Recueil de pièces diverses de littérature. In-12, 1 vol.

3734. Recueil de diverses pièces d'histoire et de littérature. In-12, 1 vol.

3735. Recueil de diverses pièces : Abrégé des devoirs de l'homme, par M. DE GANTÈS. *Arras.*
Mémoires d'un Détenu pour servir à l'histoire de la tyrannie de Robespierre. *Bapaume.* An III. In-8°, 1 vol.

3736. Recueil de pièces diverses. Variétés historiques et littéraires. In-12, 1 vol.

3737. Recueil. 1° Eloge funèbre de très haut et de très enfoncé philosophe Frisemoron, avec des réflexions critiques et badines. 2° Amusement philosophique sur le langage des bestes. In-12, 1 vol.

3738. Recueil de diverses pièces : 1° Pratique curieuse ou les oracles des sibylles, par M. Comiers. 2° Les nombres d'or, par L. Belmontet. 3° Poésies nouvelles de M. de La Monnoye. In-12, 1 vol.

3739. Quatre pièces: 1° Le Paraguay, conversation morale et familière. 2° Le livre des quatre couleurs. 3° Réflexions critiques sur quelques sujets. 4° Le philosophe indien, ou l'art de vivre heureux dans la société. In-12, 1 vol.

3740. Recueil de diverses pièces d'histoire et de littérature. In-12, 1 vol.

TROISIÈME DIVISION

Collection d'ouvrages de divers auteurs

3741. Syntagma variarum dissertationum rariorum ex Musœo J. Georgii Grævii. *Ultrajecti*, 1702, in-4°, 1 vol.

3742. Premier recueil philosophique et littéraire de la Société typographique de Bouillon. *Bouillon*, 1769, in-12, 5 vol.

3743. Archives de missions scientifiques et littéraires, choix de rapports et instructions publié sous les auspices du ministère de l'Instruction publique. *Paris*, 1850-1889, in-8°, 15 vol.

3744. Scriptorum græcorum bibliotheca. Collection des auteurs grecs, avec la traduction latine en regard et les index. *Paris*, 1837-1876, in-8°, vol.

Cette collection comprend les auteurs suivants :

POÈTES.

Homère, d'après la recension de G. Dindorf, et fragments des Cycliques, 1 vol.

Hésiode, Apollonius Rhodius, Tryphiodorus, Coluthus, Quintus Smyrnœus, Tzetzès, Musée, et fragments d'Antimaque, Chœrilus, Panyasis, Asius et Pisander, publié par Lehrs, 1 vol.

Théocrite, Bion et Moschus, et les poètes didactiques, Nicandre, Oppien, Marcellus Sidétès, l'anonyme de viribus Herbarum, Phile, fragmenta Poematum de re naturali et medica, Aratus, Manéthon, Maximus, 1 vol.

Scolies de Théocrite, de Nicandre et d'Oppien, par MM. Dubner et Bussemaker. 1 vol.

Eschyle et les fragments ; Sophocle et les fragments publiés par Ahrens. 1 vol.

Euripide. Texte nouveau, revu, et traduction toute nouvelle par M. le professeur Th. Fix. 1 vol.

Fragments d'Euripide et de tous les tragiques grecs, suivis de tout ce qui reste des drames chrétiens, par MM. Dubner et Wagner. 1 vol.

Aristophane, publié par G. Dindorf ; Ménandre et Philémon, publiés par M. Dubner. 1 vol.

Scolies complètes d'Aristophane, avec un index tout nouveau, publiés par M. Dubner. 1 vol.

Fragments des comiques grecs, publiés d'après Meineke par M. le professeur

BOTHE, avec une notice par M. DUBNER et une table générale, 1 vol.

ANTHOLOGIE, par BOISSONADE, JACOBS, DUBNER, 2 vol.

HISTORIENS.

HÉRODOTE, texte établi par M. G. DINDORF, traduction revue, suivi de CTÉSIAS et des chronographes CASTOR et ERATOSTHÈNE, publiés par M. MULLER. 1 vol.

THUCYDIDE avec les scolies, publié par HAASE, 1 vol.

XÉNOPHON, œuvres complètes, d'après la recension de L. DINDORF, 1 vol.

DIODORE DE SICILE, avec tous les fragments, 2 vol.

POLYBE, et tous les fragments, par M. DUBNER, 1 vol.

FLAVIUS JOSEPHE, recension de G. DINDORF. 2 vol.

APPIEN, par DUBNER, 1 vol.

ARRIEN, ses ouvrages historiques, etc. suivis de tous les historiens d'Alexandre et de l'histoire fabuleuse de ce prince, attribuée à Callisthène ; publié par MM. DUBNER et Ch. MULLER, 1 vol.

PLUTARQUE, les vies, publié par M. DUBNER, 2 vol.

FRAGMENTA HISTORICORUM GRÆCORUM : Hecatœi, Charonis, Xanthi, Hellanici, Pherecydis, Acusilai, Antiochi, Philisti, Timæi, Ephori, Theopompi, Phylarchi, Clitomedi, Phanodemi, Androtionis, Demonis, Philochori, Istri, et APOLLODORI, BIBLIOTHECA, fragmenta, et 183 historicorum, Diodori Siciliensis, Dionysii Halicarnassensis, Nicolaïdis Damasceni fragmenta, per Ch. et Theod. MULLER. 5 vol. Denys d'Halicarnasse ex recensione Ad. KIESSLING et Vict. PROU, 1 vol.

GÉOGRAPHES.

GEOGRAPHI GRÆCI MINORES par Ch. MULLER et Atlas de 29 cartes coloriées, 3 vol.

STRABON, par Ch. MULLER et DUBNER avec un atlas, 2 vol.

PTOLÉMÉE. Géographie par M. Ch. MULLER, avec un atlas de 15 cartes coloriées, 2 vol.

ORATEURS, PHILOSOPHES, ETC.

Démosthène, et fragments recueillis pour la première fois, publié par M. VOMEL, 1 vol.

ORATORES ATTICI, Isocrate, Antiphon, Andocide, Lysias, Isée, Lycurgue, Æschine, Hyperide, Dinargue, Lesbonax, Hérode, etc. et tous les fragments et les scolies ; par MM. AHRENS, BAITER et CH. MULLER. 2 vol.

PLUTARQUE. Morales, publié par M. DUBNER. 2 vol.

PLUTARCHI perditorum operum fragmenta et pseudo-Plutarchea. 1 vol.

PLATON. OEuvres complètes, texte entièrement revu par SCHNEIDER et HIRSCHIG, traduction nouvelle. 2 vol.

Tables et opuscules. 1 vol.

ARISTOTE, par MM. BUSSEMAKER, DUBNER et HEITH. Tome I, contient l'Organon, Rhetorica, Poetica, Politica. Tome II, contient les Ethica, Naturales auscultationes, de cœlo, de generatione, et Metaphysica. Tome III, contient l'histoire, les parties, la marche, la génération des animaux, les parva naturalia, l'âme, les IV livres de météorologie. etc.. Tome IV, physiognomonica, de plantis, mecanica, de mirabilibus, problemata, fragmenta. Tome V, index général. 5 vol.

PLOTIN, Enneades cum FICINI interpretatione castigata, publié par MM. Fr. CREUZER et G. H. MOSER. En tête se trouve PORPHYRII institutiones, suivies des institutiones theologicæ de PROCLUS et PRISCIANI quæstiones. 1 vol.

THÉOPHRASTE, Antonin, Epictète, Arrien, Simplicius, Cébès, Maxime de Tyr, publiés par M. DUBNER. 1 vol.

FRAGMENTS DES PHILOSOPHES, en prose et en vers, par M. MULLACH. 3 vol.

LUCIEN, œuvres complètes publiées par G. DINDORF. 1 vol.

DIOGÈNE LAERCE et JAMBLIQUE, par MM. WERSTERMANN, GOBET et BOISSONADE. 1 vol.

PHILOSTRATE, œuvres complèles par MM. WERSTERMANN ; EUNAPE par BOISSONADE ; HIMÉRIUS par DUBNER. 1 vol.

ELIEN, PHILO-BYZANTIUS, PORPHYRIUS, publiés par M. HERCHER. 1 vol.

PAUSANIAS, publiés par M. L. DINDORF. 1 vol.

SANCTI JOANNIS CHRYSOSTOMI opera selecta græce et latine, codicibus antiquis denuo excussis emendavit Fr. DUBNER. 1 vol.

ROMANCIERS GRECS, Achille Tatius, Longus, Hénophon, Chariton, Héliodore, Parthénius, Jamblique, Ant. Diogènes, Nicetas Eugenianus, Eumathe, Constantin Manassés, Apollonius de Tyr, par MM. BOISSONADE, LEBAS, HIRSCHIG. 1 vol.

EPISTOLOGRAPHES, par MM. HERCHER et BOISSONADE. 1 vol.

BIBLE DES SEPTANTE, publié par M. JAGER. 2. vol.

NOUVEAU TESTAMENT, publié par TISCHENDORF. 1 vol.

THEOPRASTI ERESII opera, quæ supersunt, omnia græca recensuit, latine interpretatus est Fridericus WIMMER. 1 vol.

3545. Collection des auteurs latins avec la traduction en français, publiés sous la direction de M. NISARD.

POÈTES

Théâtre des Latins, traduction par divers.

PLAUTE. Amphitryon, l'Asinaire, les Captifs, le Cable, traduction par feu M. ANDRIEUX.

Les autres pièces, traduction par M. A. FRANÇOIS.

TÉRENCE. Traduction par M. Alfred MAGIN.

SÈNÈQUE, Hercule furieux, Thyeste, traduction par M. Th. SAVALÈTE. Les autres pièces traduites par Ch. DESFORGES. Notes et notices par les traducteurs. 1 vol.

OVIDE. Traductions par divers.

Les Héroïdes, les Amours, les Halieutiques, traduites par M. Th. BAUDEMENT.

L'Art d'aimer, le Remède d'amour, les Cosmétiques, traduits par M. Th. BAUDEMENT.

Les Métamorphoses, traduction par MM. Louis PUGET, Th. GUIARD, CHEVRIAU et FOUQUIER.

Les Fastes, traduits par M. FLEUTELOT.

Les Tristes, les Pontiques, Consolations à Livia Augusta, l'Ibis, le Noyer, les Épigrammes, traduction par M. Ch. NISARD.

Notes et notices par les traducteurs, 1 vol.

LUCAIN, traduction par M. HAURÉAU.

SILIUS ITALICUS, traduction par M. KERMOYSAN.

CLAUDIEN, traduction par M. DELATOUR, à l'exception de l'Enlèvement de Proserpine, traduction par M. GÉRUSEZ.

Notice sur CLAUDIEN par M. Victor LECLERCQ.

Notes et notices par les traducteurs. 1 vol.

LUCRÈCE, traduit par M. CHANIOT. — VIRGILE, traduction de M. Auguste NISARD. — VALÉRIUS FLACCUS, traduit par M. Ch. NISARD.

Notes et notices par les traducteurs. 1 vol.

HORACE, traduction nouvelle. Notice sur Horace par M. PATIN.

Odes, épisodes, chant séculaire, traducteur M. CHEVRIAU.

Satires, traducteur M. GÉNIN.

Epitres, M. GUIARD.

Art poétique, M. Aug. NISARD.

JUVÉNAL, traduction nouvelle par M. COURTAUD D'IVERNERESSE.

PERSE, par le même.

SULPICIA, par le même.

CATULLE, par M. COLLET.

PROPERCE, par M. DENNE-BARON.

GALLUS, par M. Louis PUGET.

MAXIMIEN, par le même.

TIBULLE, par M. Théophile BAUDEMENT.

PHÈDRE, par M. FLEUTELOT.

PUBLIUS SYRUS, par M. Théophile BAUDEMENT.

Notes et notices par les traducteurs, 1 vol.

Stace, traduit par divers.

Les Sylves, par M. Guiard.

La Thébaïde, par M. Arnould.

L'Achilléide, par M. Wartel.

Martial, traduit par M. Ch. Nisard.

Notes sur Martial par M. Brechot du Lut.

Manilius, traduction par M. Pingré, revue.

Lucilius Junior, traduction nouvelle.

Rutilius, traduction nouvelle.

Gratius Faliscus, traduction nouvelle par M. Jacquot.

Calpurnius, traduction par M. Louis Puget.

Notes et notices par les traducteurs, 1 vol.

Cicéron. Œuvres complètes. — Avant-propos. — Vie de Cicéron, par M. Théophile Baudement. Vie de Cicéron, par Plutarque, traduction d'Amyot.

Tableau synchronique des événements qui se rattachent à la vie de Cicéron.

Tableau et analyse des lois citées dans Cicéron.

Calendrier romain.

Suite des Consuls depuis l'an de Rome 690 jusqu'en 711.

Rhétorique, traduction nouvelle par M. Thibaut.

De l'invention oratoire, traduction nouvelle par M. Liez

Les trois dialogues de l'orateur, traduction par M. Gaillard.

Brutus, ou dialogue sur les orateurs illustres, traduction par M. Burnouf.

L'Orateur, traduction par M. Th. Savalète.

Les Topiques, dialogues sur les partitions oratoires, traduction par M. Damas-Hinard.

Les meilleurs genres d'éloquence, traduction par M. Baillard.

Les Paradoxes, traduction par M. Lorquet.

Plaidoyers et discours ; traducteurs MM. Burnouf, Guéroult, Paret, Baudement, Athanase Auger, Ch. Nisard,

Taranne. Voir à la table de ce volume, composé de dix-neuf discours et plaidoyers, la part de chacun des traducteurs.

Discours et plaidoyers (suite), traduction par les mêmes, plus MM. Bellaguet. Kermoysan, Guiart.

Œuvres philosophiques ; traducteur M. Lorquet.

De la Divination, traduction par M. de la Pilorgerie.

Des Lois, traduction par M. Ch. de Rémusat.

Fragments des ouvrages en prose et en vers, traduits par M. Ch. Nisard.

De la demande du Consulat, traduction par M. Eusèbe Salverte.

Lettres de Cicéron, traduction par MM. Defresne et Th. Savalète 5 vol.

Tacite. Vie de Tacite par M. Daunou. — Tableau généalogique de la maison des Césars.

Annales, traduction de M. Dureau dé la Malle.

Histoires, traduction par le même.

La Germanie, traduction par M. D. Nisard.

Vie d'Agricola, traduction par M. A. François.

Notes par les traducteurs. 1 vol.

Tite-Live, traduction par MM. Lebas, Ch. Nisard, Kermoysan, Th. Baudement, Bouteville, Boistel, Magin, Paret, Leprévost, Leudière, Capelle, Bellaguet.

Notes par M. Lebas. 2 vol.

Sénèque, le philosophe, traduction par divers.

De la Colère ; Consolations à Helvia, à Polybe, à Marcia. — De la Providence. — Des Bienfaits. — Consolation du sage. — De la Brièveté de la vie. — Repos du sage. — Tranquillité de l'âme. — De la Clémence. — De la Vie heureuse, par M. Elias Regnault. — Apokolokintose, par M. Hauréau.

Opuscules en vers, traduction par M. Baillard.

Questions naturelles par le même.

Fragments, par le même.

Epîtres, par PINTRELLE. Traduction revue et imprimée par les soins de LA FONTAINE, son parent, qui en a traduit en vers toutes les citations tirées des poètes.

Notes et notices par les traducteurs. 1 vol.

SALLUSTE. Vie de Salluste, par le président DE BROSSES.

Conjuration de Catilina, traduit par M. DAMAS HINARD.

Guerre de Jugurtha, traduite par Ch. BÉLÈZE.

Fragments, traduction par M. DAMAS HINARD.

JULES CÉSAR. Vie de Jules César, traduction de M. Th. BAUDEMENT.

Commentaires sur la guerre des Gaules, par le même.

Commentaires sur la guerre civile, traduction par M. DAMAS HINARD.

Commentaires sur la guerre d'Afrique, sur la guerre d'Alexandrie, sur la guerre d'Espagne, par le même.

VELLEIUS PATERCULUS, traduction par M. HERBET.

FLORUS, traduction par M. Th. BAUDEMENT.

Notes et notices, par les traducteurs. 1 vol.

CORNELIUS NEPOS, traduction par M. KERMOYSAN.

QUINTE-CURCE, traduction de VAUGELAS.

JUSTIN, traduit par M. Ch. NISARD.

VALÈRE-MAXIME, traduction par M. BAUDEMENT.

JULIUS OBSEQUENS, par le même.

Notes et notices par les traducteurs. 1 vol.

SUÉTONE, traduction par M. TH. BAUDEMENT.

LES ÉCRIVAINS DE L'HISTOIRE D'AUGUSTE, par le même.

EUTROPE, par le même.

RUFUS, par le même.

Notes et notices par le traducteur. 1 vol.

MACROBE, traduit par M. MAHUL.

POMPONIUS MELA, traduction par M. HUOT, continuateur de Malte-Brun.

Notes et notices par les traducteurs. 1 vol.

M P. CATON. Economie rurale, traduit par feu ANTOINE VARRON. — De l'agriculture, traduit par M. WOLF.

COLUMELLE. De l'Agriculture, traduction revue de SAVOUREUX DE LA BONNETERIE.

PALLADIUS. De l'Agriculture, traduction revue du même.

Notes et notices par les traducteurs, 1 vol.

PÉTRONE. Traduction par M. BAILLARD.

APULÉE, traduit par divers; M. AULARD et M. T. S. (ce dernier pour les métamorphoses).

L'Ane d'or, par M. Th. S.

AULU-GELLE, traduction par M. JACQUINET et M. FAVRE.

Notes et notices par les traducteurs. 1 vol.

QUINTILIEN, traduction par M. Louis BAUDET.

PLINE LE JEUNE, traduction revue par M. SACY.

Panégyrique de Trajan, traduit par M. BURNOUF.

Notes et notices par les traducteurs. 1 vol.

TERTULLIEN et SAINT-AUGUSTIN, œuvres choisies.

TERTULLIEN, traduction par M. Louis BAUDET.

SAINT-AUGUSTIN, traduit par le même.

Notes et notices par les traducteurs. 1 vol.

CELSE, traduit par le docteur DES ETANGS, notes et notices du traducteur.

VITRUVE, traduction de Perrault, revue par BAUDEMENT. Notes et notices du traducteur. 1 vol.

PLINE LE NATURALISTE, traduction par Em. LITTRÉ. Notes et notices, par le traducteur.

AMMIEN MARCELLIN, traduit par M. Th. SAVALÈTE.

JORNANDÈS, par M. G. FOURNIER DE MOUJAN, 1 vol.

3746. Bibliothèque latine-française, collection des classiques latins avec la traduction en regard, publiée par C. L. F. PANCKOUCKE. *Paris*, 1825-1850, 160 vol. in-8°.

Première série.

APULÉE. Traduction nouvelle par M. V. BÉTOLAUD. 4 vol.

CÉSAR. Traduction nouvelle par M. ARTAUD. 3 vol.

C. V. CATULLE. Traduction par Ch. HÉGUIN DE GUERLE, et CORNELIUS GALLUS, traduction nouvelle par M. J. GENOUILLE. 1 vol.

CICÉRON. 36 vol.

CLAUDIEN. Traduction nouvelle par MM. HÉGUIN DE GUERLE et A. TROGNON. 2 vol.

CORNELIUS NEPOS. Traduction par P. F. DE CALONNE et Am. POMMIER. 1 vol.

L. A. FLORUS. Traduction par F. RAGON, avec une notice par M. VILLEMAIN. 1 vol.

HORACE. Traduction par AMAR, ANDRIEUX, V. ARNAULT. Ph. CHASLES, DARU, DU ROZOIR, NAUDET, F. PANCKOUCKE, E. PANCKOUCKE, DE PONGERVILLE, BIGNAN, CHARPENTIER. J. N. M. DE GUERLE, FELETZ, L. HALEVY, LIEZ, OUIZILLE et A. TROGNON. 2 vol.

JUSTIN. Traduction par J. PIERROT et E. Boitard. 2 vol.

JUVÉNAL. Traduction par DUSAULX. Nouvelle édition, revue et corrigée, par J. PIERROT. 2 vol.

LUCAIN. Traduction par Ph. CHASLES, GRESLOU et COURTAUD-DIVERNÉRESSE. 2 vol.

LUCRÈCE. Traduction par DE PONGERVILLE, avec une notice littéraire et biographique et un exposé du système physique d'Epicure, par AJASSON DE GANDSAGNE.

M. V. MARTIAL. Traduction par V. VERGER, N. A. DUBOIS, J. MANGEART. 4 vol.

OVIDE. Traduction par MM. Th. BURETTE, CHAPPUYZI. J. P. CHARPENTIER, GROS, HÉGUIN DE GUERLE. MANGEART, CARESME, et VERNADÉ. 10 vol.

PERSE. Fragments de TURNUS et de SULPICIA. Traduction nouvelle par A. PERREAU. 1 vol.

PÉTRONE. Traduction nouvelle par Héguin de Guerle, avec des notes par J. N. M. DE GUERLE. 2 vol.

PHÈDRE. Traduction nouvelle, par E. PANCKOUCKE. 1 vol.

PLAUTE. Traduction par J. NAUDET. 9 vol.

PLINE. Histoire naturelle. Traduction nouvelle par AJASSON DE GRANDSAGNE. 20 vol.

PLINE, le jeune ; Traduction par DE SACY. Nouvelle édition revue et corrigée par J PIERROT. 3 vol.

PROPERCE. Traduction nouvelle par GENOUILLE. 1 vol.

QUINTE-CURCE. Traduction par Aug. et Alp. TROGNON. 3 vol.

QUINTILIEN. Traduction par C. V. OUIZILLE. 6 vol.

SALLUSTE. Traduction par Ch. DU ROZOIR. 2 vol.

SÉNÈQUE le philosophe, traduction nouvelle par MM. AJASSON DE GRANDSAGNE, BAILLARD, CHARPENTIER, CABARET-DUPATY, DU ROZOIR, HÉRON DE VILLEFOSSE. NAUDET, F. et E. PANCKOUCKE, DE VATISMESNIL, A. et G. DE WAILLY, Alp. TROGNON. Publié par DU ROZOIR. 8 vol.

SÉNÈQUE, (tragédies de), traduction par E. GRESLOU. 3 vol.

SILIUS ITALICUS. Traduction par E. F. CORPET, N. A. DUBOIS et E. GRESLOU. 3 vol.

STACE. Traduction par RINN, ACHAINTRE et BOUTTEVILLE. 4 vol.

SUÉTONE. Traduction par DE GOLBERY. 3 vol.

TACITE. Traduction par C. L. F. PANCKOUCKE. 7 vol.

TÉRENCE. Traduction par J. A. AMAR. 3 vol.

TIBULLE. Traduction par VALATOUR. PUBLIUS SYRUS, traduction par J. CHENU. 1 vol.

TITE-LIVE. Traduction par J. LIEZ, N. A. DUBOIS, V. VERGER, et CORPET. 17 vol.

VALERIUS FLACCUS. Traduit pour la première fois par J. J. A. CAUSSIN DE PERCEVAL. 1 vol.

VALÈRE MAXIME. Traduction par C. A. F. FRÉMION. 3 vol.

C. Velleius Paterculus. Traduction par Després. 1 vol.

Virgile. Traduction par Villenave, Charpentier et Amar. Géographie par Parisot. Flore par Fée. 4 vol.

Troisième Série.

Aulu-Gelle. Traduction, par E. de Chaumont, F. Flambart et E. Buisson. 3 vol.

Aurelius Victor. Traduction par N.-A. Dubois. 1 vol.

Ausone. Traduction par E. F. Corpet. 2 vol.

R. Festus Avienus. Cl. Rutilius Numatianus. Traduction par E. Despois et E. Saviot. 1 vol.

Censorinus. Traduction par J. Mangeart. Julius Obsequens et Lucilius Ampelius. Traduction par V. Verger. 1 vol.

Columelle. Traduction par N.-A. Dubois. 3 vol.

Flavius Eutrope, Messala Corvinus. Sextus Rufus. Traduction par L. Dubois. 1 vol.

Sextus Pompeius Festus. Traduction par A. Savagner, 2 vol.

Frontin. Traduction par Ch. Bailly. 1 vol.

Jornandès. Traduction par Savagner. 1 vol.

C. Lucilius. Traduction par Corpet. — Lucilius Junior. Saleius Bassus. — Cornelius Severus. — Avianus. — Dyonisius Cato. Traduction par J. Chenu. 1 vol.

Macrobe. Traduction par A. Descamps, Laass d'Aguen, N. A. Dubois, A. Ubicini Martelli. 3 vol.

P. Mela. — Vibius Sequester. — Ethicus Ister. — P. Victor. Traduction par L. Baudet. 1 vol.

Palladius. Traduction par Cabaret-Dupaty. 1 vol.

Poetæ minores. Arborius. — Calpurnius. — Eucheria. — Gratius Faliscus. — Lupercus Servatus, Nemesianus, Pentadius, Sabinus, Valerius Cato, Vestritius, Spurinna et le Pervigilium Ve-

neris. Traduction par Cabaret-Dupaty. 1 vol.

Priscianus. Traduction par E. F. Corpet. — Severus Sammonicus. — Macer Floridus. — Marcellus. Traduction par L. Baudet. 1 vol.

Solin. Traduction par A. Agnant. 1 vol.

Sulpice Sévère. Traduction par Herbert. — Paulin de Périgueux. — Fortunat. Traduction par E. F. Corpet. 1 vol.

Varron. Economie rurale. Traduction par Rousselot. 1 vol.

Vitruve. Traduction par Ch. L. Maufrass. 2 vol.

Ecrivains de l'histoire d'Auguste. 3 vol.— Ier vol. Spartianus. Vulgatius Gallicanus. — Trebellius Pollion. Traduction nouvelle par Fl. Legay. — IIe vol. Ælius Lampridius. Traduction par Laass d'Aguen. — Flavius Vopiscus. Traduction par E. Taillefert et J. Chenu. — IIIe vol. Julius Capitolinus. Traduction par Valton.

3747. Panthéon littéraire. Collection universelle des chefs-d'œuvre de l'esprit humain. *Paris*, 1840-1846, in-8°. 45 vol.

Tous les ouvrages, à moins d'indication spéciale, sont précédés de notices historiques et littéraires par J.-A.-C. Buchon. Cette collection incomplète se divise ainsi :

I. — Théologie.

Choix de monuments primitifs de l'Eglise chrétienne.—Correspondance entre Pline et Trajan au sujet des chrétiens.—Tertullien, vingt-trois traités. — Minucius Felix, Octavius. — S. Cyprien, douze traités.—Lactance, Mort des persécuteurs de l'Eglise. — Institutions divines. — Colère de Dieu. — OEuvre de Dieu. — J. F. Maternus. — Erreurs des religions profanes. 1 vol.

OEuvres de Saint-Jérome publiées par M. Benoit Matouges, sous la direction de M. Aimé Martin. 1 vol.

Choix d'ouvrages mystiques. — Saint Augustin.— Confessions. — Méditations. —

Boece. Consolations de la philosophie. — S. Bernard. Traité de la considération. — Gersen. Imitation de Jésus-Christ. — Cardinal Bona. Principes de la vie chrétienne. — Chemin du ciel. — Tauler. Institutions. — Louis de Blois. Le directeur des âmes religieuses. 1 vol.

Œuvres de l'abbé Fleury, précédées d'un essai sur sa vie et ses ouvrages, par M. Aimé Martin. 1 vol.

II. — Philosophie.

Œuvres philosophiques, morales et politiques de François Bacon, Baron de Vérulam. 1 vol.

Œuvres de Michel de Montaigne. — De la servitude volontaire, ou le contre un, par Estienne de La Boétie, avec notice biographique, par J. A. C. Buchon et notice bibliographique par le docteur J. F. Payen. 1 vol.

Choix de moralistes français. — Pierre Charron. De la sagesse. Pascal. Pensées. La Rochefoucauld. Sentences et maximes. — La Bruyère, caractères de ce siècle. — Vauvenargues. Œuvres. — 1 vol.

Œuvres philosophiques de Descartes, publiées d'après les textes originaux par M. Aimé Martin, 1 vol.

III. — Littérature.

Petites poètes français, depuis Malherbes jusqu'à nos jours, avec des notices biographiques et littéraires sur chacun d'eux par M. Prosper Poitevin. 2 vol.

Théâtre français au moyen âge, publié d'après les manuscrits de la bibliothèque du roi, par MM. J. N. Monmerqué et Francisque Michel, XIe XIVe siècles. 1 vol.

Mille et une nuits, contes arabes, traduits en français par Galland. Nouvelle édition, augmentée de plusieurs contes, et accompagnée de notes et d'un essai historique sur les mille et une nuits, par A. Loiseleur-Deslonchamps ; publiée sous la direction de M. Aimé Martin. 1 vol.

IV. Histoire.

Hérodote : Vie d'Homère. — Ctésias ; Histoire de Perse ; Histoire de l'Inde. — Arrien : Expédition d'Alexandre. — Suivis de l'essai sur la chronologie d'Hérodote et du Canon chronologique de Larcher. — Avec une carte des expéditions d'Alexandre. 1 vol.

Œuvres complètes de Thucydide et de Xénophon. 1 vol.

Ouvrages historiques de Polybe, Hérodien, et Zozime.

Œuvres complètes de Flavius Joseph. 1 vol.

Histoire de la décadence et de la chute de l'Empire romain, par Edouard Gibbon. 2 vol.

Œuvres complètes de Machiavelli. 2 vol.

Histoire d'Italie, de l'année 1492 à l'année 1532, par Francesco Guicciardini. 1 vol.

Œuvres complètes de W. Robertson. 2 vol.

V. Géographie et voyages.

Lettres édifiantes et curieuses concernant l'Asie, l'Afrique et l'Amérique, avec quelques relations nouvelles des missions, et des notes géographiques et historiques. Publiées par M. L. Aimé Martin. 2 vol.

VI. Chroniques et mémoires pour l'Histoire de France.

Chroniques étrangères relatives aux expéditions françaises pendant le XIIIe siècle. —Anonyme grec. Chronique de la principauté d'Achaïe, 1094-1202. — Ramon Muntaner. Chroniques d'Aragon, de Sicile et de Grèce, 1204-1328. Bernat d'Esclot. Chronique de Pierre III et expédition française de 1285. Anonyme Sicilien. Chronique de la conspiration de J. Prochita, 1279-1282. 1 vol.

Les chroniques de sire Jehan Froissart, 1325-1403. — Livre des faits du bon Messire Jean le Maingre, dict Bouciquaut, 3 vol.

Œuvres historiques inédites de sire George Chastellain, 1407-1469. 1 vol.

Mathieu DE COUSSY. Chronique de 1444 à 1461. — Jean DE TROYÈS. Chronique de Louis XI, 1461-1483. Guillaume GRUEL. Chronique du comte de Richemont. — Chronique anonyme de la Pucelle. — Divers documents sur la Pucelle. — Interrogatoire de la Pucelle. — Pierre DE FÉNIN. Mémoires de 1407 à 1427. — Journal d'un bourgeois de Paris de 1409 à 1449. Poème Anglais sur la bataille d'Azincourt. 1 vol.

Chroniques d'Enguerrand DE MONSTRELET. 1400-1444.

Philippe DE COMINES. Mémoires sur les règnes de Louis XI et Charles VIII, 1468-1498. — Guillaume DE VILLENEUVE. Mémoires sur l'expédition de Naples, 1494-1497. — Olivier DE LA MARCHE. Mémoires sur la maison de Bourgogne, 1435-1488. Georges CHASTELAIN, chroniques de Jacques DE LALAIN, 1423-1453. — J. BOUCHET. Chronique de la Trémouille, 1460-1525, 1 vol.

Jacques DU CLERCQ. Mémoires de 1448 à 1467. — Pièces relatives à la prise de Constantinople en 1453. — Jean LEFÈVRE, Seigneur DE SAINT REMY. Mémoires de 1407 à 1435. — Mémoires sur Jacques Cœur, par M. BONAMY, et actes de son procès. 1 vol.

B. DE SALIGNAC. Le siège de Metz, par Charles V, 1552. — G. DE COLLIGNY. Siège de Saint-Quentin, 1557. — LA CHASTRE. Prises de Calais et de Thionville, 1557-1558. — G. DE ROCHECHOUART. Mémoires, 1497-1565. — Michel DE CASTELNAU. Mémoires de 1559 à 1570. — J. DE MERGEY, 1540-1613. — François DE LA NOUE, 1562 à 1570, — Achille DE GAMON, 1558-1565. — J. PHILIPPI. Mémoires de 1540 à 1590. — Turenne, duc DE BOUILLON. Mémoires de 1555 à 1586. — Guillaume DE SAULX-TAVANNES. Mémoires de 1560 à 1596. — Marguerite DE VALOIS. Mémoires de 1561 à 1582. — J. A. DE THOU. Mémoires de 1553 à 1601. — J. CHOISNIN. Mémoires de 1571 à 1573. — Matthieu MERLE. Mémoires de 1568 à 1580. 1 vol.

Commentaires du Maréchal Blaise DE MONTLUC. 1521-1576. — Mémoires sur le Maréchal DE VIEILLEVILLE, 1527-1571. Par Vincent CARLOIX. 1 vol.

Le Loyal Serviteur, chronique de Bayard, 1476-1524. — Guillaume DE MARILLAC. Vie du connétable de Bourbon, 1490-1521. — Antoine DE LAVAL. Continuation de Marillac, 1521-1527. — Jacques BUONAPARTE. Sac de Rome en 1527. — R. DE LA MARCK. Seigneur DE FLEURANGE. Mémoires du jeune Adventureux, 1500-1520. — LOUISE DE SAVOIE, Duchesse d'ANGOULÊME. Journal, 1459-1522. — Martin et Guillaume DU BELLAY. Mémoires 1513-1545. 1 vol.

Pierre DE LA PLACE. Commentaires de l'estat de la religion et république sous Henri II, François II, Charles IX, 1556 à 1561. — REGNIER DE LA PLANCHE, de l'estat de France, sous François II. — Livre des marchands, 1559-1560. — Th. Agrippa d'AUBIGNÉ. Mémoires, 1557-1622. — François DE RABUTIN. Commentaires des dernières guerres en la Gaule-Belgique, 1551-1559. 1 vol.

PALMA-CAYET. Chronologie novennaie et chronologie septennaire, 1589-1604. — Michel DE MARILLAC. Mémoires sur la ligue. — VILLEROY. Mémoires d'estat, 1564-1594. — Duc d'ANGOULÊME. Mémoires sur la mort de Henri III et les combats d'Arques. 2 vol.

Robert MACQUÉREAU. Chronique de la maison de Bourgoigne de 1500 à 1537. — Philippe HURAULT, comte de Cheverny. mémoires de 1528 à 1599. — Philippe HURAULT, fils. Mémoires de 1559 à 1601. J. PAPE, seigneur de SAINT-AUBAN. Mémoires de 1572 à 1587. — Satyre Menippée. 1 vol.

Gaspard de SAULX-TAVANNES. Mémoires, 1513-1573. — BOYVIN DU VILLARS. Mémoires, 1550-1560. 1 vol.

Négociations du président Jeannin de 1607 à 1609. Suivies de ses œuvres mêlées. 1 vol.

OEuvres complètes de Pierre DE BOURDEILLE,

Abbé séculier DE BRANTOME, et d'André, vicomte de BOURDEILLE. 2 vol.

3748. Bibliothèque classique latine, ou collection des auteurs classiques latins, avec des commentaires anciens et nouveaux, des index complets, le portrait de chaque auteur, des cartes géographiques, etc., dédiée au Roi, et publiée par Nicolas-Eloi LEMAIRE. *Paris*, 1819-1838, in-8°. 32 vol.

Le faux-titre porte :

Bibliotheca classica latina, sive collectio auctorum classicorum latinorum cum notis et indicibus.

Cette collection fort incomplète, comprend seulement :

Lucanus, 3 vol.
Lucretius, 2 vol.
Martialis, 3 vol.
Plautus, 4 vol.
Plinius, 11 vol.
Seneca, 9 vol.

3749. Classiques français. Collection Firmin DIDOT.

Jean Sire DE JOINVILLE. — Histoire de Saint-Louis ; texte original accompagné d'une traduction par M. Natalis DE WAILLY. *Paris*, 1874, in-8°. 1 vol.

Essais de Michel DE MONTAIGNE, avec des notes de tous les commentateurs. *Paris*, 1870, in-8°, 1 vol.

Œuvres complètes de Pierre CORNEILLE, suivies des œuvres choisies de Thomas CORNEILLE, avec les notes de tous les commentateurs. *Paris*, 1874, in-8°, 2 vol.

Œuvres complètes de Jean DE LA FONTAINE, avec des notes et une nouvelle notice sur sa vie, par M. C. A. WALCKENAËR. *Paris*, 1870, in-8°, 1 vol.

Œuvres de Jean RACINE, précédées des mémoires sur sa vie, par Louis RACINE. *Paris*, 1872, in-8°, 1 vol.

Œuvres complètes de MOLIÈRE, avec des notes de tous les commentateurs. *Paris*, 1874, in-8°, 1 vol.

Œuvres complètes de BOILEAU-DESPRÉAUX, et de MALHERBE, suivies des œuvres poétiques de J. B. ROUSSEAU. *Paris*, 1870, in-8°, 1 vol.

Œuvres de BOSSUET. *Paris*, 1870, in-8°, 4 vol.

Œuvres de FÉNELON, Archevêque de Cambrai, précédées d'études sur sa vie, par M. Aimé MARTIN. *Paris*, 1870, in-8°, 3 vol.

Moralistes français. — Pensées de Blaise PASCAL. — Réflexions et maximes de LA ROCHEFOUCAULD, suivies d'une réfutation, par M. Aimé MARTIN. — Caractères de LA BRUYÈRE. — Œuvres complètes de VAUVENARGUES. Considérations sur les mœurs de ce siècle, par DUCLOS. *Paris*, 1874, in-8°, 1 vol.

Œuvres de LOCKE et LEIBNITZ, contenant l'essai sur l'entendement humain, revu, corrigé et accompagné de notes, par M. F. THUROT ; l'éloge de Leibnitz, par FONTENELLE, le discours sur la conformité de la foi et de la raison ; l'essai sur la bonté de Dieu ; la liberté de l'homme et l'origine du mal ; la controverse réduite à des arguments en forme. *Paris*, 1862, in-8°, 1 vol.

Œuvres complètes de MONTESQUIEU, avec des notes de DUPIN, CREVIER, VOLTAIRE, MABLY, SARVAN, LA HARPE, etc. *Paris*, 1870, in-8°. 1 vol.

Œuvres complètes de VOLNEY, précédées d'une notice sur la vie et les écrits de l'auteur. *Paris*, 1868, in-8°. 1 vol.

Œuvres de J. F. DUCIS, suivies des œuvres de Marie-Joseph CHENIER. *Paris*, 1839, in-8°, 1 vol.

Œuvres complètes de P. L. COURIER, précédées d'un essai sur la vie et les écrits, par Armand CARREL. *Paris*, 1874, in-8°, 1 vol.

Œuvres complètes de P. L. COURIER, précédées d'un essai sur la vie et les écrits de l'auteur, par Armand CARREL. *Paris*, 1875, in-8°, 1 vol.

3750. *Les grands écrivains de la France.*
Nouvelles éditions publiées sous la direction de M. Ad. REGNIER, sur les manuscrits, les copies les plus authentiques et
les plus anciennes impressions, avec variantes, notes, notices, lexiques et albums,
contenant des portraits, des fac-simile,
etc.

OUVRAGES COMPLETS

CORNEILLE Pierre. Œuvres, nouvelle édition par M. Ch. MARTY-LAVEAUX. in-8°,
12 vol. et un album.

Tome I. Avertissement. — Notice biographique. — Avertissements placés par
Corneille en tête des divers recueils de
ses pièces. — Discours de l'utilité et des
parties du poème dramatique. — Discours de la tragédie et des moyens de la
traiter selon la vraisemblance ou le né-
cessaire. — Discours des trois unités,
d'action, de jour et de lieu. — Mélite.—
Clitandre. — La veuve.

Tome II : La Galerie du Palais. — La suivante. — La place Royale. — La Comédie des Tuileries. — Médée. — L'Il-
lusion.

Tome III : Le Cid. — Horace. — Cinna.
— Polyeucte.

Tome IV : Pompée. — Le Menteur. — La
suite du Menteur. — Rodogune.

Tome V : Théodore. — Héraclius. — An-
dromède. — Don Sanche d'Aragon. —
Nicomède.

Tome VI : Pertharite. — ŒEdipe. — La
Toison d'Or. — Sertorius. — Sopho-
nisbe. — Othon.

Tome VII : Agésilas. — Attila. — Tite et
Bérénice. — Psyché. — Pulchérie. —
Suréna.

Tome VIII : Imitation de Jésus-Christ.

Tome IX : Louanges de la Sainte Vierge.
L'office de la sainte Vierge. — Les sept
psaumes pénitentiaux. — Vêpres des
dimanches et Complies. — Instructions
et prières chrétiennes. — Les hymnes du
bréviaire romain. — Version des hymnes
de Saint Victor. — Hymnes de sainte
Geneviève.

Tome X : Poésies diverses. — Œuvres diverses en prose. — Lettres. — Tables.

Tome XI et XII : Lexique.

LA BRUYÈRE. Œuvres, nouvelle édition,
par M. G. SERVOIS. 3 vol. et 1 album.

Tome I : Avertissement. — Notice biographique.— Les caractères de Théophraste,
traduits du grec avec les caractères et
les mœurs de ce siècles. — Appendice.
— Clefs et commentaires.

Tome II : Suite et fin des caractères.

Tome III : Iʳᵉ partie. Avertissement. —
Table alphabétique et analytique. — Tableaux de concordance. — Notice bibliographique. — Additions et corrections.
— Appendice aux lettres.

Tome III : 2ᵉ partie. Préface sur la langue
de La Bruyère. — Introduction grammaticale. — Orthographe. — Lexique.

LA ROCHEFOUCAULD : Œuvres, nouvelle
édition, par MM. L. GILBERT et J. GOUR-
DAULT. 3 vol. et un album.

Tome I : Avertissement. — Notice biographique. — Portrait du duc de La
Rochefoucauld par lui-même. — Portrait du cardinal de Retz, par La Rochefoucauld. — Réflexions ou sentences et
maximes morales. — Réflexions diverses. — Appendices. — Jugements des
contemporains sur les maximes de La
Rochefoucauld. — Tables.

Tome II : Mémoires (1624-1652). Apologie de M. le prince de Marillac, appendices. — Table alphabétique des mémoires et de l'apologie.

Tome III : 1ʳᵉ partie. Lettres écrites par
La Rochefoucauld. — Lettres écrites à
La Rochefoucauld. — Lettres de divers
à divers.

Tome III. 2ᵉ partie : Lexique.

MALHERBE ; Œuvres, nouvelle édition, par
Ludovic LALANNE, 5 volumes et un album.

Tome I : Avertissement. — Notice biographique. — Appendice. — Vie de Malherbe par Racan. — Notice bibliographique. — Pièces attribuées a Malherbe.

— Des portraits de Malherbe. — Poésies. Pièces dont la date est incertaine. — Fragments sans date — Appendices. — Traductions.

Tome II : Traduction du traité des bienfaits de Sénèque. — Traduction des Epîtres de Sénèque.

Tome III : Préface. — Notice par M. Bazin. Lettres. — Appendices.

Tome IV : Lettres. — Fragments. — Commentaires sur Desportes. — Tables alphabétiques.

Tome V : Lexique.

Racine (Jean). OEuvres, nouvelle édition, par M. P. Mesnard, 8 volumes, plus un volume de musique et un album.

Tome I : Avertissement. — Notice biographique. — Mémoires contenant quelques particularités sur la vie et les ouvrages de Jean Racine. — La Thébaïde ou les frères ennemis. — Alexandre-le-Grand.

Tome II : Andromaque. — Les Plaideurs. — Britannicus. — Bérénice. — Bajazet.

Tome III : Mithridate. — Iphigénie. — Phèdre. — Esther. — Athalie.

Tome IV et V : Poésies diverses. — OEuvres diverses en prose, d'histoire, etc.

Tome VI : Lettres.

Tome VII : Lettres. — Tables.

Tome VIII : Lexique par Marty-Laveaux.

Musique des chœurs d'Athalie, d'Esther et des cantiques spirituels. 1 vol.

Sévigné (Mme de) : Lettres de Mme de Sévigné, de sa famille et de ses amis, nouvelle édition, par M. de Monmerqué, 14 volumes et un album.

Tome I : Avertissement. — Notice biographique. — Lettres.

Tome II à X : Lettres.

Tome XI : Avertissement. — Lettres inédites de Mme de Sévigné. — Lettres inédites de divers. — Notice sur Mme de Simiane. — Lettres de Mme de Simiane. Tables générales des sources manuscrites et imprimées. — Avertissements et préfaces des éditions originales et de l'édi-

tion de 1818. — Notice bibliographique.

Tome XII : Table alphabétique et table analytique des matières. — Appendice du tome XII. — Additions et corrections. — Lettres inédites de la Marquise de Sévigné et du comte de Grignan.

Tome XIII et XIV : Lexique de la langue de Mme de Sévigné, avec une introduction grammaticale et des appendices, par E. Sommer.

Ouvrages en cours de publication.

La Fontaine : OEuvres, nouvelle édition, par M. Henri Regnier, 8 vol. et un album.

Tome I : Avertissement. — Notice biographique. — A Monseigneur le Dauphin. — Préface. — La vie d'Esope le Phrygien. — A Monseigneur le Dauphin. — Fables (livres I à V).

Tome II : Avertissement. — Fables (livres VI à IX). — Appendice.

Tome III : Fables (livres X à XII). — Appendice.

Tome IV : Contes et nouvelles. — Appendice.

Tome V : Contes et nouvelles.

Molière : OEuvres, nouvelle édition, par MM. Eugène Despois et Paul Mesnard. 10 vol. et un album.

Tome I : Avertissement. — Préface de l'édition de Molière de 1682. — Notice biographique. — Premières farces attribuées à Molière. — L'Étourdi ou les contre temps. — Le Dépit amoureux.

Tome II : Des Précieuses ridicules. — Sganarelle ou le cocu imaginaire. — Dom Garcie de Navarre ou le prince jaloux. — L'École des maris.

Tome III : Les Fâcheux. — L'École des femmes. — La Critique de l'école des femmes. — L'Impromptu de Versailles.

Tome IV : Le Mariage forcé. — Les Plaisirs de l'île enchantée. — La Princesse d'Élide. — Le Tartuffe ou l'imposteur.

Tome V : Don Juan ou le festin de Pierre. L'Amour médecin. — Le Misanthrope.

Tome VI : Le Médecin malgré lui. — Mélicerte. — Pastorales comiques. — Le Sicilien ou l'Amour peintre.

Tome VII : L'Avare. — Monsieur de Pourceaugnac. — Les Amants magnifiques.

Tome VIII : Le Bourgeois gentilhomme.— Ballet des Nations. — Appendice au Bourgeois gentilhomme. — Psyché. — Appendice à Psyché. — Les Fourberies de Scapin. — La Comtesse d'Escarbagnas.

Tome IX . Les Femmes savantes. — Le Malade imaginaire.— La Gloire du dôme du Val-de-Grâce. — Poésies diverses. — Table alphabétique des œuvres de Molière et des noms propres qui s'y rencontrent.

Tome X : Notice biographique sur Molière. — Additions et corrections.

Pascal : Œuvres, nouvelle édition, par M. P. Faugère. 8 vol.

Tome I : Introduction. — Lettres provinciales (Lettres 1 à 12). Réponse du provincial aux deux premières lettres.— Défense de la douzième lettre.

— Retz (cardinal de) ; Œuvres, nouvelle édition, par MM. A. Feillet, J. Gourdault et R. Chantelauze. 10 vol. et un album.

Tome I : Avertissement. — Notice biographique. — Notice sur les Mémoires, — Mémoires, 1re Partie (1613-1643) ; 2e Partie (1643-1658) : Appendice. — Additions et corrections.

Tome II à IV : Mémoires, suite et fin de la 2e Partie.

Tome V : Mémoires, 3e partie. — Pamphlets. — Appendice. — La conjuration du Comte de Fiesque. — Notice.

Tome VI : Lettres épiscopales. — Pièces justificatives.

Tome VII : Lettres et Mémoires sur les affaires de Rome. — Pièces justificatives.

Tome VIII : Correspondance.

Tome IX : Pièces diverses. — Sermons. — Dissertations. — Appendice. — Errata des tomes sept et huit.

Saint-Simon : Mémoires, nouvelle édition, collationnée sur le manuscrit autographe et augmentée des additions de Saint-Simon au journal de Dangeau et de suites et appendices, par M. de Boislisle, 3 vol. et un album.

Tome I : Avertissement. — Mémoires (1691-1693). — Appendice. — Additions et corrections. — Tables.

Tome II : Mémoires (1694-1695). — Appendice. — Additions et corrections. — Tables.

Tome III : Mémoires (1696). — Appendice. — Additions et corrections. — Tables.

Tome IV : Mémoires (1697). — Appendice. — Additions et corrections. — Tables.

Tome V : Mémoires (1698). Appendice. — Additions et corrections. — Tables.

Tome VI : Mémoires (fin de 1698-1699).— Appendice. — Additions et corrections. — Tables.

QUATRIÈME DIVISION

JOURNAUX ET REVUES

---

a. — Journaux politiques et littéraires et principalement politiques

3751. Le Conservateur. *Paris*, 1818, in-8°, 6 vol.

3752. Le Moniteur universel. 1848-1851, in-f°, 21 vol.

3753. Journal de l'Empire. 1806-1817, *Paris*, in-f°, 24 vol.

3754. Réimpression de l'ancien Moniteur, depuis la réunion des Etats-généraux jusqu'au Consulat. *Paris*, 1843, in-8°, 32 vol.

3755. Le Propagateur, journal du département du Pas-de-Calais, à partir de 1830. *Arras*, in-f°, 17 vol.

3756. L'Ordre, journal du Pas-de-Calais. *Arras*, 1867-69, in-f°, 3 vol.

3757. Annales du Parlement Français. *Paris*, 1841-1847, in-4°, 7 vol.

3758. Comptes-rendus des séances de l'assemblée nationale législative. *Paris*, 1849 à 1851, in-4°, 18 vol.

3759. Annales de l'Assemblée Nationale. *Paris*, 1871-1876, in-4°, 46 vol.

b. — Journaux et revues littéraires et politiques en français

3760. Gazette littéraire de l'Europe. *Paris*, 1764, in-8°, 8 vol.

3761. La Minerve française. *Paris*, 1818, in-8°, 8 vol.

3762. Revue française. 1828-1829, in-8°, 5 vol.

3763. Revue des Deux-Mondes. (Directeur M. C. Buloz). Notre collection ne commence qu'avec le 1er Janvier 1835. Fondée en 1829 par MM. DE SÉGUR DUPEYRON et MAUROY, la Revue des Deux-Mondes cessa au bout de l'année et donna deux volumes. En 1831, elle reparut sous la direction de M. C. BULOZ, c'est de cette époque que date réellement son existence. La première période va de 1831 à 1855. Elle comprend : Première série 1831-1832, 8 vol ; deuxième série 1833, 4 vol ; troisième série 1834, 4 vol ; quatrième série 1835-1842, 32 vol ; — Nouvelle série, 1843-1848, 24 vol. — Nouvelle période : première série, 1849-1852, 16 vol ; deuxième série, 1853-1855, 12 vol. 1856 à 1874, 72 vol., de 1876 à 1889, 52 vol. en tout in-8°, 208 vol.

3764. La Révolution française, revue historique, fondée et dirigée par A. DIDE, J. C. COLFAVRU et Etienne CHARAVAY. 9 années — en cours de publication. *Paris*, 1881-1889, in-8°, 9 vol.

3765. Revue de la Révolution publiée sous la direction de Gustave BORD. Revue mensuelle — en cours de publication. *Paris*, 1883-89, in-8°, 7 vol.

3766. Mercure galant. — Mercure de France. — Collection incomplète. *Paris,* 1672-1820.

3767. Le Courrier de Vaugelas, journal semi-mensuel consacré à la propagation universelle de la langue française. Rédac-teur : Eman MARTIN. *Paris,* 1869-1886, in-8°, 12 vol.

3768. Le Livre, Journal du monde litté-raire. Archives des écrits de ce temps. *Paris,* 1880-1889, in-8°, 10 vol.

c. — . . . . . en langues étrangères

3769. The Spectator, in eight volumes. *Edinburgh,* 1761, in-12, 8 vol.

3770. Journal littéraire d'Allemagne. *La Haye,* 1742, in-12, 3 vol.

d. — Revues scientifiques et littéraires

3771. Le Puits Artésien. Revue du Pas-de-Calais. *Saint-Pol,* 1837, in-8°, 6 vol.

3772. L'Abeille de la Ternoise, journal de l'arrondissement de Saint-Pol, du 1er Avril 1841 au 1er Janvier 1845. *Saint-Pol,* in-f°, 4 vol.

3773. Revue de philologie, de littérature et d'histoire anciennes. *Paris,* 1845, in-8°, 1 vol.

3774. Annuaire philosophique par Louis Auguste MARTIN. *Paris,* 1864, in-8°, 7 vol.

3775. Revue philosophique de la France et de l'étranger, paraissant tous les mois, dirigée par Th. RIBOT. 14 années en cours de publication. *Paris,* 1875.

3776. Revue politique et littéraire, revue bleue. Directeur : M. Alfred RAMBAUD, années 1888 et 1889, en cours de publica-tion.

3777. Revue des cours scientifiques de la France et de l'étranger. Dirigée, pour le premier volume par M. Odysse BARROT, pour les autres, par MM. Eugène YUNG, et Emile ALGLAVE. En cours de publica-tion. *Paris,* 1863, in-4°.

3778. Revue britannique. Années 1886, 1887, 1888 et 1889, en cours de publi-cation.

HISTOIRE LITTÉRAIRE

Introduction, généralités

3779. Observationum selectarum ad rem litterariam spectantium tomi undecim. *Halæ Magdeburgiæ,* 1700, in-12, 11 vol.

tomos, literarium, philosophicum et prac-ticum divisus, opus posthumum. *Lubecæ,* 1708, in-4°, 2 vol.

3780. Georgii MORHOFII Polyhistor, in tres

3781. Idea systematis antiquitatis literariæ a Jacobo F. Reimmanno. *Hillesheim,* 1718, in-8°, 1 vol.

3782. Danielis Maichelii introductio ad historiam literariam, de præcipuis bibliothecis Parisiensibus locupletata annotationibus atque methodo. *Cantabrigiæ,* 1721, in-12, 1 vol.

3783. Même ouvrage.

3784. Gottlieb Stolii introductio in his-

toriam litterariam. *Jenæ,* 1728, in-4°, 1 vol.

3785. Bibliotheca historiæ litterariæ per Gotthelf Strurium. *Jenæ,* 1754, in-8°, 3 vol.

3786. Christophori Saxi onomasticon litterarium, sive nomenclator historico-criticus præstantissimorum omnis ætatis, populi artiumque formulæ scriptorum. *Trajecti ad Rhenum,* 1775, in-8°, 8 vol.

PREMIÈRE SECTION

CHAPITRE I

Histoire des sciences, des lettres et des arts

3787. Polydori Vergilii de rerum inventoribus libri octo. *Basileæ,* 1553, in-8°, 1 vol.

3788. Miroir universel des arts et sciences, par Leonard Fioravanti, traduit d'italien en françois par Chappuys, Tourangeau. *Paris,* 1584, in-12, 1 vol.

3789. Essais sur l'histoire des belles-lettres, des sciences et des arts, par Juvenel de Carlencas. *Lyon,* 1740, in-12, 1 vol.

3790. L'origine et les progrès des arts et des sciences, par M. Noblot. *Paris,* 1740, in-12, 1 vol.

3791. Même ouvrage.

3792. Essais sur l'histoire des belles-lettres, des sciences et des arts, par Juvenel de Carlencas. *Lyon,* 1749, in-8°. 4 vol.

3793. De l'origine des loix, des arts et des sciences, et de leurs progrès chez les

anciens peuples, par Antoine Yves Goguet. *Paris,* 1758, in-4°, 3 vol.

3794. Recherches sur l'origine des découvertes attribuées aux modernes, par L. Dutens. *Paris,* 1766, in-8°, 1 vol.

3795. Histoire des principales découvertes, faites dans les arts et les sciences, par M. A. Eidous. *Paris,* 1767, in-12, 1 vol.

3796. Lettres sur l'origine des sciences et sur celle des peuples de l'Asie, adressées à M. Voltaire, par M. Bailly. *Paris,* 1775, in-8°, 1 vol.

3797. Condorcet. Tableau historique des progrès de l'esprit humain. *Paris,* an III, in-8°, 1 vol.

3798. Nouveau dictionnaire des origines et inventions, par Fr. Noel et M. Carpentier. *Bruxelles,* 1828, in-8°, 2 vol.

3799. Archives de l'art français, recueil

de documents inédits relatifs à l'histoire des arts en France, publié sous la direction de Ph. DE CHENNEVIÈRES. *Paris, 1851 1860, in-8°, 12 vol.*

3800. Les grandes inventions modernes dans les sciences, l'industrie et les arts, par Louis FIGUIER. *Paris, 1876, in-8°, 1 vol.*

3801. Recueil de rapports sur l'état des lettres et les progrès des sciences en France. Publication faite sous les auspices du Ministère de l'Instruction publique. *Paris, 1867-71, 28 vol. in-8°.*

Ce recueil comprend :

Rapport sur l'organisation et les progrès de l'Instruction Publique, par M. Charles JOURDAIN.

Rapport sur les progrès des lettres, par MM. SYLVESTRE DE SACY, Paul FÉVAL, Théophile GAUTIER et Ed. THIERRY.

La philosophie en France, au XIXe siècle, par Félix RAVAISSON.

Rapport sur les progrès de la géométrie, par M. CHASLES.

Rapport sur les progrès de la thermodynamique en France, par M. BERTIN.

Rapport sur les progrès de la chaleur, par M. P. DESAINS.

De l'électricité, du magnétisme et de la capillarité, par M. QUET.

Rapport sur les progrès de l'astronomie, par DELAUNAY.

Exposé de la situation de la mécanique appliquée, par MM. COMBES, PHILLIPS et COLLIGNON.

Rapport sur les progrès de la géologie expérimentale, par A. DAUBRÉE.

Rapport sur les progrès de la statigraphie, par M. L. Elie de BEAUMONT.

Rapport sur les progrès de la minéralogie, par G. DELAFOSSE.

Paléontologie de la France, par A. D'ARCHIAC.

Rapport sur les progrès de la botanique physiologique, par M. DUCHARTRE.

Rapport sur les progrès de la botanique phytographique, par M. Adolphe BRONGNIART.

Rapport sur les progrès récents des sciences zoologiques en France, par M. MILNE EDWARDS.

Rapport sur les progrès de l'anthropologie, par M. A. de QUATREFAGES.

Rapport sur les progrès de la médecine en France, par MM. BÉCLART et AXENFELD.

Rapport sur les progrès et la marche de la physiologie générale en France, par M. CLAUDE BERNARD.

Rapport sur les progrès de l'hygiène, par A. BOUCHARDAT.

Rapport sur les progrès de l'hygiène militaire, par M. Michel LÉVY.

Rapport sur les progrès de l'hygiène navale, par A. LE ROY. de Méricourt.

Rapport sur les progrès de la chirurgie par MM. DENONVILLERS, NÉLATON, VELPEAU, Félix GUYON, Léon LABBÉ.

Rapport sur les progrès de la médecine vétérinaire, depuis vingt cinq ans, par J.H. MAGNE.

Sciences historiques et philologiques. — Progrès des études classiques et du moyen-âge, philologie celtique, numismatique. J. D. G.

Sciences historiques et philologiques. — Progrès des études relatives à l'Egypte et à l'Orient, par J.-B. GUIGNANT.

Rapport sur les études historiques, par MM. GEFFROY. ZELLER, et THÉNOT.

Exposé des progrès de l'archéologie, par M. L F. Alfred MAURY.

Rapport sur les progrès les plus récents de l'analyse mathématique, par J. BERTRAND.

CHAPITRE II

HISTOIRE DES SCIENCES

3802. Histoire des sciences, de leur organition et de leurs progrès, comme base de la philosophie, par M. DE BLAINVILLE. *Paris*, 1845, in-8°, 3 vol.

3803. De quelques points des sciences dans l'antiquité, par B. JULIEN. *Paris*, 1854, in-8°, 1 vol.

Voyez Sciences et Arts :

Histoire des mathématiques, par MONTUCLA. n° 1283.

Histoire des sciences mathématiques et physiques, par Max. MARIE. n° 1292.

Histoire de la physique et de la chimie, par Ferd. HOEFER. n° 1497.

Histoire de l'astronomie moderne, par M. BAILLY. n° 1761.

Histoire de l'astronomie, par HOEFER. n° 1764.

Histoire des sciences naturelles, par C. CUVIER. n° 1956.

Histoire de la botanique, de la minéralogie et de la géologie, par HOEFER. n° 1958.

CHAPITRE III

HISTOIRE DES LETTRES

a. — *Histoire de la littérature ancienne et moderne*

3804. Les origines du théâtre moderne, ou histoire du génie dramatique depuis le Ier jusqu'au XVIe siècle, par Charles MAGNIN. *Paris*, 1838, in-8°, 1 vol.

3805. Histoire universelle des **théâtres** de toutes les nations, par une société de gens de lettres. *Paris*, 1779, in-8°, 13 vol.

b. — *Histoire de la littérature orientale*

3806. De la littérature des Turcs, par M. l'abbé DE COURNAND. *Paris*, 1789, in-8°, 3 vol.

3807. Histoire de la poésie des Hébreux par HERDER, traduit de l'allemand par Mme DE CARLOWITZ. *Paris*, 1845, in-8°, 1 vol.

3808. Journal Asiatique, ou recueil de mémoires, d'extraits et de notices relatifs à l'histoire, à la littérature des peuples orientaux, etc. publié par la Société Asiatique. *Paris*, 1876-1889, in-8°, 3 vol.

— *Histoire de la littérature grecque*

3809. Schoell. Histoire de la littérature grecque profane, depuis son origine jusqu'à la prise de Constantinople par les Turcs. *Paris*, 1824, in-8°, 8 vol.

3810. Alde Manuce et l'hellénisme à Venise, par Ambroise Firmin Didot. *Paris*, 1875, in-8°, 1 vol.

d. — Histoire de la littérature romaine

3811. Des journaux chez les Romains, par J. Victor Le Clerc. *Paris*, 1838, in-8°, 1 vol.

e. — Histoire de la littérature moderne de l'Europe

3812. Histoire de la littérature de l'Europe, pendant les quinzième, seizième et dix-septième siècles ; traduit de l'anglais de H. Hallam, par Alph. Borghers. *Paris*, 1839, in-8°, 4 vol.

3813. La Renaissance, de Dante à Luther, par Marc-Monnier. *Paris*, 1884, in-12, 1 vol.

3814. La Réforme, de Luther à Shakespeare, par Marc-Monnier. *Paris*, 1885, in-12, 1 vol.

f. — Histoire de la littérature française

3815. Histoire littéraire de la France, ouvrage commencé par les religieux Bénédictins de la Congrégation de Saint-Maur, et continué par des membres de l'Institut. Académie des Inscriptions et Belles-Lettres. *Paris*, 1733-1873, in-4°, 26 vol.

3816. Histoire littéraire de la France par des religieux bénédictins. *Paris*, 1733, in-4°, 2 vol.

3817. De la décadence des lettres et des mœurs, depuis les Grecs et les Romains jusqu'à nos jours, par M. Rigoley de Juvigny. *Paris*, 1787, in-8°, 1 vol.

3818. Même ouvrage.

3819. Discours sur le progrès des lettres en France, par Rigoley de Juvigny. *Paris*, 1792, in-8°, 1 vol.

3820. Histoire littéraire des Troubadours, contenant leurs vies, les extraits de leurs pièces, par J. B. de la Curne de Sainte Palaye. *Paris*, 1774, in-12, 3 vol.

3821. Tableau littéraire de la France au 18e siècle, par E. Salverte. *Paris*, 1809, in-8°, 1 vol.

3822. Rapport historique sur les progrès de l'histoire et de la littérature depuis 1789, et sur leur état actuel, par M. Dacier. *Paris*, 1810, in-8°, 1 vol.

3823. Même ouvrage.

3824. De l'état de la poésie française dans les xiie et xiiie siècles, par de Roquefort-Flaméricourt. *Paris*, 1815, in-8°, 1 vol.

3825. Recherches sur les sources antiques de la littérature française, par Berger de Xivrey. *Paris*, 1829, in-8°, 1 vol.

3826. Même ouvrage.

3827. Essais historiques sur les bardes, les jongleurs et les trouvères Normands et Anglo-Normands, par l'abbé DE LA RUE. *Caen*, 1834, in-8°, 3 vol.

3828. Précis de l'histoire de la littérature française, par M. NISARD. *Paris*, 1841, in-12, 1 vol.

3829. Histoire de la poésie provençale, cours fait à la Faculté des lettres de Paris, par M. FAURIEL. *Paris*, 1846, in-8°, 3 vol.

3830. Histoire de la poésie française à l'époque impériale, par Bernard JULLIEN. *Paris*, 1844, in-12, 2 vol.

3831. Tableau de la littérature française au dix-huitième siècle, par M. DE BARANTE. *Paris*, 1847, in-12, 1 vol.

3832. Histoire de la littérature française depuis ses origines jusqu'à la Révolution, par Eug. GÉRUSEZ. *Paris*, 1861, in-8°, 2 vol.

3833. Tableau de la littérature française au XVIe siècle, par ST MARC GIRARDIN. *Paris*, 1862, in-8°, 1 vol.

3834. Louis MOLAND, origines littéraires de la France. *Paris*, 1862, in-8°, 1 vol.

3835. Les épopées françaises, études sur les origines et l'histoire de la littérature nationale, par Léon GAUTIER. *Paris*, in-8°, 3. vol.

3836. Histoire littéraire de la France, par J. J. AMPÈRE. *Paris*, 1867, in-8°, 3 vol.

3837. Histoire de la formation de la langue française, pour servir de complément à l'histoire littéraire de la France, par J. J. AMPÈRE. *Paris*, 1869, in-8°, 2 vol.

3838. Tableau de la littérature française de 1800-1815, par G. MERLET. *Paris*, 1878, in-8°, 1 vol.

3839. Tableau de la littérature française de 1800-1815, par G. MERLET, 2e et 3e parties. *Paris*, 1881, in-8°, 2 vol.

3840. Études et glanures pour faire suite à l'histoire de la langue française, par E. LITTRÉ. *Paris*, 1880, in-8°, 1 vol.

3841. Histoire littéraire de la France, par M. R. A. HENRION. In-8°, 1 vol.

3842. La chaire française au moyen-âge, spécialement au XIIIe siècle, d'après les manuscrits contemporains, par A. LECOY DE LA MARCHE. *Paris*, 1888, in-8°, 1 vol.

g. — *Histoire de la littérature italienne*

3843. Bibliothèque italique, ou histoire littéraire de l'Italie (1728). *Genève*, 1728, in-12, 17 vol.

3844. Specimen literaturæ Florentinæ sæculi XV. Ang. Mar. BANDINIUS. *Florentiæ*, 1748, in-8°, 1 vol.

3845. Histoire littéraire d'Italie, par L. GINGUENÉ. *Paris*, 1824, in-8°, 9 vol.

3846. Dante et les origines de la littérature italienne, par FAURIEL. *Paris*, 1854, in-8°, 2 vol.

h. — *Histoire de la littérature espagnole*

3847. Histoire de la littérature espagnole, traduite de l'allemand de M. BOUTERWEK, par le traducteur des lettres de Jean Muller. *Paris*, 1812, in-8°, 2 vol.

ι. — Histoire de la littérature anglaise

3848. Bibliothèque anglaise, ou histoire littéraire de la Grande-Bretagne, par Michel DE LA ROCHE et Armand BOILLE-BEAU DE LA CHAPELLE. *Amsterdam*, 1729, in-12, 15 vol.

3849. H. TAINE. Histoire de la littérature anglaise. *Paris*. 1871, in-12, 5 vol.

k. — Histoire de la littérature allemande

3850. Bibliothèque germanique, ou histoire littéraire de l'Allemagne et des pays du Nord. *Amsterdam*, 1720, in-12, 25 vol. Manque le 23ᵉ.

3851. Progrès des Allemands, dans les sciences, les belles-lettres, etc., par M. le baron de BIELFELD. *Leyde*, 1768, in 8°, 1 vol.

l. — Histoire de la littérature belge, danoise, hollandaise et suisse

3852. Histoire des lettres, des sciences et des arts en Belgique, par GOETHALS. *Bruxelles*, 1840, in-8°, 4 vol.

3853. Archives des arts, sciences et lettres. (Belgique), par Alexandre PINCHART. *Gand*, 1860, in-8°, 3 vol.

3854. Alberti THURA, Laurentii filii, idea historiæ litterariæ Danorum in duas partes divisa. *Hamburgi*, 1723, in-12, 1 vol.

3855. Mémoires pour servir à l'histoire littéraire des 17 provinces des Pays-Bas, de la Principauté de Liège et de quelques contrées voisines (par J. Noël PAQUOT). *Louvain*, 1763, in-8°, 18 vol.

3856. Histoire littéraire de Genève, par Jean SÉNEBIER. *Genève*, 1786, in-8°, 3 vol.

CHAPITRE IV

MÉLANGES D'HISTOIRE LITTÉRAIRE

3857. Voyage littéraire de deux religieux bénédictins, D. MARTÈNE et D. DURAND. *Paris*, 1717, in-4°, 2 vol.

3858. Mémoires pour servir à l'histoire des hommes illustres, dans la République des Lettres, par NICÉRON. *Paris*, 1727, in-12, 44 vol.

3859. Essais sur les honneurs accordés aux illustres sçavans, pendant la suite des siècles, par TITON DU TILLET. *Paris*, 1734, in-12, 1 vol.

3860. Histoire des troubles et des démêlés littéraires. *Amsterdam*, 1779, in-8°, 1 vol.

3861. Mémoires secrets pour servir à l'histoire de la République des lettres en France, depuis 1762 jusqu'à nos jours, par DE BACHAUMONT. *Londres*, 1781, in-12, 36 vol.

3862. De la littérature des Nègres, ou recherches sur leurs facultés intellectuelles, leurs qualités morales et leur littérature, par H. GRÉGOIRE, ancien évêque de Blois. *Paris*, 1808, in-8°, 1 vol.

3863. Correspondance inédite de MABILLON et de MONTFAUCON avec l'Italie, par M. VALÉRY. *Paris*, 1846, in-8°. 3 vol.

3864. Correspondance inédite de MABILLON et de MONTFAUCON avec l'Italie, suivie des lettres inédites du P. QUESNEL, par VALÉRY. *Paris*, 1847, in-8°, 3 vol.

3865. Mélanges d'histoire littéraire, par J. J. AMPÈRE. *Paris*, 1867, in-8°, 2 vol.

3866. L'art pendant la guerre de 1870-71, Marius VACHON. Strasbourg, les musées, les bibliothèques et la cathédrale. *Paris*, 1882, in-8°, 1 vol.

CHAPITRE V

Questions diverses d'histoire littéraire

3867. Vindiciæ manuscriptorum codicum a P. B. Germon impugnatorum, auctore Petro CONSTANT. *Parisiis*, 1706, in-8°, 1 vol.

DEUXIÈME SECTION

Histoire des Écoles et des Sociétés savantes

1. — Histoires des écoles, généralités

3868. Hermani CONRINGII de antiquitatibus academicis dissertationes sex habitæ in academia Julia. *Helmestadi*, 1651, in-4°, 1 vol.

a. — Histoire des universités, des facultés et des écoles en France

3869. Complaincte de l'université de Paris contre aucuns estrangers nouvellement venus, surnommés Jésuites. 1564, in-12, 1 vol.

3870. Advis sur le plaidoié de M. Pierre de la Martelière, pour le recteur de l'Université de Paris, par Paul DE GIMONT. *Paris*, 1612, in-12, 1 vol.

3871. La Sorbonne, en gloire et en deuil. *Paris*, 1643, in-4°, 1 vol.

3872. Seconde apologie pour l'Université de Paris. *Paris*, 1643, in-12, 1 vol.

3873. Requeste, procès-verbaux et advertissements faits à la diligence de M. le Recteur, et par l'ordre de l'Université. *Paris*, 1644, in-8°, 1 vol.

3874. Historia Universitatis Parisiensis, ipsius fundationem, nationes, facultates, magistratus, decreta, censuras et judicia in negotiis fidei, privilegia a Carolo M. ad nostra tempora (ad an. 1600) ordine chronologico complectens. Authore Cæsare Egassio BULÆO. *Parisiis*, 1665-1673, in-fol., 6 vol.

3875. Abrégé de l'histoire de l'Université de Paris de M. DU BOULAY. in-4°, 2 vol.

3876. Remarques sur la dignité, rang, préséance et juridiction du Recteur de l'Université de Paris, par M. DU BOULAY. *Paris*, 1668, in-4°, 1 vol.

3877. Joannis LAUNOII de scholis celebrioribus, seu a Carolo Magno, seu post eumdem Carolum per Occidentem instauratis liber. *Lutetiæ*, 1672, in-8°, 1 vol.

3878. Recueil des privilèges de l'Université de Paris. *Paris*, 1674, in-4°, 1 vol.

3879. Joannis LAUNOII Navarræ gymnasii Parisiensis historia. *Parisiis*, 1677, in-4°, 2 vol.

3880. Traité historique des écoles épiscopales et ecclésiastiques, par Claude JOLY. *Paris*, 1678, in-12. 1 vol.

3881. Lettre d'un docteur de Douay sur les affaires de son université. 1691, in-12, 1 vol.

3882. Histoire de l'Université de Paris, depuis son origine jusqu'en l'année 1600, par M. CRÉVIER. *Paris*, 1761, in-12, 7 vol.

3883. Histoire de la Sorbonne, dans laquelle on voit l'influence de la théologie sur l'ordre social, par J. DUVERNET. *Paris*, 1790, in-8°, 1 vol.

3884. De l'éducation publique dans la France libre, par M. Ant. BARAS. *Toulouse*, an 1, in-8°, 1 vol.

3885. Histoire de l'école polytechnique, par A. FOURCY, *Paris*, 1828, in-8°, 1 vol.

3886. Défense de l'Université, par Vict. COUSIN. *Paris*, 1844, in-8°, 1 vol.

3887. Etudes historiques sur les clercs de la basoche, par Adolphe FABRE. *Paris*, 1856, in-8°, 1 vol.

3888. Histoire de l'Université de Paris au XVIIe et au XVIIIe siècle, par Charles JOURDAIN. *Paris*, 1862-1866, in-fol., 1 vol.

3889. Index chronologicus chartarum pertinentium ad historiam Universitatis Parisiensis, ab ejus originibus ad finem decimi sexti sæculi, adjectis insuper plurimis instrumentis quæ nondum in lucem edita erant, studio et cura Caroli JOURDAIN. *Parisiis*, 1862, in-fol., 1 vol.

3890. Les traditions et les réformes dans l'enseignement universitaire, souvenirs et conseils, par E. EGGER. *Paris*, 1883, in-8°, 1 vol.

3891. Notice sur le doctorat ès-lettres, suivie du catalogue et de l'analyse des thèses françaises et latines, admises par les facultés des lettres depuis 1810 ; avec index et table alphabétique des docteurs, par MOURIER et DELTOUR. *Paris*, in-8°, 1 vol.

3892. Recueil des lois et règlements sur l'enseignement supérieur, comprenant les décisions de la jurisprudence et les avis des conseils de l'Instruction publique et du conseil d'Etat, par A. DE BEAUCHAMP (1789-1883). *Paris*, 1880-1883, in-4°, 3 vol.

3893. Louis LIARD. L'enseignement supérieur en France, 1787-1880 (1er volume). *Paris*, 1887, in-8°, 1 vol.

3894. Procès-verbaux du comité d'Instruction publique de l'Assemblée législative, publiés et annotés, par M. J. GUILLAUME. *Paris*, 1889, in-8°, 1 vol.

3895. Statistique de l'Enseignement supérieur. Enseignement. Examens. Grades. Recettes et dépenses en 1886. Actes administratifs jusqu'en août 1888. *Paris*, 1889, in-4°, 1 vol.

3896. *Ministère* de l'*Instruction publique* et des *Beaux-Arts*. 1883.

Enquêtes relatives à l'Enseignement supérieur

I. — Doctorat ès-sciences médicales.

II. — Baccalauréat ès-sciences restreint.

III. — Régime des écoles de plein exercice et des écoles préparatoires de médecine et de pharmacie.

IV. — Cours libres.

V. — Discipline dans les facultés et les écoles.

VI. — Documents.

VII. — Etat des études dans les facultés des sciences et des lettres. Situation matérielle des facultés des lettres. Bibliothèques universitaires.

VIII. — Rapport sur les observatoires de province.

IX. — Situation matérielle et collections des facultés des sciences.

X. — Etat des études dans les facultés des sciences et des lettres, bibliothèques universitaires, (année scolaire 1883-1884 1er semestre).

XI. — Licence ès-lettres. Sur la faculté qui pouvait être laissée aux candidats de subir à des époques différentes les épreuves communes et les épreuves spéciales.

XII. —

XIII. — Laboratoires maritimes.

XIV. — Rapports sur les laboratoires astronomiques de province.

XV. — Notes sur l'enseignement supérieur en France. 1884.

XVI. — Universités.

XVII. — Rapport sur les laboratoires astronomiques de province.

XVIII. — Baccalauréat. Facultés, lycées et collèges.

XVIII. — (Suite). Baccalauréat, conseils académiques.

XIX. — Etat des études dans les facultés des sciences et des lettres. Bibliothèques universitaires.

XX. — Rapport sur les observatoires astronomiques de province.

XXI. — Etat numérique des grades, 1795-1885.

XXII. — Organisation des facultés d'enseignement supérieur.

XXIII. — Rapports des conseils généraux des facultés, pour l'année scolaire 1885-1886.

XXIV. — Rapport sur les observatoires astronomiques de province.

XXV. — Rapport à M. le Ministre sur le fonctionnement du laboratoire de Concarneau, par M. G. POUCHET.

XXVI. — Licence et doctorat en droit.

XXVII. — Rapports des conseils généraux des facultés, pour l'année scolaire 1886-1887.

XXVIII. — Médecine et pharmacie, projets de lois, recueillis et publiés, par A. DE BEAUCHAMP.

XXIX. — Rapport sur les observatoires astronomiques de province.

XXX.— Rapports des conseils généraux des facultés, pour l'année scolaire 1887-1888.

XXXI. — Projet d'organisation des études de la licence en droit.

b. — Histoire des universités et des écoles étrangères

3897. Nicolai VERNULOEI Academia Lovaniensis. Ejus origo, incrementum, forma, magistratus, facultates, privilegia, scholæ, collegia, recognita et aucta per Christhianum a LANGENDONCK. *Lovanii*, 1627, in-4°, 1 vol.

3898. Privilegia nominationum Lovaniensium, seu copia privilegii nominationum Universitati Lovaniensis concessi. *Gandavi*, 1665, in-4°, 1 vol.

3899. L'Université de Bruxelles. Notice historique faite à la demande du conseil d'administration, par L. VANDERKINDEER. *Bruxelles*, 1884, in-8°, 1 vol.

3900. Historia et antiquitates Universitatis Oxoniensis. Authore Antonio WOOD. *Oxoniæ*, 1674, in-fol., 1 vol.

3901. Universitas Oxoniensis. David LOGGAM. Plans. *Oxoniæ*, 1674, in-fol., 1 vol.

3902. De l'Instruction publique en Hollande, par Victor COUSIN. *Paris*, 1837, in-8°, 1 vol.

3903. Même ouvrage.

3904. De l'Instruction publique dans quelques pays de l'Allemagne, par Vict. COUSIN. *Paris*, 1840, in-8°, 2 vol.

3905. Les hautes études pratiques dans les Universités d'Allemagne et d'Autriche-Hongrie. — Deuxième rapport présenté à M. le ministre de l'Instruction publique, par Adolphe WURTZ. *Paris*, 1882, in-4°, 1 vol.

3906. De l'enseignement secondaire en Angleterre et en Ecosse. Rapport par MM. J. DEMOGEOT et H. MONTUCCI. *Paris*, 1868, in-4°, 1 vol.

3907. L'Instruction publique aux Etats-Unis, par C. HIPPEAU. *Paris*, 1870, in-8°, 1 vol.

3908. L'Instruction publique chez les Grecs, depuis la prise de Constantinople par les Turcs jusqu'à nos jours ; avec statistique et quatre cartes figuratives, pour l'année scolaire 1878-1879, par CHASSIOTIS. *Paris*, 1881, in 8°, 1 vol.

3909. L'instruction publique à l'île de la Réunion, par D. BRUNET. *Paris*, 1884, in-8°, brochure.

II. — Histoire et travaux des Sociétés savantes

a. — Académies et sociétés françaises

3910. Relation contenant l'histoire de l'Académie française, par PELLISSON. *Paris*, 1672, in-12, 1 vol.

3911. Histoire de l'Académie françoise, depuis son établissement jusqu'à 1652, par M. PELISSON, *Paris*, 1700, in-18, 1 vol.

3912. Regiæ scientiarum Academiæ historia. Auctore J. DU HAMEL. *Parisiis*, 1698, in-4°, 1 vol.

3913. L'Académie des sciences et les Académiciens de 1666 à 1793, par Joseph BERTRAND, membre de l'Institut. *Paris,* 1869, in-8", 1 vol.

3914. Mémoires de l'Institut national des sciences et des arts. — (An VI à 1815) Sciences mathématiques et physiques. *Paris,* 1818, in-4°. 14 vol.

3915. Supplément aux comptes-rendus hebdomadaires des séances de l'Académie des sciences. *Paris,* 1856-1861, in-4°, 2 vol.

3916. Comptes-rendus hebdomadaires des séances de l'Académie des sciences, publiées conformément à une décision de l'Académie, en date du 13 juillet 1835, par MM. les secrétaires perpétuels. *Paris,* 1835-1888, in-4°, 106 vol.

3917. Tables générales des comptes-rendus des séances de l'Académie des sciences.
Tome I : Table des tomes I à XXVI, 3 août 1833 à 30 décembre 1850. — Tome II : Table des tomes XXXII à LXI, 6 janvier 1851 à 3 décembre 1865. Tome III : Table des tomes LXI à CVI, 5 janvier 1866 à 6 décembre 1880. *Paris,* 1835 à 1880, in-4°, 3 vol.

3918. Base du système métrique décimal, ou mesure de l'arc du méridien compris entre les parallèles de Dunkerque et Barcelone exécutée en 1792 et années suivantes, par MM. MÉCHAIN et DELAMBRE. Suite des mémoires de l'Institut. *Paris,* 1806, in-4°, 3 vol.

3919. Recueil d'observations géodésiques astronomiques et physiques, exécutées en Espagne, en France, en Angleterre et en Ecosse, faisant suite au troisième volume de la base du système métrique, rédigé par MM. BIOT et ARAGO. *Paris,* 1821, in-4°, 1 vol.

3920. Conférence diplomatique du mètre. *Paris,* 1875, in-fol., 1 vol.

3921. Machines et inventions approuvées par l'Académie royale des sciences, depuis son établissement jusqu'à présent (de 1666 à 1754) ; avec leur inscription. Dessinées et publiées du consentement de l'Académie, par M. GALLON. *Paris,* 1735-1757, in-5°, 7 vol.

3922. Académie des sciences. Recueil des mémoires, rapports et documents relatifs à l'observation du passage de Vénus sur le soleil. *Paris,* 1877, 1883, in-4°, 3 vol.

3923. Académie des sciences. Conférence internationale du passage de Vénus. Procès-verbaux. *Paris,* 1881, in-fol., 1 vol.

3924. Passage de Vénus du 6 décembre 1882. Rapports préliminaires. *Paris,* 1883, in-4°, 1 vol.

3925. Histoire de l'Académie Royale des Inscriptions et belles-lettres, avec les éloges des Académiciens morts depuis son renouvellement, par Ch. DE BOZE, P. TALLEMANT et GOUGET. *Paris,* 1740, in-12, 3 vol.

3926. Histoire de l'Académie royale des Inscriptions et belles-lettres, depuis son établissement, avec les mémoires. *Paris,* 1727-1850, in-4°, 50 vol.

3927. Mémoires de l'Institut de France, Académie des Inscriptions et belles-lettres. *Paris,* 1815-1888 (collection incomplète) in-8°, 33 vol.

3928. Mémoires présentés par divers savants à l'Académie des Inscriptions et belles-lettres de l'Institut de France. Deuxième série. Antiquités de la France. *Paris,* 1843-1889, in-4°, 33 vol.

3929. Mémoires présentés par divers savants à l'Académie des Inscriptions et belles-lettres de l'Institut de France. Première série. Sujets divers d'érudition. *Paris,* 1844, 1865, in-4°, 9 vol.

3930. Mémoires de l'Institut national des sciences et des arts pour l'an IV jusqu'à l'an XII. Sciences morales et politiques. *Paris,* an VI — XIII, in-4°, 5 vol.

3931. Mémoires de l'Académie des sciences morales et politiques de l'Institut de France. *Paris, 1837-1872, in-4°, 14 vol.*

3932. Mémoires de l'Académie des sciences morales et politiques de l'Institut de France. Savants étrangers. *Paris, 1841-1847, in-4°, 2 vol.*

3933. Table générale et méthodique des mémoires contenus dans les recueils de l'Académie des Inscriptions et belles-lettres et de l'Académie des sciences morales, par M. Eugène DE ROZIÈRE et M. Eug. CHATEL. *Paris, 1856, in-4°, 1 vol.*

3934. Rapports de toutes les classes de l'Institut de France sur les ouvrages admis au concours pour les prix décennaux. *Paris,1810, in-4°, 1 vol.*

3935. Recueil de rapports divers à l'Institut de France. *Paris, 1858, in-4°,1 vol.*

3936. Revue des sociétés savantes, publiée sous les auspices du ministre de l'Instruction publique. Sciences mathématiques, physiques et naturelles. *Paris, 1862-1880, in-8°, 20 vol.*

3937. Table générale de la revue des sociétés savantes, par M. Eugène HUGOT. Sciences mathématiques physiques et naturelles. (1862 à 1880). *Paris, 1885, in-8°, 1 vol.*

3938. Revue des sociétés savantes des départements, sous les auspices du ministre de l'Instruction publique et des Cultes. *Paris, 1856-1882, in-8°, 29 vol.*

3939. Ministère de l'Instruction publique. Bulletin des comités historiques. Histoire, sciences, lettres, archéologie, beaux-arts, 1849, 1850, 1851, 1852, in-8°, 4 vol.

3940. Table générale des bulletins du comité des travaux historiques et de la revue des sociétés savantes, par Octave TEISSIER. *Paris, 1883, in-8°, 1 vol.*

3941. Ministère de l'Instruction publique et des Cultes. Distribution des récompenses accordées aux sociétés savantes (1861, 1863, 1865, 1868). *Paris, 1861-1868,* in-8°, 4 brochures.

3942. Bibliothèque de l'école des chartes. Revue d'érudition, spécialement consacrée à l'étude du moyen-âge. *Paris, 1839-1889,* in-8°, 49 vol.

3943. Mémoires lus à la Sorbonne dans les séances extraordinaires du Comité impérial des travaux historiques et des sociétés savantes en 1861, 1863, 1864-1865, 1866-1867 et 1868. Archéologie. *Paris, 1863-1867, in-8°, 7 vol.*

3944. Mémoires lus à la Sorbonne dans les séances extraordinaires du Comité impérial des travaux historiques et des sociétés savantes, 1801 à 1808. Histoire, philologie et sciences morales. *Paris,1833-1869, in-8°, 7 vol.*

3945. Bulletin de la société philomatique de Paris 1880-1888. *Paris, 1888, in-8°,* 8 vol.

3946. Mémoires de l'Académie des sciences, lettres et arts d'Arras. *Arras, 1818-1888, in-8°, 58 vol.*

3947. Documents inédits de l'Académie des sciences, lettres et arts d'Arras. *Arras, 1856, in-8°, 7 vol.*

3948. A. LAROCHE, Arras. Rapports et discours. (1853-1865). *Arras, in-8°, 1* vol.

3949. Annales de la Faculté des Lettres de Bordeaux 1881-82-83. *Bordeaux, 1881-83, in-8°, 3 vol.*

3950. Société d'agriculture, sciences et arts de Meaux. Rapport de la commission du voyage agronomique en Angleterre et en Ecosse. *Meaux, 1853, in-8°, 1 vol.*

3951. Mémoires de la Société des antiquaires de la Morinie. *Saint-Omer, 1833-1889,* in-8°, 21 vol.

3952. Société des antiquaires de la Morinie. Bulletins 1833-1889. *Saint-Omer.*

3953. Société des antiquaires de la Morinie. Usaiges et anciennes coustumes de la Conté de Guysnes. *Saint-Omer*, 1850, in-8°, 1 vol.

3954. Société des antiquaires de la Morinie. Recherches historiques sur les établissements hospitaliers de la ville de Saint-Omer, par L. DESCHAMPS DE PAS. *Saint-Omer*, 1877, in-8°, 1 vol.

3955. Mémoires de la Société d'agriculture,sciences et arts centrale du département du Nord, séant à Douai.*Douai*, 1885, in-8°, 2 vol.

3956. Mémoire pour servir à l'histoire des jeux Floraux, par M. POITEVIN-PEITAVI. *Toulouse*, 1815, in-8°, 1 vol.

3957. Annuaire des sociétés savantes de la France et de l'étranger. Première année, 1846. *Paris*, 1846, in-8°, 1 vol.

3958. Congrès scientifique de France 1843-1870.
Cette collection incomplète contient :
Session à Angers, 1843, in-8°, 2 vol.
  id. à Tours, 1847, in-8°, 2 vol.
  id. à Rennes, 1850, in-8°, 2 vol.
  id. à Toulouse, 1852, in-8°, 2 vol.

  id. à Nancy, 1851, in-8°, 2 vol.
  id. à Arras, 1853, in-8°, 2 vol.
  id. à Rouen, 1865, in-8°, 1 vol.
  id. à Chartres, 1869, in-8°, 1 vol.
                  in-8°, 14 vol.

3959. Congrès archéologique de France. Séances générales tenues
à Agen et à Toulouse, 1874,
à Vienne   1879,
à Arras et Tournai, 1880,
          in-8°, 3 vol.

3960. Recueil de pièces diverses.
Congrès méridional   1834
Congrès scientifique de Caen. 1833
          in-4°, 1 vol.

3961. Congrès international des Orientalistes, Paris, 1873. *Paris* 1874, in-8°, 2 vol.

3962. Discours de M. Jules SIMON à l'assemblée générale des délégués des sociétés savantes, le 19 avril 1873. *Paris*, 1873, in-12, 1 vol.

3963. Une Académie sous le Directoire,par J. SIMON. *Paris*, 1885, in-8°, 1 vol.

b. — Académies et sociétés étrangères

3964. Academiarum celebrium universi terrarum orbis libri viii. *Coloniæ Agrippinæ*, 1602, in-8°, 1 vol.

3965. Transactions philosophiques de la Société royale de Londres, 1733 ; traduites par M. DEMOURS. *Paris*, 1740, in-4°, 1 vol.

3966. Transactions philosophiques de la Société royale de Londres, 1731 ; traduites par DE BRÉMONT. *Paris*, 1741, in-4°, 1 vol.

3967. Recherches philosophiques, par un membre de la société royale de Londres. *Rotterdam*, 1743, in-8°, 1 vol.

3968. Choix des mémoires, et abrégé de l'histoire de l'Académie de Berlin.*Berlin*, 1761, in-12, 4 vol.

3969. Real Academia de buenas letras de la ciudad de Barcelona. *Barcelona*,1756, in-8°, 3 vol.

3970. Memorias de la Real Academia de la historia. *Madrid*, 1796, 1852, in-4°, 8 vol.

3971. Memorias de la Real Academia de ciencias morales y politicas. *Madrid*, 1864, in-8°, 5 vol.

3972. Discursos de recepcion y de contestacion leidos ante la real Academia de ciencias morales y politicas. Tome I. *Madrid*, 1875, in-8°, 1 vol.

c. — Mélanges

3973. Itinéraire de l'ami des arts, ou statistique générale des académies, bibliothèques, etc., par BLANCHARD. *Paris,* 1821, in-8°, 1 vol.

3974. Programmes des exercices publics suivis de la distribution des prix.—Ecole de M. Fauchison. Arras. *Arras,* in-4°, 1 vol.

3975. Collége d'Arras. Exercice public du 14 août 1811. Langue grecque. *Arras,* in-4°, 1 vol.

3976. V. HENRY. L'œuvre d'Abel Bergaigne. Leçon d'ouverture du cours de grammaire comparée à la Faculté des Lettres de Paris. *Paris,* 1889, in-8°, brochure.

BIBLIOGRAPHIE

PREMIÈRE SECTION

a. — Histoire de l'écriture

3977. L'Evangéliaire de Saint-Vaast d'Arras, et la calligraphie Franco-Saxone du IX° siècle, par Léopold DELISLE. *Paris,* 1888, in-fol, 1 vol.
Voir le catalogue sciences et arts. N°⁵ 3665 à 3670.

b. — . . . . . des manuscrits

3978. Mémoire sur d'anciens Sacramentaires, par Léopold DELISLE. Extrait des mémoires de l'Académie des Inscriptions et Belles-lettres, tome XXXII°, 1° Partie. (Planches). *Paris,* 1886, in-fol., 1 vol.

c. — Catalogues de manuscrits

3979. Novæ bibliothecæ manuscriptorum librorum tomi duo. Opera et studio Philippi LABBE. *Parisiis,* 1657, in-fol., 2 vol.

3980. Bibliotheca bibliothecarum manuscriptorum nova; ubi quæ innumeris pene manuscriptorum, bibliothecis continentur, ad quodvis litteraturæ genus spectantia et notatu digna, describuntur et indicantur. Auct. Bernardo DE MONTFAUCON. *Parisiis*, 1739, in-fol., 2 vol.

3981. Catalogi librorum manuscriptorum, qui in bibliothecis Galliæ, Helvetiæ, Belgii, Britanniæ M., Hispaniæ, Lusitaniæ asservantur, nunc primum editi a Gustavo HÆNEL. *Lipsiæ*, 1830, in-fol., 1 vol.

3982. Catalogus codicum manuscriptorum Bibliothecæ regiæ. Auctore Aniceto MELOT. *Parisiis*, 1739, in-fol., 2 vol.

3983. Inventaire ou catalogue de l'ancienne bibliothèque du Louvre, fait en 1373, par Gilles MALLET. Précédé de la dissertation de BOIVIN, le jeune, sur la même bibliothèque, sous les rois Charles V, Charles VI et Charles VII. Avec des notes historiques et critiques, par Jos. VAN PRAET. *Paris*, 1836, in-8°, 1 vol.

3984. Manuscrit de la bibliothèque du Louvre. *Paris*, 1872, in-8°, 1 vol.

3985. Les papiers de NOAILLES de la bibliothèque du Louvre, par Louis PARIS. *Paris*, 1875, in-8°, 2 vol.

3986. Catalogue des manuscrits français de la bibliothèque impériale. *Paris*, 1848-81, in-4°, 3 vol.

3987. Inventaire des manuscrits français de la bibliothèque nationale. *Paris*, 1876, in-8°, 2 vol.

3988. Notices et extraits des manuscrits de la bibliothèque nationale et autres bibliothèques, publiés par l'Institut de France. *Paris*, 1787-1888, in-4°, 32 vol.

2989. Notices et extraits des manuscrits de la bibliothèque impériale. Tome dix-huitième, seconde partie. Papyrus grecs. Planches. *Paris*, 1865, in-fol., 1 vol. 52 planches et le titre.

3990. Inventaires des manuscrits de la bibliothèque nationale. Fonds de Cluni, par Léopold DELISLE. *Paris*, 1884, in-8°, 1 vol.

3991. Inventaire sommaire des manuscrits du supplément grec de la bibliothèque nationale, par Henri OMONT. *Paris*, 1883, in-8°, 1 vol.

3992. Catalogue des manuscrits Espagnols de la bibliothèque nationale, par Alfred MOREL-FATIO (1re Livraison). *Paris*, in-4°, 1 vol.

3993. Catalogue des manuscrits Néerlandais de la bibliothèque nationale, par M. Gédéon PUET. *Paris*, 1886, in-8°, 1 vol.

3994. Catalogue des manuscrits Arabes de la bibliothèque nationale, par M. le baron DE SLANE. (1er et 2e fascicules). *Paris*, 1889, in-4°.

3995. Les manuscrits des fonds Libri et Barrois à la bibliothèque nationale. Extrait du catalogue de ces manuscrits, par Léopold DELISLE. *Paris*, 1888, in-8°, 1 vol.

3996. Catalogue général des manuscrits des bibliothèques publiques de France. — Paris. — Bibliothèque de l'Arsenal. *Paris*, 1885-1888, in-8°, 4 vol.

3997. Catalogue général des manuscrits des bibliothèques publiques de France. Paris. — Bibliothèque Mazarine. *Paris*, 1885-1886, in-8°, 2 vol.

3998. Catalogue général des manuscrits des bibliothèques publiques des départements, publiés sous les auspices du ministre de l'Instruction publique. *Paris*, 1847, in 4°, 7 vol.

Tome I. Catalogue des manuscrits de la bibliothèque du séminaire d'Autun, par M. LIBRI. — De la bibliothèque de Laon, par M. F. RAVAISSON. — De la bibliothèque de la ville de Montpellier par M. LIBRI. — De l'école de médecine de Montpellier, par MM. LIBRI, BLANC et KUHNHOLTZ : De la bibliothèque d'Albi, par MM. LIBRI et RAVAISSON. — Notices par MM. HASE, REINAUD, J. V. LE CLERC, Ed. DU LAURIER. — Tables, par M. TARANNE.

Tome II. Manuscrits de la bibliothèque de Troyes, par M. Hermand. — Tables par M. TARANNE.

Tome III. Manuscrits des bibliothèques de Saint-Omer, Epinal, Saint-Mihiel, Saint-Dié, Schlestadt, par MM. MICHELANT, TARANNE et H. COCHERIS.

Tome IV. Manuscrits de la bibliothèque d'Arras, par M. Jules QUICHERAT. — Manuscrits de la bibliothèque d'Avranches, par M. TARANNE. — Manuscrits de la bibliothèque de Boulogne-sur-Mer, par M. MICHELANT. — Tables par M. COCHERIS.

Tome V. Manuscrits de la bibliothèque de Metz, par M. Jules QUICHERAT. — Manuscrits de la bibliothèque de Verdun, par MM. MICHELANT et DIDIOT. — Manuscrits de la bibliothèque de Charleville, par M. Jules QUICHERAT. Tables par M. Gaston RAYNAUD.

Tome VI. Manuscrits de la bibliothèque de Douai, par M. l'abbé C. DEHAISNES.

Tome VII. Manuscrits des bibliothèques de Toulouse et de Nimes, par M. A. MOLINIER.

3999.   Ministère de l'Instruction publique. Catalogue général des manuscrits des bibliothèques publiques de France. — nouvelle édition.

DÉPARTEMENTS.

Tome Ier. Rouen, par Henri OMONT.

Tome II. Rouen (suite et fin). Dieppe — Eu — Fécamp — Elbeuf — Gournay-en-Bray — Le Havre — Neufchatel-en-Bray — Bernay — Conches — Gisors — Louviers — Verneuil — Evreux — Alençon — Montivilliers, par Henri OMONT.

Tome III. Chalons — Soissons — Moulins — Ajaccio — Agen — Saint-Quentin — Provins — Beauvais — Meaux — Melun — Noyon — Corbeil — Gap — Bourbourg — Vendome.

Tome IV. Bourges — Issoudun — Brioude — Brive — Guéret — Châtellerault — Dinan — Lamballe — Clamecy — Apt — — Libourne — Bourmont — Nancy — Aire-sur-la-Lys — Béthune — Calais — Saint-Pol — Hesdin — Roubaix — Privas — Laval — Mende — Saint-Amand — Auch.

Tome V. Dijon.

Tome VI. Auxerre — Tonnerre — Avallon-Joigny — Sens — Palais de Fontainebleau — Nemours — Bourg — Nantua — Trévoux-Pont-de-Vaux — Chatillon-sur-Seine — Beaume — Montbard — Semur — Auxonne — Autun — Charolles — Cluny — Macon — Chalon-sur-Saône — Tournus — Gray — Vesoul — Beaume-les-Dames

Tome VII. Grenoble, par P. FOURNIER, E. MAIGNIEN et A. PRUDHOMME.

Tome VIII. La Rochelle, par G. MUSSET.

Tome IX. Salins — Lure — Pontarlier — Pau (ville) — Pau (château) — Bayonne — La Ferté-Bernard — Narbonne — Périgueux — Digne — Chateauroux — Dreux — Aurillac — Cahors — Saint-Germain en Laye — Pontoise — Rhodez — Versailles — Lagny — Coulommiers — Hyères — Corse (Ecole Paoli) — Bastia — Abbeville — Villeneuve-sur-Yonne — Limoges — Mirecourt.

Tome X. Avranches — Coutances — Valognes — Cherbourg — Bayeux — Condé sur Noireau — Falaise — Flers — Domfront — Argentan — Lisieux — Honfleur — Saint-Lo — Mortain — Châpitre de Bayeux. — Pont-Audemer — Vire.

Tome XI. (sous presse).

Tome XII. Orléans.

in-8°, 12 vol.

4000.   Catalogue général des manuscrits des bibliothèques publiques de France. Départements. Catalogue des manuscrits grecs, par H. OMONT. *Paris*, 1886, in-8°, 1 vol.

4001.   Inventaire sommaire des manuscrits grecs des bibliothèques des départements, par Henri OMONT. *Paris*, 1883, in-8°, 1 vol.

4002.   Catalogue des manuscrits conservés dans les dépôts d'archives départementales, communales et hospitalières. *Paris*, 1886, in-8°, 1 vol.

4003.   Catalogue descriptif et raisonné des

manuscrits de la bibliothèque d'Amiens, par J. GARNIER. *Amiens*, 1843, in-8°, 1 vol.

4004. Catalogue des manuscrits de la bibliothèque de la ville d'Arras, par M. CARON. *Arras*, 1860, in-8°, 1 vol.

4005. Catalogue descriptif et raisonné des manuscrits de la bibliothèque de Cambrai, par A. LE GLAY. *Cambrai*, 1831, in-8°, 1 vol.

4006. Catalogue des manuscrits de la bibliothèque de Chartres. *Chartres*, 1840, in-8°, 1 vol.

4007. Catalogue des manuscrits de la bibliothèque de Douai, par H. DUTHILLOEUL, suivi d'une notice sur les manuscrits de cette bibliothèque, relatifs à la législation et à la jurisprudence par M. TAILLIAR. *Douai*, 1846, in-8°, 1 vol.

4008. Catalogue descriptif des manuscrits de la bibliothèque de Lille, par M. LE GLAY. *Lille*, 1848, in-8°, 1 vol.

4009. Manuscrits de la bibliothèque de Lyon, avec notices sur leur ancienneté, leurs auteurs etc.. par Ant. Fr. DELANDINE. *Paris*, 1812, in-8°, 3 vol.

4010. Manuscrits de la bibliothèque publique d'Orléans, ou notices sur leur ancienneté, leurs auteurs etc., par A. SEPTIER. *Orléans*, 1820, in-8°, 1 vol.

4011. Manuscrits de la bibliothèque de Saint-Omer. *Saint-Omer*, 1845, in-4°, 1 vol.

4012. Catalogue descriptif et raisonné des manuscrits de la bibliothèque de Valenciennes, par J. MANGEART. *Valenciennes*, 1860, in-8°, 1 vol.

4013. Bibliotheca Belgica manuscripta, sive elenchus universalis codicum MSS. in celebrioribus Belgii Cœnobiis, Ecclesiis, Urbium ac privatorum hominum bibliothecis adhuc latentium. Collegit illum et edidit Antonius SANDERUS. *Insulis*, 1641-1644, in-4°, 1 vol.

4014. Catalogue des manuscrits de la bibliothèque royale des ducs de Bourgogne, publié par ordre du Ministre de l'Intérieur de Belgique, par M. MARCHAL. *Bruxelles*, 1842, in-fol., 2 vol.

4015. Catalogus codicum manuscriptorum bibliothecæ Bernensis. *Bernæ*, 1760, in-8°. 3 vol.

4016. Le cabinet historique, revue mensuelle, contenant avec un texte et des pièces inédites, intéressantes ou peu connues, le catalogue général des manuscrits que renferment les bibliothèques publiques de Paris et des départements, sous la direction de M. Ulysse Robert. *Paris*, 1755 à 1881, 27 vol.

Autographes

4017. Lettres autographes composant la collection de M. Alfred Bovet, décrites par Etienne CHARAVEY. *Paris*, 1887, in-4°, 1 vol.

IMPRIMERIE ET LIBRAIRIE

a. — Histoire de l'imprimerie et de la librairie

4018. Histoire de l'imprimerie et de la librairie. *Paris*, 1689, in-4°, 1 vol.

4019. Histoire de l'origine et des premiers progrès de l'imprimerie, par Prosper MARCHAND. *La Haye*, 1740, in-4°, 1 vol.

4020. Origine et productions de l'imprimerie primitive en taille de bois, par FOURNIER. *Paris*, 1759, in-8°, 1 vol.

4021. Plan du traité des origines typographiques, par M. MÉERMAN. *Amsterdam*, 1762, in-8°, 1 vol.

4022. Origines typographicæ. Gerardo MEERMAN auctore. *Hagæ Comitum*, 1765. in-4°, 1 vol.

4023. Recherches historiques sur l'origine de l'imprimerie, par P. LAMBINET. *Bruxelles, an VII*, in-8°, 1 vol.

4024. Origine de l'imprimerie, par LAMBINET. *Paris*, 1810, in-8°, 2 vol.

4025. Même ouvrage.

4026. Histoire de l'imprimerie, par Paul LACROIX. *Paris*, 1852, in-8°, 1 vol.

4027. Histoire de l'imprimerie. par Paul DUPONT. *Paris*, 1854, in-12. 2 vol.

4028. Histoire abrégée de l'imprimerie, par Fr. DELANDINE. *Paris*, in 8°. 1 vol.

4029. L'origine de l'imprimerie de Paris. Dissertation historique et critique, divisée en quatre parties, par André CHEVILLIER. *Paris*, 1694, in-4°, 1 vol.

4030. Historia typographorum aliquot Parisiensium. *Londini*, 1717, in-8°, 1 vol.

4031. La science pratique de l'imprimerie. *Saint-Omer*, 1723, in-4°, 1 vol.

4032. Précis historique sur l'imprimerie nationale et ses types, par DUPRAT. *Paris*, 1848, in-8°, 1 vol.

4033. Même ouvrage.

4034. Spécimens des types français et étrangers de l'imprimerie impériale. *Paris*, 1855, in-fol., 1 vol.

4035. Notice sur les types étrangers du spécimen de l'imprimerie royale. *Paris*, 1847, in-fol. 1 vol.

4036. Annales de l'imprimerie des Alde. *Paris*, 1803, in-8°, 2 vol.

4037. Annales de l'imprimerie des Alde, ou histoire des trois Manuce et de leurs éditions, par Ant.-Aug. RENOUARD. *Paris*, 1825, in-8°, 3 vol.

4038. Essai bibliographique sur les éditions des Elzévirs. *Paris*, 1822, in-8°, 1 vol.

4039. Annales de l'imprimerie elzévirienne, ou histoire de la famille des Elzevier et de ses éditions, par Charles PIETERS. *Gand*, 1851, 1 vol.

4040. Les Elzevirs de la bibliothèque de l'Université impériale de Varsovie, par Stanislas Joseph SIENNICKI. *Varsovie*, 1874, in-8°, 1 vol.

4041. Stephanorum historia. *Londini,* 1709, in-8°, 1 vol.

4042. Annales de l'imprimerie des Estienne, ou histoire de la famille des Estienne et de ses éditions, par Ant. Aug. Renouard. *Paris,* 1843, in-8°, 1 vol.

4043. Juntarum typographiæ annales.*Lucæ,* 1791, in-8°, 1 vol.

4044. Index librorum ex typographia Plan-

tiniana. *Antuerpiæ,* 1615, in-12, 1 vol.

4045. Specimen des nouveaux caractères de l'imprimerie de F. Didot, l'ainé. *Paris,* 1819, in-4°, 1 vol.

4046. Recherches sur les livres imprimés à Arras depuis l'origine de l'imprimerie dans cette ville jusqu'à nos jours, par MM. d'Hericourt et Caron. *Arras,* 1853, in-8°, 1 vol.

b. — *Annales de la librairie*

4047. Nova librorum rariorum conlectio, fasciculus primus. *Halis Magdeburg.* 1709, in-12, 1 vol.

4048. Même ouvrage.

4849. Repertorium bibliographicum, in quo libri omnes ab arte typographica inventa usque ad annum MD typis expressi ordine alphabetico enumerantur,

opera Ludovici Hain. *Stuttgartiæ,* 1826, in-8°, 3 vol.

4050. Catalogus historico-criticus romanarum editionum sæculi xv. *Romæ,*1783, in-4°, 1 vol.

4051. Index librorum ab inventa typographia ad annum 1500, par Xav. Laire. *Senonis,* 1791, in-8°, 2 vol.

c. — *Livres imprimés sur vélin*

4052. Catalogue des livres imprimés sur vélin de la bibliothèque du Roi, par Jos. Bas. Bern. Van Praet. *Paris,* 1822, in-8°, 3 vol.

4053. Catalogue des livres imprimés sur

vélin, qui se trouvent dans des bibliothèques tant publiques que particulières,pour faire suite au catalogue des livres imprimés sur vélin de la bibliothèque du Roi. *Paris,* 1821, in-8°, 6 vol.

BIBLIOGRAPHIE CRITIQUE

CHAPITRE I. — TRAITÉS GÉNÉRAUX

4054. Bibliotheca universalis, sive catalogus omnium scriptorum locupletissimus, in tribus linguis, latina, græca et hebraica extantium et non extantium... aut. Conrado GESNERO. *Tiguri*, 1545, in-f°, 2 vol.

4055. Bibliotheca universalis sive catalogus omnium scriptorum locupletissimus, in tribus linguis : authore Conrado GESNERO. *Tiguri*, 1545, in-f°, 1 vol.

4056. Bibliotheca GESNERI in epitomen redacta. *Tiguri*, 1574, in-f°, 1 vol.

4057. Bibliotheca instituta et collecta a Conrado GESNERO. *Tiguri*, 1583, in-f°, 1 vol.

4058. Antonii POSSEVINI bibliotheca selecta de ratione studiorum, ad disciplinas, et ad salutem omnium gentium procurandam. *Romæ*, 1593, in-f°, 1 vol.

4059. Antonii POSSEVINI bibliotheca selecta de ratione studiorum, ad disciplinas et ad salutem omnium gentium procurandam. *Coloniæ Agrippinæ*, 1607, in-f°, 1 vol.

4060. Même ouvrage.

4061. La bibliothèque universelle contenant le catalogue de tous les livres qui ont esté imprimés ce siècle passé, aux langues françoise, italienne, espaignole, et autres, depuis l'an 1500 jusques à l'an présent 1610. *Frankfourt*, 1610, in-4°, 1 vol.

4062. Bibliotheca classica, sive catalogus officinalis, in quo singuli singularum facultatum ac professionum libri, qui in quavis fere lingua extant, ordine alphabetico recensentur. Authore M. Georgio DRAUDIO. *Francofurti*, 1611, in-4°, 1 vol.

4063. J. MOLANI bibliotheca materiarum quæ, a quibus auctoribus, cum antiquis, tum recentioribus sint pertractatæ. *Coloniæ Agrippinæ*, 1618, in-4°, 1 vol.

4064. Bibliotheca bibliothecarum curis secundis auctior. Studio Philippi LABBE. *Rothomagi*, 1672, in-8°, 1 vol.

4065. Bibliotheca bibliothecarum curis secundis auctior, studio Philippi LABBE. *Rothomagi*, 1678, in-8°, 1 vol.

4066. Catalogus auctorum qui librorum catalogos, indices, bibliothecas, virorum litteratorum elogia, vitas, aut orationes funebres, scriptis consignarunt ab Antonio TEISSERO adornatus. *Coloniæ Allobrogum*, 1686, in-4°, 1 vol.

4067. Même ouvrage.

4068. Bibliographia historico-politico-philologica curiosa. *Germanopoli*, 1696, in-12, 1 vol.

4069. Jugemens des savants sur les principaux ouvrages des auteurs, par Adrien BAILLET. *Paris*, 1722, in-4°, 7 vol.

4070. Suite des jugements des savants de M. BAILLET sur les auteurs qui ont traité de la rhétorique, par M. GIBERT. *Paris*, 1713, in-12, 3 vol.

4071. Jugements des savants sur les principaux ouvrages des auteurs, par Adrien BAILLET, avec l'anti-Baillet par M. MESNAGE. *Paris*, 1722, in-4°, 8 vol.

4072. Nouvelle bibliothèque choisie, où l'on fait connaître les bons livres en divers genres de littérature, et l'usage que l'on doit en faire, par Pierre BARAT. *Amsterdam*, 1714, in 12, 2 vol.

4073. La bibliothèque choisie de M. COLOMIÈS, augmentée des notes de MM. BOURDELOT, et DE LA MONNOYE. *Paris*, 1731, in-12, 1 vol.

4074. Adparatus litterarius, ubi libri partim antiqui partim rari recensentur, collectus a Frider. Gotthilf FREYTAG. *Lipsiæ*, 1752, in-12, 3 vol.

4075. Angeli Card. QUIRINI liber singularis de optimorum scriptorum editionibus. *Lindaugiæ*, 1761, in-4°, 1 vol.

4076. Bibliographie instructive, ou notice de quelques livres rares disposée par François DE Los-Rios. *Avignon*, 1777, in 8°, 1 vol.

4077. Nouvelle bibliothèque de ville et de campagne. *Genève*, 1788, in-12. 12 vol. (3 vol. manquent).

4078. Description raisonnée d'une jolie collection de livres, par Charles NODIER. *Paris*, 1844, in-8°, 1 vol.

4079. Bibliographie contemporaine. Histoire littéraire du 19e siècle, manuel critique et raisonné, par Ant. LAPORTE. 1885-1888, in-8°, 5 vol.

4080. Recueil de pièces. 1° sur le Patois. 2° sur les bibliothèques, in-12, 1 vol.

CHAPITRE II. — TRAITÉS SPÉCIAUX

A. – BIBLIOGRAPHES NATIONAUX

a. — Ecrivains grecs et latins

4081. Myriobiblion sive PHOTII bibliotheca librorum quos PHOTIUS Patriarcha Constantinopolitanus legit et censuit, græce edidit David HOESCHELIUS et notis illustravit, latine vero reddidit And. SCHOTTUS. *Aureliæ Allobrogum.* 1611, in-fol., 1 vol.

4082. PHOTII bibliotheca. Librorum quos legit PHOTIUS Patriarcha excerpta et censuræ (græce). *Augustæ Vindelicorum*, 1601, in-fol., 1 vol.

4083. PHOTII bibliotheca, sive librorum a PHOTIO librorum recensio, e græco latine reddita. *Antuerpiæ*, 1606, in-fol., 1 vol.

4084. Alberti FABRICII bibliotheca græca, sive notitia scriptorum veterum græcorum, quorumque monumenta integra, aut fragmenta edita exstant. *Hamburgi*, 1595, in-4°, 14 vol.

4085. Alberti FABRICII bibliotheca latina, sive notitia auctorum veterum latinorum, quorumque scriptâ ad nos pervenerunt, distributa in libros IV. *Hamburgi*, 1708, in-12, 1 vol.

b. — Ecrivains belges

4086.   Elogia illustrium Belgii scriptorum, qui vel Ecclesiam Dei propugnarunt, vel disciplinas illustrarunt. Centuria decadibus distincta ex bibliotheca Auberti MIROEI. *Antuerpiæ*, 1602, in-12, 1 vol.

4087.   Même ouvrage.

4088.   Valerii ANDREÆ bibliotheca Belgica : de Belgis vita scriptisque claris. *Lovanii*, 1623, in-12, 1 vol.

4089.   Athenæ Belgicæ, sive nomenclator Infer. Germaniæ scriptorum, qui disciplinas philologicas, philosophicas, theologicas, juridicas, medicas et musicas illustrarunt, Franciscus SWERTIUS digessit et vulgavit. *Antuerpiæ*, 1628, in-fol., 1 vol.

4090.   Valeri ANDREÆ. Bibliotheca Belgica: de Belgis vita scriptisque claris. *Lovanii*, 1643, in-4°, 1 vol.

4091.   Elogia Belgica sive illustrium Belgii scriptorum vitæ breviter commemoratæ. Studio Auberti MIROEI. *Antuerpiæ*, 1699, in-4°, 1 vol.

4092.   Bibliotheca Belgica, sive virorum in Belgio vita, scriptisque illustrium catalogus a Valerio ANDREA, MIRÆO, Franc. SWERTIO, cura et studio Joan. Fr. FOPPENS. *Bruxellis*, 1739, in-4°, 2 vol.

4093.   Même ouvrage.

c. — Ecrivains français

4094.   Le premier volume de la bibliothèque du sieur DE LA CROIX DU MAINE, qui est un catalogue général de toutes sortes d'autheurs, qui ont écrit en français depuis cinq cents ans et plus, jusqu'à ce jourd'hui. *Paris*, 1584, in-fol., 1 vol.

4095.   La bibliothèque d'Antoine du VERDIER. *Lyon*, 1585, in-fol., 1 vol.

4096   La bibliothèque historiale de Nicolas VIGNIER. *Paris*, 1587, in-fol., 4 vol.

4097.   La bibliothèque françoise de M. C. SOREL *Paris*, 1664, in-12, 1 vol.

4098.   La bibliothèque françoise de M. C. SOREL. *Paris*, 1667, in-12, 1 vol.

4099.   Même ouvrage.

4100.   La France littéraire. *Paris*, 1769, in-12, 5 vol.

4101.   La France littéraire depuis 1751, ou dictionnaire des auteurs français vivants. *Paris*, 1769, in-8°, 1 vol.

4102.   Bibliothèque des auteurs de Bourgogne, par M. PAPILLON. *Dijon*, 1745, in-fol., 1745, 1 vol.

4103.   Les bibliothèques françoises de LA CROIX DU MAINE et DU VERDIER ; par M. RIGOLEY DE JUVIGNY. *Paris*, 1772, in-4°, 6 vol.

4104.   Bibliothèque littéraire du Maine, ou traité historique et critique des auteurs de cette province, par l'abbé ANSART. *Châlons-sur-Marne*, 1784, in-8°, 1 vol.

4105.   Bibliographie historique de la ville de Saint-Omer, par le baron DARD. *Arras*, 1880, in-8°, 1 vol.

4106.   Bibliographie des principales éditions originales d'écrivains français du XVe au XVIIIe siècle, par Jules LE PETIT. *Paris*, 1888, in-8°, 1 vol,

B. — Bibliographie des ordres religieux et de quelques sectes

4107. Floriacensis vetus bibliotheca, Benedictina, Sancta, Apostolica, Pontificia, Regia, Franco-Gallica, opera Joannis A Bosco. *Lugduni*, 1605, in-8°, 1 vol.

4108. Bibliotheca scriptorum Societatis Jesu, post excussum anno 1608 catalogum R. P. Petri Ribadeneiræ, nunc hoc novo apparatu librorum concinnata a Philippo ALEGAMBE. *Antuerpiæ*, 1643, in-fol., 1 vol.

4109. Catalogues des livres du collège des Jésuites de Louvain. *Louvain*, in-8°, 1 vol.

4110. Bibliothèque Janséniste, ou catalogue alphabétique des livres Jansénistes, Quesnellistes, Baïanistes, ou suspects de ces erreurs, par le P. Dom. DE COLONIA. *Bruxelles*, 1740, in-12, 2 vol.

4111. Bibliothèque historique et critique des auteurs de la Congrégation de Saint-Maur, par D. Filipe LE CERF DE LA VIÉVILLE. *La Haye*, 1726, in-12, 1 vol.

4112. Histoire littéraire de la Congrégation de Saint-Maur, ordre de Saint-Benoît, où l'on trouve la vie et les travaux des auteurs qu'elle a produits, depuis son origine en 1618, jusqu'à présent, par D. René Prosper TASSIN. *Bruxelles*, 1770, in-4°, 1 vol.

4113. Histoire littéraire de Saint-Bernard, abbé de Clairvaux, et de Pierre le Vénérable, abbé de Cluni ; qui peut servir de supplément au douzième siècle de l'histoire littéraire de la France, par Dom Charles CLÉMENCET. *Paris*, 1773, in-4°, 1 vol.

4114. Bibliothèque générale des écrivains de l'ordre de Saint-Benoît, contenant une notice exacte des ouvrages de tout genre, composés par les religieux des diverses branches, filiations, réformes et congrégations de cet ordre, par Dom Jean FRANÇOIS. *Bouillon*, 1777, in-4°, 4 vol.

C. — BIBLIOGRAPHIE PROFESSIONNELLE

a. — Ouvrages de théologie

4115. Catalogus scriptorum ecclesiasticorum, sive illustrium virorum per Dom. JOANNEM A TRITTENHEM conscriptus. *Coloniæ*, 1531, in-4°, 1 vol.

4116. D. J. TRITTHEMII liber unus de scriptoribus ecclesiasticis. *Coloniæ*, 1546, in-4°, 1 vol.

4117. De illustribus Ecclesiæ scriptoribus opera Suffridi PETRI LEOVARDIENSIS Frisii. *Coloniæ*. 1580, in-12, 1 vol.

4118. Ant. POSSEVINI apparatus sacer ad scriptores Veteris et Novi Testamenti. *Coloniæ Agrippinæ*, 1608, in-fol., 1 vol.

4119. Bibliotheca ecclesiastica, sive nomenclatores VII veteres. Aubertus MIRÆUS auctariis ac scholiis illustrabat. *Antuerpiæ*, 1639, in-fol., 1 vol.

4120. Nouvelle bibliothèque des auteurs ecclésiastiques par M⁰ L. Ellies Du Pin. *Paris*, 1698-1727, in-8°, 36 vol.

4121. Table universelle des auteurs ecclésiastiques disposés par ordre chronologique, par L. E. Du Pin. *Paris*, 1704. in-8°, 5 vol.

4122. Bibliothèque des auteurs séparés de la communion de l'Eglise romaine, du XVI⁰ et du XVII⁰ siècles, par Ellies Du Pin. *Paris*, 1718, in-8°, 4 vol.

4123. Bibliothèque des auteurs ecclésiastiques du dix-huitième siècle, pour servir de continuation à celle de Du Pin. Par M. l'abbé Goujet. *Paris*, 1736, in-8°, 3 vol.

4124. Critique de la bibliothèque des auteurs ecclésiastiques et des prolégomènes de la Bible publiez, par Ellies Du Pin, avec des éclaircissemens, par feu Richard Simon. *Paris*, 1730, in-8°, 4 vol.

4125. Chartophylax ecclesiasticus, quo prope M. D. scriptores ecclesiastici, tam minores quam majores, tum catholici, tum hæretici breviter indicantur, studio Guilielmi Cave. *Lipsiæ*, 1687, in-12, 1 vol.

4126. Guilielmi Cave scriptorum ecclesiasticorum historia litteraria. *Genève*, 1705, in-fol., 1 vol.

4127. Guilielmi Cave scriptorum ecclesiasticorum historia literaria a Christo nato usque ad sæculum xiv facili methodo digesta. *Genevæ*, 1720, in-fol, 1 vol.

4128. Guilielmi Cave scriptorum ecclesiasticorum historia literaria, a Christo nato usque ad sæculum xiv facili methodo digesta. *Basileæ*, 1741, in-fol., 2 vol.

4129. De scriptoribus Ecclesiæ antiquis Casimiri Oudini commentarius. *Francofurti ad Mænum*, 1722, in-fol., 3 vol.

4130. Bibliotheca sacra in binos syllabos distincta ; studio et industria Jacobi Le Long. *Parisiis*, 1723, in-fol., 2 vol.

4131. Histoire générale des auteurs sacrés et ecclésiastiques, qui contient leur vie, le catalogue, la critique, le jugement, la chronologie et le dénombrement des différentes éditions de leurs ouvrages, par le R. P. Dom Remy Ceillier. *Paris*, 1729-1768, in-4°, 23 vol.

4132. Bibliothèque ascétique, par le P. Jérosme. *Paris*, 1761, in-12, 7 vol.

4133. Table générale des matières contenues dans les 23 volumes de l'histoire générale des auteurs sacrés. *Paris*, 1782, in-4°, 2 vol.

b. — *Ouvrages de sciences*

4134. Bibliographie des corporations ouvrières avant 1879, par Hyppolyte Blanc. *Paris*, 1885, in-8°, 1 broch.

c. — *Ouvrages de littérature*

4135. Nova scriptorum ac monumentorum collectio, opus ad illustrandam historiam civilem et litterariam, Godofredus Hofmannus recensuit. *Lipsiæ*, 1631, in-4°, 1 vol.

4136. Martyrologe littéraire, ou dictionnaire critique des sept cents auteurs vivants, par G. Menegaut. *Paris*, 1816, in-8°, 1 vol.

d. — Ouvrages d'histoire

4137. Bibliothèque des auteurs qui ont escrit l'histoire et topographie de la France, divisée en deux parties, selon l'ordre des temps et des matières, par André DU CHESNE. *Paris*, 1627, in-8°, 1 vol.

4138. Même ouvrage.

4139. Même ouvrage.

4140. Nouvelle bibliothèque historique, par D. SIMON. *Paris*, 1692, in-12, 1 vol.

4141. Bibliothèque universelle des historiens, par L. Ellies DU PIN. *Paris*, 1707, in-8°, 2 vol.

4142. Bibliothèque universelle des historiens, par L. Ellies DU PIN. *Amsterdam*, 1708, in-4°, 1 vol.

4143. Bibliothèque historique de la France, contenant le catalogue de tous les ouvrages tant imprimez que manuscrits, qui traitent de l'histoire de ce royaume, par Jacques LE LONG. *Paris*, 1719, in-fol., 1 vol.

4144. Bibliotheca historica, selecta in suas classes distributa, cujus primas lineas duxit Gotthelfius STRUVIUS, emendavit et locupletavit Gottlieb BUDER. *Jenæ*, 1740, in 8°, 2 vol.

4145. Bibliothèque historique de la France. Catalogue des ouvrages imprimés et manuscrits, par FEVRET DE FONTETTE. *Paris*, 1768, in-fol., 5 vol.

4146. Bibliographie des journaux. Collection de matériaux pour l'histoire de la Révolution de France. *Paris*, 1829, in-8°, 1 vol.

4147. Bibliographie biographique universelle. Dictionnaire des ouvrages relatifs à l'histoire de la vie publique et privée des personnages célèbres de toutes les nations, par M. OETTINGER. *Bruxelles*, 1854, in-8°, 2 vol.

4148. Catalogue d'une collection très importante d'ouvrages historiques et satiriques sur Louis XVI, Marie-Antoinette et la Révolution française. *Paris*, 1869, in-12, 1 vol.

4149. Bibliographie générale des Gaules, par Ch. Emile RUELLE. *Paris*, 1880, in-8°, 4 vol.

4150. Bibliographie des sociétés savantes de la France, par Eugène LEFEBVRE-PONTALIS. *Paris*, 1887, in-4°, 1 vol.

4151. Bibliographie des travaux historiques et archéologiques, publiés par les sociétés savantes de la France, dressée sous les auspices du ministère de l'Instruction publique. *Paris*, 1885-1889, in-4°, 4 livraisons.

D. — Ouvrages anonymes et pseudonymes. — Plagiaires

4152. De scriptoribus occultis detectis, studio Vinc. PLACCII. *Hamburgi*, 1674, in-4°, 1 vol.

4153. De scriptis et scriptoribus anonymis atque pseudonymis syntagma Vincentii PLACCII. *Hambourg*, 1674, in-4°, 1 vol.

4154. Thomæ CRENII de furibus librariis.

Dissertatio epistolica. *Lugduni Batav.*, 1705, in-12, 1 vol.

4155. Dictionnaire des ouvrages anonymes et pseudonymes, composés, traduits ou publiés en français, avec les noms des auteurs, traducteurs et éditeurs, accompagné de notes historiques et critiques, par Ant. Alex. Barbier. 1806, in-8°, 4 vol.

4156. Les supercheries littéraires dévoilées, par J. M. Guérard. *Paris*, 1869, in-8°, 3 vol. (en 6 tomes).

4157. Dictionnaire des ouvrages anonymes, par Ant. Al. Barbier. Troisième édition, revue et augmentée par MM. Olivier Barbier, René et Paul Billard. *Paris*, 1874, in-8°, 4 vol.

4158. Dictionnaire des noms, surnoms et pseudonymes latins de 1100 à 1530, par Alf. Franklin. *Paris*, 1875, in-8°, 1 vol.

E. — OUVRAGES CONDAMNÉS

4159. Philippi II Regis catholici edictum de librorum prohibitorum catalogo observando. *Antuerpiæ*, 1570, in-12, 1 vol.

4160. Index librorum prohibitorum et expurgatorum R. D. Bernardi de Sandoval et Roxas Card. Generalis Inquisitoris auctoritate et jussu editus. *Genevæ*, 1619, in-4°, 1 vol.

4161. Indices librorum prohibitorum et expurgatorum, jussu ac studiis R. D. Antonii a Soto Maior recognitus. *Madriti*, 1667, in-fol., 1 vol.

4162. Index librorum prohibitorum etc., usque ad annum 1681. *Romæ*, 1704, in-12, 1 vol.

CHAPITRE III. — BIBLIOGRAPHIE PÉRIODIQUE

a. — Périodiques français

4163. Le Journal des Savants de l'an 1665, par le sieur de Hédouville. *Amsterdam*, 1684, in-12, 19 vol.
(Manquent les nᵒˢ 4ᶜ et 6ᵉ).

4164. Histoire des ouvrages des Savants, par M. B** Henry Basnage de Beauval. *Rotterdam*, 1687, in-12, 24 vol.

4165. Histoire des ouvrages des Savants, par M. B** (Henry Basnage de Beauval. *Rotterdam*, 1687-1709, in-12, 23 vol.

4166. Journal des Savants. *Paris*, 1877-à 1889, in-4°, 13 vol.

4167. Nouvelles de la République des lettres, de Mars 1684 à 1686. *Amsterdam*, 1686, in-12, 14 vol.

4168. Nouvelles de la République des lettres, mois de Mai 1706, par Jacques Bernard. *Amsterdam*, 1706, in-18, 34 vol.

4169. Bibliothèque universelle et historique de l'année 1686 à 1693, par J. Le Clerc, C. de la Croze et J. Bernard. *Amsterdam*, 1686-1693, in-12, 25 vol.

4170. Bibliothèque universelle et historique de l'année 1686 et continuée jusqu'en 1693, par J. LE CLERC, C. DE LA CROZE et J. BERNARD. *Amsterdam*, 1687, in-12, 25 vol. (Manque le 5e vol.)

4171. Bibliothèque universelle et historique commencée en l'année 1686. Par LE CLERC. C. DE LA CROZE et J. BERNARD. *Amsterdam*, 1686-1718, in.12, 26 vol.

4172. Bibliothèque choisie, pour servir de suite à la bibliothèque universelle, par Jean LE CLERC. *Amsterdam*, 1703, in-12, 25 vol.

4173. Bibliothèque choisie, pour servir de suite à la bibliothèque universelle, par Jean LE CLERC. Année 1703. *Amsterdam*, 1712, in-12, 28 vol.

4174. Les cinq années littéraires, ou lettres par M. P. CLÉMENT, sur les ouvrages de littérature qui ont paru dans les années 1748, 1749, 1750, 1751 et 1752. *Berlin*, 1755, in-12, 2 vol.

4175. La revue des feuilles de M. FRÉRON. *Londres*, 1756, in-12, 1 vol.

4176. L'année littéraire ou suite des lettres sur quelques écrits de ce temps, année 1757, par M. FRÉRON. *Amsterdam*, 1757, in-12, 8 vol.

4177. L'année littéraire année 1758, par M. FRÉRON. *Amsterdam*, 1958, in-12, 8 vol.

4178. L'année littéraire, ou suite des lettres sur quelques écrits de ce temps, par M. FRÉRON. *Amsterdam*, 1759 à 1775. Manque : 1761, 62, 63, 64, et le T. 3e de 1774. In-12, 51 vol.

4179. Annales typographiques, ou notice du progrès des connaissances humaines. Par une société de gens de lettres, MORIN-D'HÉROUVILLE, J. GOULIN et A. ROUX. *Paris*, 1760, in-8°, 10 vol.

4180. L'année littéraire. Année 1789. *Paris*, 1789, in-12, 6 vol.

4181. L'Athenæum français, revue universelle de la littérature, de la science et des beaux-arts. (Quatrième année, 1855.) *Paris*, 1855, in-4°, 1 vol.

b. — *Périodiques étrangers*

4182. Ouvrages des savants publiés à Leipsik ; l'année 1682. *La Haye*, 1685, in-12, 2 vol.

4183. Bibliotheca antiqua publicata Ienæ. *Ienæ*, 1705, in-5°, 1 vol.

4184. Bibliotheca antiqua publicata Ienæ. *Ienæ*, 1706, in-4°, 1 vol.

4185. Opuscula omnia actis eruditorum Lipsiensibus inserta, ab anno 1682. *Venetiis*, 1740, in-4°, 6 vol.

BIBLIOTHÉCONOMIE

a. — Des bibliothèques en général

4186. Arcana studiorum omnium, methodus et bibliotheca scientiarum librorumque earum ordine tributorum universalis, Aut. Alexandro FICHET. *Lugduni*, 1649, in-8°, 1 vol.

4187. B. Gotthelffii STRUVII introductio in notitiam rei litterariæ et usum bibliothecarum. *Icnæ*, 1710, in-12, 1 vol.

4188. Bibliographie instructive, ou traité de la connaissance des livres rares et singuliers, par Guil. Fr. DE BURE. *Paris*, 1763, in-8°, 10 vol.

4189. Dictionnaire typographique, historique et critique des livres rares estimés et recherchés en tous genres, par OSMONT. *Paris*, 1768, in-8°, 2 vol.

4190. Dictionnaire bibliographique, historique et critique des livres recherchés. par l'abbé DUCLOS. Avec un supplément par BRUNET. *Paris*, 1790, in-8°, 4 vol.

4191. Traité élémentaire de bibliographie, par BOULARD. *Paris*, 1804. in-8°, 1 vol.

4192. Dictionnaire bibliographique choisi du quinzième siècle, ou description par ordre alphabétique des éditions les plus rares et les plus recherchées du quinzième siècle, par M. DE LA SERNA SANTANDER. *Bruxelles*, 1805, in-8°, 3 vol.

4193. Nouveau dictionnaire portatif de biblioghraphie.*Paris*, 1809, in-8°, 1 vol.

4194. Manuel du libraire et de l'amateur de livres, par Jacq.-Ch. BRUNET, fils, *Paris*, 1814, in-8°, 4 vol.

4195. Manuel du libraire et de l'amateur de livres, par M. J. Ch. BRUNET, avec un supplément par MM. DESCHAMPS et G. BRUNET. *Paris*, 1878, in-8°, 7 vol.

4196. De l'organisation et de l'administration des bibliothèques privées. Manuel théorique et pratique du bibliothécaire, par Jules COUSIN. *Paris*, 1882, in-8°, 1 vol.

4197. Traité de l'administration des bibliothèques publiques,par Gabriel RICHOU. *Paris*, 1885, in-8°, 1 vol.

4198. Recueil de lois, décrets, ordonnances, arrêtés, circulaires, etc., concernant les bibliothèques publiques, communales, universitaires, scolaires et populaires, par Ulysse ROBERT. *Paris*, 1883, in-8°, 1 vol.

4199. Bulletin des bibliothèques et des archives, 1882-1883. *Paris*, 1882-83, in-8°, 2 vol.

4200. Bulletin des bibliothèques et des archives, publié sous les auspices du ministère de l'Instruction publique, années 1884, 1885, 1886, 1887, 1888. in-8°, 5 vol.

4201. Annuaire des bibliothèques et des archives. Années 1886, 1887, 88, 89. *Paris*, 1886, 1889, in-12, 4 vol.

b. — *Histoire des bibliothèques*

4202. Traité des plus belles bibliothèques de l'Europe. Des premiers livres qui ont été faits, de l'invention de l'imprimerie ; des imprimeurs, par LE GALLOIS. *Paris,* 1680, in-12, 1 vol.

4203. Même ouvrage.

4204. Recherches sur les bibliothèques anciennes, par PETIT-RADEL. *Paris,* 1819, in-8°, 1 vol.

4205. Bibliotheca Apostolica Vaticana a Sixto V Pont. Max. in splendidiorem commodioremque locum translata, et a Fratre Angelo ROCCHA a camerino commentario illustrata. *Romæ,* 1591, in-4°, 1 vol.

4206. Mémoire historique sur la bibliothèque dite de Bourgogne, présentement bibliothèque publique de Bruxelles, par M. DE LASERNA SANTANDER. *Bruxelles,* 1809, in-8°, 1 vol.

4207. Rapport sur les pertes éprouvées par les bibliothèques publiques de Paris, en 1870-1871, adressé à M. le Ministre de l'Instruction publique, par M. BAUDRILLART. *Paris,* 1871, in-8°, 1 vol.

4208. Rapport inédit de GRÉGOIRE, sur l'état actuel de l'Instruction publique, des bibliothèques, etc.,publié par Ulysse ROBERT. *Paris,* 1876, in-8°, 1 vol.

4209. Rapports sur le service des archives, de la bibliothèque nationale et des missions pendant l'année 1876. *Paris,* 1876, in-4°, 1 vol.

4210. La bibliothèque nationale, son origine et ses accroissements, jusqu'à nos jours, par MORTREUIL. *Paris,* 1873,in-8°, 1 vol.

4211. Bâtiments de la bibliothèque nationale, rapport de M. Barthélemy SAINT-HILAIRE. *Paris,* 1879, in-4°, 1 broch.

4212. Rapport sur les bibliothèques scolaires (1866-1877),par le baron de WATTEVILLE. *Paris,* 1879, in-8°, 1 broch.

4213. Marius VACHON. La bibliothèque du Louvre, et la collection bibliographique Motteley. *Paris,* 1879, in-8°, 1 vol.

4214. Notice sur les dépôts littéraires et la révolution bibliographique de la fin du dernier siècle, d'après les manuscrits de la bibliothèque de l'Arsenal, par J.-B. LABICHE. *Paris,* 1880, in-8°, 1 broch.

4215. Les manuscrits du comte d'Ashburnham. Rapport au Ministre de l'Instruction publique, suivi d'observations sur les plus anciens manuscrits du fonds Libri et du fonds Barrois, par Léopold DELISLE. *Paris,* 1883, in-4°, 1 vol.

4216. Les manuscrits des fonds LIBRI et BARROIS. Rapport par M. Léopold DELISLE. *Paris,* 1888, in-8°, broch.

4217. Rapport présenté à M. le Ministre de l'Instruction publique sur l'identification de fragments de manuscrits trouvés à Calais en 1884, par H. LORIQUET.*Arras,* 1886, in-8°, 1 broch.

c. — *Catalogues de bibliothèques publiques de France*

4218. Catalogue des livres imprimés de la bibliothèque du Roy, par l'Abbé Cl. SALLIER, l'abbé P. J. BOUDOT, avec un discours préliminaire, par J.-B. JOURDAN. *Paris,* 1739, in-fol., 5 vol.

4219. Bibliothèque nationale. Département des imprimés. Catalogue de l'histoire de France — publié sous la direction de M. TASCHEREAU ; manque le 7e volume. *Paris,* 1855-1879, in-4°, 11 vol,

4220. Catalogue alphabétique des ouvrages mis à la libre disposition des lecteurs de la bibliothèque nationale. *Paris*, 1878, in-12, 1 vol.

4221. Catalogue de la collection léguée à la bibliothèque nationale, par M. le Baron Ch. Davillier. *Paris*, in-8°, 1 vol.

4222. Catalogue méthodique de la bibliothèque communale de la ville d'Amiens, par M. J. Garnier. *Amiens*, 1869-1875, avec 1 supplément. In-8°, 10 vol.

4223. Catalogue de la bibliothèque communale d'Arras, par Auguste Wicquot. *Arras*, 1886-89, in-8°, 4 vol.

4224. Catalogue méthodique de la bibliothèque de Boulogne-sur-Mer, par M. A. Gérard. *Boulogne*, 1865-1872, *avec supplément*. In-8°, 6 vol.

4225. Catalogue méthodique de la bibliothèque communale de Brest, dressé et rédigé par E. Fleury. *Brest*, 1877-1880, in-8°, 2 vol.

4226. Catalogue des livres imprimés et manuscrits de la bibliothèque de Clermont-Ferrand, mis en ordre, par B. Gonod. *Clermont-Ferrand*, 1839, in-8°, 1 vol.

4227. Catalogue de la bibliothèque de la ville de Dieppe, par Ch. Paray. *Dieppe*, 1884, in-8°, 2 vol.

4228. Bibliographie douaisienne, par H.R. Duthilloeul. *Paris*, 1835, in-8°, 1 vol.

4229. Bibliographie douaisienne, par Duthilloeul. *Douai*, 1842-1854, in-8°. 2 vol.

4230. Catalogue méthodique des imprimés de la bibliothèque publique de Douai. — (Droit), par M. Estabel-Luce. Avec une notice historique, par M. l'Abbé Dehaisnes. *Douai*, 1869, in-8°, 1 vol.

4231. Catalogue des imprimés de la bibliothèque de Douai. (Théologie). *Douai*, 1874, in-8°, 1 vol.

4232. Catalogue de la bibliothèque de la ville du Hâvre. *Hâvre*, 1886, in-8°, 2 vol.

4233. Catalogue de la bibliothèque de la ville de La Rochelle, par L. Delayant. *La Rochelle*, 1878, in-8°, 1 vol.

4234. Catalogue de la bibliothèque de la ville de Lille. *Lille*, 1859-1870, in-8°, 5 vol.

4235. Catalogue méthodique de la bibliothèque communale de la ville de Limoges, dressé par Emile Ruben. *Limoges*, 1863, in-8°, 3 vol.

4236. Bibliothèque de Lyon. Catalogue des livres qu'elle renferme, précédé d'une histoire de l'imprimerie, par Ant. Fr. Delandine. *Paris*, in-8°, 4 vol.

4237. Catalogue de la bibliothèque de la ville du Mans, par Fénelon Guérin. *Le Mans*, 1879-1883, in-8°, 6 vol.

4238. Catalogue de la bibliothèque de Marseille, par M. J.-B. Reynier. *Marseille*, 1864, in-8°, 3 vol.

4239. Catalogue de la bibliothèque de Montpellier, par M. Gaudin. *Montpellier*, 1875-78, in-8°, 3 vol.

4240. Catalogue de la bibliothèque de la ville de Montpellier, dite du Musée Fabre, par L. Gaudin. Sciences et arts. 1re Partie. *Montpellier*, 1888, in-8°, 1 vol.

4241. Catalogue des livres composant la bibliothèque de Niort. *Niort*, 1860-73, in-8°, 5 vol.

4242. Catalogue de la bibliothèque de la ville de Pau, par L. Soulice. (Histoire locale.) *Pau*, 1886, in 8°, 1 vol.

4243. Bibliothèque de la ville de Rheims. Catalogue des imprimés. Belles-Lettres, par M. Ch. Loriquet. *Reims*, 1867-69, in-8°, 2 vol.

4244. Bibliothèque de la ville de Reims. Catalogue des imprimés. Sciences philosophiques et sociales. *Reims*, 1886, in-8°, 3 vol.

4245. Catalogue alphabétique de la bibliothèque publique de Roubaix. *Roubaix,* 1887. in 8°, 1 vol.

4246. Catalogue des manuscrits de la bibliothèque municipale de Rouen relatifs à la Normandie, publié par Edouard FRÈRE. *Rouen,* 1874, in-8°, 1 vol.

4247. Catalogue de la bibliothèque de Saint-Pol, par M. FLAHAUT. *Saint-Pol,* 1869, in-8°, 1 vol.

4248. Catalogue de la bibliothèque de Troyes, par M. Emile SOCARD. *Troyes,* 1875-1888, in-8°, 15 vol.

4249. Catalogue d'ouvrages et pièces concernant Troyes, la Champagne méridionale et le département de l'Aube, provenant du cabinet du docteur Fr.CARTERON et appartenant à la bibliothèque de Troyes, par M. Léon PIGEOTTE. *Troyes,* 1875, in-8°, 1 vol.

4250. Catalogue méthodique de la bibliothèque publique de la ville de Verdun, revu, complété et publié par l'abbé N. FRIZON (Belles-Lettres.) *Verdun.* 1888, in-8°, 1 vol.

4251. Catalogue des manuscrits et livres imprimés de la bibliothèque de la ville de Vesoul. *Vesoul,* 1863, in-8°, 1 vol.

d. — Catalogues des bibliothèques de divers établissements français

4252. Catalogue de la bibliothèque de l'Ecole polytechnique. *Paris,* 1881, in 8°, 1 vol.

4253. Bibliothèque du Conservatoire national de musique et de déclamation. Catalogue bibliographique, orné de huit gravures, avec notices et reproductions musicales etc, par J. B. WECKERLIN. *Paris,* 1885, in-8°, 1 vol.

4254. Musée pédagogique et bibliothèque centrale de l'Enseignement primaire. Catalogue des ouvrages et documents. *Paris,* 1886, in-8°, 3 vol.

4255. Cercle de la librairie. Catalogue des livres de la bibliothèque technique, par ordre de matière, suivi d'une table alphabétique par noms d'auteurs. *Paris,* 1887, in-8°, 1 vol.

e. — Catalogues des bibliothèques publiques à l'étranger

4256. Epitome de la bibliotheca oriental, y occidental, nautica, y geographica de Leon PINELLO, por mano del MARQUES DE TORRE-NUEVA. *Madrid,* 1737, in-f°, 1 vol.

4257. Catalogo bibliografico et biografico del teatro antiguo Espanol, por Alberto DE LA BARRERA et LEIRADO. *Madrid,* 1860, in-f°, 1 vol.

4258. Catalogo de los codices arabigos etc, por Don Emilio LA FUENTE et ALCANTARA. *Madrid,* 1862, in-8°, 1 vol.

4259. Catalogo de los libros, memorias y papeles etc, compuesto por D. Vicente BARRANTES. *Madrid,* 1865, in-8°, 1 vol.

4260. Ensaya de una bibliotheca Espanola de Don Bartolome Jose GALLARO. *Madrid,* 1866, in-8°, 2 vol.

4261. Colecion de obras arabigas de historia y geografia. Ajbar MACHMUA. *Madrid,* 1867, in-4°, 1 vol.

4262. Catalogue de la bibliothèque publique de Bruges, par P. J. LANDE. Premier supplément. *Bruges,* 1863, in-8°, 1 vol.

4263. Catalogue de livres des bibliothèques des Jésuites à Gand. *Gand*, 1778, in-8°, 1 vol.

4264. Catalogue de livres des bibliothèques de la maison professe du collège et du couvent des ci-devant Jésuites d'Anvers. *Louvain*, in-12, 2 vol.

4265. Bibliothèque de Zurich, par Salomon Vogelin. *Zurich*, 1848, in-4°, 1 vol.

f. — Catalogues de bibliothèques particulières (ordre alphabétique)

4266. Bibliotheca Baluziana, seu catalogus librorum bibliothecæ D. Steph. Baluzii. *Parisiis*, 1719, in-12, 3 vol.

4267. Catalogue des livres de M. Bellanger. *Paris*, 1740, in-8°, 1 vol.

4268. Bibliotheca Bultelliana, seu catalogus librorum bibliothecæ Caroli Bulteau, digestus a Gabriele Martin. *Parisiis*, 1711, in-12, 2 vol.

4269. Catalogus librorum bibliothecæ C. Joach. Colbert de Croissi, 1740, in-8°, 1 vol.

4270. Catalogus librorum quos dominus Colbert Rhotomagensis archiepiscopus habebat. *Parisiis*, 1708, in-12, 1 vol.

4271. Catalogue de la bibliothèque de M. Dancoisne. *Paris*, 1874, in-8°, 1 vol.

4272. Catalogue des livres de la bibliothèque de M. Favier, prêtre à Lille. *Lille*, 1745, in-8°, 1 vol.

4273. Catalogue des livres de M. Favier. *Lille*, 1765, in-8°, 1 vol.

4274. Catalogue des ouvrages de M. Fourmont. *Amsterdam*, 1731, in-12, 1 vol.

4275. Bibliothèque de Louis de la Gruthuyse. *Paris*, 1831, in-8°, 1 vol.

4276. Catalogue de livres de la bibliothèque de M. G.,... *Paris*, 1770, in-8°, 1 vol.

4277. Bibliotheca universalis vetus et nova, complectens libros in omni scientiarum genere selectissimos in ædibus Petri Gosse, per Isaacum Beauregard. *La Haye*, 1742, in-8°, 1 vol.

4278. Catalogue des livres, estampes etc. de M. Jorre. *Lille*, in-8°, 1 vol.

4279. Catalogue des livres de M. Lancelot. *Paris*, 1741, in-8°, 1 vol.

4280. Catalogue des livres de la bibliothèque de feu M. le duc de la Vallière, *Paris*, 1783, in-8°, 1 vol.

4281. Specimen bibliothecæ hispano-Majansianæ, sive idea novi catalogi critici operum scriptorum hispanorum quæ habet in sua bibliotheca Gregorius Majansius. *Hannoveræ*, 1753, in-4°, 1 vol.

4282. Catalogue de livres, d'estampes etc, par M. de Mabolles. *Paris*, 1666, in-12, 1 vol.

4283. Catalogue d'une collection de livres rares de Charles Michiels. *Anvers*, in-8°, 1 vol.

4284. Bibliotheca selectissima, seu catalogus omnis generis librorum in quavis facultate et in variis linguis in ædibus Petri Mortier. *Amstelodami*, 1743, in-8°, 1 vol.

4285. Catalogue des livres de la bibliothèque de M. Mutte. de Cambrai. *Cambrai*, 1775, in-8°, 1 vol.

4286. Gabrielis Naudæi Parisiensis, bibliographia politica, in qua plerique omnes ad civilem prudentiam scriptores quâ recensentur, quâ dijudicantur. *Wittebergæ*, 1644, in-32, 1 vol.

4287. Catalogue des livres de la bibliothèque de Raoul ROCHETTE. *Paris*, 1855, in-8°, 1 vol.

4288. Catalogus bibliothecæ Jani RUTGERSII. *Lugduni Batavorum*, 1633, in-4°, 1 vol.

4289. Catalogue des livres de la bibliothèque de M. de LA SERNA-SANTANDER. *Bruxelles*, 1809, in-8°, 5 vol.

4290. Catalogue des livres de la bibliothèque de M. DE SELLE. *Paris*, 1761, in-8°, 1 vol.

4291. Bibliotheca Telleriana, sive catalogus librorum bibliothecæ D. D. Caroli Mauritii LE TELLIER. *Parisiis*, 1693, in-f°, 1 vol.

4292. Catalogus bibliothecæ Thuanæ, a Petro et Jacobo PUTEANIS. *Parisiis*, 1679, in-8°, 2 vol.

4293. Catalogue de la bibliothèque d'un amateur. *Paris*, 1819, in-8°, 4 vol.

4294. Catalogue des livres de M... in-8°, 1 vol.

4295. Catalogue des livres de la bibliothèque de M..., in-12, 3 vol.

4296. Catalogue des pièces recueillies par Ferdinand DUBOIS DE FOSSEUX. *Arras*, in-8°, 1 vol.

4297. Essai bibliographique et catalogue de plans et gravures, concernant le bombardement de Lille en 1792, par L. QUARRÉ-REYBOURBON. *Lille*, 1887, in-8°, 1 vol.

4298. Exposé des titres et travaux scientifiques du Dr Gustave NEPVEU. *Paris*, 1887, in-4°, broch.

BELLES-LETTRES

TABLE ALPHABÉTIQUE DES NOMS D'AUTEURS

Les chiffres indiquent les numéros d'ordre du Catalogue

A

Abdias Prætorius, 1036.
Abeille, 2254.
Abélard, 2762 à 2764.
Acarq, d', 562.
Aceilly, d', 1839.
Achaintre, 3746.
Achille Tatius, 3744.
Acuna, de, Hern., 2405.
Adam, 1779.
Adam, l'abbé, 2655.
Adam, J., 395.
Adam de la Halle, 1727.
Adelung, Christ., 3587.
Advielle, V., 2846, 3111.
Agnant, 3746.
Agrippa, H. C., 2647.
Ahrens, 3744.
Aicard, J., 3503.
Aignan, 2314, 3432.
Ajasson de Grandsagne, 3746.
Albertus, Ph., 3136.
Alcantara, 4258.
Alciphron, 2729, 2730.
Alde Manuce, 3810.
Alegambe, Ph., 4108.
Aleman, M., 2408.
Alembert, d', 3281, 3282, 3290, 3423, 3424, 3472, 3661.
Alenus, And., 1386.
Alessio da Somavera, 310.

Alexandre, C., 292.
Alexander ab Alexandro, 3169, 3170.
Alfieri, Vit., 2317, 2318.
Alglave, Em., 3777.
Allain, Em., 2399.
Allais, d', 553.
Allard, P., 1993.
Allatius, L., 3182, 3569.
Alletz, P., 886, 3209.
Alstedius, 3492.
Alvarès, Emm., 342, 343.
Amar, 1875, 3746.
Amboise, Mich., d', 1762.
Amelot de la Houssaie, 2803, 3401.
Ammien Marcellin, 3745.
Ampère, J.-J., 536, 3836, 3837, 3865,
Ampère, And., 3464.
Amyot, 2366, 2370, 3509, 3745.
Anacréon, 1062, 1063, 1114, 1115.
Ancillon, 3373.
Andocide, 891, 3744.
André, le Père, 3266.
André, Val., 4088, 4090, 4092.
Andrelinus, F., 1370.
Andrieux, 1907, 2314, 3745, 3746.
Andry de Bois Regard. 611.
Angerianus, Hier., 1353.
Angliviel de la Beaumelle, 3069.
Angoulême, duc d', 3747.
Ansart, 2512, 4104.

Anseaume, 2279.
Anselme, Saint, 1350.
Antesignanus, 2146.
Antiphon, 891, 3744.
Antonin, 3744.
Antonini, 460, 472.
Antonius, E., 334.
Antonius, Nebris, 401.
Aphrodisicus, Alex., 748.
Aphtonius, 764, 765, 766, 3714.
Apollodore, 3744.
Apollonius, 299, 300.
Apollonius de Tyane, 3744.
Apollonius. Rhod., 1152 à 1155.
Appien, 3744.
Apulée, 2381 à 2387, 3538, 3745, 3746.
Aquin de Chauteaulyon, d', 3163.
Aquinus, Ph., 130.
Arago, Fr. 3658, 3670 à 3672, 3919.
Aratus, 1145, 3744.
Arborius, 3746.
Archiac, d', 3801.
Arcq, d', 2600, 3051.
Ardène, d', 2351.
Argens, d', Mis, 2855, 3208, 3410, 3411.
Arioste, Lod., 1573 à 1578.
Aristenète, 2728.
Aristide, 877, 878.
Aristophane, 2101 à 2103, 2106, 2107, 3744.
Aristote, 747 à 750, 752 à 756, 758 à 760, 1019 à 1021, 1027, 3744.
Arnauld, 40, 54, 344, 350.
Arnauld, Ant., 2829.
Arnauld, d', G., 3241.
Arnauld d'Andilly, 2826.

Arnault, 3746.
Arnault, A. V., 2265.
Arnold, S., 3574.
Arrien, 3744, 3747.
Arsy, J. Louys, d', 724.
Artaud, 3746.
Artaud, A. F., 1559 à 1561.
Artigny, d', 3412.
Ascensius, 1479.
Asconius, 896.
Assézat, 3656.
Athanase-Auger, 3745.
Athénée, 3124 à 3129.
Aubé, B., 3339.
Aubert, l'abbé, 2354.
Aubert, Esp., 1641.
Aubertin, Ch., 3340.
Aubigné, d', 1816.
Aubigné Agrippa, d', 2553, 3747.
Audiguier, d', 2539, 2540.
Auger, 870, 895, 2901.
Augier, Em., 2305.
Augurel, J., 1491.
Aulard, 3745.
Aulard, F. A., 993, 994.
Aulu-Gelle, 3130 à 3132, 3744, 3746.
Auratus, J,, 1390.
Aurelius Victor, 3746.
Auscelli, J., 3199.
Ausone, 1340 à 1344, 3746.
Autran, J., 1942, 1943.
Avienus, 3746.
Avianus, Fl., 1339
Axenfeld, 3801.
Ayer, C., 540.

B

Baar, Geor. L. de, 1864.
Babin, 1992.
Babrius, 1134.
Bachaumont, 1800.
Bachaumont, de, 3861.
Bachelet, Th., 3479.
Bachet, G., 1279.
Bacon, Fr., 3574, 3747.
Baïf, Ant., de, 1744.
Baillard, 3745, 3746.

Baillet, Ad., 4069 à 4071.
Bailly, A., 396.
Bailly, 3796, 3803.
Bailly, Ch., 3746.
Baiter, 3744.
Balinghem, de, Ant., 2680.
Ballanche, 2843.
Ballard, Chr., 2003 à 2007.
Ballester, Lud., 408.
Balzac, H. de, 2624, 2818, 3361.

Balzac, Lud. Guez, 1440.
Baluze, St., 4266.
Bandello, 2423.
Bandinius, 2780. 3844.
Banville, Th., de, 1028, 1640.
Baour-Lormian, 1590.
Barante, de, 2314, 3831.
Baras, Ant., 3884.
Barat, P., 4072.
Baraton, 1846.
Barbazan, 1663.
Barberini, M., 1503.
Barbier, Mlle, 2256 à 2258.
Barbier, Ant., 4155, 4157.
Barbier, Aug., 1939.
Barbier d'Aucour, 2688.
Barbier, J. C., 1639, 3249.
Barbier, Ol., 4157.
Barbier-Vémars, 2916, 3360.
Barclay, J., 2389 à 2395.
Bardou-Duhamel, 10.
Baret, P., 238.
Barin, F,, 558.
Barkey, Nic., 3191, 3193, 3194.
Baron, 2266.
Barozai, Gui, 2033, 2035, 2036.
Barral, J. A., 3670.
Barrantes, Vic., 4259.
Barrois, 4216.
Barrot, Odysse, 3777.
Bartholomæus, Nic., 2163.
Bary, R., 823, 824, 828.
Basin, Th., 3718.
Basire, de, 2552.
Basnage de Beauval, 4161, 4165.
Basselin, Ol., 1693. 2010.
Bast, 3247.
Batteux, l'abbé, 13. 18, 1027.
Baudelaire, 3356.
Baudet, 3502.
Baudet, L., 3745, 3746.
Baudement, Th., 3745.
Baudius, 906.
Baudoin, J., 2515, 2551, 2538.
Baudrillart, 4207.
Bauduin de la Neufville, 755.
Bauhusius, Bern., 1532.
Bautain, 3347.
Bauvier, 2329.
Baxius, Nic., 815.

Bayle, 2834, 3117, 3283, 3367, 3630.
Bazin, 3750.
Beauchamps, de, 2183.
Beauchamp, de, A., 3892, 3896.
Beaufort, Guy de, 1963.
Beaumanoir, de, 1097.
Beaumarchais, 2283, 2889.
Beaumont, 2314.
Beaumont, de, Elie, Mme, 2860.
Beaumont, de, E., 3801.
Beauregard, Is., 4277.
Beauzée, 42, 618.
Becan, J., 3555.
Beccaria, Mis de, 852.
Béclart, 3801.
Behourt, 352.
Bélèze, 3745.
Bellaguet, 3745.
Bellanger, 4267.
Bellarmin, Rob., 109, 113, 115.
Belle-Forest, Fr. de, 944, 945, 2782.
Bellegarde, l'abbé de, 820, 2340, 2694, 3024.
Bellenger, 3278.
Belleville, de, Ph., 2541.
Belliard, Guill., 1765.
Bellin, G., 3712.
Belmontet, 3738.
Belloy, de, 2278.
Bembo, P., 2745.
Bense du Puis, 697, 1596, 3255.
Béranger, 2012.
Berg, P., 3195.
Berger de Xivrey, 3825.
Bergier, 23, 29.
Berland, 1472.
Bernard, J. F., 3398.
Bernard, J., 4168 à 4171.
Bernard. Cl., 3801.
Bernardin de Saint-Pierre, 3662.
Bernat d'Esclot, 3747.
Bernier, J., 3270.
Bérould, Ph., 2383, 3539.
Béroalde de Verville, 2424, 2656 à 2658.
Béronie, Nic., 684.
Berr, 2314.
Bertaut, 1751.
Berthelin, 654, 1631.
Berthet, Sara, 1972.
Bertin, 3801.
Bertola, Giorgi, 1600.

Bertrand, **2314.**
Bertrand, E., 3035.
Bertrand, Fr., 1476.
Bertrand, J., 2053, 3801, 3913.
Bertrand, P., 2815.
Bescherelle. 662.
Besnier, le P., 628.
Bétolaud, 3746.
Beuville, Jacob, de, 1425.
Bèze, Théod, de, 1734.
Biagioli, G. 1558.
Bickerstaff, 2314.
Biderman, J., 1515, 1516.
Biefplan, 580.
Bieffeld, de, 3851.
Bignan, 3746.
Bilhard, 1026.
Bilibaldus Pirckheimerus, 3586.
Billard, P., 4157.
Billard, R., 4157.
Billaut, 1779.
Billius, J., 248.
Billy, F. de, 1771.
Binnart, Mart., 709.
Bion, 1053, 1062, 3744.
Biot, 3919.
Bisciola, L., 3564.
Bitaubé, 1096.
Bizos, G., 3334.
Blainville, de, 3802.
Blair, Hug., 853.
Blanc, 3998.
Blanc, Hyp., 4134.
Blancardus, Nic., 296.
Blanchard, 3973.
Blanchard, M., 1912.
Blanchon, E., 1925.
Blanchon, J., 1738.
Blancuccius, Ben., 111.
Blaze, H., 3258.
Blessebois, Cor., 2562.
Blois, de, Louis, 3747.
Blondel, Ant., 2622.
Blount, Pope, 3173.
Blumerel, J., 1173.
Blienburg, D., 1513.
Boaistuau, P., 2477.
Boccace, J., 2418 à 2422.
Boèce, Ep., 925, 3747.
Bogan, Zach., 1082.

Boileau, 3040.
Boileau-Despréau, 1478, 1801 à 1807, 2840, 3749.
Boillebeau de la Chapelle, 3848.
Boisgelin, de, Card^{al}, 2984.
Boislisle, de, 3750.
Boispréaux, de, 2067, 2377.
Bois-Robert, 1647, 1775.
Boissier, Gaston, 1014.
Boissière, P., 679.
Boissonade, Fr., 1134, 3744.
Boistel, 3745.
Boilard, 3746.
Boitel, Cl., 1081.
Boivin, le jeune, 3983.
Bolswert, de Boèce, 2520, 2521.
Bona, Card^{al}, 3747.
Bonamy, 3747.
Bonaventure, St, 1784.
Bond, J., 1243, 1244.
Bongars, de, J., 2772.
Bonnarelli, 1597.
Bonnet, Ch, 3676.
Bonnetty, 183.
Bonte, W., 728.
Bopp, Fr.. 68.
Borbonius, 1373.
Bord, G., 3765.
Bordelon, l'abbé, 3007, 3015, 3017.
Bordelon, L., 2575, 3001.
Borghers, Alph., 3812.
Bosco, J., à, 4107.
Bossange, Ad., 3664.
Bossuet, J.-B., 967, 968, 970, 3337, 3351, 3629, 3749.
Botereus, Rod., 1427.
Bothe, 3744.
Bothe, H., 2123.
Bouchardat, A., 3801.
Boucher, d'Argis, 3414, 3706.
Boucher de Perthes, 1916 à 1918, 2298, 2495, 2496, 2619.
Bouchet, J., 1736, 3747.
Bouchet, Sr de Brocourt, 2479.
Boudot, P , 960.
Boudot, J., 4218.
Bougeant, 2511.
Bouhier, 2596, 3245.
Bouhours, le P., 606, 612, 613, 2684 à 2686, 3018.

Bouilly, Emm., 1971.
Boulanger, 3644.
Boulanger, Em., 1955.
Boulard, 4191.
Boulierius. J., 3529.
Boullier. R., 3425.
Bourdeille, de, P., de Brantome, 3747.
Bourdelon, l'abbé, 2643, 2649.
Bourdelot, 4073.
Bourdelot, J., 2374.
Bourdinius, 2102.
Bourget, P., 3356.
Boursault, 2831.
Bouterwek, 3847.
Bouteville, 3745. 3746.
Bovet, Alf., 4017.
Boyardo; M., 1579.
Boyer, 739.
Boysse, Ern., 2313.
Boyvin du Villars, 3747.
Boze, de, Ch{es}, 3925.
Brachet, Aug., 539, 632, 636.
Brancia, 1603.
Brantome, 3636, 3747.
Brassey, de, 2948.
Bravo, Barth., 378.
Braye, Rog.. 1430.
Bréal, Mich., 68, 396, 3122.
Brébeuf, de. 1300, 1776 à 1778, 2924.
Brechot du Lut, 3745.
Breda, Corn.. 3154.
Brémont, de, 3966.
Bret, Fern., 1974.
Bretel, J., 1728.
Bretin, Filb., 3513.
Breton, J., 1976 à 1978.
Briton, G., 3721.
Brillat-Savarin, 2664.
Brillon-Dupéron, 1659.
Brianville, de, 2772.
Brioude, de, 3502.
Britannus. Rob., 2747.
Briton, Gul.. 1444.
Brizeux. A., 1922.
Brodæus, 1043, 1051.
Broïde, de, 821, 2925.
Brongniart, Ad., 3801.
Brosses, de, 28, 3745.
Brossette, 2840.

Brotier, 2901.
Brown, 3256.
Bruès, de, Guy. 2678.
Brueyre, L.. 2449.
Brueys, 2264.
Bruhier d'Ablaincourt, 3404.
Brumoy, le P., 2096 à 2098, 2953.
Brunck, 1061, 1155, 2107, 2122, 2123.
Brunet, 4190, 4195.
Brunet, Ch., 1720.
Brunet, D., 3909.
Brunet, G., 4195.
Brunot, Ferd., 542.
Brunton, Th., 3442.
Bruslé de Montpleinchamps, 2644.
Brusonius. 2626.
Bruzen de la Martinière, 1650, 3278 3459.
Buchanan. G., 1549 à 1551.
Buchlerius, J., 382, 2714.
Buchon, J., 1697, 1698, 3747.
Budée, G., 243, 268, 2718, 2719, 3118.
Buder, G.. 4144.
Buffier, le P., 555, 560, 837,
Buffon, 3066, 3318.
Buisson, 3746.
Bulengerius, F., 3567.
Bullet, 517.
Buloz, 3763.
Bulteau, Ch.. 4268.
Bulæus Egassius, 812 (Voyez du Boulay).
Buonaparte, J., 3747.
Buquet, P., 3348.
Bure, de, Fr., 4188.
Burette, Th., 3746.
Burgogne, 2314.
Burmann, P., 1179, 1202, 1293, 2773,
  2774, 3121, 3186.
Burnouf, 3745.
Burry, P. 1520.
Burton, Guil., 205.
Busbecq, de, 2800.
Bussemaker, 3744.
Bussy-Rabutin, Cte de, 2593.
Butet, F., 567.
Buller, Sam., 2055.
Buxtorf, J., 86, 112, 117, 121, 122, 124,
  128, 140, 145, 146, 151, 154, 156,
  158.
Byron, 2062, 2063.

C

Cabaret-Dupaty, 3746.
Cabat, Aug., 3361.
Cabbiaux, Dom. Ph., 2660.
Cabiliau, B.. 2765.
Cailhava, 2281.
Caillot, Nap., 571.
Caius Britannus, 3598.
Cajetan Palma, 76.
Cajot, J., 3293.
Calaber, Q., 1104, 1105.
Calcagninus, 3546.
Calderon, 2314.
Calepin, Amb., 415, 426.
Calianthe. 2285.
Callière, de, Fr., 3203. 3205.
Callimaqne, 1135 à 1144.
Calmon, 990.
Calonne, de, 3746.
Calpurnius, 3745, 3746.
Cambara, Laur. 1388.
Camerarius, J., 244, 791, 2113, 2134.
Camerarius, Ph.. 3561.
Camoens, de, 1617 à 1622.
Campan, 3042.
Campanella, 3118.
Campardon, 2299.
Campaux, Ant., 1958.
Campenon, 2314.
Campistron, 2241.
Camus, F. P., 2516 à 2518, 3691.
Camusat, 3398.
Canal, P., 467.
Candidus, Eus., 1351.
Caninius, Aug., 245.
Canonge, J., 1953, 1954.
Cantemir, 2075.
Canterus, G , 878, 2128.
Capaccio, 1594.
Capella, M., 391.
Capelle, 3745.
Capilupus, Hyp., 1494.
Caraccioli, de, Ant., 2841, 2862, 2863.
Caresme, 3746.
Carloix, V., 3747.
Carlowitz, de, Mme, 3807.
Carnot, L. V. M., 1908.
Carnot, H., 3348.

Caro, 1013.
Carolus à St Antonio, 1031.
Caron, 4004, 4046.
Carpentier, 3798.
Carpentier, D. P., 452.
Carpentarius, J., 752.
Carrel, Arm., 2990, 3749.
Cartaud de la Vilate, 3210.
Carteron, Fr. 4249.
Caryophilus, J. M., 2724.
Casa, J., 2887.
Casaubon, Is., 1316, 2761, 3126, 3127, 3177.
Castelnau, de, M., 3747.
Casteluetro, Lod., 1019.
Castil-Blaze, 2188.
Castillon, L., 3426.
Castor, 3744.
Cato, Dionys., 1335.
Caton, 3745.
Catulle, 1197 à 1200, 1202 à 1204, 3250, 3745, 3746.
Cauchois-Lemaire, 3107.
Caulerius, 800.
Caumont de la Force, de, Mlle, 2526, 2531.
Caussin de Perceval, 3746.
Caussin, Nic., 810.
Cavard, 2563.
Cave, Guil., 4125 à 4128.
Cébès, 3744.
Ceillier, R.. 4131.
Cellarius, Christ., 157, 3579.
Cellotius, L., 929.
Celse, 3745.
Censorinus, 3746.
Centofanti, 2318.
Ceporinus, Jac., 209.
Ceriziers, de, l'abbé, 2519.
Cervantes, de, Nic., 2411 à 2413.
Cervantès Saavedra, 2314.
Cesar, 3746.
Chabaille, P., 1696.
Chabanon, 2977.
Chabrier, Alb., 3359.
Chalamond de la Visclède, de, 2940.
Chamberlaynius, F., 66.
Chamfort, 657, 2277.

Champier, 1764.
Chaniot, 3745.
Chantelauze, R., 3750.
Chapelain, 1813.
Chapelle, 1800.
Chappuis, Gab., 2639, 3694, 3788.
Chappuyzi, 3746.
Charavay, 3764.
Charavey, E., 4017.
Chardon, H., 3354.
Chardon la Rochette, Sim., 2565, 3431.
Charisius, Fl., 323.
Chariton, 2371, 3744.
Charles d'Orléans, 1715.
Charpentarius, 2135.
Charpentier, 502, 3031, 3746.
Charron, P., 3620, 3747.
Charte-Livry, l'abbé, 2701.
Chartier, Alain, 2923, 3609.
Chasles, 3801.
Chasles, Ph., 3746.
Chassang, 624.
Chassiotis, 3908.
Chastellain, G., 3683, 3747, 3748.
Chateaubriand, de, Réné, 2466 à 2470, 3311, 3440, 3668.
Chatel, Eug., 3933.
Chatelain, 2314.
Chaufurd, 3430.
Chaulieu, de, 1856 à 1858.
Chaumont, de, E., 3746.
Chénier, André, 1930, 2991.
Chénier, M. J., 2284, 3749.
Chennevières, de, Ph., 3799.
Chenu, J., 3746.
Cherlerius, 1523.
Chevallet, de, 530.
Chevillier, A., 4029.
Chevriau, 3745.
Chifflet, le P., 552, 557.
Chimauhœus, P., 1521.
Choisnin, 3747.
Cholières, de, 2476.
Christine, reine de Suède, 2809.
Chysostôme, Dion. 885, 886.
Cicéron, M. T. 370, 776, 777, 779, 781, 869, 896, 898 à 900, 902, 903, 2731 à 2736, 3529 à 3531, 3745, 3746.
Cizéron-Rival, 2840.
Claire, Mart., 1450.

Clarke, Sam., 1090, 1091, 1094, 1095.
Claudien, Cl., 1336 à 1338, 3745, 3746.
Claviret, 3535.
Clédat, L., 541.
Clémencet, Ch., 4113.
Clément, 4174.
Clément, J.-B., 2016.
Clément XIV, (Ganganelli), 2863.
Clementius, Ant., 2768.
Clénard, Nic., 95, 100, 211 à 215, 219.
Clericus, J., 2099, 3119.
Clericus, Sam., 2085.
Clermont-Ganneau, 2398.
Clifton, E. C., 742.
Cobbett, Will., 733, 734.
Cocastello, Ant., 2392.
Cocheris, Hyp., 544 à 547, 3998.
Cocquard, 1884.
Coeilhe, Etienne, 3072.
Coffin, 2913.
Coggia, N., 2806.
Cohen, 2314.
Colbert, 4270.
Colbert de Croissi, 4269.
Colfavru, 3764.
Colladus, 186.
Collet, 3745.
Colletet, 77. 1780.
Collignon, 3801.
Colligny, de, 3747.
Collin d'Ambly, 620.
Colomesius, P., 2912, 3578.
Colomiès, 4073.
Colonia, de, 4110.
Columelle, 3745, 3746.
Combes, 3801.
Comenius, J. A., 193, 194, 196.
Comiers, 3738.
Comines, de, Ph., 3747.
Commire, F., 1455.
Compagnoli, 1592.
Condillac, 3653, 3654.
Condorcet, 984, 3658, 3797.
Condorcet-O Connor, 3658.
Coringius, H., 3868.
Constancio, F, S., 489.
Constant Benj., 2314, 2618, 3433.
Constant P., 3867.
Constantin-Manassès, 3744.
Constantinus, R., 267, 393.

Conto de Magalhaes, 2399.
Coppée, Fr, 1997, 2304, 2502, 2503, 3362.
Coppens, 1920.
Coquillart, G.. 1717.
Coras, J. de, 1812.
Corbichon, J., 3482.
Corblet, J., 690.
Corderius, Mat., 365.
Cordova de, Ferd., 3155.
Corne, Hyac., 989, 2621.
Corneille, P., 1275, 1784, 2213, 2215 à 2223, 3749, 3750.
Corneille,, Th., 609, 2212, 2214, 3749.
Cornelius Gallus, 3746.
Cornelius Nepos, 3745, 3746.
Cornelius Severus, 3746.
Cornut, Rom., 226.
Corpet, E. J., 3746.
Cotin, Ch., 1783.
Couat, Aug., 3250.
Coucy, de, 1700.
Coulange, de, 1838, 1881.
Couppy, A., 2297.
Courmaceul, V., 1940.
Cournaud, de, 3806.
Courier, P. L., 2625, 3749.
Court de Gebelin, 27.
Courtat, 2849.
Courtaud-Divernéresse, 227, 3745, 3746.
Courtin, 3745.

Courtin, N., 1821.
Courvoisier. J. J., 963.
Cousin, J., 4196.
Cousin, V., 3886, 3902, 3904.
Cousteau, Pierre, 1763.
Coussemaker, E. de, 1727.
Coussy, de M. 3747.
Couzinié, J. P.. 529.
Cramer, M., 576.
Crapelet, 1694.
Crébillon, de, 2251.
Crébillon, fils, 2591, 2592.
Crémieux, G., 1991.
Crenius, Th., 4154.
Cresollius, L., 806.
Creuzer, 3744.
Crevier, C., 848, 2901, 3749, 3882.
Crinesius, Christ., 144.
Crinitus, P., 2886.
Cruciger, G., 63.
Cruserius, 3507.
Ctésias, 3744, 3747.
Cueva, M., 315.
Cujas, J., 2722.
Cumberland, 2314.
Cuper, G., 2856.
Curion, C. S., 781.
Cury, de, 2546.
Cuvier, G., 3803.
Cyrano, Bergerac, de, 2555 à 2559.

D

Dacerius, And., 331.
Dacier, 1020, 3822.
Dacier, Mme, 2152, 3206, 3207.
Daillé, 3004.
Daire, le P., 596.
Damas-Hinard, 3318, 3745.
Damianus, Jac.. 1439.
Damm, T., 284, 291,
Dancoisne, 4271.
Danet, l'abbé, 439, 440.
Daniel à Lennep, A., 288.
Dante, 1557 à 1564.
Darçier, Louis, 1989.
Dard, le Baron, 4105.
Darès Phrygius, 1049, 1548.
Dareste, Rod., 872, 873.

Darmesteter, 3335.
Darmesteter, Ars., 201, 543.
Daru, 3746.
Dasypodius. P., 707.
Daube, J. J., 55.
Daubrée, A,, 3881.
Dauchet, 2272.
Daunou, 3745.
Dausqueius, Cl., 361, 1104, 1306.
Davillier, Ch., 4221.
Daveluy, A., 445.
Dawesius, Rec., 3197.
Debonnaire, l'abbé, 2483.
De Boze, 2914.
Debreuil, P., 2983.
Decembrius, Ang., 3162.

Deculéon, 2892.
Defaucompret, 2439.
Defresne, 3745.
Dehaisnes, C., 3998, 4230.
Deimier, de, 1623.
Delafosse, G., 380.
Delambre, 3918.
Delamonnerie, 1501.
Dalandine, 3428, 4009.
Delandine, Ant., 4236.
Delandine, Fr., 4028.
Delatour, 3745.
Delaunay, 3801.
Delavaud, Ch., 1975.
Delavigne, Cas., 1929, 2294.
Delayant, L., 4233.
Delbéne, Barth,, 1422.
Deléchamp, J., 3125, 3127.
Delestré, H., 952.
Delille, J., 1894 à 1896, 2042.
Delisle, L., 3977, 3978, 3990, 3995, 4215,
    4216.
Deleyre, 3054.
Delrius, Ant., 2156.
Deltour, 3891.
Delveau, Alf., 3323.
Delvigne-Broissinière, 3469.
Deschamps, J., 3076.
Deslions, Ant., 1432.
Demogeot, J., 3906.
Démosthène, 864 à 875, 889, 3744.
Demours, 3965.
Denis, A., 2314.
Denis, F.. 2314, 3214.
Denis, J., 3253.
Denise, 1290.
Denne-Baron, 3745.
Denoix-Desvergues, Fanny, 1952.
Denonvillers, 3801.
Denus, André-Roland, de, 637.
De Paula Quadrado, Fr., 1018.
Derbigny, Val., 2358.
Déroulède, Paul, 2014, 2015.
Desaintange, 1286.
Desains. P., 3801.
Des Armoises. Ol., 1979.
Desavary, L. A., 1294.
Desbillons, 1477.
Desbordes-Valmore, Mme, 1938, 3310.
Desbordes-Valmore, Henri, 2083.

Descamps, A., 3746.
Descartes, René, 3725, 3747.
Deschamps, 4195.
Deschamps, Eust., 1694.
Deschamps de Pas, L.. 2665, 3954.
Deschanel, 3349 à 3353.
Deschanel, Paul, 995.
Des Essarts, 2187.
Des Etangs, 3745.
Desfontaines, 3399.
Desfontaines, l'abbé, 667, 669, 1229.
Desfontaines-Guyot, 1833.
Desforges, Ch., 3745.
Desforges-Maillard, 1877.
Deshoulières, Mlle, 1791, 1792.
Deshoulières, Mme. 1789, 1790.
Deslandes, 1884, 3397.
Des Lauriers, 2666.
Des Maizeaux, 2938.
Desmarets, 1810, 1811, 2577.
Désobry, 3479.
Despautère, J., 339, 340, 352, 1163.
Despois, Eug., 2227, 3746, 3750.
Desportes, 3503.
Des Portes, Ph.. 1749, 1750.
Des Périers, B., 2704.
Despréaux, 1027.
Desprez de Boissy, 2093.
Des Roches. F., 1008.
Destouches, 2252.
Densingius. Ant., 3570.
Develay, V., 1957, 2638.
Devrais, 1961.
Duez, Nath,, 194.
Dictys, 1049.
Dide A., 3764.
Diderot, de, 3472, 3655, 3656.
Didiot, 3998.
Didot, F.. 1129, 3810.
Didyme, 1069, 1072.
Diego, Fr., 480.
Diestius, Sam., 88.
Diether. And., 2711.
Dieu, de, L,, 165.
Diez, Fr., 532, 537.
Dinarque, 3744.
Dinaux, Arth., 1701, 1710, 1716, 1724.
Dindorf, G., 3744
Dinner, Conr., 303.
Dinouart, 3495.

Diodore de Sicile, 3744.
Diogène Laerce, 3744,
Dionysius, Alex., 1159.
Dodsley, 2314.
Dolet, Etienne, 399.
Donno, Ferd., 1595.
Dorat, 1675.
Dorion, 1909.
Dornavius 2627.
Douchet, 588.
Doudement, Aug., 1948.
Douza, J., 1525.
Dozon, A., 2084.
Draco, Strat., 1168.
Draudius, G., 4062.
Drexelius, 3163,
Drouin, 706.
Druræus, Guil., 2173.
Drusius, L., 84.
Du Bail, 2545.
Du Bartas, 1389, 1746 à 1748.
Du Bellay, 3747.
Duboccage, Mme. 1850 à 1852.
Dubois, N. A., 3746.
Dubois de Fosseux, 4296.
Dubner, 3744.
Du Boulay, 3874 à 3876.
Dubuisson d'Auxerre, 3077.
Du Cange Dufresne, Car., 309, 449, 450,
    453.
Du Cerceau, J. Ant., 1464, 1465.
Duchartre, 3801.
Duchemin, 657.
Du Chesne, And., 3609, 4137.
Ducis, J. F., 3749.
Duckett, 3746.
Du Clercq, J., 3747.
Duclos, 3647, 3749, 4190.
Du Cygne, Mart., 961, 2179.
Du Deffand, Mme, 2880.
Duez, Nat., 470, 574, 575, 710.

Du Fail, Noël, 2478, 2650.
Dufey, 3610.
Dufour de Longuerue, 3045.
Dugas Montbel, 1099 à 1102.
Du Hamel, J., 3912.
Du Jarry, l'abbé, 835.
Dulard, 1878, 2964.
Dulaurens, l'abbé, 2610.
Du Laurier, Ed., 3998.
Du Marsais, 46, 355, 593, 594, 3643.
Dumas, fils, 3356.
Dumonin, Ed., 1389.
Du Montier, Mme, 2872.
Du Noyer, Mme, 2875.
Dupont, P., 4027.
Dupont-Delporte, 3674.
Duport, Jac., 1084.
Dupanloup, Mgr., 3345, 3346.
Duperron de Castera, 1618.
Dupin, 3749.
Du Pin, El., 4120 à 4124, 4141, 4142.
Duplessis, Ph., 1950.
Duprat, 4032.
Durand, 2534, 3858.
Dureau de la Malle, 3745.
Du Resnel, 2047.
Duret, Cl., 20.
Du Rocher, 2253.
Du Royer, 1282.
Du Rozoir, 3746.
Dusaulx, 3746.
Dutens, 2973, 2974, 3794.
Duthillœul, 4007, 4229.
Du Vair, 3617, 3618.
Duval, Alex., 2132.
Duval Amaury, 2132.
Du Verdier, 2817, 4103.
Du Verdier, Ant., 3693, 4095.
Duvernet, J., 3883.
Dvesius, Nath., 424.
Dyonisius Cato. 3746.

E

Egger, E., 3109, 3890.
Egidius, P., 398.
Eidous, A., 3795.
Eumathe, 3744.
Elien, Cl., 3518 à 3522, 3744.

Ellas, 94.
Emmelius, H., 417, 418.
Emmerick, 3003.
Enguerrand, d'Oisy, 2472.
Ennery, d', A., 2303.

Ennius, Q., 1186, 1187.
Eobanus, H., 1519.
Epictète, 3744.
Epinay, d', Mme, 2878.
Erasme, D., 359, 363, 366, 879, 2632, 2634 à 2638, 2675 à 2677, 2709, 3136. 3540, 3541.
Eratosthène, 3744.
Erpenius, Th., 149, 153, 168, 169.
Erythræus, Val., 793.
Escallier, E. A., 693.
Eschyle, 2108 à 2112, 3744.
Esménard, 1904, 2314.
Esnault, B., 3721.

Esope, 2332 à 2341.
Espagnolle, F., 635.
Esquiros, A., 3082.
Estabel-Luce, 4230.
Estienne, H., 3243, 3244.
Ethieus, Ister, 3744.
Eucheria, 3746.
Eugenio de Ochoa, 2323.
Eunape, 3744.
Euripide, 2124 à 2130, 3744.
Eustathe, 1073, 1075.
Eutrope, 3745.
Exeter, 1548.
Expilly, d', 1745.

F

Faber. Tan., 2771.
Fabre, Ad., 3887.
Fabre d'Olivet, 129.
Fabricius, Alb., 3578, 3583, 4084, 4085.
Facciolati, J., 413, 819.
Faerne, Gab., 1507 à 1509, 2342.
Faguet, 3343.
Falloux, de, 3449.
Farnabe, Th., 1328, 1330, 2150, 2160.
Farquhar, 2314.
Fauchet, Cl., 3612.
Fauchison, 3974.
Faugère, P., 3750.
Faulcon, 3714.
Faure, Fr., 979.
Fauriel C., 1910, 2427, 3829, 3846.
Favier, 4272, 4273.
Favolius, Hugo, 1354, 1511.
Favre, 1998, 3745.
Favre, Jules, 992.
Faydit, 3240, 3273.
Fayet, 3720.
Fayus, Mich., 1288.
Febrer, And., 1564.
Federici, 2314.
Fée, 3746.
Feillet A., 3750.
Feithius, Everh., 1092.
Féletz, 3746.
Felinsky, 2314.
Fénelon, de, 2454 à 2459, 3633, 3634, 3749.

Fénimore-Cowper, 2439 à 2441.
Fenin, de, S., 3747.
Férand, l'abbé, 660.
Ferdinandus, 1451.
Ferment, Alex., 1959.
Fernandez, L., 1614.
Ferry de Locre, 959.
Festus Avienus, 3746.
Festus, P., 329 à 331.
Féval, P., 3801.
Fevret de Fontette, 4145.
Fichet, Ant., 4186.
Ficin, 3744.
Fielding, 2445.
Figuier, L., 3800.
Fillemin, A., 1968.
Fioravanti, L., 3788.
Firmianus, P., 2396.
Fix, Théob., 719, 3744.
Flaccus, Val., 329, 330.
Flahaut, 4247.
Flambart, 3746.
Flaubert, 3356.
Flavius Eutrope, 3746.
Flavius Josèphe, 3744.
Flavius Vopiscus, 3746.
Fléchier, 2830, 3631.
Fleury, 3747.
Fleury, Claude, 3, 5, 7.
Fleury, E., 4225.
Fleutelot, 3745.
Florens, Q., Sep., 2106.

Florian, de, 2607, 2608.
Floridus, Fr., 314.
Florus, 3745, 3746.
Focillon, 3478.
Foé, de, Daniel, 2431.
Foeklerus, J., 108.
Foisset, 3329.
Foliela, Ub., 3554.
Follard, 2259.
Fonseca, da. J., 500.
Fontaine de Saint-Fréville, 1232.
Fontanelle-Dubois, 1284.
Fontenelle, de, 1841, 2689, 2690, 2957, 2958, 3269, 3270, 3749.
Foppens, Fr., 4092.
Forcadel, Est., 1739.
Forcellini, Eg., 413.
Fortius Ringelbergius, 3490, 3491.
Fortunat, 3746.
Foscolo, Ugo., 2319.
Foucher de Careil, 3584.
Fouquier, 3745.
Fourcy, A., 3885.
Fourmont, 4274.
Fournel, V., 3320.
Fournier, 4020.
Fournier de Monjan, 3745.
Fournier, Ed., 3110.
Fournier, P., 3999.

Fournival, Rich., de, 1721.
Fraguerius, 1362, 1364.
Frain du Tremblay, 38.
Franciosini, L., 457.
François, A., 3745.
François, J., 4114.
Franklin, Alf., 4158.
Franklin, B., 2993, 3675.
Frédéric. II., 1887, 1888, 2810.
Fredro, Alex., 2079.
Fregoso, 1761.
Freigius, J.-T., 372.
Frémion, 3746.
Frère, Ed., 4246.
Fréret, 3640.
Fréron, 3415, 4175 à 4178.
Fresnay, 2435, 2436.
Fresne, de, M^{se}, 2576.
Freytag, 4074.
Frischlinus, Nic., 2167.
Frischmann, J., 905.
Frisius, J., 712.
Frizon, N., 4250.
Froissart, J., 1698, 3316, 3684, 3747.
Frontin, 3746.
Fulbert, D., 3562.
Funccius, Nic., 319.
Furetière, Ant., 645, 1818, 3016, 3368, 3369.

G

Gabien de Morillon, 1823, 1831.
Gachet d'Artigny, 3403.
Gacon, 1843, 1844, 3274.
Gaichiès, le R. P. 842.
Gail, l'abbé, 1063.
Gail, J.-B., 224. 254.
Gaillard, 3300, 3745.
Galien, Mme, 2651.
Galland, 2397, 3747.
Gallaro, B. J., 4260.
Galleau, H., 1956.
Gallego de la Serna, 3607.
Gallois, 3090.
Gallon, 3921.
Galterus, Alex., 1377.
Gallucius ou Gallutius, Tarq., 918, 1496.
Gallus, 1204, 3745.

Gallæus, Ph., 1354.
Gamon, de, Ach., 3747.
Gamon, Christ, de, 1748.
Gandar, 3319, 3336, 3337.
Gantès, de, 3735.
Garasse, F., 1426.
Garbitius, Mat., 2108.
Gardin-Dumesnil, 357.
Garner, John, 741.
Garnier, 14.
Garnier, J., 4003, 4222.
Garnier, Rob., 2208.
Garsault, de, 3497.
Gasztowtt, Venc. de, 2082.
Gatien-Arnoult, 3315.
Gaudin, L., 4239, 4240.
Gaudin, J., 429.

Gaulard, 2480, 2641.
Gauthier, J., 731.
Gautier, L., 3835.
Gautier, Th., 1969, 1970, 3801.
Gauvain, 1723.
Gayot de Petaval, 3027.
Gayæus, Aug., 1536.
Gaza, Th., 207, 208, 763.
Gazier, A., 694.
Geffroy, 3801.
Genebrardus, Gilb., 81.
Génin, 3745.
Génin, F., 527, 1718, 3219, 3745.
Genouille, 3746.
Geoffroy, J., 1128.
Georgius, 246.
Gérard, Alex., 3212, 4221.
Gérard, le B°ⁿ, 2844, 2845.
Gérard, L, Ph., 2605.
Gérimont, Ed., 3033.
Germon, 3867.
Gersen, 3747.
Gérusez, Eug., 3745, 3832.
Gervais, P., 3503.
Gesenius, Guill., 163.
Gesner, 2070.
Gesner, C., 265, 3587, 4054 à 4057.
Gesner, J., 3461.
Gevartius, G., 3156.
Gherardi, 2193.
Ghistelius, 1522.
Gibert, 839, 4070.
Gibbon, Ed., 3747.
Gidolph, 735.
Gibert, 3750.
Gimont, de, P., 3870.
Ginguené, 1571, 3845.
Girard Delpino, Jos., 738.
Girard, l'abbé, 559, 592.
Girard, J., 851, 1352.
Girardin, Em, de M°ᵉ, 1937.
Girardin, St., 3710.
Giraud, 2207.
Giraud, B., 2345.
Giraud, G., 2314.
Giraudeau, B., 222, 223.
Gisbert, P. J., 943.
Giuliani, 458.
Glatigny, de, 2963.
Glover, 2053.

Gobet, 3744.
Godeau, Ant., 1824.
Gœlzer, H., 3252.
Gœthals, 3852.
Gœthe, 2314, 2430, 3257, 3591, 3592.
Goguet, Ant., 3793.
Golbery, de, 3746.
Goldoni, 2314.
Goldsmith, Oliv., 2314, 2442, 2443.
Gomart, Ch., 3724.
Gonod, B., 4226.
Gonzalès, 2506.
Gordon, Lady, 2792.
Gosse, Et., 2291, 2355.
Gosse, P., 4277.
Gosezynski, Ser., 2078.
Gothofredus, Diou, 316.
Gottsched, 703.
Goudanus, 2169.
Gouget, 3925.
Goujet, l'abbé, 4123.
Goulart, S, 3561.
Goulin, J., 4179.
Gourdault, J., 3750.
Gracian, Balt., 2410.
Graffigny, de, M°ᵉ, 2534.
Grammaticus, 1108.
Granet, 3399.
Granet, F., 3277.
Grangæus, Is., 1348.
Gratius Faliscus, 3745, 3746.
Gravius, Joh., 174.
Gray, 2057.
Grazzini, Ant. F., 2426.
Grécourt, de, 1876.
Grégoire, 4208.
Grégoire, E., 705.
Grégoire, H., 3862.
Grégoire, Naz., 1156.
Grenade. 826.
Greslou, 3746.
Gresset, 1859 à 1861.
Gretser, J., 216, 273.
Grignan, de, 3750.
Grignan. de, Mme, 2871.
Grillé, Nic., 965.
Grimaux, Adrien, 742.
Grimarest, de, 841.
Grimm, le B°ⁿ, 30, 2865 à 2867.
Grisy, de, 3263.

Grivel, Guil., 3419.
Gronovius, J., 2141, 3132.
Gros, 3746.
Gros, E., 760.
Grosley, J.-B., 1905, 2983.
Grotius, Hug., 2099, 2100, 2178, 2755, 2756.
Grozhlier, 2353.
Gruel, 3747.
Gruget, Cl., 3602.
Gruterius, J., 3531.
Grævius, G., 3741.
Guarin, P., 160, 161.
Guarini, 2315.
Gudius. M., 2773.
Gudmundus, And., 746.
Guérard, 229.
Gvérart, J., 4156.
Guéret, Gab., 3365.
Guérin, Fer., 4247.
Guerle, de, G. N. M., 3746.
Guéroult, 3745.
Guessard, F., 524.
Gueudeville, 2635 à 2637, 3271.

Gueulette, 2590.
Guevare. de, Ant.. 2785 à 2787.
Guiard, Th., 3745.
Guiart, Guil., 1697.
Guicciardin, Fr , 3747.
Guichard, Marie, 1715.
Guignant, J.-B., 3801.
Guignes, de, 176.
Guillard de Beaurieux, 1606, 3104.
Guillaume, J., 3894.
Guillem de Castro, 2314.
Guillemin, J., 1951.
Guillon, R., 2726.
Guilbonius, Reu.. 230, 231.
Guisard, 2314.
Guizot, 2314, 3447.
Guizot, Mme, 3447.
Guterry, de, 2787.
Guyon, F., 3801.
Guyon, L., 3692.
Guyon, M., 3291.
Guyot, 657.
Gyllenborg, 2314.
Gyraldus, 3137.

H

Haase, 3744.
Habert, Fr., 1266.
Hadrianus, 362, 371, 375.
Hænel, G., 3984.
Hafenreffer, Matth., 83.
Hagius, J., 1514.
Hain, Lud., 4049.
Halévy, L., 2131, 3746.
Hallam, H., 3812.
Haller, de, 1879.
Halloix, P., 1056.
Haltaus, Got., 715.
Hamilton, Ant., 2489.
Hanoteau, 2088.
Harduin, 585.
Harduin, J., 884, 3576, 3577.
Hardy, Alex., 2209.
Harel, Max., 3297.
Harpocration, 296, 297.
Harris, G., 31, 32.
Harris, J., 52.
Hartung, 1152.

Hase, 3998.
Hattron, 2674.
Hatzfeld, Ad., 3335.
Hauréau, B., 3745.
Hauteroche, 2255.
Heauville, l'abbé d'., 1826.
Hécart, 686.
Hédouville, de, 4168.
Héguin de Guerles, 3746.
Heinsius, Dan., 1029, 1527, 1528, 1535.
Heinsius, Nic., 1221, 3186.
Heith, 3744.
Helbig, 3446.
Héliodore, 2362 à 2364, 2366, 3744.
Hellodius Besantinous, H., 252.
Héloïse, 2762 à 2764.
Hennius, 1312.
Henri IV, 2804.
Henri VIII, 2791.
Henrion, 3841.
Henry, Gab., 520.
Henry, Mlle, Jeanne, 1983, 1984.

Henry, V., 3976.
Heraldus, Desir., 3149.
Herbert, 3746.
Herbet, 3745.
Herbelius, J., 794, 913.
Hercher, 3744.
Herder, 3597, 3807.
Héricourt, d', Ach., 3720, 4046.
Hermand, 3998.
Hermant, God., 3364.
Hermès Trismégiste, 3164.
Hermogénes, 774.
Hérode, 3744.
Hérodien, 3747.
Hérodote, 3744, 3747.
Héron de Villefosse, 3746.
Herschel, 718.
Hertelius, Jac., 2158.
Hertzberg, J. Cl., 698.
Hervieux, L., 1295.
Hésiode, 1040, 1050, 1066, 1106 à 1111, 3714, 3744.
Hess, Mme, 2882.
Hesychius, 282, 285, 287.
Heyne, Ch., 1234, 1235.
Hickesius, G., 745.
Himerius, 3744.
Hippeau, C., 1643, 1645, 1646, 1712, 1721, 1723, 1725, 3907.
Hirrchig, 3744.
Hocedé, J., 1921.
Hœfer, F., 3803.
Hoelzlinus, 1153.

Hoeschelius, D., 4081.
Hoffmann, 3593.
Hofmann, G., 4135.
Hoffmann, J., 3470.
Hoïus, And., 232, 2168.
Holberg, L., 2331.
Holliband, Cl., 573.
Home, 2314.
Homère, 1049, 1050, 1068, 1070 à 1113, 3744, 3747.
Hooft, 2314.
Horace, Fl., 1027, 1238, 1239, 1241 à 1259, 3745, 3746.
Hornanus, H., 3176.
Hornkens, 491.
Horschius, Sid., 1546, 1884.
Hospital, L', M., 3610, 3611.
Hottinger, Joh. Henr., 150, 152.
Holevacque, Abel, 34.
Hoyerus, Mich., 2175.
Huber, 2069.
Huber, Mlle, 2702.
Huet, 1362, 1364, 1462, 2360, 3030, 3074.
Hugo, Herman, 1429, 1809.
Hugo, Victor, 1933 à 1936, 1991, 2295, 2296, 2616, 3261, 3357, 3690.
Humbert, 2550.
Humboldt, Guil. de, 60.
Huot, 3745.
Hurault, Ph., 3747.
Hurel, A., 3331.
Hurtado de Mendoza, 2407.
Hypéride, 3744.

I

Inchbald, Miss., 2446.
Intras, d', J., 2538.
Imbault-Huart, 185.
Irailh, A. S., 3227, 5418.
Irson, Cl., 548, 549.

Isaac, J., 101, 104, 106.
Isée, 876, 891, 3744.
Isidore, 390.
Isocrate, 856 à 863, 2726, 3744.

J

Jacob, P. L., 1667, 2499, 2658, 2704.
Jacobs, 3744.
Jacquinet, 3745.
Jacques-Jacques, 2028.
Jacquin, l'abbé, 2359.

Jacquot, 3745.
Jager, 3744.
Jaleins-Bassus, 3746.
Jamblique, 3744.
Jamothius, Fred., 1366.

Jamyn, Am., 1077.
Janssonius ab Almeloveen, 3573..
Jarry, J., 3324.
Jaubert, le Comte, 691.
Jaubert, l'abbé, 1344.
Jauffret, 3215.
Jauffret, E., 2189.
Jeannin, 3747.
Jehan d'Arras, 1720.
Jérosme, 4132.
Joannes Januensis ou Gennensis, 397, 398.
Joannes Campensis, 94.
Joannet, 1633.
Johannes Salesberiensis, 3481.
Johnson, 2314, 2444.
Joinville, Juliette. 1988.
Joinville, J., Sire de, 3749.
Jolli, 3091, 3092.
Joly, Claude, 3880.
Jones, Paul, 2790.
Jones, Guil., 1039.
Jonstin, J., 3494.
Jon-Vizine, 2314.
Jordan, 3395.
Jornandès, 3745, 3746.
Jorre, 4278.

Joseph. Fl., 3747.
Jouancoux, 695.
Joubert, J., 438.
Joulet, Fr., 899.
Jourdan, J.-B., 4218.
Jourdain, Ch. 3450, 3801, 3888, 3889.
Jouvency ou Jouvancy, Jos., 1252.
Jozé, 2314.
Juan de Yriate, 346.
Jubinal, Ach., 1666, 1709, 2206.
Jules César, 3745.
Julien, B., 59, 3217, 3317, 3803.
Julien, Imp., 882, 3523 à 3525.
Julius Capitolinus, 3746.
Julius Obsequens, 3745, 3746.
Julliani, le Signor, 469.
Jullien, B., 200, 622, 623, 3830.
Junius, Franc., 737.
Junius, Had., 416, 422, 3552.
Junius Melchior. 941.
Jussieu, de, 2612.
Justin, 3745, 3746.
Justinianus, Fab., 3466.
Juvénal, 1309 à 1314, 1319 à 1321, 3745, 3746.
Juvenel de Carlencas, 3789, 3792.

K

Keller. Adelb.. 1707.
Kent, N., 3516.
Kéralio, de, Mlle. 2975.
Kermoysan, 3745.
Kervin de Lettenhove, 3316, 3683, 3684.
Ketellius, Rich., 383.
Kiessling, 3744.
Kimhi, M., 92.
Kircher, Ath., 188, 189.

Kleczkowski, 184.
Klopstock, 2071, 2072, 3590.
Kochanowsky, 2314.
Kormannus, H., 3563.
Kotzbue, 2314.
Kramers, J., 728, 729.
Krasinski, Sigismond, 2076, 2081.
Krasewtki, Joseph., 2081.
Kriloff, 2314, 2356.
Kuhnholtz, 3998.

L

Laas d'Aguen, 3746.
Labadie, 2578.
Labarre de Beaumarchais, de, 3405.
La Barrera, de, 4257.
Labaume Desdossat, Fr., de, 1880, 1886.
Labbe, Ph., 234, 235, 1466, 3979, 4064, 4065.

Labbé, L., 3801.
La Beaumelle, de, 1871, 2314, 3044.
Labiche. J.-B., 4214.
Labitte, Ch., 3437.
La Boètie, de, 3747.
Laboureur, Le, 501.
La Bruyère, 3286, 3747, 3749, 3750.

Lacerda, de, 805.
La Chambre, de, 2819.
La Chastre, 3747.
Laclos, 2609.
Lacombe, 629.
Lacordaire, 2847, 3329, 3688.
Lacretelle, aîné, 3667.
Lacretelle, Ch., 3435.
Lacroix, P., 1798, 4026.
La Croix, de, J., 2899.
La Croix, de, P., 2642.
La Croix du Maine, de, 4094, 4103.
Lacrosianus, 2777.
La Croze, de, C., 4169 à 4171.
Lactance, 1333, 3747.
La Curne de Sainte-Palaye, de, J.-B., 634, 3820.
La Faille, de, 3087.
Lafaye, Benj., 600.
Lafayette, de, Mme, 2523 à 2525.
La Fontaine, de, J., 1793 à 1799, 2239, 2240, 2343 à 2347, 2461, 2462, 3300, 3318, 3623, 3745, 3749, 3750.
La Font-de-Saint-Yenne, 2703.
La Fuente, Em., 4258.
Lagrange, 3345, 3346.
La Grue, Ph., 726.
La Gruthuyse, de, 4275.
La Harpe, J.-Fr., 2864, 3232, 3749.
La Hosbinière, de, 2936.
Laire, Xav., 4051.
La Jessée, J., de, 1684.
Lalain, de, J., 3747.
Lalanne, Lud., 1770, 3750.
La Marche, de, Ol., 3747.
La Marck, de, 3747.
Lamartine, de, Alph., 3235, 3332, 3680.
Lambert, l'abbé, 2594.
Lambert, de, M^se, 3638.
Lambin, 2137, 2138.
Lambinet, P., 4023, 4024.
Le Mennais, de, 3321, 3679.
La Mesnardière, de, J., 1814.
La Monnoye, de, 1848, 2033, 2967, 3738, 4073.
La Morlière, de, 3377.
La Mothe Fénélon, Fr., de, 2695, 2697 à 2699.
Lamothe le Vayer, de, 2681 à 2683, 3624, 3625.

La Motte, de, 1088, 1847, 2261, 2349, 2838.
Lamy, Bern., 840.
Lamy, le P., 829, 831.
Lancelot, 40, 54, 218, 344, 350, 482, 4279.
Lande, P.-J., 4262.
Langendonck, Christ. à, 3897.
Langendyk, 2314.
Langius, J., 1326, 3467, 3468.
Langlé, Ferd., 1699.
Lanjuinais, 3678.
La Noue, de, P., 1624.
La Noue, de, Fr., 3747.
Lantéaume, 1763.
La Pilorgerie, de, 3745.
La Pimpie de Solignac, de, 3393.
La Place, de, P., 3747.
Laporte, Ant., 4079.
La Porte, de, l'abbé, 17.
La Porte, de, Jos., 3226.
La Porte, de, Luc, 1241.
La Porte du Theil, de, 2112.
La Prade, V. de, 1944 à 1947.
Larcher, 3747.
Larchey, L., 3444.
Larive, J.-M., 850.
Laroche, A., 3948.
La Roche Guilhem, de, Mlle, 2481.
La Roche, de, M., 3848.
Laroche, Paul, 1003.
La Rochefoucauld, 3747, 3749, 3750, 3751.
La Rochette, de, Mlle, 2530.
Larramendi, de, Man., 484.
Larroque, Nic., 2947.
La Rue, le P. de, 935, 972, 1222, 1225.
La Rue, de, l'abbé, 3827.
La Sale, de, 2484 à 2486, 2488.
Las Cases, de, Chr., 490.
La Serre, de, 964, 2549, 2713.
La Serna Santander, de, 4192, 4206, 4289.
La Source, G., de, 1967.
Lassay, de, 3102.
La Suze, la C^sse, de, 1648, 2946, 3086.
Laubegeois, Ant., 240.
Launay, de, 320.
Launoy, J., 3879.
Laurentius, J., 447, 3200.
Laval, de, Ant., 3747.
La Vallière, de, 4280.
Lavau, de, 3700.

Lavigne, de, Germ., 2401.
Lebas, 3744, 3745.
Lebeau, 2900.
Le Blond, 1231.
Le Bossu, le P., 1032.
Le Boucq, 956.
Le Brigant, 69.
Le Brun, 1555, 2314, 2949.
Le Caron, Loys, 1762.
Le Cerf de la Viéville, 4111.
Le Clerc, Jean, 4169 à 4173.
Leclerc, J.-V., 3745, 3811, 3998.
Lecomte de Lisle, 1985 à 1987, 3356.
Lecoy de la Marche, A., 3842.
Ledebuhrius, Gasp., 85.
Ledru-Rollin, 1991.
Le Duchat, 3036.
Lefebvre, J., 3276, 3283.
Lefebvre Pontalis, Eugène, 4150.
Lefebvre, J., de Saint-Remy, 3747.
Le Fèvre de la Boderie, 1766, 2804.
Le Franc de Pompignan, 1882, 2268, 2960.
Le Gallois, 4202.
Le Gay, 1899, 3070.
Legay, Fl., 3746.
Legendre, Mme, 2529.
Le Gentil, 1002.
Leger, L., 743.
Le Glay, Edw., 1708, 1711, 3711.
Le Glay, A., 4005, 4008.
Legoarant, B., 570.
Legonidec, A., 519.
Legouvé, Ern., 3332, 3445.
Legouvé, G., 2293.
Le Grand d'Aussy, 1660.
Legrand, Em., 312.
Lehrs, 3744.
Liebnitz, Guil., 197, 3584, 3749.
Leirado, 4257.
Le Jay, Franc., 818.
Le Laboureur, L., 1819, 1820.
Le Long, J., 4130, 4143.
Le Maingre J. dict. de Bouciquault, Luis, 2262, 3747.
Lemaire, A., 568.
Lemaire de Belges, 1735.
Lemaire, N.-E., 1185.
Lemaire, Nic., 3748.
Le Maistre d'Anstaing, 3720.
Le Maistre de Sacy, 1827.

Lemercier, L., 3233.
Le Mesl, P. M., 507.
Le Mière, J., 980, 3697.
Le Monnier, 3132, 3067.
Lenartowicz, 2081.
L'Enclos, de, Ninon, 2870.
Lenepveu, Ch., 1993.
Lennep, à, J. D., 206.
Le Noble, 2348, 2482.
Le Noble, Eust., 2595, 2693.
Lenormant, F., 1015.
Léon, N. F., 602.
Léonard, 1891.
Léopold, 2314.
Léouzon Le Duc, L., 2450.
Le Pays, 2824, 2825.
Le Pelletier, Dom. Louis, 680.
Lepelletier de Saint-Fargeau, 3677.
Le Petit, 4106.
Leprévost, 3745.
Le Prince de Beaumont, Mme, 2869.
Le Roux, J., 665, 668.
Le Roux Pierre, 2430.
Le Roux de Lincy, 1705, 1714, 2487.
Le Roy, 583, 584, 590.
Le Roy, A., 3801.
Le Roy, G., 3292.
Leroy Fr., 3629.
Le Roy-Mabille, 3685.
Lesage, 2408, 2409, 2567 à 2572, 2956, 2971, 2972.
Lesbonax, 3744.
Lescure, de, 3344, 3362.
Lesguillon, J., 1668.
Lessing, 2314, 3595.
L'Estang, de, 388.
Le Tellier, 4291.
Le Tellier d'Orvilliers, 2025.
Le Tort, Fr., 3506.
Le Tourneur, 2051, 2060, 2326.
Leudière, 3745.
Leusden, Joh., 162.
Le Vaillant de la Bassardries, 1862.
Leveaux, 3330.
Level, J, B., 2132.
Levêque de la Ravaillière, 1689.
Le ville, de, Nic., 1433 à 1436.
Levita, Elias, 78, 119.
Levizac, de, l'abbé, 566.
Lévy, M., 3801.

Lhomond, 355, 569.
L'hospital, Mich., 2754.
Liard, L., 3893.
Libanius, 879 à 881, 2727.
Libri, 3998, 4216.
Liez, 3745, 3746.
Ligne, de, le prince, 3663.
Ligurinus, 1485.
Limojon de Saint-Disdier, 1849.
Linacre, Th., 336, 369.
Linan de Riaza, 1615.
Linant, 2269.
Lindegren, 2314.
Lindemannus, Fr., 332.
Lipse Juste, 360, 2757 à 2759, 2907.
Liron, J. 3390, 3703, 3704.
Littré, E., 534, 663, 3220, 3745, 3840.
Livineius, J., 911.
Livoy, de, le P., 597.
Locke, 3748.
Loggam, D., 3901.
Loisel, de Tréogate, 2604.
Loiseleur Deslongchamps, 2397, 3747.
Longin, Dion, 770 à 773.
Longnon, 3333.
Longolius, Christ., 924.
Longueville, 224.
Longueville, de, le Père, 1788.
Longus, 2367, 2370, 3744.
Lonicerus, J., 1116.
Lonlay, de 1115.
Loowth, R., 732, 1034, 1035.
Lope de Véga, 1606 à 1608, 2314.
Lopez del Plano, 1613.

Loredano, 2784.
Loredano, Fr., 2669.
Loret, 2018 à 2020.
Loriquet, Ch., 4243.
Loriquet, H., 4217.
Lorquet, 3745.
Lorris, Guil., de, 1682.
Los-Rios, de, Fr., 4076.
Loth, 2017.
Lotichius, P., 1514.
Louis XIV, 2805, 2807.
Louis XVIII, 2814.
Louveau, J., 2425.
Louvet, 3477.
Loys, J., 2000.
Loys, Pierre, 1379.
Ludovicus Granatensis, F., 797.
Lucain, 1296 à 1301, 3745, 3746, 3748.
Lucas, Hip., 3259.
Lucien, 2670, 3510 à 3516, 3744.
Lucilius, Ampelius, 3746.
Lucilius, G., 3746.
Lucilius Junior, 3745, 3746.
Lucius de Patras, 2625.
Lucrèce, 1188 à 1195, 3745, 3746, 3748.
Lullius, Ant., 789.
Lummenœ à Marca, 2174.
Luna, de, J., 2706.
Luneau de Boisjermain, 354, 2235, 3294.
Lupercus Servatus, 3746.
Luzac, E., 2861.
Lycophron, 1149 à 1151.
Lycurgue, 874, 3744.
Lysias, 855, 3744.

M

Mabillon, 3639, 3863, 3864.
Mably, 3749.
Macer, Dom., 3171.
Macer Floridus, 3746.
Machiavel, Nic., 3600, 3747.
Machmua, Abjar, 4261.
Macpherson, 2059.
Macquereau, Rob., 3747.
Macrobe, Amb., 3133 à 3135, 3745, 3746.
Macropedius, G., 2166.
Magin, A., 518, 3745.

Magnabal, 2074.
Magne, J.-H., 3801.
Magnenus, 2629.
Magnin, Ch., 3436, 3804.
Mahul, 3745.
Maichelius, Dan., 3782.
Maignin, 3999.
Mainard, L., 3348.
Maintenon, de, Mme, 2873.
Maiole, Simon, 3486, 3487
Mairet, de, J., 3334.

Maistre, de, J.-M., 3665, 3666.
Majansius, Grég., 2776, 4281.
Majoragius, Ant., 751.
Maldeghem, Ph., de, 1569.
Malczewski, Ant., 2078.
Malherbe, de, Fr., 1768 à 1770, 3619, 3749, 3750.
Mallement de Messange, 3372.
Mallet, G., 3983.
Maloin, A., 2228.
Malte-Brun, 2314.
Mancinellus, Ant., 1319.
Manéthon, 3744.
Mangard, 1829.
Mangeart, 3746, 4012.
Manilius, M., 1287 à 1289, 3745.
Mannier, E., 531.
Mantouan, J.-B., 1479, 1480.
Mantua, M., 3458.
Manuce, Paul, 898, 2751, 2760.
Manzoni, Al., 2314, 2128, 2429.
Marcellus, 3746.
Marcellus, Nonius, 317, 327.
Marcellus, Cte de, 1911.
Marcellus Sidétès, 3744.
Marchal, 4014.
Marchand, J.-B., 2603.
Marchand, P., 4019.
Marcilius, 2902.
Marcobruni, Emilio, 2783.
Marconi, 3708.
Marguerite de Navarre, 2499.
Marie de France, 1692.
Marie, Max., 3803.
Marillac, de, M., 3747.
Marinerius, V., 2894.
Marivaux, de, 2267, 2588, 2959.
Marlin, Fr., 2611.
Marly, Thib., de, 1704.
Marmontel, 1301, 1629, 2978, 2979.
Marolles, de, 4282.
Marot, Clém., 1731 à 1734.
Marot, J., 1732.
Marot, Mich., 1732.
Marques de Torre-Nueva, 4256.
Mars, Mor., 2415.
Marsus, P., 1302, 1303.
Marsy, de, Fr., 3285.
Martène, D, 3857.
Martial d'Auvergne, 2630, 2631.

Martial, Val., 1322 à 1331, 3746, 3748.
Martignac, de, 1247, 2151.
Martin, A., 3662, 3747, 3749, 3774.
Martin, Dan., 699.
Martin, E., 3767.
Martin, Gab , 4268.
Martin. H., 3348.
Martin, P.-J., 3080, 3081.
Martineau, le P., 978.
Marty-Laveaux, Ch., 2221, 3750.
Martyr, Pierre, 2769.
Marullus, Mich., 1353.
Mary-Lafon, 525.
Mascaron, 974.
Masclef, 126.
Masculus, J.-B., 1438.
Massac, de P.-L., 2662, 3049, 3420.
Massillon, 3635.
Masson, Sam., 3381.
Matanasius, Chrys., 3037, 3382, 3384, 3385.
Maternus, 3747.
Matouges, Ben., 3747.
Matthiæ, Aug., 225.
Maubert de Gouvest, 2857.
Maucroy, de, 889.
Maufrass, 3746.
Mauger, Cl., 730.
Maupertuis, de, 3645, 3646.
Maupoint, 2182.
Mauroy, 3763.
Maurus, Fr., 1526.
Maury, l'abbé, 3358.
Maury, Alfred, 3801.
Mauvillon, E., 2717.
Maxime de Tyr, 3744.
Maximien, 3745.
Maximus, 3746.
Maynard, 3346.
Mayr, G , 116.
Méchain, 3918.
Meerman, 4021, 4022.
Meierus, Ant., 1419, 1420.
Méla, Pomp., 3746.
Mélancthon, Ph., 2767.
Mélander, Otho, 2891.
Melissus, 1512.
Mellema, L., 721, 722.
Melot, A., 3982.
Ménage, 607, 627, 1445, 1768, 3006, 4071.

Ménandre, 2099, 3744.
Mencken, Burch., 939, 940, 3392.
Mendoça, de, P., 3568.
Menegaut, G., 4136.
Ménestrier, Cl., 3378.
Mennéchet, 2314.
Méon, 1664, 1695.
Mercier, 2282.
Mercier, L.-S., 674.
Mercœur, Elisa, 3684.
Méré, de, 2554, 2935.
Mérian, de 71.
Merle, M., 3747.
Merlet, G., 3838, 3839.
Mergey, de, 3747.
Mérimée, Pr., 2202, 2617.
Mérouville, Car., de, 902.
Mersenne, P.-M., 3695.
Merville, 2314.
Meslier, J., 2337.
Mesnard, P., 2227, 2236, 3750.
Messala Corvinus, 3746.
Messie, Pierre, 3601 à 3604, 3693.
Métastase, P., 2316.
Meung, J., de, 1682.
Meunier, L.-Fr., 538.
Meursius, J., 252, 275, 290, 307, 3146, 3147.
Meusnier de Querlin, A.-G., 2597.
Mexia, Pero, 3608.
Meyer, de, 1463.
Meyer, Ch.-J., 2493.
Meyer, P., 454.
Mezière, de, 2858.
Michel de Tours, 1211.
Michel, Fr., 1700, 1706, 1713, 2472, 3218, 3747.
Michelant, 3998.
Michelet, J., 2994, 2995, 3448.
Michiels, Ch., 4283.
Mickiewicz, A., 2077, 2080, 3258.
Micullus, Jac., 1086.
Micyllus, 3512.
Miller, 1148.
Milleran, R., 2715.
Millevoye, 1931.
Millié, J., 1619.
Millin, L., 3427,
Millot, l'abbé, 912, 1004, 1007.
Milne Edwards, 3801.

Milton, J., 1852, 2037 à 2044.
Mimaut, J.-B., 1592.
Miniatus, Alph., 891.
Minoïde Mynas, 311, 3718.
Minucius Félix, 3747.
Minœ, Cl., 2738, 2739.
Mirabeau, 3358.
Mirabeau, aîné, 1205.
Miranda, Giov., 479.
Mirandulanus, Pic., 1483, 1484.
Mirœus, Aub., 4086, 4091, 4092, 4119.
Mœris, 283.
Moissy, de, 2273.
Moland, L., 3834.
Molanus, J., 4063.
Molière, 2225 à 2228, 3749, 3750.
Molinet, J., 1681, 1737.
Molinier, A., 3998.
Moncacius, Fr., 1391.
Moncrif, de, 1900, 2966.
Mondelot, 1919.
Monet, Ph., 64.
Monmerqué, de, 3747, 3750.
Monet, Ph., 379.
Monnier, Marc, 3813, 3814.
Monstrelet, de, Enguerrand, 3747.
Montagathe, de, 2547.
Montaiglon, Anat., de, 1671.
Montaigne de Michel, 3330, 3747, 3749.
Montberaud, 2509.
Montesquieu, de, 2585, 2828, 2839, 3054, 3641, 3642, 3749.
Montfaucon, de, 3863, 3864, 3980.
Montfleury, de, 2263.
Monti, 2314.
Montluc, de, B., 3747.
Montmorencius, Fr., 1431.
Montpensier, de, Mlle, 3085.
Montroulez, 2307.
Montucci, H., 3906.
Montucla, 3803.
Moore, Th., 2064.
Moratin, 2314.
Morel, 3246.
Morel, A., 3078, 3079, 3083.
Morel-Fatio, 3992.
Morell, T., 237, 1038.
Morfouage de Beaumont, 1857.
Morhofius, 3780.
Morice, M., 1699.

Morin d'Hérouville, 4179.
Morin, J.-B., 631.
Morin, L., 2679.
Morisson, Rob., 177.
Mortier, P., 4284.
Mortreuil, 4210.
Morus, Th., 3553.
Morville, de, Mlle, 2504.
Moser, 3744.
Moschopulus, Man., 762.
Moschus, 1053, 1062, 1063, 1066, 3747.
Mouhy, de, 3402.
Mourgues, 1628, 1634.
Mourier, 3891.
Mowinski, 2314.
Mullach, 3744.

Muller, 3744.
Muller, J., 3847.
Muller, Max., 31, 32.
Mullner, 2314.
Munster, Séb., 90, 92, 93, 119, 131, 135, 141 à 143.
Murault, de, L., 2853.
Muret, Ant., de, 2149, 3144.
Musée, 1062, 1133.
Musius, Corn., 1385.
Musset, Alf., de, 1923 à 1925.
Musset, G., 3999.
Musset, P., de, 1925.
Mussonius, P. 2170.
Mutte, 4285.

N

Nac, de, Car., 1966.
Nadal, 2951.
Nageorgius, Th., 885.
Nancelius, Nic., 801.
Nanus, Dom., 3465.
Napoléon Ier, 2813.
Napoléon III, 3673.
Naquet, A., 1991.
Nardus, Balth., 928.
Naudé, 3023.
Naudet, Gab., 4286.
Naudet, J., 3746.
Naugerius, And., 2883.
Néander, Mich., 97, 2126.
Necker de Saussure, Mme, 3301.
Nélaton, 3801.
Nemesianus, 3746.
Néoport, M., 1556.
Nepveu, G., 4298.
Neufchâteau, de, Fr., 1902, 3105.
Nicandre, 1130, 3744.
Nicéphore, 761.
Nicéron, 3858.

Nicetas, Eugenianus, 3744.
Nicod, 434.
Nicole 344, 350.
Niemcéwicz, J., 2080.
Niemcowitz, 2314.
Niger, Steph., 3544.
Nisard, D., 3341, 3342, 3828.
Nisard, Aug., 3745.
Nisard, Ch., 3745.
Nizolius, M., 402, 404, 409.
Noailles, de, 3115, 3985.
Noblot, 3790.
Nodier, Ch., 58, 676, 2314, 2497, 2498, 2614, 2988, 3434, 4078.
Nodot, 2376, 2379.
Noel, Fr., 443, 444, 1184, 3798.
Noetus, J., 931.
Nomesseius, Nic., 1165.
Nonnotte, 3296.
Nonnus, 1457.
Nota, 2314.
Nozerinus, 2710.
Nyon, 3501.

O

Obrizius, Rob., 1396, 1397.
Ochoa, Don Eug., de, 854, 1610, 1611.
Odyniec, Ed., 2080.

Oger, Sim., 1400 à 1418.
Ogerius, P.-M., 67.
Oginsky, 2314.

Olinger, l'abbé, 727.
Olivet, d', 591, 592, 869, 1368.
Omont, H., 3991, 3999, 4000.
Oppien, 1146, 3744.
Opoix, 3729.
Opsopæus, D. J., 1160.
Orléans, Louys d', 977.
Orloff, 2356.
Orphée, 1112, 1113.
Orville, P., d', 1467.
Osmont, 4189.
Ossat, d', 2801, 2803.

Ottius, J. H., 512.
Otway, 2314.
Oudin, Ant., 456, 471, 475, 550.
Oudin, Cæs., 492, 494, 495, 4129.
Ouizille, 3746.
Ouville, d', 2490.
Ovide, 1261 à 1286, 3745.
Owen, J., 1552 à 1555.
Oxenstiern, d', 3705.
Ozanam, Fréd., 3669.
Ozaneaux, G., 293.
Ozerof, 2314.

P

Pagnino Sancte, 80, 98, 120, 137 à 139.
Palingène, M, ou Manzolli, 1498, 1499, 1501.
Palissot, 2969, 2970.
Palladius, 3745, 3746.
Pallain, G., 2814, 2816.
Pallavicino, Ferr., 1598.
Palma-Cayet, 3747.
Palmerius à Grentemesnil, 3239.
Panagius Salins, 1393.
Panckoucke, 666, 3746.
Panckoucke, E., 3746.
Pannard, 2275.
Pannonius, J., 1547.
Pape, J., 3747.
Papillon, 4102.
Papirius Masso, 927.
Paquelin, Guill., 1076.
Paquot, J. N., 3855.
Paray, Ch , 4227.
Paret, 3745.
Paris, G., 532, 621, 3355.
Paris, L., 3985.
Parini, l'abbé, 1599.
Parisot, 3746.
Parrhase, Th., 3019, 3020.
Parrhasius, J., 1338.
Parthenius, 3744.
Parthenius Giannetasius, Nic., 1505, 1506.
Pascal, 3351, 3621, 3747, 3749, 3750.
Pasor, G., 294.
Passerat, J., 229, 922, 1757, 2888.
Pasquier, Est., 3613, 3614, 3616.
Pasquier, Nic., 3614.

Pastorius, Joac., 1443.
Patin, 3023, 3251, 3745.
Patin-Guy, 2821 à 2823.
Patris-Debreuil, 1905.
Patru, 2930.
Paucer, Dan., 306.
Paul de St-Victor, 3237, 3238.
Paulin de Périgueux, 3746.
Paulmier, 3708.
Pausanias, 3744.
Pauw, de 298.
Pavillon, 2942 à 2944.
Payen, J. F., 3747.
Pearge, Zach., 772, 773.
Pedioneus, J., 1378.
Peigné-Delacourt, 1730.
Peigné, J. M., 3321.
Peignot, Gab., 523.
Pelegromius, Sim., 392.
Peletier, J., 1741.
Peliger, 2712.
Pelisson, 1648, 3086.
Pell, G., 736.
Pellegrin, 2008, 2308.
Pellico, S., 2314, 2320.
Pellisson, 337, 2945, 2946, 3910, 3911.
Pentadius, 3746.
Pépinocourt, 3014.
Pérau, L. G., 3629.
Pérault, 3224.
Perez, Ant., 2788, 2789.
Perger, 483.
Periander, 1524.
Perionius, Joach., 508, 747,

Pernetti, l'abbé, 2586.
Perny, Paul, 178 à 183.
Perrotti, Pyr., 313.
Perrotti, N., 333.
Perpinianus, Joannes, 914.
Perrault, 2795, 3302, 3353, 3745.
Perreau, 3746.
Perrot, G., 31. 32.
Perrot, Sr d'Ablancourt, 3515.
Perse, Fl., 1309 à 1311, 1315 à 1318, 1321, 3745, 3746.
Petau, Dion., 884, 921, 1428.
Petit, 2692.
Petit-Radel, 4204.
Petit, Sam., 3159.
Petitot, 54, 2201, 2226.
Petitus, P., 3172.
Petity, de, 3498.
Pétrarque, 1565 à 1571.
Petrone, T., 2373 à 2379, 3745, 3746.
Petrus Leovardiensis, 4117.
Petœfi, Alex., 2184.
Phalaris, 2721.
Phèdre, 1290 à 1295, 3745, 3746.
Phile, 1147, 1148, 3744.
Philelphe, Fr., 2340, 2743.
Philémon, 2099, 3744.
Philipon-de-la-Madeleine, 599.
Philippe, And., 1227.
Philippes, P., 1773.
Philippe de Prétot, 3034.
Philippi, J., 3747.
Phillips, 3801.
Philo-Byzantius, 3744.
Philostrate, 3517, 3744.
Philomathius et Fab. Ghigi, 1504.
Phocylide, 1044.
Photius, 4081 à 4083.
Phrynichus, 298.
Pibrac, F., 1392.
Picard, Germ., 1964.
Piccolomini, Syl., 3547.
Pic de la Mirandole, 3542.
Pichot, 2063, 2314.
Pictorius, 1371.
Pielat, B., 2820.
Pierquin de Gembloux, 693.
Pierre Alphonse, 2494.
Pierre de Saint-Louys, 1822.
Pierrot, 3746.

Piersonus, J., 283.
Pieters, Ch., 4039.
Pigault-Lebrun, 2663.
Pigeotte, L., 4249.
Pighius, 3533.
Pigna, J. B., 1240, 1572.
Piis, de, 1898.
Pimenta de Aguiar, 2314.
Pinchart, Al., 3853.
Pindare, 1116 à 1122.
Pindemonte, H., 2314.
Pinel de la Martelière, 1459.
Pinello, L., 4256.
Pingré, 3745.
Pintrelle, 3745.
Pirckheimère, 3166.
Pirmetz, Oct., 2997.
Piron, A., 2968.
Piside, G., 1161, 1162.
Pithou, P., 3143.
Pius, J. B., 1189.
Placardi, Ch., 461.
Placcius, Vinc., 816, 4152.
Placentius, 1351.
Placide, 459.
Platon, 3744.
Plaute, Ac., 2133 à 2141, 3745, 3746, 3748.
Pline le jeune, 905, 906, 908, 2737 à 2742, 3745 à 3748.
Pline le naturaliste, 3745.
Plotin, 3744.
Plouvier, Ed., 1989, 2301, 2302, 2500, 2501, 2620.
Pluche, 21.
Plutarque, 2504 à 2509, 3744.
Poellnitz, de, Ch. L., 2587.
Pogge, 2668.
Poiret, P., 3120.
Poirier, 985.
Poitevin, P., 1669, 3747, 3956.
Pol, Vinc., 2079.
Polignac, de, Melch., 1474, 1475.
Politien, Ang., 1490, 2744, 3543.
Pollux, J., 256, 258, 259, 274, 281.
Polybe, 3744, 3747.
Pomey, 3495.
Pommier, 3746.
Pompadour, de, Mme, 2876.
Pomponius Mela, 3745.

Poncelin, 1285.
Pongerville, de, 3746.
Pons, de, 2952.
Pontanus, J., 1269, 1486, 2884, 3158, 3566.
Pontanus, P., 335, 341, 1022.
Pontier, G. 3698.
Pope, A., 1510, 2045 à 2049, 3201.
Porchat, J., 3592.
Porée, Car., 923.
Porphyre, 3744.
Portius, Sim., 423.
Portus Æm., 1120.
Possel, J., 242, 250.
Possevin, Aut., 4059, 4118.
Postel, Oct., 1981.
Pouchet, G., 3896.
Pougens, 673.
Pougin, Arth., 2095.
Poullain de Saint-Foix, 2086.
Poussin, Nic., 2842.
Pradon, 2238.
Pratel, de, 556.
Prateolus G., 339.
Préchac, 2560, 2561.
Préfontaine, de, 2544.
Prémare, de, le P., 183.
Prévost, l'abbé, 2579 à 2584, 3058.

Prévost-Paradol, 3322.
Priscianus, 321, 324, 3744, 3746.
Prima Leone, 2417.
Prior, Matth., 2054.
Privat-Deschanel, 3478.
Proclus, 3744.
Prompsault, l'abbé, 356.
Properce, 1197 à 1200, 1202, 1203, 3745, 3746.
Prosper, Saint, 1349.
Prou, Vict., 3744.
Proudhon, P. J., 2848, 3312, 3686, 3687.
Proyart, l'abbé, 3660.
Prudence, Aur, Cl., 1345, 1346, 1348.
Prudhomme, A., 3999.
Ptolémée, 3744.
Publius Syrus, 3745, 3746.
Puet, G., 3993.
Puget, L., 3745.
Puisieux, de, Fl., 2659, 2804.
Pulcharellius, Const., 1495.
Pulci, L., 1593.
Pulgar, de, Ferd., 2769.
Puteanus (ou Du Puy) 1531.
Puteanus, E., 2766, 2895.
Puteanus, J., 4292.
Putherbeus, Gab., 2885.
Pythagore, 1044, 1065, 3714.

Q

Quarré Reybourbon, L., 4297.
Quatrefages, de, 3801.
Quélain, Fr., 1380.
Quénon, 289.
Quevedo, de, F., 2414.
Quesnel, 3864.
Quet, 3801.
Quicherat, J., 535, 3718, 3998.
Quicherat, L., 445, 446.

Quinault, 2310.
Quinquarboreus, Joh., 96.
Quintana, 1609.
Quinte-Curce, 3745, 3746.
Quintianus, Stoa, 1481.
Quintilien, Fab., 782 à 787, 904, 3745, 3746.
Quirinus, Aug., 4075.
Quitard, 677.

R

Rabelais, F., 2535 à 2537, 2827.
Rabener, 2067.
Rabutin, de, Fr., 3747.
Rabutin, de, Cte de Bussy, 2832, 2833.
Racan, de, 1828, 3750.

Racine, J., 2229 à 2237, 3237, 3350, 3357, 3748, 3750.
Racine, L., 2040, 1865 à 1867, 3287, 3768.
Radonvilliers, 44.
Ragey, 1350.

Ragon, 3746.
Rambach, Car., 412.
Rambaud, 3776.
Ramirez de Prado, 3606.
Ramon Montamer, 3747.
Ranto de Laborie, de, 1885.
Raoul de Cambrai, 1711.
Rapin, le Père, 825, 1448, 1449, 3223.
Rapin, Nic., 2904, 2906.
Rastelli, 2608.
Ravaisson, F., 3801, 3998.
Ravisius Textor, J., 400, 403, 1164.
Ravius, Christ., 84.
Ravon, 1960.
Raynaud, G., 1728, 1729, 3998.
Raynouard, 526, 1691.
Rebreviettes, de, Guill., 2513.
Récamier, de, Mme, 3439.
Reganhac, de, 1258.
Regnard, 2242 à 2250.
Régnier, M., 1752, 1754 à 1756, 3726.
Régnier, Ad., 3589, 3750.
Regnier de la Planche, 3747.
Regnier-Desmarais, 554.
Regnier, H., 1795, 3750.
Regny, de, 3347.
Reiffe, Ch., 743.
Reimmann, J. F., 3781.
Reinach, Sal., 3023.
Reinaud, 3998.
Reizius, G. Oth., 198.
Remacle, L., 683.
Remi, Ch., 3069.
Remi, F., 1808.
Remond, Fr., 2889.
Rémond de Saint-Mard, 2868, 2954.
Rémusat, Abel., 187, 2314.
Rémusat, de, 2852.
Rémusat, de, Mme, 2881.
Rémusat, de, Ch., 2314, 3745.
Rémusat, de, P., 2852, 2881.
Renan, E, 164, 3356, 3689.
Renouard, A., 1183, 4042, 4037.
Renzi, A., 3721.
Restaut, 561, 583, 584, 590.
Retz, de, Card., 3750.
Reusnerus, 376.
Réveillé-Parise, 2823.
Reynald, Em., 3260.
Reynier, J.-B., 4238.

Reyrac, de, l'abbé, 2465.
Rhinchier, Inn., 2474.
Rhodiginus, Balth., 3141.
Rhodiginus, L., (Ricchieri), 3139, 3140.
Ribon, 2001.
Ribot, Th., 3775.
Riccoboni, A., 2274.
Riccoboni. L., 2090, 2091.
Richard, Mgr, 3358.
Richardot, Fr., 958.
Richebourg, de, J., 3580.
Richelet, P., 638, 639, 644, 647, 648, 713, 1626, 1627, 1631, 2793, 2794.
Richer, Edm., 1, 802, 2024, 2352.
Richou, G., 4197.
Richter, J.-P., 3596.
Ricouart, L., 1289.
Rigaltius, N., 407.
Rigoley de Juvigny, 2968, 3817, 3819, 4103.
Rinn, 3746.
Ris, de, Cl., 3441.
Ristelhuber, 3244.
Rivière, de, 1772.
Rivière du Fresny, 2270.
Rivarol, 3344, 3659.
Roa, de, Mart., 3152.
Robert, 3718.
Robert Ulysse, 4016, 4198, 4208.
Robertson, 3747.
Robespierre, Max., 1011.
Robortellus, Fr., 1021.
Roccha, Ang., 4205.
Rochefort, de, César, 626, 3747.
Rochechouart, de, 3747.
Rochette, R., 4287.
Roger, 293, 2988.
Rojas, de, Fern., 2400.
Rollin, 9, 12, 16, 2914, 3978.
Ronsard, P. de, 1742, 1743.
Roquefort, B. de, 1692.
Roquefort, J.-B., 521, 522.
Roquefort-Flaméricourt, de, 3824.
Rose, 2807.
Roselle, de, 2860.
Rosier, J., 1529, 1530, 1758.
Rosoy, de, 3135.
Ross, M^{rs}, 3792.
Rosset, 1890.
Rosset, de, 1576.

Rosset, de, F., 2452, 2542, 3486.
Rosset, P., 1374.
Rossi, de, 2314.
Rostrenen, de, G., 513, 515.
Rotrou, J., 2210, 3324.
Roubaud, l'abbé, 598.
Rougé, Emm. de, 33.
Rougier, J.-B., bᵒⁿ de la Bergerie, 1903.
Roullé, J., 564.
Rousseau, J.-B., 1874, 1875, 3749.
Rousseau J.-J., 1005, 2835, 2862, 3057,
  3281, 3282, 3290, 3650.
Rousselet, 3033.
Rousselot, 3746.
Rouville, de, Stéph., 2730.
Rouvroy, Fl., 3446.

Roux, Aug., 3496, 4179.
Rover, Matth., 1133.
Rowe, 2314.
Roxas, 4160.
Roy, 2941.
Rozière, de, Eug., 3933.
Ruben, Em., 4235.
Ruelle, Ch.-Em., 4149.
Rufus, 3745.
Ruinart, Th., 3639.
Ruland, M.. 304, 305.
Rulhière, 3657.
Rupe Malleus, 1446.
Ruscelli, H., 2782.
Rutgersius, J., 4288.
Rutilius Numatianus, 3745, 3746.

S

Sabatier, l'abbé, 3230.
Sabbach, Mich., 2086.
Sabbathier, P.-F., 3462.
Sabinus, 3746.
Sablier, 48, 3422.
Sablon, 1583.
Sacy, de, 907, 908, 2280, 3745, 3746.
Sacy, de, Sylvestre, 57, 2086, 3801.
Sacy, de, L.. 2740.
Sadolet, Jac., 2749, 3581.
Sainjore, de, 3380.
Saint-Augustin, 3745, 3747.
Saint-Amant, 1781, 1782.
Saint-Aulaire, de, 2314.
Saint-Bernard, 3747.
Saint-Cyprien, 3747.
Saint-Evremont, de, 2937, 2938, 3275,
  3627.
Saint-Foix, de, 2601, 3648.
Saint-Hilaire, Barth., 4211.
Saint-Jean Chrysostôme, 3744.
Saint-Jérôme, 3747.
Saint-Julien, de, P.. 3363.
Saint-Lambert, 1889.
Saint-Marc, de, 1803.
Saint-Surin, 1806.
Saint-Marc-Girardin, 3833.
Saint-Maurice, de, 604.
Saint-Réal, de, 2928, 3626.
Saint-Priest, de, 2314.

Saint-Simon, 3750.
Saint-Wast, de, Mˡˡᵉ, 3064.
Sainte-Beuve, 1926 à 1928, 2850, 2851,
  3254, 3305 à 3314, 3437.
Sainte-Garde, de, 3267.
Sainte-Marthe, de, Scévole, 1394, 1395,
  1759, 2908, 2909, 2911.
Sainte-Marthe, de, MM., 2827.
Saladin, 2314.
Salasar, de, Ambr., 478, 481.
Saldenus, 3167.
Salignac, de, B., 3747.
Sallengre, de, H., 1848, 3386.
Sallier, Cl., 4218.
Salluste, 3745, 3746.
Salmasius, Cl., 251, 2768.
Salverte, E., 3745, 3821.
Sambuc, J., 1511.
Samson, 2094, 2191.
Sanchez, 1612.
Sanchoniathon, 3164.
Sanctius, Fr., 318, 3190.
Sanderus, Ant., 1534, 4013.
Sandoval, de, 4160.
Sandras de Courtilz, 2576.
Sandœus, Max., 808.
Sanlecque, 1835.
Sannazare, G., 1497.
Santeuil, V., 1456 à 1461, 2019, 3025,
Sapho, 1062.

Sarbievi, M.-C., 1517.
Sardi, Gasp., 2748.
Sarrasin, 2926, 2927, 3622.
Sarrasin, de, Ad., 2992.
Sars, Eug., de, 1982.
Sarvan, 3749.
Saulx-Tavannes, G., de, 3747.
Saurin, l'abbé, 2009.
Saurin, 2276.
Sauseuil, de, 732.
Sautel, P.-J., 1452, 1453.
Sauvage, de, l'abbé, 681.
Savagner, 3746.
Savalète, 3745.
Savalète, Th., 3745.
Savary, 170.
Saviot, E., 3746.
Savoureux de la Bonneterie, 3745.
Saxi, Chr., 3786.
Scaliger, J. C., 364, 368, 374, 1224, 2998 à 3000.
Scapula, J., 275 à 277, 290.
Scarron, 2021 à 2023, 2599, 2950.
Scavenius, P., 3168.
Schadwel, 2325.
Schakofskoi, 2314.
Scheler, Aug., 633.
Scherzius, 716.
Schickard, Wilh., 87.
Schiller, 2330, 3588, 3589.
Schlower, 3216.
Schnakenburg, J.-F., 688.
Schneider, 3744.
Schoebel, 704.
Schoell, 3809.
Schoepper, Jac., 2164.
Schottus, And., 377, 804, 4081.
Schrevellius, Corn., 278.
Schroder, Joach., 173.
Schultens, Alb., 89.
Schurman, 3585.
Schwarts, J., 3175.
Schwarzius, G., 1518.
Scioppius, G., 3153, 3165, 3168.
Scoppa, Ant., 199, 463.
Scot, Alex., 217.
Scriverius, P., 3582.
Scudéry, de, 1815, 2211.
Scudéry, de, M{II}e, 2522, 2691, 3062.
Sebastianus, Ant., 1493.

Second, J., 1353, 1957.
Seure, Ones., 1949.
Segrais, de, 1220, 1817, 2525, 2939.
Séguier de Saint-Brisson, 2602.
Ségur-Dupeyron, de, 3763.
Selis, 1318.
Selle, de, 4290.
Selva, L., 2515.
Selve, de, G., 2922.
Semet, 1913 à 1915.
Sénancour, de, 2615.
Sénebier, J., 3856.
Sénecé, 2987.
Senèque, L. Ann., 2160 à 2162, 3068, 3746 à 3748.
Sennertus, And., 155.
Sepinus, Gerv., 1492.
Septier, A., 4010.
Sept-Chènes, de, 3640.
Scrane, 355.
Serrieys, A., 3073.
Serpe, Th., 3298.
Servilius, J., 420, 3151.
Servius, 1210.
Servois, G., 3750.
Sévigné, de, Mme, 2796, 2871, 2877, 3050, 3750.
Severus, Corn., 1259.
Severus-Sammonicus, 3746.
Sextus-Pompeius Festus, 3746.
Sextus-Rufus, 3746.
Shakespeare, W., 2326 à 2328.
Sheler, Aug., 1726.
Sheridan, 2314.
Sicard, l'abbé, 53, 56.
Siennycki, S. J., 4040.
Signius, Car., 2673.
Sigrais, 2652.
Silius Italicus, 3745, 3746.
Simiane, de, Mme, 3750.
Simon, 4140.
Simon, J., 2996, 3962, 3963.
Simon, Remi, 191, 192.
Simon, Rich., 4124.
Simonius, Th., 194.
Simplicius, 3744.
Sirmond, J, 3575.
Slane, de, le B{on}, 3994.
Slonkowic, M., 123.
Slowacki, J., 2076, 2081, 2082.

Sluperius, Jac., 1381, 1383.
Smart, C., 1254.
Smedt, de, 3221.
Smetius, H., 1166, 1167.
Sobrino, Fr., 496.
Socard, 4248.
Solin, 3746.
Solvet, P. L., 3300.
Sommer, E., 228, 3750.
Sonnet, H., 3480.
Sophocle, 2113, 2115 à 2124, 3744.
Sorbière, Sam., 3005, 3010.
Sorel, C., 4097, 4098.
Sotère, J., 1041.
Soto Maior. à, Ant., 4161.
Soule, de, 579.
Soulice, L., 4242.
Spanhem, Ez., 1142.
Spiers, A., 740.
Spontianus, 3746.
Spurinna, 3746.
Staaff, 3236.
Stace, Ach., 1256.
Stace, Papin., 1332 à 1334, 3745, 3746.
Staden, R. C. Guil., 932.
Staël, de, le Bᵒⁿ, 2314.
Staël Holstein, Mᵐᵉ, 2292, 3301, 3682.
Stapper, P., 3357.
Stassart, de, 2357, 3674.
Stella, Did., 799.
Stephanus, Rob., 405, 410, 411.

Stephanus, H. (Etienne), 266, 373, 1051.
Sterne, Laur, 2436, 2447, 2448.
Steweehl Heurdanus, 2384.
Stoer, Jacob, 711.
Stolius, 3784.
Strabon, 3744.
Strada, Fam., 919, 920.
Straparole, J. Fr., 2425.
Strebœus, J. L., 777, 788.
Struvius, Got., 3785, 4144, 4187.
Stuart, Marie, 2811.
Stummelius, Christ., 2165.
Suard, J.-B., 2981, 3429.
Suckau, de, 719.
Suidas, 261, 269, 280.
Suere du Plan, 894.
Suétone, 3745, 3746.
Sully-Prudhomme, 1994 à 1996.
Sulpice-Sévère, 3746.
Sulpicia, 3745, 3746.
Surius, J.. 1423.
Swertius, Fr., 4089, 4092.
Swift, Jon., 2058, 2433, 2434, 3260.
Sylburgius, Fred., 271.
Sylius Italicus, 1302 à 1306.
Sylvius, J., 601.
Symmaque, 2752, 2753.
Synesius, 1158.
Syrokomla, Lad., 2080.
Syrus Publius, 1259.

T

Taboada, de, N., 498.
Taboetius, Jul., 510.
Tabourot, Et., 2640.
Tacite, 3745, 3746.
Taine, H., 3325 à 3328, 3356, 3849.
Tailliar, 4007.
Taillefert, 3746.
Talæus, 792, 796.
Tallemant, L., 3374.
Tallemant, P., 3925.
Talleyrand, de, 2814 à 2816.
Tardif, 3222.
Taranne, 3998, 3745.
Taschereau, 4219.
Tasse, Torquato, 1581 à 1591.

Tassin, R., 4112.
Tatius Achilles, 2367 à 2369.
Taubmann, 1215.
Tauler, 3747.
Teisser, Ant., 4066.
Teissier, Oct., 3940.
Temple, 2790.
Tencin, de, Mᵐᵉ, 2532, 2533.
Térence, P., 2142 à 2154, 3745, 3746.
Terrasson, l'abbé, 1080, 2464.
Tertullien, 3745, 3746.
Tesmarus, 811.
Testu, l'abbé, 1785 à 1787.
Theil, N., 302.
Themistius, 883, 884.

Thémistocle, 2724, 2725.
Thénot, 3801.
Théocrite, 1053, 1062, 1063. 1066, 1123 à 1129, 3744.
Théodule, 937.
Théognis, 1040, 1065, 1131, 1132, 3714.
Théon, 767, 768, 1145.
Théophile, 1760.
Théophraste, 3744.
Théophraste d'Erèse, 3744.
Théophilacte, 2723.
Thévenot, Ars., 2812.
Thibaut, 3745.
Thibault IV, 1689, 1690.
Thibault, Dieud., 849.
Thierry, Ed., 3801.
Thierry, J., 432.
Thiers, J. B., 2654.
Thomas, 2965, 3289, 3715, 3725.
Thomasius, J., 817.
Thomassin, le P., 2, 65.
Thomson, 2314.
Thorlatius, B., 3196.
Thou, de, 3747.
Thouron, 1103.
Thucydide, 3744, 3747.
Thuillier, V., 3639.
Thura, Alb., 3854.
Thurot, Fr., 52, 3749.
Tibulle, 1197 à 1205, 3745, 3746.
Tieck, L., 3594.
Tiraquellus, And., 3170.

Tissot, J.-B., 3108.
Tite-Live, 909, 910, 3745, 3746.
Titon du Tillet, 3859.
Tobin, 2314.
Tobler, Ad., 1722.
Tollius, J., 771.
Tomès, 2314.
Torrentius, L., 1242, 1387.
Torres Naharro, 2314.
Tourreil, de, 3637.
Trajau, 3747.
Trapezuntius, G., 749.
Trebellius Pollion, 3746.
Tréneuil, 1906.
Tressan, de, 1579.
Tribaldus, Lud., 1502.
Trismégiste, 2382.
Trissino, 1580.
Tritème, J., 2746, 3565.
Trittenhem, J., 4115, 4116.
Trognon, 2314, 3746.
Trousaz, de, 3702.
Troyes, de, J., 3747.
Trublet, 3406, 3407, 3409.
Turenne, duc de Bouillon, 3747.
Turinus, God., 1372.
Turnèbe, Ad., 3148, 3557.
Turnemann, Math., 1356.
Turnus, 3746.
Tyssot de Patot, 2510.
Tzetzès, 1149.

U

Ubeda, de, Fr. 2406.
Ubicini, Martelli, 3746.
Ugo Foscolo, 2314.
Ujeski, Kor., 2079.
Ulpien, 871.

Urfé, d', Hon., 2543.
Urientius Max., 1421.
Urréa, de, Xim., 1616.
Ursinus, F., 1219.
Ursinus, J.-H., 3164, 3571, 3572.

V

Vacherot, 3443.
Vachon, M., 3866, 4213.
Vadé, 2029.
Vænus, Otho, 1257.
Vairasse, Denis, 2507, 2508.

Valatour, 3746.
Valckenaer, 206, 1127, 2130.
Valère Maxime, 3532 à 3537, 3745, 3746.
Valerianus, J. P., 2896, 2897.
Valerius, Cato, 3746.

Valerius, Corn., 815.
Valerius Flaccus, 1307, 1308, 3745, 3746.
Valéry, 3863, 3864.
Valla, L., 1068, 3545.
Valladerius, And., 807.
Valois, de, 3011.
Valois, H., 3121.
Valori, Cte de, 1236.
Valton, 3746.
Vanderkindeer, L., 3899.
Van Drival, l'abbé, 35, 36, 72, 74, 1003.
Vanière, J., 1469, 1471 à 1473.
Van Larebeke, 2917.
Van Praet, 3983, 4052.
Van Tiel, 2065, 2066.
Varennius, J., 247.
Varron, Ter., 322, 325, 3746,
Varron, Ant., 3745.
Vasco de Lobeira, 2402.
Vatismesnil, de, 3746.
Vattel, 3417.
Vaugelas, de, 603, 609, 615, 616, 624, 625, 3745.
Vaumorière, de, 953.
Vauvenargues, 3747, 3749.
Vavasseur, F.-R., 1447.
Vébé, L., 1973.
Vegius, M., 2672.
Velasquez, D. L., 485.
Velleius Paterculus, 3745, 3746.
Velpeau, 3801.
Veneroni, 461, 462, 464, 473, 474.
Veneroni, de, 2784.
Verderius, Cl., 3145.
Vergani, 465.
Vergara, Fr., 210.
Verger, 3746.
Vergier, 1853, 1854.
Vergilius, Pol., 3787.
Vernadé, 3746.
Vernes, J., 2303.
Vernulœus, Nic., 930, 2171, 2172, 3897.
Vertranius, 325.
Vestritius, 3746.
Vibius Sequester, 3746.
Victorius, P., 897, 2110, 3138, 3746.
Vida, H., 1027, 1487 à 1489.
Vieilleville, de, 3747.

Viennet, 1941.
Viette, de, 1016.
Viger, Fr., 253, 255.
Vignau y Ballester, 533.
Vigneul-Marville, de, 3375.
Vignier, Nic., 1825, 4096.
Vigny, Alf., de, 1932, 2613.
Vigor, S., 957.
Villaret, 3055.
Villars, de, Mme, 2874.
Ville-Dieu, de, 2528.
Ville-Dieu, de, Mme, 2527.
Villemain, 2314, 2985, 2986, 3234, 3248, 3303, 3304, 3338, 3746.
Villenave, 3746.
Villeneuve, de, G., 3747.
Villeroy, de, 2804, 3747.
Villier, J., de, 358, 3484.
Villiers, l'abbé, de, 1030, 1834.
Villon, Fr., 1687, 3333.
Vincartius, J., 1542.
Vincens de Saint-Laurent, 2314.
Vincentius Burgundus, 3489.
Viollet-le-Duc, 3726.
Virgile, 1206 à 1236, 3254, 3745, 3746
Visconti, 2314.
Viteau, P., 1990.
Vitruve, 3745, 3746.
Vitu, Aug., 678.
Vitus Basintochius, 915, 916.
Vivès, J. L., 790, 3551.
Vogelin, Sal., 4265.
Vogué, de, 2361, 3264.
Voiture, de, 2931, 2932.
Volaterranus Raphael, 3549, 3550.
Vollandus, J., 1037.
Volney, C. F., 3664, 3749.
Voltaire, 1869, 1870, 1872, 1873, 2271, 2836, 2837, 2849, 2962, 3055, 3056, 3063, 3065, 3075, 3296 à 3298, 3353, 3474, 3651, 3652, 3749.
Vomel, 3744.
Vondel, 2314.
Vossius, Ger., 37, 394.
Vossius, Jo., 219, 381, 809, 813, 814, 817, 3493.
Vuire, de, Gérard, 720.
Vulgatius Gallicanus, 3746.

W

Wace, 1705.
Wachter, G., 714.
Wagner, 3744.
Waha, Guil., de, 934.
Wailly, de, 563.
Wailly, Alf., de, 1144, 2300, 3746.
Wailly, de, Gust. 2300.
Wailly, de, J., 2300.
Wailly, de, N., 3749.
Walcknaer, C.-A., 3302, 3623, 3744.
Walchius, J., 3183, 3485.
Wallius, J., 1544, 1545.
Wallon, H., 988.
Walter Scott, 2437, 2438.
Warens, de, Mme, 2976.
Wartel, 3745.
Wasmuth, Matth., 167.
Waterloop, 1543.
Watteville, de, 4212.
Wecker, 798.
Weckerlin, J.-B., 4253.

Wegmann, 30.
Welschinger, 2190.
Wensyk, 2314.
Wépý, de, 830.
Werner, 2314.
Werstermann, 3744.
Westerhovius, 3582.
Weststenius, C.-A., 1127.
Wey, Fr., 528.
Wicherley, 2314, 2325.
Wicquefort, de, J., 2802.
Wicquot, Aug., 4223.
Wieland, 2073.
Wimmer, 3744.
Wletius, J., 1376.
Wolf, 3745.
Wolf, J.-Ch., 2727.
Wolfius, H., 857, 3358, 3559, 3560.
Wood, Ant., 3900.
Wurtz, Ad., 3905.

X

Xavier de Saxe, Fr., 2812.
Xénophon, 3744, 3747.

Xénophon, d'Ephèse, 2365, 2372.
Xilander, 3507.

Y

Young, Edw., 2050 à 2052.
Yrtal, Ch., 1965.

Yver, J., 2475.
Yung, Eug., 3777.

Z

Zaleski, Bodhan, 2078.
Zasius, Udal., 2781.
Zeller, 3801.
Zornius, P., 3181.

Zoroastre, 3164.
Zozime, 3747.
Zuingerus, Th. 3483.
Zuniga, de, D. B., 480.

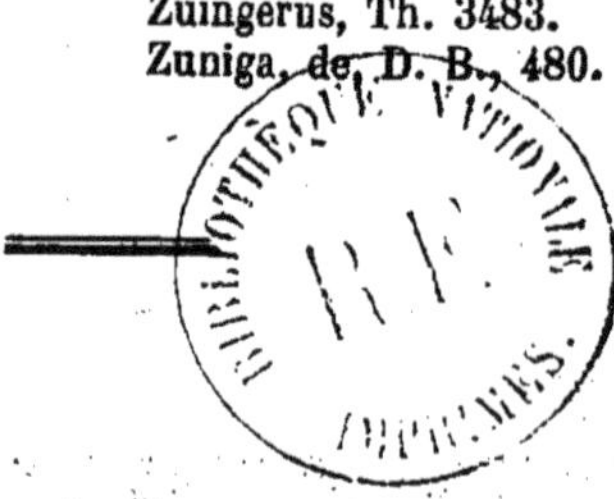

TABLE DES MATIÈRES

BELLES-LETTRES

Introduction à l'étude des Belles-Lettres. — Traités généraux. 1-19.

PREMIÈRE CLASSE

LINGUISTIQUE

1. — Origine et formation des langues. 20-36.

2.—Grammaires générales et mélanges. 37-62

3. — Comparaison des langues. 63-74.

SECTION I

LANGUES ORIENTALES

Introduction à l'étude de ces langues. — Grammaires et dictionnaires polyglottes. 75-77.

I. — LANGUE HÉBRAÏQUE.

Introduction. — Alphabets. — Accents. 78-89.

Grammaires. 90-129.

Racines hébraïques. 130.

Dictionnaires. 131-141.

2. — Langues hébraïque, chaldéenne, syriaque, araméenne. 142-166.

3. — Langue Arabe. 167-172.

4. — Langue Arménienne. 173.

5. — Langue Persane. 174-175.

6. — Langue Chinoise. 176-185.

7. — Langue Japonaise. 186.

8. — Langues Tartares. 187.

SECTION II

LANGUES AFRICAINES. 188-189

SECTION III

LANGUES AMÉRICAINES. 190-192

SECTION IV

LANGUES EUROPÉENNES

Comparaison des langues. 193-202.

I. — LANGUE GRECQUE

Alphabet. 203-206.
Grammaires anciennes. 207-208.
Grammaires modernes. 209-229.
Accents-Prononciation-Prosodie. 230-238.
Racines grecques. 239-241.
Syntaxe — Verbes — Idiotismes — Particules — Élégances — Exercices. 242-255.
Lexiques généraux. 256-293.
Dictionnaires spéciaux pour l'intelligence de certains auteurs. 294-302.
Dictionnaires de synonymes et d'épithètes. 303-306.
Grec du moyen-âge. 307-309.
Grec moderne. 310-312.

II. — LANGUE LATINE.

Excellence de cette langue — Méthodes d'enseignement. 313-320.
Grammaires anciennes, 321-332.
Grammaires modernes. 333-356.
Racines — Propriétés des mots. 357-358.
Prononciation — Orthographe. 359-361.
Syntaxe — Style — Recueil de phrases. 362-387.
Règles pour la traduction. 388-389.
Dictionnaires étymologiques. 390-396.
Glossaires latins. 397-413.
Dictionnaires latins polyglottes. 414-429.
Dictionnaires latins-français et français-latins. 430-448.
Dictionnaires de la moyenne et de la basse latinité. 449-454.

III. — LANGUE ITALIENNE.

Grammaires.—Recueils de phrases. 455-465.
Dictionnaires. 466-474.

IV. — LANGUE ESPAGNOLE ET PORTUGAISE.

Grammaires. 475-489.
Dictionnaires. 490-500.

V. — LANGUE FRANÇAISE.

Excellence de la langue française. Histoire et origine de la langue. — Langue celtique et romane. 501-547.
Grammaires. 548-572.
Traités généraux ou particuliers en différentes langues. 573-578.
Prononciation. — Orthographe. 579-590.
Epithètes. — Tropes. — Synonymes. 591-600.
Remarques et observations critiques. 601-625.
Dictionnaires étymologiques. 626-637.
Dictionnaires généraux. 638-664.
Dictionnaires spéciaux. 665-679.
Idiomes et patois de France. 680-695.

VI. — LANGUE ALLEMANDE.

Grammaires. 696-706.
Dictionnaires. 707-719.

VII. — LANGUE FLAMANDE ET HOLLANDAISE. 720-739.

VIII. — LANGUE ANGLAISE.

Grammaires. 730-735.
Dictionnaires. 736-742.

IX. — LANGUE SLAVE. 743-744.

X. — LANGUE SCANDINAVE. 745-746.

DEUXIÈME CLASSE

RHÉTORIQUE

I. — RHÉTEURS.

Rhéteurs grecs. 747-774.
Rhéteurs latins anciens. 775-787.
Rhéteurs latins modernes. 788-819.
Rhéteurs français. 820-851.
Rhéteurs étrangers. 852-854.

II. — ORATEURS.

Orateurs grecs. 855-889.
Recueils de discours grecs. 890-895.
Orateurs latins anciens. 896-908.
Recueils de discours latins anciens. 909-912.
Orateurs latins modernes. 913-923.
Discours sur divers sujets. 924-940.
Recueils de discours. 941-943.

ORATEURS FRANÇAIS.

Collections et recueils de discours sur divers sujets et par divers auteurs. 944-951.
Recueils de discours d'un même auteur. 952-956.
Oraisons funèbres. 957-976.
Panégyriques. 977-979.
Eloges historiques. 980-988.
Eloquence de la tribune. 989-995.
Discours prononcés dans les Académies. 996-1003.
Discours académiques sur divers sujets. 1004-1015.
Orateurs étrangers. 1016-1018.

TROISIÈME CLASSE

POÉSIE

. ART POÉTIQUE.

Traités généraux. 1019-1028.
Traités des différentes sortes de poèmes.1029-1033.
Traités de la poésie hébraïque. 1034-1035.

POÉSIE GRECQUE.

Traités de la poésie grecque. 1036-1039.
Collections et extraits des poètes grecs. 1040-1067.
Poètes grecs. 1068-1162.

POÉSIE LATINE

Traités de la poésie latine. 1163-1168.
Collections et extraits des poètes latins anciens. 1186-1344.
Poètes chrétiens. 1345-1350.
Poètes latins modernes — Collections et extraits. 1351-1365.
Recueils de poésies latines, grecques et françaises. 1366-1368.
Recueil de poésies latines et françaises. 1369.
Poètes latins modernes, français de nation. 1370-1478.
Poètes latins modernes, italiens et espagnols. 1479-1510.

Poètes latins modernes, allemands. 1511-1519.
Poètes latins modernes, belges et hollandais. 1520-1547.
Poètes latins modernes, anglais. 1548-1556.
Poésie italienne. 1557-1604.
Poésie espagnole. 1605-1616.
Poésie portugaise. 1617-1622.

POÉSIE FRANÇAISE.

Traités sur la poésie française. 1623-1640.
Collections et extraits. 1641-1680.
Poètes français : 1er âge, jusqu'à Clément Marot. 1681-1730.
2e âge, depuis Cl. Marot jusqu'à Malherbe. 1731-1767.
3e âge, depuis Malherbe, jusqu'au xviiie siècle. 1768-1840.
xviiie siècle jusqu'à nos jours. 1841-1999.
Cantiques, Noëls et chansons. 2000-2017.
Poésies gaillardes et burlesques.2018-2031.
Poésies en patois de diverses provinces de France. 2032-2036.
Poésies anglaises. 2037-2066.
Poésies allemandes. 2067-2074.
Poésies Russes. 2075.
Poésies Polonaises. 2076-2082.
Poésies Hongroises. 2083-2084.
Poésies Arabes. 2085-2089.

QUATRIÈME CLASSE

ART DRAMATIQUE

Traités sur l'art dramatique et sur l'art du comédien. 2090-2095.
Théâtre grec. 2096-2131.

Théâtre latin. 2132-2162.
Théâtre latin moderne. 2163-2180.

THÉÂTRE FRANÇAIS
Histoire du théâtre. 2181-2191.
Recueils de pièces. 2192-2205.
OEuvres dramatiques rangées chronologi-
quement. 2206-2305.
Pièces en patois. 2306-2307.
Opéras. 2308-2310.

Théâtre des collèges. 2311-2313.
Théâtres étrangers. 2314.
Théâtre italien. 2315-2320.
Théâtre espagnol. 2321-2323.
Théâtre anglais. 2324-2328.
Théâtre allemand et danois. 2329-2331.
Fables et apologues. 2332-2358.

CINQUIÈME CLASSE

ROMANS ET CONTES

Du Roman — Histoire et critique. 2359-
2361.
Rcmans grecs. 2362-2372.
Romans latins, anciens. 2373-2388.
Romans latins, modernes. 2389-2396.
Romans arabes et indiens, 2397-2399.
Romans espagnols. 2400-2415.
Romans et contes italiens. 2416-2429.
Romans allemands. 2430.
Romans anglais. 2431-2450.

ROMANS FRANÇAIS

Romans épiques. 2451-2471.
Contes et nouvelles. 2472-2503.
Contes moraux. 2504-2505.
Voyages imaginaires et merveilleux. 2506-
2512.
Romans mystiques. 2513-2521.
Romans écrits par des femmes. 2522-2534.
Romans écrits par des hommes. 2535-2624.

SIXIÈME CLASSE

PIÈCES PLAISANTES ET BURLESQUES

Ouvrages grecs. 2625.
Ouvrages latins. 2626-2638.

Ouvrages français. 2639-2667.
Ouvrages italiens, 2668-2669.

SEPTIÈME CLASSE

DIALOGUES ET ENTRETIENS

Dialogues grecs. 2670-2671.
Dialogues latins. 2672-2677.
Dialogues français. 2678-2705.

Dialogues espagnols. 2706.
Dialogues anglais. 2708.

HUITIÈME CLASSE

ÉPISTOLAIRES

Art épistolaire. 2709-2717.
Auteurs grecs. 2718-2730.
Auteurs latins anciens. 2731-2742.
Auteurs latins modernes. 2743-2781.
Lettres en italien. 2782-2784.
Lettres en espagnol. 2785-2789.
Lettres en anglais. 2790-2792.

LETTRES EN FRANÇAIS
a. — Recueils. 2793-2798.
b. — Lettres de rois, reines, princes et hommes d'Etat. 2800-2816.
c. — Lettres d'hommes célèbres dans les sciences, les lettres et les arts. 2817-2852.
d. — Correspondances littéraires et critiques. 2853-2867.
e. — Lettres de femmes. 2868-2882.

NEUVIÈME CLASSE

MÉLANGES LITTÉRAIRES

Œuvres diverses en latin. 2883-2903.
Œuvres diverses en latin et en français. 2904-2921.
Œuvres diverses en français. 2922-2997.

Pensées détachées, mélanges, extraits. 2998-3084.
Recueils de pièces détachées. 3085-3116.

DIXIÈME CLASSE

PHILOLOGIE OU CRITIQUE

Traités de la critique. 3117-3123.
Critiques grecs. 3124-3129.
Critiques latins anciens. 3130-3135.
Critiques latins modernes. 3136-3198.
Critiques italiens. 3199-3201.
Critiques anglais. 3202.

CRITIQUES FRANÇAIS
. — Généralités. 3203-3222.

b. — Cours de littérature générale. 3223-3238.
c. — Etudes critiques sur les écrivains latins. 3239-3254.
d. — Etudes sur la littérature anglaise, italienne, allemande et russe. 3255-3264.
e. — Etudes sur les écrivains français. 3265-3362.
f. — Mélanges de critique. 3363-3457.

POLYGRAPHIE, HISTOIRE LITTÉRAIRE, BIBLIOGRAPHIE

POLYGRAPHIE

PREMIÈRE DIVISION

TRAITÉS GÉNÉRAUX. — ENCYCLOPÉDIES

a. — Introduction à l'étude des sciences. 3458-3461.

b. — Classification des connaissances humaines. 3462-3464.

c. — Dictionnaires encyclopédiques. 3465-3480.

d. — Encyclopédies. 3481-3489.

e. — Cours d'études encyclopédiques. 3490-3503.

DEUXIÈME DIVISION

POLYGRAPHES

a. — Polygraphes grecs. 3504-3528.

b. — Polygraphes latins anciens. 3529-3538.

c. — Polygraphes latins modernes. 3539-3584.

d. — Polygraphes allemands. 3585-3597.

e. — Polygraphes anglais. 3598-3599.

f. — Polygraphes italiens. 3600.

g. — Polygraphes espagnols. 3601-3608.

h. — Polygraphes français. 3609-3690.

ı. — Variétés. 3691-3740.

TROISIÈME DIVISION

COLLECTIONS D'OUVRAGES DE DIVERS AUTEURS
3741-3750.

QUATRIÈME DIVISION

JOURNAUX ET REVUES

a. — Journaux politiques et littéraires et principalement politiques. 3751-3759.

b. — Journaux et revues littéraires et politiques en français. 3760-3768.

c. — Journaux en langues étrangères. 3769-3770.

d. — Revues scientifiques et littéraires. 3771-3778.

HISTOIRE LITTÉRAIRE

Introduction. — Généralités. 3779-3786

PREMIÈRE SECTION

HISTOIRE DES SCIENCES, DES LETTRES ET DES ARTS

CHAPITRE I. — HISTOIRE DES SCIENCES, DES LETTRES ET DES ARTS. 3787-3001.

CHAPITRE II. — HISTOIRE DES SCIENCES. 3802-3803.

CHAPITRE III. — HISTOIRE DES LETTRES.

a. — Histoire de la littérature ancienne et moderne. 3804-3805.

b. — Histoire de la littérature orientale. 3806-3808.

c. — Histoire de la littérature grecque. 3809-3810.

d. — Histoire de la littéraiure romaine. 3811.

e. — Histoire de la littérature moderne de l'Europe. 3812-3814.

f. — Histoire de la littérature française. 3815-3842.

g. — Histoire de la littérature italienne. 3843-3846.

h. — Histoire de la littérature espagnole. 3847.

i. — Histoire de la littérature anglaise. 3848-3849.

k. — Histoire de la littérature allemande. 3850-3851.

l. — Histoire de la littérature belge, hollandaise et suisse. 3852-3856.

CHAPITRE IV. — MÉLANGES D'HISTOIRE LITTÉRAIRE. 3857-3866.

CHAPITRE V. — QUESTIONS DIVERSES D'HISTOIRE LITTÉRAIRE. 3867.

DEUXIÈME SECTION

HISTOIRE DES ÉCOLES ET DES SOCIÉTÉS SAVANTES

I. HISTOIRE DES ÉCOLES. — GÉNÉRALITÉS. 3868.

a. — Histoires des Universités, des Facultés et des Écoles en France. 3869-3896.

b. — Histoires des Universités et des Ecoles étrangères. 3897-3909.

II. — HISTOIRE ET TRAVAUX DES SOCIÉTÉS SAVANTES.

a. — Académies et sociétés françaises. 3910-3963.

b. — Académies et sociétés étrangères. 3964-3972.

c. — Mélanges. 3973-3976.

BIBLIOGRAPHIE

PREMIÈRE SECTION

DE L'ÉCRITURE

a. — Histoire de l'écriture. 3977.
b. — Des manuscrits. 3978.

c. — Catalogues de manuscrits. 3979-4016
d. — Autographes. 4017.

DEUXIÈME SECTION

IMPRIMERIE ET LIBRAIRIE

a. — Histoire de l'imprimerie et de la librairie. 4018-4046.

b. — Annales de la librairie. 4047-4051.
c. — Livres imprimés sur velin. 4052-4053.

TROISIÈME SECTION

BIBLIOGRAPHIE CRITIQUE

CHAPITRE I. — TRAITÉS GÉNÉRAUX. 4054-4080.

CHAPITRE II. — TRAITÉS SPÉCIAUX.

A. — Bibliographes nationaux.
a. — Ecrivains grecs et latins. 4081-4085.
b. — Ecrivains belges. 4086-4093.
c. — Ecrivains français. 4094-4106.
B. — Bibliographie des ordres religieux et de quelques sectes. 4107-4114.
C. — Bibliographie professionnelle.

a. — Ouvrages de théologie. 4115-4133.
b. — Ouvrages de sciences. 4134.
c. — Ouvrages de littérature. 4135-4136.
d. — Ouvrages d'histoire. 4137-4151.
D. — Ouvrages anonymes et pseudonymes. — Plagiaires. 4152-4158.
E. — Ouvrages condamnés. 4159-4162.

CHAPITRE III. — BIBLIOGRAPHIE PÉRIODIQUE.

a. — Périodiques français. 4163-4181.
b. — Périodiques étrangers. 4182-4185.

QUATRIÈME SECTION

BIBLIOTHÉCONOMIE

a. — Des bibliothèques en général. 4186-4201.
b. — Histoire des bibliothèques. 4202-4217.
c. — Catalogues de bibliothèques de France (Ordre alphabétique des noms de vil'es). 4218-4251.

d. — Catalogues des bibliothèques de divers établissements français. 4252-4255.
e. — Catalogues de bibliothèques publiques à l'étranger. 4256-4265.
f. — Catalogues de bibliothèques particulières (Ordre alphabétique). 4266-4298.

Table alphabétique des noms d'auteurs 209
Table des matières 241

Arras — Imp. Suer-Charruey, Petite Place, 20 et 22.